KB232341

▶ 유튜버 웰더하우스의
CBT기출문제집

피복아크
용접기능사

가스텅스텐아크용접 & 이산화탄소아크용접 포함

NCS 출제기준 반영!

정완모 · 이기훈 · 이재호 공저

필기

▶ 영상 바로가기

100% 무료강의 제공

✓ 단기간 합격 위한 필기 핵심이론
✓ CBT 시험 대비 적중예상 기출문제
✓ 각 단원별 예제문제로 실전시험대비
✓ 자주 출제되는 연도별 기출문제 수록
✓ 이해를 돕는 풍부한 이미지 자료
✓ 용접 자세 및 데이터 공유

정상에서 만납시다.
SEE YOU AT THE TOP

안녕하세요. 용접자격증은 물론 기능경기대회 관련된 핵심 이론과 핵심 기술을 보다 쉽게 전달 드리는 채널을 운영하고 있는 웰더하우스입니다.

본 교재는 각자의 위치에서 특성화된 교육과 기술 지도를 하고 계신 3명의 용접기술 전문가들이 풍부한 실무경험을 바탕으로 용접기능사 자격증 취득을 준비하고 계신 수험생분들에게 도움을 드리고자 출판하게 되었습니다.

용접자격증 취득을 위한 챕터별 핵심이론 및 최신 기출문제로 구성되어 있으며, 연도별 기출문제 풀이는 누구나 알기 쉽도록 상세한 설명을 덧붙여 수험생들의 이해도를 높이는데 중점을 두었습니다.

또한 실무이론을 바탕으로 최종 합격하실 수 있도록 전문 강의 영상을 제공해 드리고 있습니다.

끝으로 이 교재를 구입하신 모든 분들께 본 교재는 물론 3명의 용접기술 전문가와 함께하는 유튜브 채널 '웰더하우스'를 통해 실패 없이 자격증을 취득할 수 있는 지름길로 안내해 드리겠습니다.

우리는 하루하루가 흘러간다고 생각합니다.
하루하루는 흘러가는 것이 아니라 쌓여간다고 생각합니다.

작은 것이라도 좋으니 하루하루 의미있는 일들을 쌓아가고, 그것을 바탕으로 성장하는 여러분이 되길 응원하겠습니다.

(1) 기능사

년도별 회별	필기시험			실기시험		
	원서접수 (휴일제외)	시험시행	합격자 발표	원서접수 (휴일제외)	시험시행	합격자 발표
2026년 /1회	1. 6(화) ~ 1. 9(금)	1. 20(화) ~ 1. 24(토)	1. 30(금)	2. 2(월) ~ 2. 5(목)	3. 14(토) ~ 4. 1(수)	1차 4. 10(금) 2차 4. 17(금)
2026년 /2회	3. 16(월) ~ 3. 20(금) *3.18(수) 제외	4. 4(토) ~ 4. 9(목)	4. 22(수)	4. 27(월) ~ 4. 30(목)	5. 30(토) ~ 6. 14(일)	1차 6. 26(금) 2차 7. 3(금)
2026년 /없음	산업수요 맞춤형 고등학교 및 특성화고 등 필기시험 면제자 검정 (일반 필기시험 면제자 응시불가)			5. 11(월) ~ 5. 14(목)	6. 13(토) ~ 6. 24(수)	1차 7. 10(금) 2차 7. 16(목)
2026년 /3회	6. 8(월) ~ 6. 11(목)	6. 27(토) ~ 7. 2(목)	7. 15(수)	7. 27(월) ~ 7. 30(목)	8. 29(토) ~ 9. 16(수)	1차 10. 2(금) 2차 10. 8(목)
2026년 /4회	8. 24(월) ~ 8. 27(목)	9. 16(수) ~ 9. 21(월)	10. 7(수)	10. 12(월) ~ 10. 15(목)	11. 14(토) ~ 12. 2(수)	1차 12. 11(금) 2차 12. 18(금)

(2) 기사(산업기사 · 서비스분야)

년도별 회별	필기시험			응시자격 서류제출 (필기합격자 결정)	응시자격 심사기준일	실기시험		
	원서접수 (휴일제외)	시험 시행	합격(예정)자 발표			원서접수 (휴일제외)	시험시행	합격자 발표
2026년 제1회	1. 12(월) ~ 1. 15(목)	1. 30(금) ~ 3. 3(화)	3. 11(수)	1. 30(금) ~ 3. 20(금)	3. 3(화)	3. 23(월) ~ 3. 26(목)	4. 18(토) ~ 5. 6(수)	1차 6. 5(금) 2차 6. 12(금)
2026년 제2회	4. 20(월) ~ 4. 23(목)	5. 9(토) ~ 5. 29(금)	6. 10(수)	5. 11(월) ~ 6. 19(금)	5. 29(금)	6. 22(월) ~ 6. 25(목)	7. 18(토) ~ 8. 5(수)	1차 9. 4(금) 2차 9. 11(금)
2026년 제3회	7. 20(월) ~ 7. 23(목)	8. 7(금) ~ 9. 1(화)	9. 9(수)	8. 7(금) ~ 9. 18(금)	9. 1(화)	9. 21(월) ~ 9. 23(수), 9. 28(월)	10. 24(토) ~ 11. 13(금)	1차 12. 11(금) 2차 12. 18(금)

(3) 기능장

년도별 회 별	필기시험			응시자격 서류제출 (필기합격자 결정)	응시자격 심사기준일	실기시험		
	원서접수 (휴일제외)	시험 시행	합격(예정)자 발표			원서접수 (휴일제외)	시험시행	합격자 발표
2026년 79회	1. 6(화) ~ 1. 9(금)	1. 24(토)	1. 30(금)	1. 26(월) ~ 2. 10(화)	1. 24(토)	2. 2(월) ~ 2. 5(목)	3. 14(토) ~ 4. 1(수)	1차 4.10(금) 2차 4.17(금)
2026년 80회	6. 8(월) ~ 6. 11(목)	6. 27(토)	7. 15(수)	6. 29(월) ~ 7. 24(금)	6. 27(토)	7. 27(월) ~ 7. 30(목)	8. 29(토) ~ 9. 16(수)	1차 10.2(금) 2차 10.8(목)

(4) 기술사

년도별 회 별	필기시험			응시자격 서류제출 (필기합격자 결정)	응시자격 심사기준일	면접시험		
	원서접수 (휴일제외)	시험 시행	합격(예정)자 발표			원서접수 (휴일제외)	시험시행	합격자 발표
2026년 138회	1. 6(화) ~ 1. 9(금)	2. 7(토)	3. 25(수)	2. 9(월) ~ 4. 3(금)	2. 7(토)	3. 3(화) ~ 3. 6(금) / 3. 30(월) ~ 4. 2(목)	5. 2(토) ~ 5. 14(목)	5. 29(금)
2026년 139회	4. 13(월) ~ 4. 16(목)	5. 16(토)	6. 24(수)	5. 18(월) ~ 7. 3(금)	5. 16(토)	6. 8(월) ~ 6. 11(목) / 6. 29(월) ~ 7. 2(목)	8.1(토) ~ 8.12(수)	8. 28(금)
2026년 140회	7. 13(월) ~ 7. 16(목)	8. 22(토)	10. 7(수)	8. 24(월) ~ 10. 16(금)	8. 22(토)	8. 31(월) ~ 9. 3(목) / 10. 12(월) ~ 10. 15(목)	11.14(토) ~ 11.25(수)	12. 11(금)

(1) 도면

자격종목	피복아크 용접기능사	과제명	시험편 피복아크용접, 가스 절단 및 T형 필릿 용접	척도	N.S

가) 시험편 피복아크용접

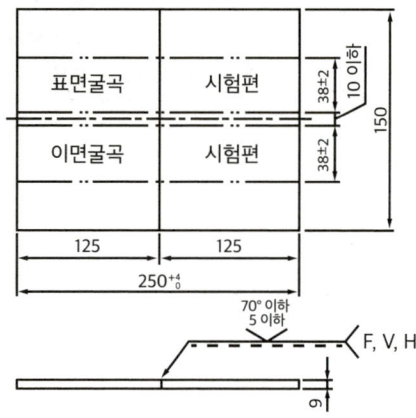

나) 시험편 피복아크용접

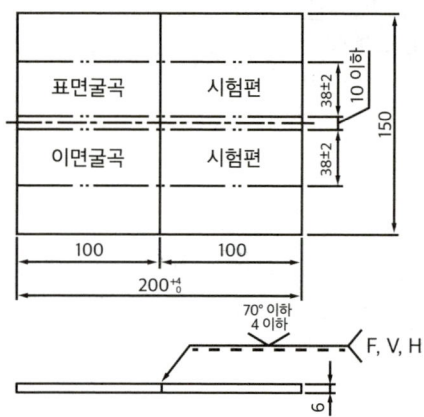

다) 가스 절단

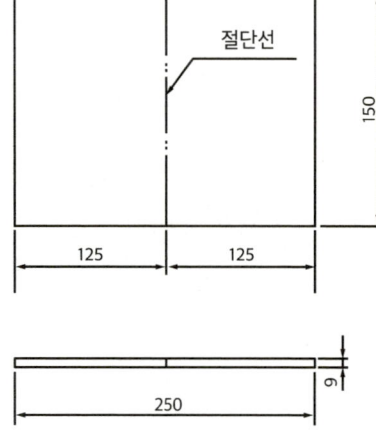

라) T형 필릿 피복아크용접

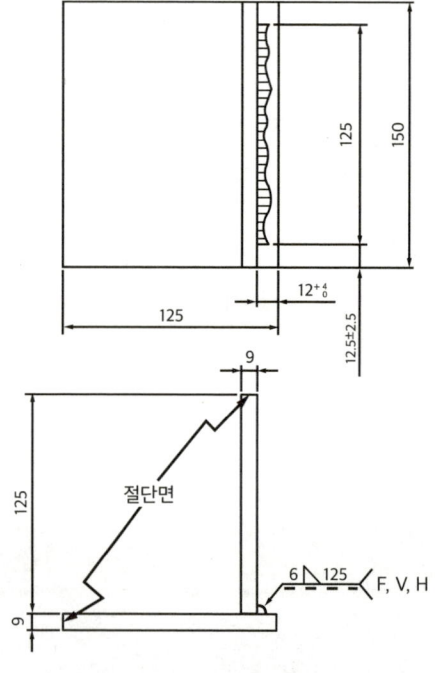

(2) 도면

자격종목	가스텅스텐 아크용접기능사	과제명	시험편 맞대기 용접, 파이프 온둘레 필릿용접	척도	N.S

가) 연강 맞대기 용접

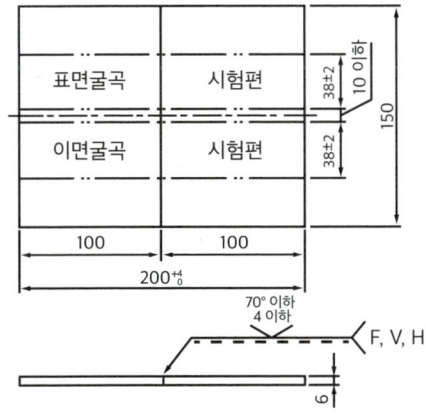

나) 스테인리스강 맞대기 용접

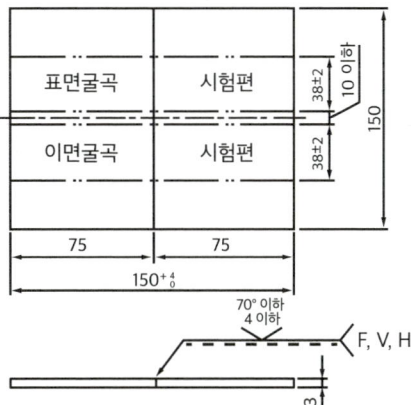

다) 온둘레 필릿 용접(일주용접)

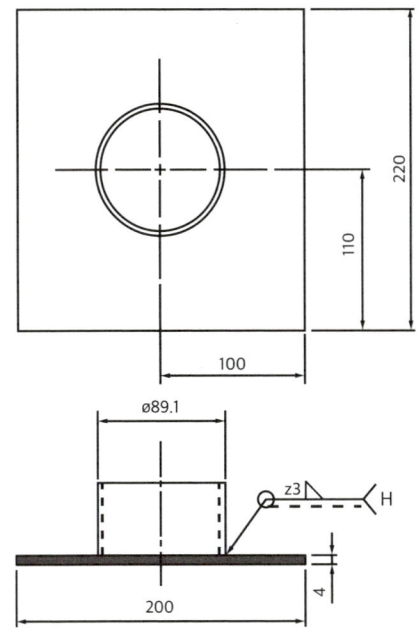

주서

1. 시험편 맞대기용접은 규정된 이면 받침판을
   사용하여 용접합니다.
2. 시험편 맞대기용접은 전체길이(150㎜)를 모두
   용접하여야 합니다. (엔드탭 사용을 금한다.)
3. 파이프 온둘레 필릿 용접 시 용접기호를 참고
   하여 작업합니다.
4. 파이프 온둘레 필릿 용접은 감독위원에게
   가용접 검사를 받아야 합니다.

공개도면

(3) 도면

자격종목	이산화탄소가스 아크용접기능사	과제명	시험편 CO₂ 용접, 가스절단 및 T형 필릿 용접	척도	N.S

가) 솔리드와이어 맞대기 용접

나) 플럭스코어드와이어 맞대기 용접

다) 가스 절단 및 T형 필릿 솔리드와이어 용접

1) 가스 절단 작업

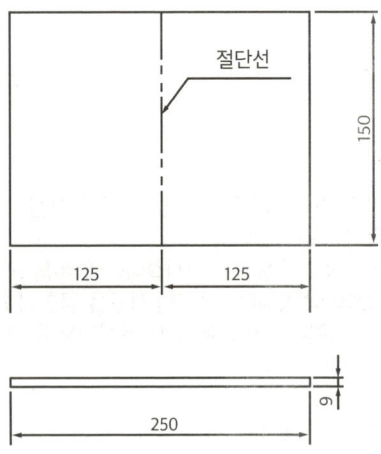

2) T형 필릿 솔리드와이어 용접

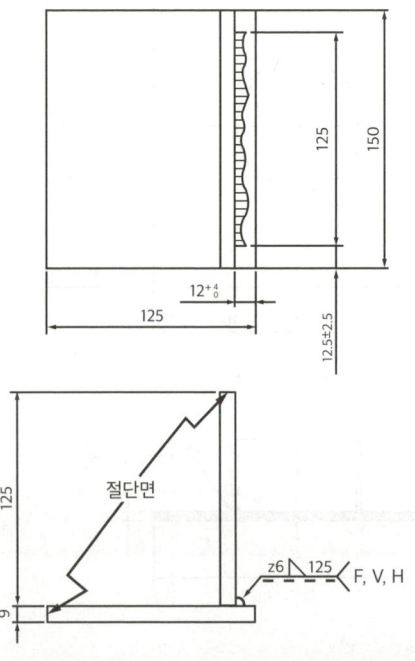

〈웰더하우스의 용접이야기〉 네이버카페 이용안내

〈웰더하우스의 용접이야기〉 네이버 카페(https://cafe.naver.com/weldershouse)에 가입하시면, 합격에 유용한 용접기능사 관련 학습자료, 강의영상, 시험 정보 등을 확인할 수 있습니다.

01   용접 필기 저자직강 무료영상

02   학습 관련 질문 및 피드백 제공

03   용접기능사 시험 커뮤니티 형성

04   시험일정 및 기능경기대회 정보 공유

| 웰더하우스의 용접이야기 | 🔍 |

〈웰더하우스의 용접이야기〉 카페
QR 코드로 함께 접속할 수 있습니다.

목차

제1장

용접 일반

CHAPTER 01 용접 개요

학습 영상 p14-16

1 용접의 원리

용접이란 같은 종류 또는 다른 종류의 금속재료에 용융 또는 반용융 상태에서 용가재(용접봉)를 첨가하여 접합시키는 기술을 말한다.

뉴턴의 만유인력의 법칙에 따라, 두 금속간의 간격이 10^{-8}cm, 1억분의 1cm 정도 접근시키면 인력이 작용되어 결합한다.

2 용접의 자세

아래보기자세(기호 : F)　　수평보기자세(기호 : H)　　수직보기자세(기호 : V)　　위보기자세(기호 : OH)

(1) 맞대기(Groove)[1]

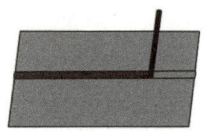 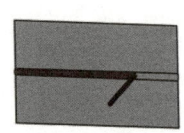 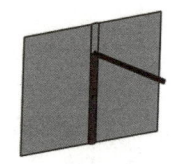 

Flat Position　　　Horizontal Position　　　Vertical Position　　　OverHead Position

---

1) 맞대기(Groove) : 용접하려고 하는 두 개의 모재를 맞대어 용접하는 방법

(2) 파이프(PIPE)[2]

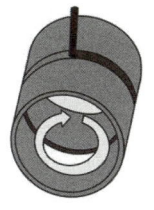

1G Position

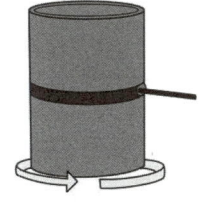

2G Position

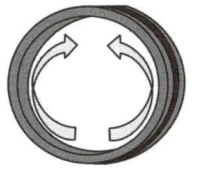

5G Position

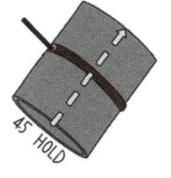

6G Position

(3) 필릿(Fillet)[3]

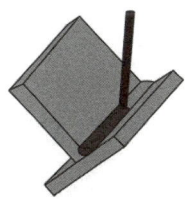

1F : Flat Position

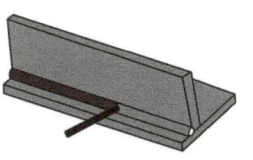

2F : Horizontal Position

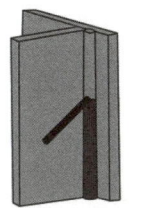

3F : Vertical Position

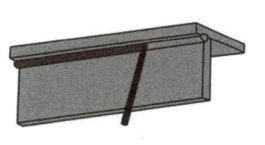

4F : OverHead Position

3 용접의 장·단점

1) 용접의 장점

① 이음구조가 간단하고 이음효율이 높다.

② 기밀, 수밀, 유밀성이 우수하다.

③ 재료의 두께에 관계없이 접합 할 수 있다.

④ 재료가 절약되고 작업 공정이 줄어 경제적이다.

⑤ 이종 재료도 접합이 가능하다.

⑥ 보수 및 수리가 용이하다.

⑦ 자동화가 용이하다.

2) 용접의 단점

① 저온취성이 발생할 우려가 있다.

② 작업자의 기량에 따라 품질이 좌우된다.

③ 용접에 의한 변형과 수축이 발생한다.

④ 용접부의 결함 확인이 어렵다. (기공, 균열, 융합불량 등)

⑤ 용접에 의한 재질의 변형 및 잔류 응력이 발생한다.

---

2) 파이프(PIPE):용접하려고 하는 두 개의 파이프를 맞대어 용접하는 방법
3) 필릿(Fillet):2장의 판을 T자 형이나 겹쳐놓은 코너 부분을 용접하는 방법

4 용접의 분류

1) 야금적 접합법 : 열(전기, 가스, 반응열 등), 압력 등이 작용하여 서로 접합하는 방법이다.

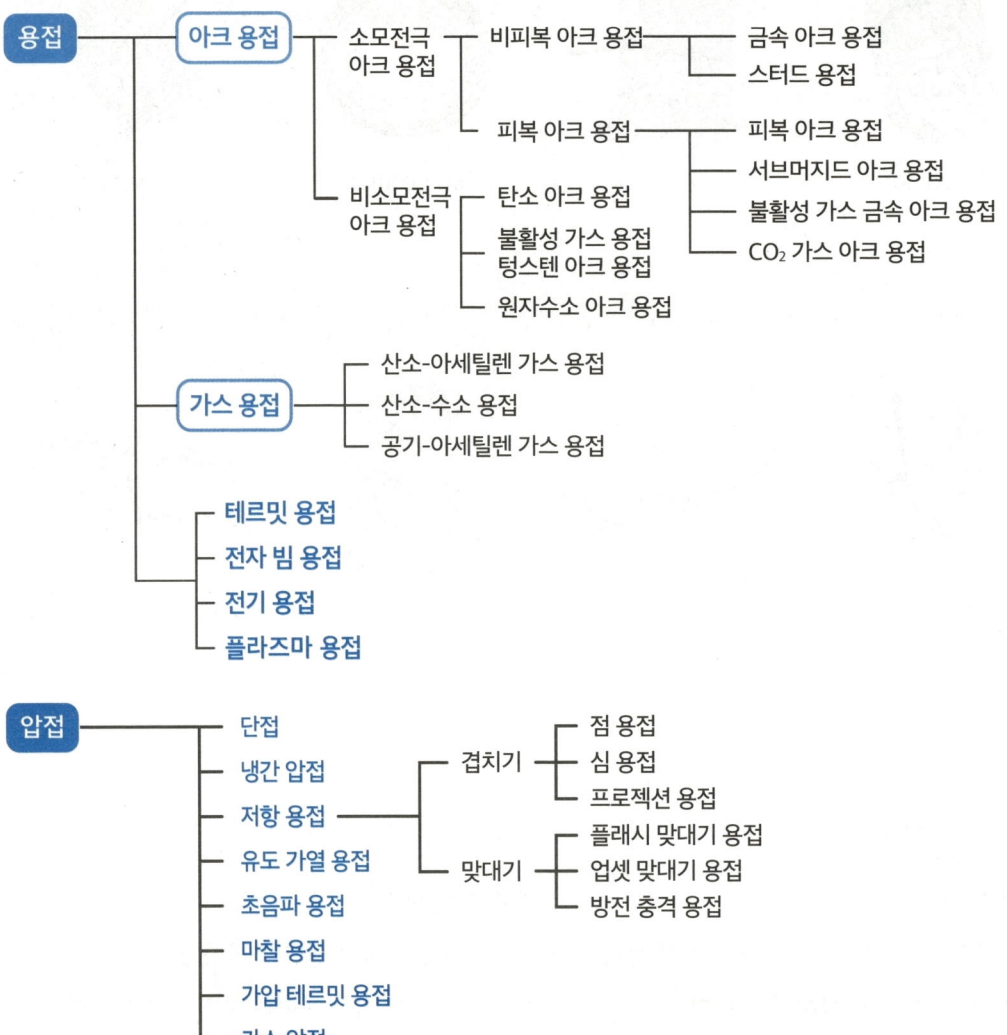

① **융접** : 접합 부분이 용융 또는 반용융 상태에서 접합하는 방법이다.

② **압접** : 접합 부분이 열간 또는 냉간 상태에서 압력을 주어 접합하는 방법이다.

③ **납땜** : 모재를 녹이지 않고, 모재보다 낮은 용융점의 금속으로 접합하는 방법이다.

• **연납땜**(Soldering, 솔더링) : 450℃ 이하에서 납땜 **예** 전자기기 회로

• **경납땜**(Brazing, 브레이징) : 450℃ 이상에서 납땜 **예** 동배관의 이음

2) 기계적 접합법 : 금속의 변화 없이, 기계적인 역학에 따라 결합한다.

① 볼트이음, 리벳 이음, 핀, 키, 접어 잇기 등

5 **아크용접**(용극식(소모식) 및 비용극식(비소모식) 아크 용접법)

1) **아크란?** : 용접봉과 모재 사이에 전압이 걸리고, 용접봉 끝이 모재에 접촉하는 순간 방전으로 강한 빛과 고열을 내는 원호 모양의 불꽃이다.

2) **용극식(소모식)** : 아크열에 의해 전극이 녹아 용접이 되는 것이다.

예 피복아크용접, CO_2용접, 서브머지드 아크 용접, 불활성 가스 금속 아크 용접

3) **비용극식(비소모식)** : 전극은 아크열만 일으켜주고 용가재는 따로 공급하는 것이다.

예 가스텅스텐아크용접

6 **전기 저항용접**

1) **정의** : 용접재를 서로 접촉시켜 적당한 압력을 주면서 통전함으로써 접촉저항 및 금속자체의 비저항에 의하여 발생하는 열로 가열되었을 때 압력을 가하여 접합하는 것이다.

2) **종류**

① **맞대기 용접** : 업셋 용접, 플래시 버트 용접

② **겹치기 용접** : 점 용접, 심용접, 프로젝션 용접

3) **발열량** : $Q = 0.24 \cdot I^2 \cdot R \cdot t$

· Q : 발열량(cal)

· I : 전류(A)

· R : 전기저항(ohm)

· t : 시간(sec)

4) **특징**

① 작업 속도가 빠르고 대량생산에 적합하다.

② 산화 및 변질 부분이 적다.

③ 용제나 용접봉이 필요 없다.

④ 접합 강도가 비교적 크다.

⑤ 얇은 박판(0.1mm)도 용접이 가능하다.

⑥ 잔류응력이 적다.

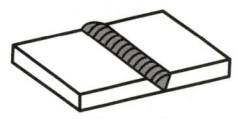

(a) 맞대기 이음

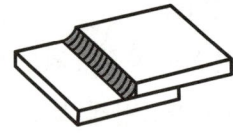

(b) 겹치기 이음

(c) 모서리 이음

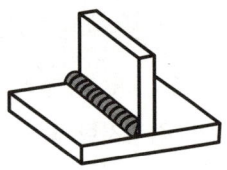

(d) T이음

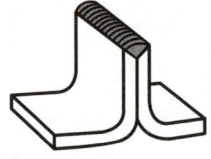

(e) 플랜지형 맞대기 이음

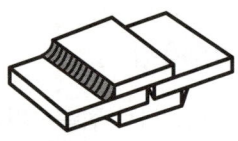

(f) 양면 덮개판 이음

용접 개요 예제

01

용접법과 기계적 접합법을 비교할 때, 용접법의 장점이 아닌 것은?

① 작업공정이 단축되며 경제적이다.

② 기밀성, 수밀성, 유밀성이 우수하다.

③ 재료가 절약되고 중량이 가벼워진다.

④ 이음효율이 낮다.

해 용접의 장·단점

1) 용접의 장점

① 이음구조가 간단하고 이음효율이 높다.

② 기밀, 수밀, 유밀성이 우수하다.

③ 재료의 두께에 관계없이 접합 할 수 있다.

④ 재료가 절약되고 작업 공정이 줄어 경제적이다.

⑤ 이종 재료도 접합이 가능하다.

⑥ 보수 및 수리가 용이하다.

⑦ 자동화가 용이하다.

2) 용접의 단점

① 저온취성이 발생할 우려가 있다.

② 작업자의 기량에 따라 품질이 좌우된다.

③ 용접에 의한 변형과 수축이 발생한다.

④ 용접부의 결함 확인이 어렵다. (기공, 균열, 융합불량 등)

⑤ 용접에 의한 재질의 변형 및 잔류 응력이 발생한다.

02

다음 중 아크용접에서 비용극식(비소모식) 용접법에 해당하는 것은?

① 피복아크용접

② 가스텅스텐아크용접

③ 이산화탄소아크용접

④ 서브머지드아크용접

해 1) 용극식(소모식) : 아크열에 의해 전극이 녹아 용접이 되는 것.

예 피복아크용접, CO_2 용접, 서브머지드 아크용접

2) 비용극식(비소모식) : 전극은 아크열만 일으켜 주고 용가재는 따로 공급하는 것.

예 가스텅스텐 아크용접

| 정답 | 01 ④ 02 ②

CHAPTER 02 피복아크 용접

1 피복아크 용접의 원리

피복제를 입힌 용접봉과 모재 사이에 전기가 통하여 발생한 아크열로 접합하는 방법이다.

2 피복아크 용접 용어 정리

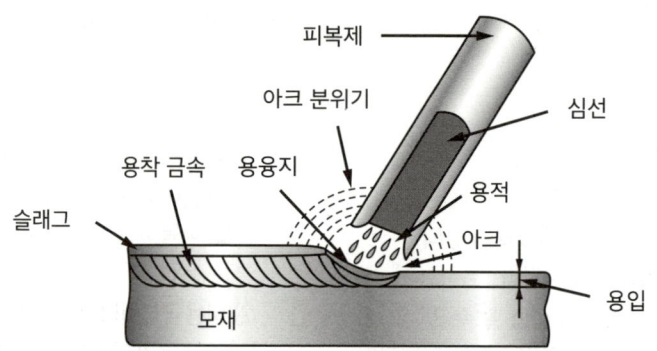

1) **모재** : 용접 재료

2) **심선** : 용접 시 사용하는 용가재로 용접봉의 중앙에 있는 금속선 (재질 : 저탄소 림드강)

3) **피복제** : 용접봉의 심선을 둘러서 쌓여있는 성분

4) **용착금속** : 용접봉이 녹아 용착된 부분의 금속

5) **슬래그** : 용접 후 나타나는 비금속 물질

6) **용융지(용융풀)** : 용접 시 아크열에 의하여 용융된 모재 부분이 오목하게 들어간 부분

7) **용입** : 모재가 녹은 깊이

8) **용착** : 용접봉이 용융지에 녹아 들어간 것

9) **용적** : 용접봉이 녹아 용융지에 떨어지는 용융방울

　※ 용접봉 위빙(운봉) 폭은 심선지름의 2~3배 정도로 하는 것이 적당하다.

용접일반

용접검사및시공

작업안전

용접재료

기계제도

용접기능사기출문제

특수용접기능사기출문제

3 피복아크 용접의 표준 아크 길이

용접봉 크기(Ø)	용접전류(A)	아크길이(mm)	아크전압(V)
1.6	20~50	1.6	14~17
3.2	75~135	3.2	17~21
4.0	110~180	4.0	18~22
4.8	150~220	4.8	18~24
6.4	200~300	6.4	18~26

4 아크 길이에 따른 변화

1) 아크 길이가 짧을 때

① 아크 지속이 어렵고 자주 달라붙는다.

② 열량이 적어 용입 불량이 발생 할 수 있고 슬래그 혼입도 생길 수 있다.

2) 아크 길이가 길 때

① 스패터 발생이 많아진다.

② 언더컷, 오버랩 같은 결함이 발생한다.

③ 공기의 접촉으로 인해 산화, 기공, 균열이 발생한다.

④ 열의 비산으로 용입이 나빠진다.

★집중공부★
5 피복아크 용접 아크 쏠림(Arc Blow, 자기 불림)

1) 아크 쏠림의 원인

• 용접 시 용접봉과 모재 사이에 자기작용으로 인해 아크가 한쪽으로 쏠리는 현상을 말한다.

2) 아크 쏠림의 방지대책

① 용접봉 끝을 아크쏠림의 반대 방향으로 기울인다.

② 용접부 길이가 긴 경우 후진법(후퇴 용접법)으로 용접한다.

③ 아크 길이를 짧게 유지한다.

④ 교류 용접기를 사용한다.

⑤ 접지점을 용접부에서 멀리하거나 접지점을 2개 연결한다.

⑥ 시점과 끝점에 엔드 탭을 사용한다.

6 피복아크 용접봉

1) 피복아크 용접봉의 구성 및 기호

① 피복아크 용접봉의 구성

피복아크 용접봉 | 용착 금속의 최소 인장강도의 수준(N/mm²) | 피복제 계통

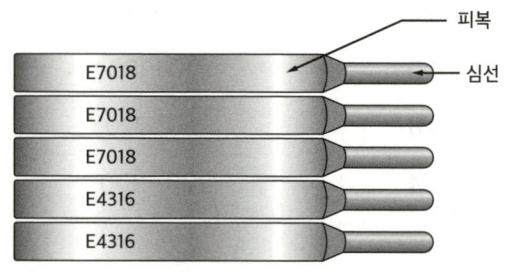

② 피복아크 용접봉의 기호 [E43△□]

- E : 전기용접봉의 뜻(electrode)
- 43 : 용착 금속의 최소 인장강도(단위 : N/mm²)
- △ : 용접 자세(0,1 : 전자세, 2 : 아래보기 또는 수평 필릿, 3 : 아래보기, 4 : 전자세 또는 특정자세 용접)
- □ : 피복제의 종류(극성의 영향)

※ 피복아크 용접봉 전체를 피복제로 피복하지 않고 홀더에 고정할 수 있도록 약 25mm 정도 남겨둔다.

2) 피복아크 용접봉의 종류

① E4301 : 일미나이트계

② E4303 : 라임타이타늄계

③ E4311 : 고셀롤로오스계

④ E4313 : 고산화티탄계

⑤ E4316 : 저수소계

⑥ E4324 : 철분산화타이타늄계

⑦ E4326 : 철분저수소계

⑧ E4327 : 철분산화철계

3) 피복아크 용접봉의 건조 온도

종류	온도(℃)	시간
일반 용접봉	약 100℃	30분~1시간
저수소계 용접봉	약 300~350℃	1시간~2시간

4) 피복아크 용접봉의 표준(mm) 규격

- 1.6mm, 2.0mm, 2.6mm, 3.2mm, 4.0mm, 4.5mm, 5.5mm, 6.0mm

★집중공부★
5) 피복아크 용접봉의 용융속도 구하는 식

- 용접봉 용융속도 = 아크전류 × 용접봉 쪽 전압강하

★집중공부★
7 피복아크 용접봉의 피복제

1) 피복제의 역할

① 아크를 안정시킨다.

② 용착금속의 탈산, 정련 작용을 한다.

③ 슬래그 제거를 쉽게 하고 외관 비드를 좋게 한다.

④ 중성 또는 환원성 분위기로 용융금속을 보호한다.

⑤ 전기절연 작용을 한다.

⑥ 용융금속에 필요한 합금 원소를 첨가한다.

⑦ 용착금속의 냉각속도를 느리게 한다. (급랭 방지)

2) 피복 배합제의 종류

배합제	종류
고착제	규산나트륨, 규산칼륨, 아교 등
탈산제	규소철, 티탄철, 망간철, 알루미늄, 페로실리콘, 소맥분(밀가루), 톱밥 등
아크 안정제	산화타이타늄(산화티탄), 규산나트륨, 규산칼륨, 석회석 등
가스 발생제	전분(녹말), 석회석, 톱밥, 탄산바륨, 셀롤로오스 등
슬래그 생성제	규사, 석회석, 산화철, 이산화망간, 일미나이트 등
합금 첨가제	니켈, 구리, 페로망간, 페로실리콘, 페로크롬, 페로바나듐 등

3) 피복아크 용접봉별 피복제의 특징

① E4301 일미나이트계(CS - 용접봉)

- 일미나이트계가 약 30% 이상 포함되어 있으며, 슬래그 생성계 용접봉이다.

- 전자세용 용접봉이다.

- 기계적 성질이 양호하다.

- 작업성과 용접성이 우수하여 중요 구조물용으로 사용한다.

② E4303 라임타이타늄계

• 산화티탄이 약 30% 이상 포함되어 있으며, 슬래그 생성계 용접봉이다.

• 전자세 용접봉이다.

• 용입은 낮으며 비드 외관은 좋다.

• 작업성 및 기계적 성질이 양호하다.

★집중공부★
③ E4311 고셀룰로오스계

• 셀룰로오스가 약 20~30% 정도 포함되어 있다.

• 용접 전류를 슬래그 실드계 용접봉에 비해 10~15% 낮게 사용한다.

• 용접 전 70~100℃에서 30분~1시간 정도 건조 후 사용해야 한다.

• 슬래그가 적어 좁은 홈의 용접성이 좋다.

• 수직 상진·하진 및 위보기 자세에 용접성이 좋다.

• 기공이 발생하기 쉽다.

• 스프레이형의 아크를 발생하므로 용입이 깊고 스패터가 많으며 비드 표면이 거칠다.

• 가스실드에 의한 환원성 아크분위기로 용착금속의 기계적 성질이 좋다.

★집중공부★
④ E4313 고산화티탄계(CR13-용접봉)

• 산화티탄이 약 35% 정도 포함되어 있다.

• 용입이 낮아 박판 용접에 적합하다.

• 아크가 안정적이며 비드 외관 및 작업성이 좋다.

• 기계적 성질은 다른 용접봉에 비해 약하고 고온 균열이 생길 수 있다.

★집중공부★
⑤ E4316 저수소계

• 주성분은 석회석이나 형석이다.

• 아크 시작 시 기공이 발생 할 수 있다.

• 용착금속에 수소 함량이 적다.

• 용착금속의 내균열성, 기계적 성질이 우수하다.

• 아크가 조금 불안정하고 슬래그 유동성 및 작업성이 나쁘다.

• 고장력강 및 탄소나 황의 함유량이 많은 강에 적합하다.

• 용접봉 사용 전 300~350℃에서 1~2시간 정도 건조 후 사용해야 한다.

⑥ E4324 철분산화타이타늄계

• 고산화티탄계에 약 50% 정도의 철분을 첨가한 것이다.

• 금속의 기계적 성질은 E4313(고산화티탄계) 용접봉과 비슷하다.

- 용입이 낮으며 비드 외관이 좋다.
- 용접 작업성 및 능률이 좋다.
- 주로 아래보기 및 수평 필릿 자세 용접에 사용한다.

⑦ E4326 철분저수소계
- E4316(저수소계) 용접봉의 피복제에 30~50% 철분을 첨가한 것이다.
- 금속의 기계적 성질이 좋고 용착속도가 커서 작업능률이 좋다.
- 스패터 발생이 적고 비드 외관이 좋다.
- 주로 아래보기 및 수평 필릿 자세 용접에 사용된다.

⑧ E4327 철분산화철계
- 산화철을 주성분으로 30~45%의 철분이 첨가한 것이다.
- 아크는 스프레이형으로 스패터가 적다.
- 금속의 기계적 성질이 좋고 용착효율 및 용접속도가 빠르다.
- 슬래그 박리성이 좋아 아래보기나 수평필릿 자세 용접에 사용된다.

4) 보호방식에 따른 분류
① **가스 발생식**: E4311
② **반 가스 발생식**: E4313
③ **슬래그 생성식**: E4301, E4303, E4316 등

5) 용적이행 방식에 따른 분류
- 소모성 전극을 이용한 아크 용접(피복아크용접, MIG, CO_2 용접 등)에서 금속이 용융된 와이어로부터, 모재로 이동하는 현상이다.

이행 방식	특징
단락 이행 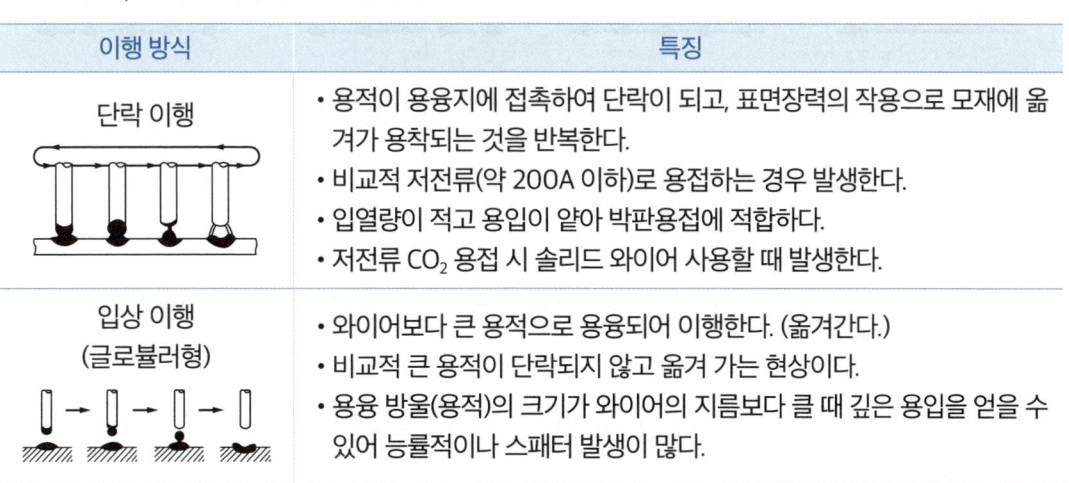	• 용적이 용융지에 접촉하여 단락이 되고, 표면장력의 작용으로 모재에 옮겨가 용착되는 것을 반복한다. • 비교적 저전류(약 200A 이하)로 용접하는 경우 발생한다. • 입열량이 적고 용입이 얕아 박판용접에 적합하다. • 저전류 CO_2 용접 시 솔리드 와이어 사용할 때 발생한다.
입상 이행 (글로뷸러형)	• 와이어보다 큰 용적으로 용융되어 이행한다. (옮겨간다.) • 비교적 큰 용적이 단락되지 않고 옮겨 가는 현상이다. • 용융 방울(용적)의 크기가 와이어의 지름보다 클 때 깊은 용입을 얻을 수 있어 능률적이나 스패터 발생이 많다.

이행 방식	특징
스프레이 이행	• 와이어보다 작은 용적으로 용융되어 이행한다. (옮겨간다.) • 용적이행으로 가장 많이 사용되며 용가재가 고속으로 용융되어 미입자의 용적으로 분사되어 모재로 옮겨가면서 용착되는 방식이다. • 고전압, 고전류에서 발생하고 아르곤 가스나 헬륨가스를 사용하는 경합금 용접에 주로 나타난다. • 용적이 작은 입자로 스패터 발생이 적고 용입이 깊으며, 완전한 스프레이 이행이 된다. • MIG 용접 시 주로 사용된다.
펄스 이행	• 낮은 전류에서 스프레이 이행이 이루어지며 박판 용접 시 이용한다.

8 피복아크 용접법

★집중공부★
1) 운봉에 대한 종류

① **전진법** : 한쪽 끝에서 다른 쪽으로 용접하는 방법으로 용접장이 짧으면 변형, 잔류응력이 문제가 되지 않지만, 용접장이 길면 잔류응력과 수축이 발생한다.

② **후진법** : 용접을 단계적으로 후퇴하면서 용접하는 방법으로 수축과 잔류응력을 줄이는 방법이다.

③ **대칭법** : 용접부의 중심에서 좌, 우로 대칭적으로 용접하는 방법으로, 변형과 수축응력의 경감법이다.

④ **스킵법**(비석법) : 용접부를 짧게 나눈 다음 띄엄띄엄 용접하는 방법으로 잔류응력을 줄이는 방법이다.

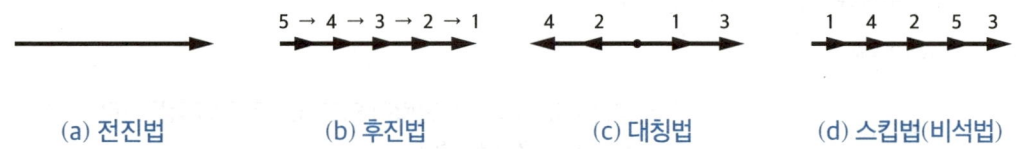

(a) 전진법   (b) 후진법   (c) 대칭법   (d) 스킵법(비석법)

2) 다층 용접법에 의한 분류

① **덧살올림법** : 각 층마다 전체 길이를 용접하면서 쌓아 올리는 방법으로 가장 많이 사용하는 방법이다.

② **전진블록법** : 한 개의 용접봉으로 살을 붙일만한 길이로 구분해서 홈을 한층 완료 후 다른 층을 용접하는 방법이다.

③ **캐스케이드법**:한 부분의 몇 층을 용접하다가 이것을 다른 부분의 층으로 연속시켜 전체가 계
단 형태의 단계를 이루도록 용접하는 방법이다.

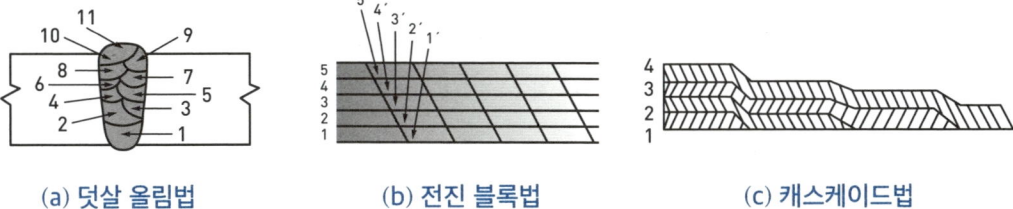

<table>
<tr><td>(a) 덧살 올림법</td><td>(b) 전진 블록법</td><td>(c) 캐스케이드법</td></tr>
</table>

3) 본 용접시 주의사항

① 가능한 용접은 자유단으로 보낸다. (잔류응력 방지)

　자유단:다른 요소에 의해 억제되지 않은 부분

② 수축이 큰 이음을 먼저 용접한다. (맞대기 이음 → 필릿 이음)

③ 맞대기이음의 경우 짧은 이음을 먼저, 긴 이음은 나중에 용접한다.

④ 중앙에서 양끝을 향해 용접한다.

⑤ 용접물의 중심에서 항상 대칭으로 용접을 한다.

⑥ 용접물의 중립축을 생각하고, 그 중립축에 대하여 용접 수축력의 모멘트 합이 0이 되게 하면
용접선 방향에 대해 굽힘이 없어진다.

9 피복아크 용접기

1) 피복아크용접기의 정의

- 열원을 공급해 주는 기기로서 낮은 전압으로 대전류를 흐르게 할 수 있도록 제작되어 있으며, 종류에 따라 직류 아크 용접기와 교류 아크 용접기가 있다.

2) 피복아크 용접기의 구비조건

① 구조 및 취급이 간단해야 한다.

② 용접 중 온도 상승이 작아야 한다.

③ 전류 조절이 쉽고 전류가 일정하게 흘러야 한다.

④ 역률 및 효율이 좋아야 한다.

⑤ 적당한 무부하전압이 유지되어야 한다. (DC : 40~60V, AC : 70~80V)

⑥ 아크 발생이 쉽고 아크가 안정되어야 한다.

3) 용접기의 전기적 특성

① **정전류 특성** : 부하 전압 및 전류가 변하더라도, 단자 전류는 거의 변하지 않는 특성을 말한다.

② **정전압 특성** : 부하 전압 및 전류가 변하더라도, 단자 전압은 거의 변하지 않는 특성을 말한다. (CP특성이라고 한다.)

③ **수하 특성** : 부하 전류의 증가에 따라, 단자 전압이 낮아지는 특성(아크의 안정)을 말한다.

④ **상승 특성** : 부하 전류의 증가에 따라, 단자 전압이 약간 높아지는 특성을 말한다.

⑤ **MIG, CO_2용접** : 전류 밀도가 높아 정전압 특성 또는 상승 특성이 있다.

⑥ **아크길이 자기제어 특성** : 아크 전류가 일정할 때 아크 전압이 높아지면 용접봉의 용융속도가 늦어지고 아크 전압이 낮아지면 용융속도가 빨라지는 특성이다.

전류 밀도가 클 때 가장 잘 나타나고, 자동 용접에서 와이어를 자동 송급할 경우 용접중에 아크 길이가 다소 변하더라도 아크는 자동적으로 자기 제어 특성에 의해 항상 일정한 길이를 유지한다.

★집중공부★
4) 피복아크 용접기의 종류

① 직류 아크 용접기와 교류 아크 용접기의 차이점

구분	직류 용접기	교류 용접기
구조	복잡	간단
아크 쏠림 방지	불가능	가능
아크의 안정성	안정적	불안정
역률	양호	불량

용접 일반

용접 검사 및 시공

작업안전

용접 재료

기계제도

용접기능사 기출문제

특수용접기능사 기출문제

구분	직류 용접기	교류 용접기
무부하전압	낮다(40~60V)	높다(70~80V)
비피복 용접봉	사용가능	불가능
극성 변화	가능	불가능
전격의 위험	적음	많음
유지 보수	약간 어려움	쉬움
고장	많음	적음
가격	고가	저렴

★집중공부★
② 극성에 따른 비교

구분	직류 정극성(DCSP)	직류 역극성(DCRP)
연결 방법	모재(+):70%, 용접봉(-):30%	용접봉(+):70%, 모재(-):30%
비드 폭	좁음	넓음
용융 속도	용접봉의 용융속도가 느림	용접봉의 용융속도가 빠름
용입	깊음	낮음
사용 용도	후판 용접	얇은판 용접 (박판, 합금강, 비철금속)

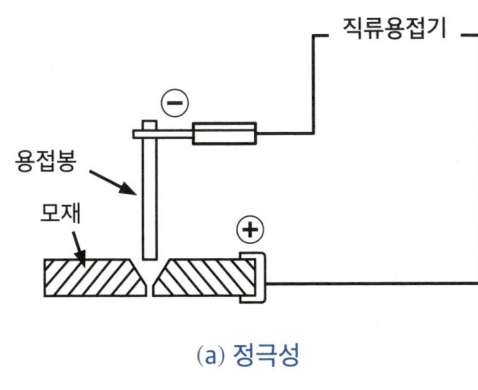

(a) 정극성

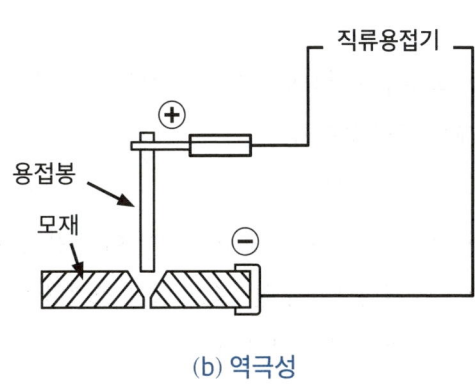

(b) 역극성

③ 용접기 설치도

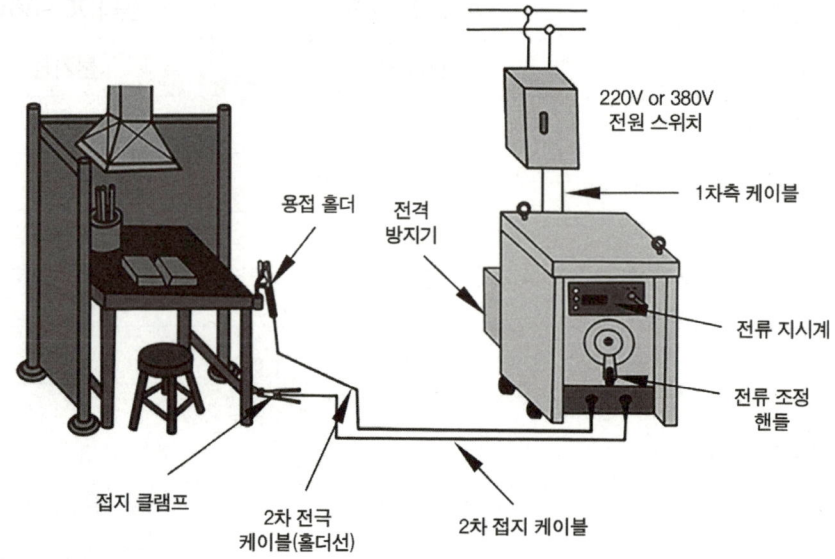

5) 직류 아크 용접기

① 발전기형 (엔진 구동형, 전동 발전형)

• 보수와 점검이 어렵다.

• 가격이 고가이다.

• 전기를 공급받기 어려운 곳에서 사용한다.

② 정류기형

• 보수와 점검이 쉽다.

• 가격이 저렴하다.

• 교류를 정류하므로 완전한 직류를 얻지 못한다.

6) 교류 아크 용접기

① 가동 철심형

• 현재 가장 많이 사용하는 교류 아크 용접기이다.

• 가동철심으로 누설자속의 양을 조절하여 전류를 조정한다.

• 미세한 전류 조절이 가능하다.

② 가동 코일형

• 가격이 비싸며 현재는 거의 사용하지 않는다.

• 2차 코일은 고정된 상태로 1차 코일을 움직여 두 코일간의 간격을 변화시켜 전류를 조정한다.

• 아크가 안정적이고 소음이 거의 없다.

③ 탭 전환형

- 코일의 감긴 수에 따라 전류를 조정한다.
- 미세 전류 조정 시 무부하전압이 높아 전격 위험이 크다.
- 넓은 범위의 전류 조정이 어렵다.

④ 가포화 리액터형

- 조작이 간단하고 원격제어가 된다.
- 전기적 전류 조정으로 소음이 거의 없다.
- 가변 저항의 변화로 용접전류를 조정 한다.

7) 교류 아크 용접기의 규격

규격	정격 2차 전류(A)	정격 사용률(%)	정격 부하전압(V)	용접봉 지름(mm)
AW-200	200		30	2.0~4.0
AW-300	300	40	35	2.6~6.0
AW-400	400		40	3.2~8.0
AW-500	500	60		4.0~8.0

8) 용접 부속 장치

① **전격 방지기**: 비교적 높은 무부하 전압(85~90V)으로 교류아크 용접기에 감전위험을 보호하기 위해 설치하는 것으로 용접 작업을 하지 않을 때는 2차 무부하 전압이 항상 20~30V로 유지 되도록 하여 감전 위험을 방지 할 수 있다. (용접기 내부 또는 뒷면에 설치)

② **원격제어 장치**: 원격으로 전류를 조절하는 장치이다. (용접기와 거리가 먼 경우 사용 편리)

③ **핫스타트 장치**: 처음 아크 발생 시 용접봉과 모재가 냉각되어 있어 아크 발생이 불안정하기 때문에 아크발생 초기에만 용접 전류를 크게 해주는 장치이다.

- 아크 발생을 쉽게 한다.
- 아크 초기의 용입을 좋게 한다.
- 기공 발생을 방지한다.

④ **고주파 발생 장치**: 안정적인 아크를 얻기 위해 상용 주파의 아크전류 외에 고전압(2,000~3,000V)의 고주파 전류를 중첩시키는 방식으로 아크 발생과 용접 작업을 원활하게 하는 장치이다.

9) 피복아크 용접기의 사용률, 역률 및 효율

★집중공부★
① 사용률 : 용접기를 얼마나 사용할 수 있는가?

$$사용률(\%) = \frac{아크시간}{아크시간 + 휴식시간} \times 100$$

예 아크시간 : 6시간, 휴식시간 4시간이면 사용률은 60%가 된다.

② 역률(Power Factor) : 전압과 전류가 얼마나 유효하게 일을 했는가?

$$역률(\%) = \frac{소비전력(kW)}{전원입력(kVA)} \times 100$$

- 소비전력 = 아크출력 + 내부손실
- 전원입력 = 무부하전압 × 정격 2차 전류
- 아크출력 = 아크전압 × 정격 2차 전류

즉, 전원은 100이 입력 되었으나, 실제 소비된 전력(용접에 사용된 것, 내부에서 손실된 것의 합)은 이보다 작다는 것을 의미한다.

역률이 높으면 좋은 용접기인가? 전원 입력 대비 소비전력이 높으면 좋은 용접기라고 할 수 있는데, 소비전력이 너무 높으면 효율이 떨어진다. 따라서, 소비전력에 변화가 없고, 전원입력을 적게 할 수 있으면 좋은 용접기라고 할 수 있다. 즉, 역률이 좋다고 무조건 좋은 용접기가 아니다.

③ 효율 : 용접기가 소비한 전력에서 실제 아크 발생에 사용된 비율은 얼마인가?

$$효율(\%) = \frac{아크출력(kW)}{소비전력(kW)} \times 100$$

예 AW-200, 무부하전압 80V, 아크전압 30V인 교류 용접기의 역률, 내부손실은 4kW
- **전원입력** : 80V × 200A = 16000VA = 16kVA
- **아크출력** : 30V × 200A = 6000VA = 6kVA
- **소비전력** : 6kVA + 4kW = 10kW
- **역률** : 10kW/16kVA × 100 = 62.5%
- **효율** : 6kVA/10kW = 60%

④ **허용사용률** : 전격 2차 전류 이하의 전류로서 용접을 하는 경우 허용되는 사용률을 말한다.

$$허용사용률\,(\%) = \frac{(정격2차\ 전류)^2}{(실제의\ 용접\ 전류)^2} \times 정격사용률\,(\%)$$

예 정격 2차 전류 200A, 정격사용률 40%, 아크용접기로 150A의 용접전류 사용시 허용 사용률은?

$$\frac{(200A)^2}{(150A)^2} \times 40\% = \frac{40,000}{22,500} \times 40 = 약\ 71.1\%$$

10) 피복아크 용접기의 입열

$$계산\ 공식:\ H = \frac{60EI}{V}[J/cm]$$

- H : 용접 입열
- E : 아크 전압[V]
- I : 아크전류[A]
- V : 용접 속도[cm/min]

10 용접 홀더 및 기타 기구

1) 용접 홀더의 형식

① **A형** : 안전형 홀더로 전체가 절연된 홀더이다.

② **B형** : 비안전형 홀더로 손잡이 부분만 절연된 홀더이다.

2) 용접 홀더의 종류

종류	정격 용접전류(A)	홀더로 잡을 수 있는 용접봉 지름(mm)	접속할 수 있는 최대 홀더용 케이블의 도체 공칭단면석(mm²)
125호	125	1.6~3.2	22
160호	160	3.2~4.0	30
200호	200	3.2~5.0	38
250호	250	4.0~6.0	50
300호	300	4.0~6.0	50
400호	400	5.0~8.0	60
500호	500	6.4~10.0	80

3) 차광유리

① 용접 종류에 따른 차광유리 규격

차광도 \ 용접	피복아크용접	가스텅스텐아크용접	이산화탄소아크용접
9#	-	40~79A	-
10#	-	80~174A	40~79A
11#	50~149A	80~174A	80~120A
12#	150~249A	175~299A	125~174A
13#	250~400A	300~499A	175~299A

- 가스 용접 및 가스 절단 : 4~6번
- 피복 아크 용접 : 10~11번
- MIG 용접 : 12~13번

4) 기타 용접 기구

① **안전 보호구** : 앞치마, 핸드실드 및 헬멧, 용접 장갑, 팔 덮개, 발커버, 차광유리 등

② **접지 클램프** : 용접기와 모재를 접속하는 기구

③ **케이블 접속기구** : 케이블 커넥터, 케이블 러그, 케이블 조인트

④ **커넥터** : 케이블을 접속하는 기구

피복아크 용접 예제

학습 영상
p35-36

01

다음 중 아크 쏠림(자기불림)을 방지하기 위한 방지대책으로 옳은 것은?

① 아크길이를 길게 유지한다.

② 직류용접기를 사용한다.

③ 접지점을 용접부에서 가깝게 유지한다.

④ 시점과 끝점에 엔드탭을 사용한다.

해 아크 쏠림의 방지대책
① 용접봉 끝을 아크쏠림의 반대 방향으로 기울인다.
② 용접부 길이가 긴 경우 후진법(후퇴 용접법)으로 용접한다.
③ 아크 길이를 짧게 유지한다.
④ 교류 용접기를 사용한다.
⑤ 접지점을 용접부에서 멀리하거나 접지점을 2개 연결한다.
⑥ 시점과 끝점에 엔드 탭을 사용한다.

02

피복아크용접봉의 종류 중 저수소계 용접봉에 해당하는 용접기호는?

① E4301   ② E4303

③ E4313   ④ E4316

해 피복아크용접봉의 종류
① E4301 : 일미나이트계
② E4303 : 라임타이늄계
③ E4311 : 고셀룰로오스계
④ E4313 : 고산화티탄계
⑤ E4316 : 저수소계
⑥ E4324 : 철분산화타이늄계
⑦ E4326 : 철분저수소계
⑧ E4327 : 철분산화철계

03

다층 용접법의 종류 중 그림과 같이 각 층마다 전체 길이를 용접하면서 쌓아 올리는 방법으로 가장 많이 사용하는 방법은?

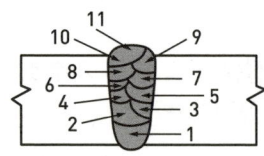

① 비녀장법　　　　② 덧살올림법
③ 케스케이드법　　④ 전진블록법

해 **다층 용접법에 의한 분류**

① 덧살올림법 : 각 층마다 전체 길이를 용접하면서 쌓아 올리는 방법으로 가장 많이 사용하는 방법이다.

② 전진블록법 : 한 개의 용접봉으로 살을 붙일만한 길이로 구분해서 홈을 한층 완료 후 다른 층을 용접하는 방법이다.

③ 캐스케이드법 : 한 부분의 몇 층을 용접하다가 이것을 다른 부분의 층으로 연속시켜 전체가 계단 형태의 단계를 이루도록 용접하는 방법이다.

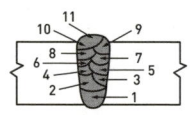

(a) 덧살 올림법

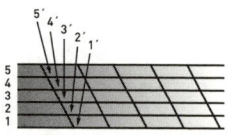

(b) 전진 블록법

(c) 캐스케이드법

04

AW-300, 무부하 전압 80V, 아크 전압 20V인 교류용접기를 사용할 때, 다음 중 역률과 효율을 올바르게 구한 것은? (단, 내부손실을 4KW라 한다.)

① 역률 : 80.0%, 효율 : 20.6%

② 역률 : 20.6%, 효율 : 80.0%

③ 역률 : 60.0%, 효율 : 41.7%

④ 역률 : 41.7%, 효율 : 60.0%

해 역률(%) = 소비전력/전원입력 × 100(%) 이다.

전원입력 = 무부하전압 × 전격2차전류(AW-300규격)이므로

전원입력 = 80V × 300A = 24,000W이다.

소비전력 = 아크 전력 + 내부 손실이므로

소비전력 = 20V × 300A + 4KW(= 4,000W) = 10,000W

따라서 역률은 10,000W/24,000W × 100(%) = 41.66% = 약 41.7%

효율(%) = 아크전력/소비전력 × 100(%)

소비 전력 = 10,000W

아크 전력 = 20V × 300A = 6,000W이므로

효율(%) = 6,000W/10,000W × 100(%) = 60%

| 📖 정답 |　01 ④　02 ④　03 ②　04 ④

CHAPTER 03

가스 용접

학습 영상
p37-38

1 가스용접 일반

1) 가스 용접의 정의

- 가연성 가스와 조연성 가스(산소)를 혼합 연소시켜, 용접부를 용융하고, 용가재를 공급하여 접합하는 용접법이다.

2) 가스의 분류

구분	내용	종류
조연성 가스	연소 물질이 타는 것을 도와주는 가스	산소
가연성 가스	산소, 공기를 혼합 연소시키면 빛과 열이 발생하는 가스	아세틸렌, 수소가스, 프로판, 부탄, 메탄(천연가스)
불활성 가스	다른 물질과 반응하지 않는 가스	아르곤, 헬륨, 네온

3) 가스 용접의 장단점

① 장점

- 전원이 없는 곳에서도 쉽게 설치할 수 있다.
- 설비비가 저렴하고 용접기의 운반이 편리하다.
- 아크 용접에 비해 유해 광선 발생이 적다.
- 가열 시 열량 조절이 자유롭게 되어 박판 용접에 적합하다.

② 단점

- 가스 폭발 위험성이 크고, 금속이 탄화 및 산화될 수 있다.
- 열의 효율이 낮아 용접속도가 느리다.
- 열의 집중성이 나빠 효율적인 용접이 어렵다.
- 열 받는 부위가 넓어 변형이 심하게 생긴다.

4) 가스 용접 시 안전조치 사항

- 반드시 보안경을 착용한다.
- 불필요한 긴 호스를 사용하지 않는다.
- 용기 가까운 곳에서는 인화물질의 사용을 금한다.
- 산소호스와 아세틸렌호스는 색을 구분하여 사용한다.

5) 가스용접용 가스의 종류

① 산소가스(O_2)

- 무색, 무취, 무미의 기체이다.
- 액체 산소는 연한 청색을 띤다.
- 대기 중의 공기 속에 약 21% 함유되어 있다.
- 물질의 연소를 도와주는 조연성 가스이다.
- 금(Au), 백금(Pt), 수은(Hg) 등을 제외한 원소와 화합 했을 경우 산화물을 만든다.
- 용기 속의 산소량＝용기의 충전 압력×용기 내부의 용적

② 수소(H_2)

- 무색, 무취, 무미로 인체에 해가 없다.
- 물의 전기분해로 제조한다.
- 비중은 0.0695로 물질 중 가장 가볍다.
- 고압으로 사용이 가능하며 연소 시 탄소가 존재 하지 않아 수중절단용 가스로 사용한다.

③ 아세틸렌가스(C_2H_2)

- 순수 아세틸렌가스는 무색, 무취의 기체이다.
- 아세틸렌가스에는 인화수소, 황화수소, 암모니아 등 불순물이 포함되어 있어 악취가 난다.
- 아세틸렌가스의 비중은 0.906으로 공기보다 가볍다.
- 아세틸렌가스의 1L의 무게는 약 1,176g이다.
- 각종 액체에 용해가 잘되며, 물은 같은 양, 석유 2배, 벤젠 4배, 알코올 6배, 아세톤 25배가 용해된다.
- 구리, 수은 등과 접촉 시 화합물을 생성하며, 폭발성 물질이 생성된다.

④ 액화석유가스(LPG)

- 무색이고 약간의 냄새가 난다.
- 일명 LPG라고 부르며 주로 프로판(C_3H_8), 부탄(C_4H_{10})이 주성분이다.
- 상온에서 기체상태이고 폭발 한계가 좁아 안전도가 높으며 관리가 쉽다.
- 상온에서 가압하면 쉽게 액화할 수 있어 용기에 충전 및 저장이 쉽다. (1/250 정도로 압축 시킬 수 있음)
- 용접 시 혼합비는 4.5(산소) : 1(프로판)이다.

2 산소-아세틸렌가스 용접

1) 가스용접 전진법과 후진법

구분	전진법	후진법
토치 진행방향	오른쪽 → 왼쪽	왼쪽 → 오른쪽
용접 속도	느리다	빠르다
비드 모양	보기 좋다	매끈하지 못하다
모재 두께	5mm 이하 박판	후판
홈 각도	크다(80°)	작다(60°)
용접 변형	크다	작다
열 이용률	나쁘다	좋다
기계적 성질	나쁘다	미세하다
산화정도	심하다	양호하다

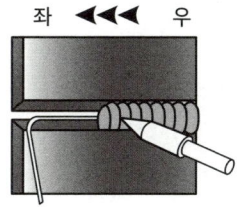 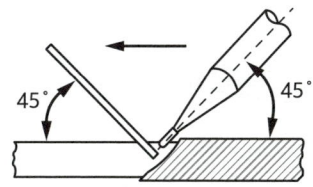 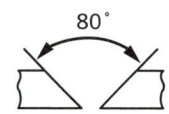

전진법

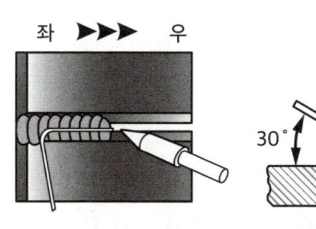 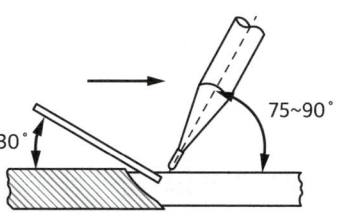 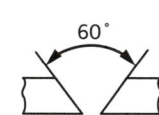

후진법

용접 일반

용접검사 및 시공

작업안전

용접 재료

기계제도

용접기능사 기출문제

특수용접기능사 기출문제

3 산소-아세틸렌 불꽃

1) 가스별 불꽃 온도 및 발열량

종류	화학기호	불꽃온도(℃)	발열량(kcal/m³)
수소	H_2	2,960	2,400
아세틸렌	C_2H_2	3,430	12,500
메탄	CH_4	2,700	8,500
프로판	C_3H_8	2,820	21,000
부탄	C_4H_{10}	2,926	26,000

2) 불꽃의 구성요소

① **불꽃심**(백심) : 팁 끝의 휘백색의 불꽃으로 주로 백심의 끝 부분으로 용접한다.

② **속불꽃** : 백심 주위의 푸른 불꽃이다.

③ **겉불꽃** : 불꽃의 끝 쪽으로 투명한 청색이다.

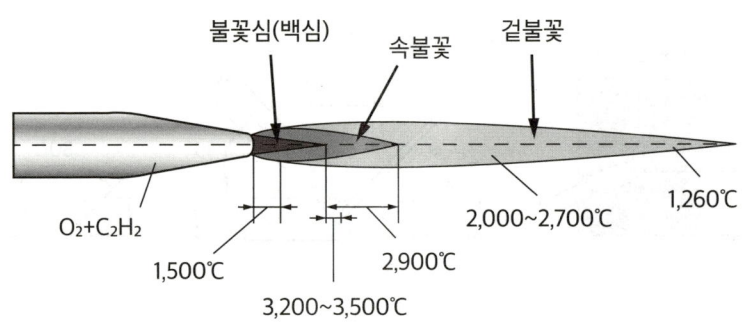

3) 산소-아세틸렌 불꽃의 종류

① **아세틸렌 불꽃** : 최초 아세틸렌 밸브만 열어 점화시킬 때 생성되는 불꽃으로 그을음이 많고, 밝은 빛을 낸다.

② **탄화불꽃** : 아세틸렌 과잉 불꽃으로 산소의 양이 아세틸렌 양에 비해 현저하게 적으며, 금속의 산화를 방지할 필요가 있는 금속(스테인리스, 스텔라이트 등)의 용접에 사용된다.

③ **중성불꽃**(표준불꽃) : 산소, 아세틸렌가스 혼합비가 1:1 정도인 불꽃. 이론상은 혼합비가 2.5:1 이나 공기 중에 산소가 존재 하므로, 약 1:1 정도의 혼합비를 가진다. 연강 용접에 주로 사용한다. 백심과 겉불꽃이 일치하는 지점이 일반적인 중성불꽃이다.

④ **산화불꽃** : 산소과잉 불꽃이라고도 하며, 백심이 작게 나와 있는 상태에서 겉불꽃의 크기가 점점 작아진다. 산소가 분출되는 소리가 매우 크고 구리, 황동 용접에 주로 사용 된다.

아세틸렌 불꽃

탄화 불꽃

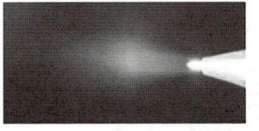
표준 불꽃

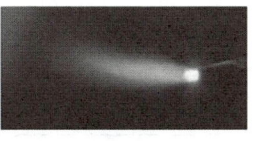
산화 불꽃

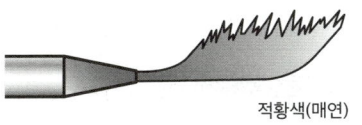

아세틸렌 불꽃(산소를 약간 혼입)

탄화 불꽃(아세틸렌 과잉 불꽃)

담백색

$$\frac{\text{산소}}{\text{아세틸렌}} = \frac{0.05\sim0.95}{1}$$

탄화 불꽃(아세틸렌 과잉 불꽃)

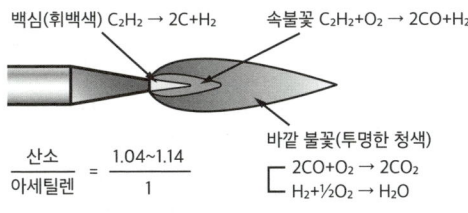

백심(휘백색) $C_2H_2 \rightarrow 2C+H_2$　　속불꽃 $C_2H_2+O_2 \rightarrow 2CO+H_2$

바깥 불꽃(투명한 청색)

$$\frac{\text{산소}}{\text{아세틸렌}} = \frac{1.04\sim1.14}{1}$$

$$\begin{array}{l} 2CO+O_2 \rightarrow 2CO_2 \\ H_2+\tfrac{1}{2}O_2 \rightarrow H_2O \end{array}$$

표준 불꽃(중성 불꽃)

$$\frac{\text{산소}}{\text{아세틸렌}} = \frac{1.15\sim1.70}{1}$$

산화 불꽃(산소 과잉 불꽃)

4) 불꽃의 이상 현상

① **인화** : 팁 끝이 순간적으로 막히게 되면 가스의 분출이 나빠지고 불꽃이 혼합실까지 밀려들어가 토치를 달구는 현상을 말한다.

② **역류** : 토치 내부의 청결이 불량할 때 내부 기관이 막혀 고압의 산소가 압력이 낮은 아세틸렌 쪽으로 흘러 들어가는 현상을 말한다.

③ **역화** : 토치의 팁 끝이 모재와 닿아 팁이 막히거나 팁의 과열과 가스 압력과 유량이 적당하지 않을 때 팁 속에서 폭발음이 나면서 불꽃이 꺼지거나 다시 정상이 되는 현상을 말한다. (자주 발생)

4 가스용접의 설비 및 기구

1) 가스 용접기의 구조(저압식)

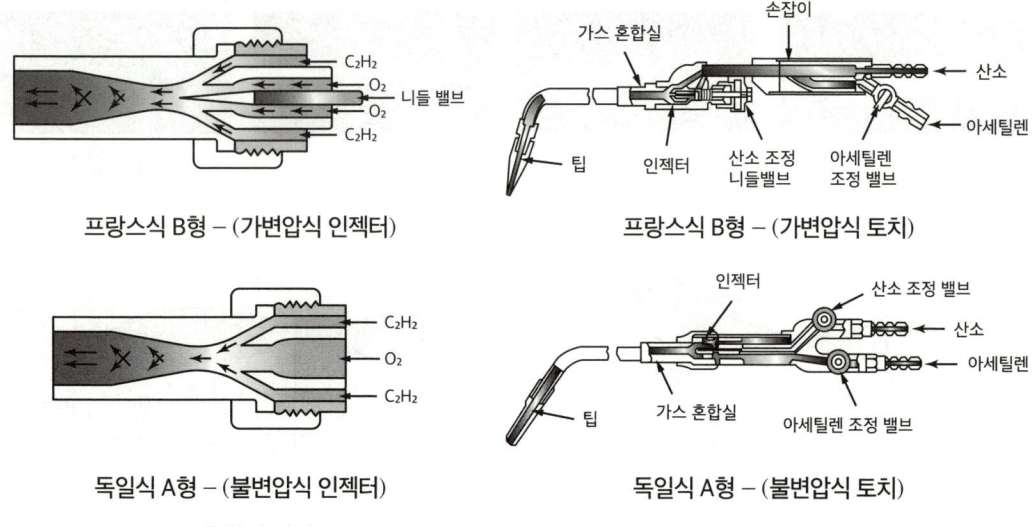

프랑스식 B형 – (가변압식 인젝터)

프랑스식 B형 – (가변압식 토치)

독일식 A형 – (불변압식 인젝터)

독일식 A형 – (불변압식 토치)

(a) 혼합실 단면   (b) 토치의 외형

2) 산소 용기 취급 시 주의사항

① 운반 시 용기를 눕혀 굴리거나 충격을 주지 말아야 한다.

② 운반 밸브를 닫고 안전캡을 씌워서 이동한다.

③ 통풍이 잘되고 직사광선이 없는 곳에 보관하며, 외기온도는 항상 40℃ 이하로 유지해야 한다.

④ 사용 및 저장 시에는 반드시 세워두어야 하고 고정 시에는 쇠사슬로 고정시킨다.

⑤ 밸브에는 그리스(grease)나 기름 등을 묻혀서는 안 된다.

⑥ 누설검사는 비눗물을 사용하여 누설 여부를 확인한다.

3) 산소 용기 각인 내용

① 용기제조자의 명칭 및 기호

② 용기제조 번호

③ 용기의 중량

④ 충전가스의 명칭

⑤ 충전가스의 내용적

⑥ **내압시험압력**(TP) : 용기의 내압시험 압력(kgf/㎠)

⑦ **최고충전압력**(FP) : 최고 충전 압력(kgf/㎠)

⑧ 내압시험 연월

제조사

용기일련번호

용도

제조년도

부피, 무게, 압력 등

4) 산소 용기 속의 산소량 및 소비한 산소량 구하는 식

• 용기 속의 산소량=내용적×충전압력

5) 가스용접 가능시간 구하는 식

$$\text{용접가능시간} = \frac{\text{산소용기 총 가스량}}{\text{시간당 소비량}} = \frac{\text{내용적} \times \text{압력}}{\text{시간당 소비량}}$$

6) 아세틸렌 용기 취급 시 주의사항

① 충전구가 동결되었을 때는 35℃ 이하의 온수로 녹인다.

② 저장 시에는 인화 물질이나 화기에 가까이 하지 않아야 하고 통풍이 양호해야 한다.

③ 눕혀 보관할 경우 아세톤이 유출되기 때문에 반드시 세워서 보관 및 사용해야 한다.

④ 저장소의 전기스위치, 전등 등은 방폭구조여야 한다.

7) 아세틸렌량(L) 구하는 식

① L=905(A−B)

• **905** : 용해 아세틸렌 1kgf가 기화했을 때 15℃, 1kgf/cm^{2}에서 발생하는 아세틸렌 용적

• **A** : 충전된 용기 무게(kgf)

• **B** : 빈 용기 무게(kgf)

8) 가스 용기 및 호스 도색 구분

가스 종류	도색	가스	색
산소 (가스용접, 절단)	녹색	아르곤 (가스텅스텐아크용접)	회색
아세틸렌 (가스용접, 절단)	황색	탄산가스 (이산화탄소용접)	청색
LPG, 프로판 (가스 절단)	회색, 밝은 회색	수소	주황색

9) 토치 사용 시 주의사항

① 토치를 망치 등 다른 용도로 사용하지 않는다.

② 토치 점화 시 반드시 역화 방지기를 설치 후 사용한다.

③ 토치의 팁이 막혔을 때는 팁 클리너를 사용한다.

④ 팁 교체 시 반드시 양쪽 밸브를 모두 닫은 후 교체한다.

⑤ 작업 중 역류, 인화, 역화에 항상 주의하여 작업한다.

⑥ 작업 후 토치를 작업장 바닥에 방치하지 않는다.

10) 가스 용접용 팁

① 토치 끝부분에 결합하여 사용하며 이 부분에서 혼합가스가 나와 발화 연소 된다. 팁은 구리의 함유량 62.8% 이하의 합금 또는 10%의 아연이 함유한 황동이다.

② **불변압식팁**(독일식) : 해당 팁을 사용하여 용접했을 때 적합한 모재의 두께로 번호를 부여한다.

📷 1번 → 약 1mm, 2번 → 약 2mm 두께 모재 용접에 적합

③ **가변압식팁**(프랑스식) : 1시간 동안에 표준 불꽃을 이용하여 용접할 경우 아세틸렌가스의 소비량(L)으로 번호를 부여한다.

📷 100번 → 1시간 동안에 표준 불꽃을 이용하여 용접할 경우 아세틸렌가스가 100L 정도 소모됨

11) 압력 조정기 사용 시 주의사항

① 압력조정기 설치 시 먼지를 불어내고 설치한다.

② 압력조정기 설치 시 나사부나 조정기의 부분에 기름이나 그리스를 바르지 않는다.

③ 압력 지시계가 잘 보이도록 설치하고 유리가 파손되지 않도록 주의하여 설치한다.

④ 취급 시 기름 묻은 장갑 등을 사용하지 않는다.

⑤ 압력조정기 설치 후 감압밸브를 풀고 용기의 밸브를 천천히 연다.

⑥ 압력조정기 설치 후 반드시 비눗물로 점검 후 사용한다.

5 가스 용접봉 및 용제(flux)

1) 가스 용접봉의 조건

① 모재와 같은 재질이어야 하고 충분한 강도를 줄 수 있어야 한다.

② 용융온도는 모재와 동일해야 한다.

③ 용접봉의 재질 중 불순물을 포함하지 않아야 한다.

④ 용접봉은 유해성분이 적은 저탄소강을 사용한다.

2) 가스 용접봉의 기호(KS D 7005)

① GA43

- G : 가스용접봉
- A or B : 용착금속의 연신율 구분
- 43 : 용착금속의 최소 인장강도

② 기타 용어

- P : 용접 후 열처리를 할 것
- A : 용접한 그대로
- SR : 625±25℃에서 응력제거 풀림을 한 시험편
- NSR : 용접한 그대로의 응력제거를 하지 않은 것

3) 연강용 가스 용접봉의 표준치수

- 1.0mm, 1.6mm, 2.0mm, 2.6mm, 3.2mm, 4.0mm, 5.0mm, 6.0mm

4) 가스 용접봉의 종류 및 도색 표시

종류	색	종류	색
-	-	GB32	녹색
GA35	황색	GB35	자색
GA43	청색	GB43	흑색
GA46	적색	GB46	백색

5) 가스 용접봉의 성분이 모재에 미치는 영향

① C(탄소) : 강의 강도를 증가시키나, 연신율, 연성 등은 저하된다.

② Si(규소) : 강도를 저하 시키나, 기공을 줄일 수 있다.

③ P(인) : 강에 취성을 주며 가연성을 떨어뜨린다.

④ S(황) : 다량 첨가 시 기공발생의 위험이 있다.

6) 모재의 두께에 적합한 가스용접봉 지름 구하는 식

$$가스\ 용접봉\ 지름(D) = \frac{판두께(T)}{2} + 1$$

7) 용제란?

- 용제(溶劑), 납땜 작업에서 접합부를 깨끗이 하고, 접합 시에 산화물이 생기는 것을 방지하며, 접합이 확실하게 이루어지도록 조성한다.

8) 용제(flux)의 특징

① 연강 용접시에는 용제를 사용하지 않는다.

② 용제의 융점(녹는점)은 모재의 융점(녹는점)보다 낮은 것을 사용하는 것이 좋다.

③ 용제는 금속의 산화물과 비금속 개재물을 용해하여 용융 온도가 낮은 슬래그를 만들고 용착 금속의 성질을 좋게 만든다.

④ 용융금속의 산화 및 질화를 감소시킨다.

⑤ 전기저항 납땜에 사용되는 용제 도체일 것

⑥ 용제의 유효온도 범위와 납땜의 온도가 일치 할 것

⑦ 땜납이 모재와 친화력이 높을 것

9) 용제가 갖추어야 할 조건

① 모재의 산화 피막과 같은 불순물을 제거하고 유동성이 좋을 것

② 청정한 금속면의 산화를 방지할 것

③ 납땜 후 슬래그의 제거가 용이할 것

④ 수분이 적으며, 모재와 땜납에 부식작용이 적을 것

10) 금속별 용제의 종류

용접 금속	용제
연강	사용하지 않음
반경강	중탄산소다+탄산소다
주철	탄산나트륨 15%, 붕사 15%, 중탄산나트륨 70%
구리 합금	붕사 15%, 염화리튬 25%
알루미늄	염화나트륨 30%, 염화칼륨 45%, 염화리튬 15%, 플루오르화칼륨 7%, 황산칼륨 3%

가스 용접 예제

학습 영상
p47-48

01

다음 중 조연성 가스에 해당하는 것은?

① 산소　　　　② 아세틸렌
③ 수소　　　　④ 프로판

해

구분	내용	종류
조연성 가스	연소 물질이 타는 것을 도와주는 가스	산소
가연성 가스	산소, 공기를 혼합 연소시키면 빛과 열이 발생하는 가스	아세틸렌, 수소가스, 프로판, 부탄, 메탄(천연가스)
불활성 가스	다른 물질과 반응하지 않는 가스	아르곤, 헬륨, 네온

02

가스용접에서 전진법과 비교한 후진법의 특징으로 옳은 것은?

① 용접 속도가 느리다.
② 비드 모양이 아름답다.
③ 용접변형이 크다.
④ 후판 용접에 적합하다.

해

구분	전진법	후진법
토치 진행방향	오른쪽 → 왼쪽	왼쪽 → 오른쪽
용접 속도	느리다	빠르다
비드 모양	보기 좋다	매끈하지 못하다
모재 두께	5mm 이하 박판	후판
홈 각도	크다(80°)	작다(60°)
용접 변형	크다	작다
열 이용률	나쁘다	좋다
기계적 성질	나쁘다	미세하다
산화정도	심하다	양호하다

03

다음 중 산소-아세틸렌 불꽃의 구성요소에 해당하지 않는 것은?

① 불꽃심   ② 속불꽃

③ 겉불꽃   ④ 환원불꽃

해 가스용접에서 불꽃은
① 불꽃심(백심) : 팁 끝의 휘백색의 불꽃이다. 주로 백심의 끝부분을 용접에 사용.
② 속불꽃 : 백심 주위로 푸른 불꽃이다.
③ 겉불꽃 : 불꽃의 끝 쪽으로 투명한 청색이다.

04

산소 용기의 윗부분에 각인되어 있는 표시 중, 최고충전압력의 표시는 무엇인가?

① TP   ② FP

③ WP   ④ LP

해 • 내압시험압력(TP) : Test Pressure, 용기의 내압시험 압력(kgf/cm^2)
• 최고충전압력(FP) : Full Pressure, 최고 충전압력(kgf/cm^2)

CHAPTER 04 절단 및 가공

학습 영상 p49-51

1 가스 절단

1) 가스절단의 원리

- 산소가스와 금속과의 산화반응시 발생하는 반응열을 이용하여 금속을 절단하는 방법이다.

> $Fe + 1/2\ O_2 \rightarrow FeO + 63.8$ kcal(반응열)
> $2Fe + 3/2\ O_2 \rightarrow Fe_2O_3 + 196.8$kcal(반응열)
> $3Fe + 2\ O_2 \rightarrow Fe_3O_4 + 267.8$kcal(반응열)

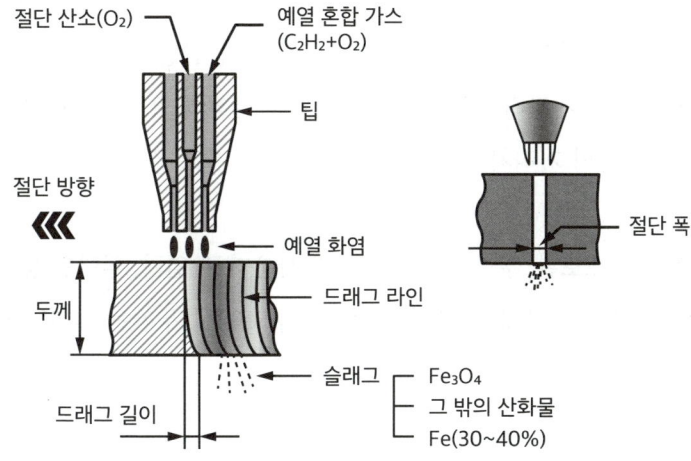

2) 가스절단의 순서 : 가스토치 점화 → 불꽃 세기 조절 → 절단부 예열 → 시작부 가열 → 고압산소밸브 작동 → 가스절단

3) 가스에 따른 종류 : 산소 - 아세틸렌, 산소 - 프로판(LPG) 가스가 사용된다.

아세틸렌	프로판
• 점화 및 불꽃 조절이 쉽다. • 예열시간이 짧게 걸린다. • 표면 이물질의 영향을 적게 받는다. • 박판 절단에 속도가 빠르다.	• 절단면이 깨끗하고, 슬래그가 잘 떨어진다. • 포갬 절단 및 후판 절단 속도가 빠르다. • 산소의 소비량이 아세틸렌에 비해 많다.

4) 모양에 따른 노즐 종류

(a) 스트레이트 노즐   (b) 다이버전트 노즐   (c) 저속 다이버전트 노즐   (d) 직선형 노즐

5) 절단에 적합한 금속 : 주로 강(탄소강, 강철) 또는 저 합금강에 사용되며, 주철, 비철금속, 스테인리스강 등은 가스절단이 잘되지 않는다.

6) 절단에 영향을 미치는 요소

① **팁의 모양 및 크기** : 팁이 커질수록 후판에 적합한다.

② **산소의 순도(99.5%)와 압력** : 순도가 높을수록 절단속도가 빠르고, 소비량이 감소한다.

③ **절단속도** : 불꽃 세기에 비해 절단속도가 빠르면 절단이 중단될 수 있다.

④ **예열 불꽃의 세기** : 불꽃이 강하면 절단면 모서리가 둥글게 되고, 절단면이 거칠게 된다.

⑤ **팁의 거리 및 각도** : 팁의 거리가 너무 멀면 열량이 적어지고, 절단각도에 따라 절단면에 각이 생긴다.

⑥ **사용가스** : 아세틸렌, 프로판, 수소가스 등에 따라 사용기구, 열량, 절단면 등이 달라진다.

⑦ **절단재의 재질, 두께, 표면상태** : 절단재의 재질이 무엇인지, 두께는 얼마나 되는지, 표면 상태는 어떤지에 따라 영향을 미친다.

7) 양호한 절단면을 얻기 위한 조건

① 드래그가 될 수 있으면 작을 것

② 경제적인 절단이 이루어지도록 할 것

③ 절단면 표면의 각이 예리하고 슬래그의 박리성이 좋을 것

④ 절단면이 평활하며 드래그의 홈이 낮고 노치 등이 없을 것

*박리성 : 용접 후 생긴 슬래그가 얼마나 잘 떨어지는 가에 관한 성질

8) '드래그'란? : 가스절단으로 절단면에 보이는 곡선을 말한다.

*'드래그 길이'란? : 드래그와 드래그 사이의 떨어진 거리로 일정한 간격의 곡선을 나타낸다.

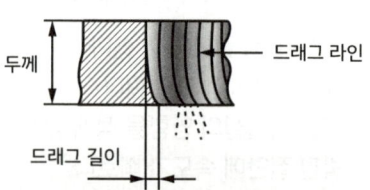

9) 표준 드래그 길이를 구하는 식

$$표준\ 드래그\ 길이\,(mm) = 판\ 두께\,(mm) \times \frac{1}{5}$$
$$= 판\ 두께의\, 20\%$$

10) 드래그 량 구하는 식

$$드래그량\,(\%) = \frac{드래그\ 길이}{판\ 두께} \times 100$$

2 가스 가우징

- 가스 절단과 비슷한 토치를 사용하고 용접 부분의 뒷면을 따내거나 U형, H형의 용접 홈을 가 공하기 위하여 깊은 홈을 파내는 절단 방법이다.
- 주로 용접결함을 제거 할 때 사용한다.

3 스카핑

- 강재 표면의 탈탄 층 또는 홈 등을 제거하기 위해 사용한다.
- 표면을 얇고 넓은 범위로 깎아 내기 위해 사용한다.

4 수중 절단

- 침몰선의 해체, 교량 건설 등에 사용하며, 절단 시 수소와 산소를 이용한다.
  (수중절단 작업 시 절단 산소의 압력은 공기 중 보다 1.5~2배로 한다.)

5 아크 절단

1) 특징

① 가스절단이 철과 산소의 반응열을 이용한다면, 아크 절단은 아크열을 이용하여 모재를 용융
시키고 절단하는 방법을 말한다.

② 가스가 불필요하여 저렴하고, 절단 온도가 높아 신속하지만 절단면이 거칠다.

③ 주철, 비철금속에도 사용이 가능하다.

④ 용융된 모재를 압축공기로 불어낸다.

2) **산소 아크 절단** : 속이 비어 있는 피복 강전극으로 아크를 발생시키고, 산소를 분출하여 반응열에 의해 절단하는 방법이다.

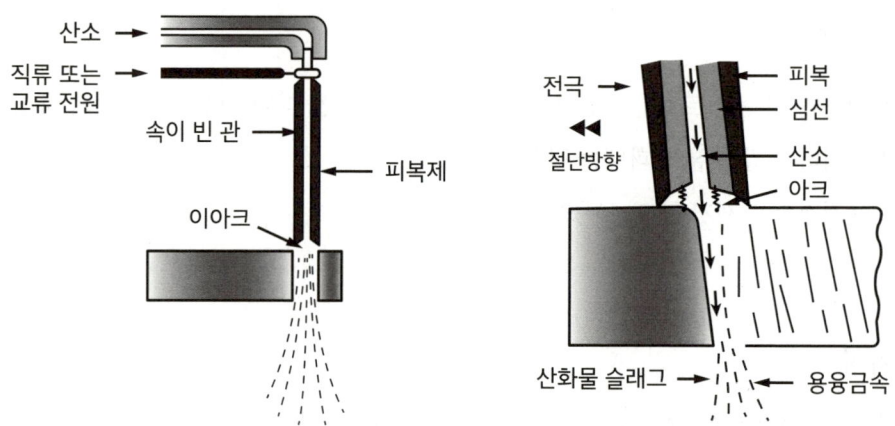

3) **탄소 아크 절단** : 탄소, 흑연 등의 모재 사이에 아크를 일으켜 절단하는 방법이다.

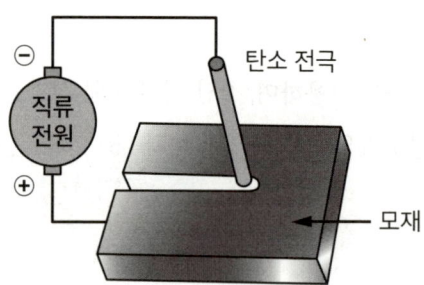

4) **금속 아크 절단** : 탄소 전극봉을 대신하여 절단 전용 특수 피복제를 입힌 전극봉을 이용하여 절단 하는 방법이다.

5) **플라스마 아크 절단** : 전극과 모재 사이에 플라스마 기둥을 가진 아크를 발생시켜, 이때 발생한 열(10,000℃~30,000℃)로 금속을 녹이고, 고압의 공기를 이용하여 녹은 금속을 불어내는 절단 방법이다.

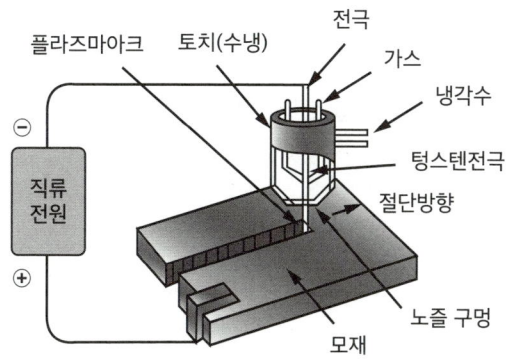

6) **아크 에어 가우징** : 탄소봉을 전극으로 하여 아크를 발생시키고 고압(5~7kgf/cm^2)의 압축공기를 이용하며 이 공기를 분출하여 홈가공, 용접 결함부 제거, 절단 및 구멍 뚫기 등의 작업을 하는 방법이다. 가스 가우징에 비해 작업능률이 2~3배 정도 좋다.

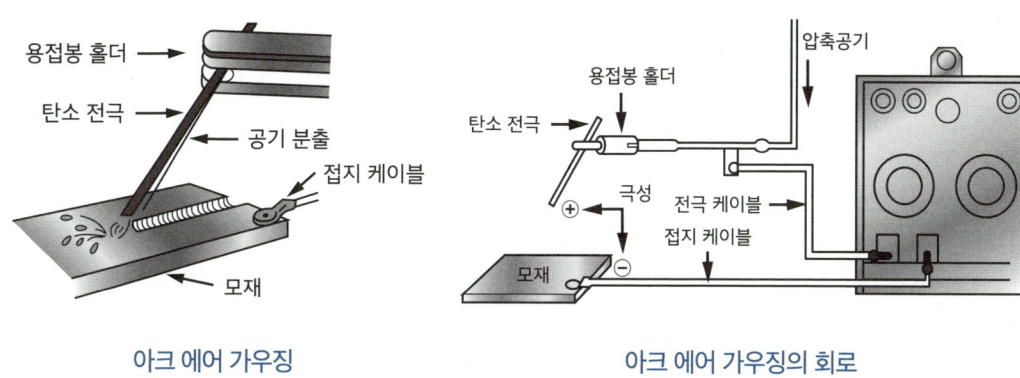

아크 에어 가우징   아크 에어 가우징의 회로

6 포갬(겹치기) 절단

• 얇은 판(6mm 이하)의 절단에서 경제성과 작업 능률을 높이기 위하여 여러 개의 판을 포개어 놓고 한번에 절단하는 방법을 말한다.

• 판과 판 사이의 틈새가 0.08mm 이상이 되면 안 되므로 산화물이나 불순물을 완전히 제거 후 절단해야 한다.

7 분말 절단

• 철분 또는 용제를 연속적으로 절단용 산소 속에 혼합시켜 그 반응열을 이용한 절단 방법이다.

8 산소창 절단

• 가늘고 긴 강관(안지름 3.2~6mm, 길이 1.5mm~3m)에 산소를 공급하여 창 자체가 연소되면서 절단하는 방법이다.

CHAPTER 04 절단 및 가공 예제

학습 영상
p55-56

01

다음 중 양호한 절단면을 얻기 위한 조건으로 틀린 것은?

① 드래그가 가능한 클 것
② 슬래그 이탈이 양호할 것
③ 절단면 표면의 각이 예리할 것
④ 절단면이 평활하며 드래그의 홈이 낮을 것

해 드래그가 작아야 절단면이 양호하다.
(너무 작은 경우 절단속도는 느려진다.)

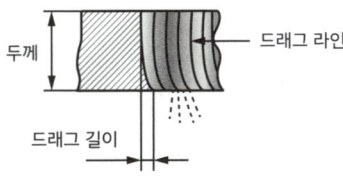

02

강재나 표면의 탈탄 층 또는 홈 등을 제거하기 위해 사용하는 가스 가공법은?

① 스카핑
② 금속 아크 절단
③ 아크 에어 가우징
④ 플라즈마 제트 절단

해 스카핑에 대한 설명이다.

🔎 **문제의 키워드**
절단이 아닌, 표면층을 제거하는 용도의 가스 가공법

03

압축공기를 이용하여 가우징, 결함부위 제거, 절단 및 구멍뚫기 등에 널리 사용되는 아크 절단 방법은?

① 탄소 아크 절단
② 금속 아크 절단
③ 산소 아크 절단
④ 아크 에어 가우징

해 아크에어 가우징에 관한 설명으로 탄소봉을 전극으로 하여 아크를 발생시키고 압축공기를 이용하여 공기를 분출하여 홈가공, 용접 결함부 제거, 절단 및 구멍 뚫기 등의 작업을 하는 방법이다.

🔍 **문제의 키워드**

압축공기 / 탄소 아크 절단과 금속 아크 절단에는 압축공기가 사용되지 않으며, 산소 아크 절단에는 산소 가스가 사용된다.

아크 에어 가우징

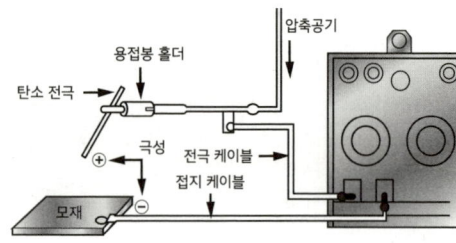

아크 에어 가우징의 회로

CHAPTER 05

특수 용접 및 기타 용접

학습 영상
p57-59

1 서브머지드 아크 용접

1) 서브머지드 아크 용접의 정의

- 용접 부에 미세한 입상 용제를 공급하고, 그 속에서 공급되는 와이어의 용접봉 끝과 모재 사이에 아크가 발생하여 용접하는 방법이다.
- 불가시 아크 용접, 잠호용접, 유니언멜트 용접이라고도 한다.

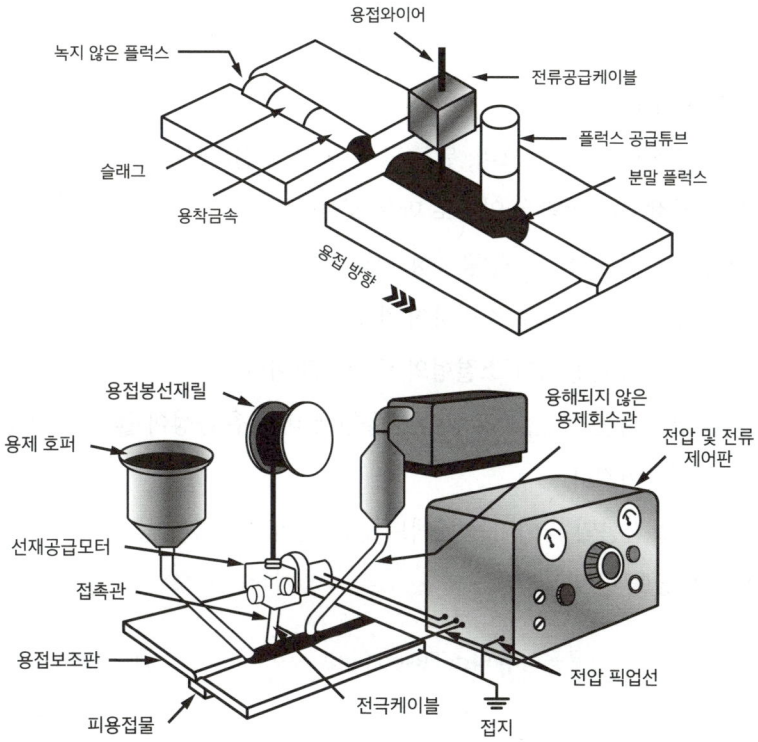

2) 서브머지드 아크 용접의 장점 및 단점

- 장점
① 용접속도는 피복아크 용접에 두께가 12mm일 때 약 2~3배, 25mm일 때 5~6배, 50mm일 때 8~12배가 되므로 능률이 높다.
② 용착금속의 기계적 성질이 우수하고 용접 품질을 양호하게 할 수 있다.

③ 용접 중 대기중의 보호가 확실하여 대기 중의 산소, 질소 등의 영향을 받지 않는다.

④ 용제의 단열 작용으로 용입을 크게 할 수 있고, 용융속도 및 용착속도가 빠르다.

⑤ 개선각을 작게하여 용접 패스 수를 줄일 수 있다.

· 단점

① 용접 중 아크가 보이지 않아 용접 상태를 확인하며 용접할 수 없다.

② 용접 자세는 수평 및 아래보기 자세로 한정 되어있다.

③ 설비 비용이 많이 든다.

④ 용제 흡습이 쉽기 때문에 건조나 취급을 잘해야 한다.

⑤ 용접선이 짧고 복잡한 경우 비능률적이다.

⑥ 용접 시공 조건을 잘못 했을 경우 제품의 불량률이 커진다.

⑦ 입열량이 크기 때문에 용접금속의 결정입이 조대화하여 충격값이 낮아지기 쉽다.

3) 서브머지드 아크 용제의 종류

① **용융형 용제** : 흡습성이 가장 적으며, 원료 광석을 아크 전기로에서 1,300℃ 이상으로 용융하고 응고시킨 후 분쇄하여 알맞은 입도로 만든 것이다.

② **소결형 용제** : 흡습성이 가장 크며, 광물성 연료 및 합금 분말을 규산화나트륨과 같은 점결제와 낮은 온도에서 소정의 입도로 소결하여 제조하는 것이다.

③ **혼합형 용제** : 흡습성이 용융형과 소결형의 중간 정도이다.

④ **흡습성** : 습기를 흡수하는 성질, 소결형이 용융형에 비해 흡습성이 높고 상대적으로 용융형이 더 좋은 비드가 만들어진다.

※ 서브머지드 아크 용접봉인 와이어는 콘택트 팁과 전기적 접촉을 좋게 하고 녹 방지를 위해 표면에 구리(Cu) 도금을 한다.

구분	용융형 플럭스(Fused flux)	소결형 플럭스(Bond flux)
합금첨가	불가	가능
극성의 감수성	비교적 민감	비교적 둔함
슬래그 박리성	비교적 나쁨	비교적 좋음
가스발생	적음	많음
대입열 용접성	교전류 사용이 난이	고전류 사용이 민감
용입	약간 깊음	약간 얕음
텐덤 용접성	부적합	적합

구분	용융형 플럭스(Fused flux)	소결형 플럭스(Bond flux)
장기 보관성	안정	변질 우려가 있음
건조 온도	150~200℃로 1시간 이상 건조	200~250℃로 1시간 이상 건조
사용강재	고장력강, 저합금강의 충격요구 강재 사용 곤란	비교적 넓은 범위의 강종에 사용 가능함
염기도	산성 및 중성	산성, 중성, 염기성, 고염기성
입도	전류에 따라 플럭스 입도가 다름 (대전류 : 세립, 저전류 : 대립)	전류에 관계없이 1종류 입도
색상/외관	색상차이 없음	색상차이로 식별이 가능
제조방법	1300℃ 이상 가열후 냉각, 분쇄	400~500℃의 낮은 온도에서 제조

4) 서브머지드 아크 용접의 다전극 방식에 의한 분류

① **텐덤식** : 두 개의 전극 와이어를 독립된 전원(교류 또는 직류)에 접속하여 용접선에 따라 전극의 간격을 10~30mm 정도로 하여 2개의 전극와이어를 동시에 녹게 하는 방법이다.

② **횡직렬식** : 두 개의 와이어에 전류를 직렬로 연결하여 한쪽 전극 와이어에서 다른 쪽 전극 와이어로 전류가 흐르면 두 전극에서 아크가 발생하게 되고 그 복사열에 의해 용접이 이루어지므로 비교적 용입이 얕은 용접에 활용된다.

③ **횡병렬식** : 한 종류의 전원에 접속하여 용접하는 방식으로 비드 폭이 넓고 용입이 깊은 용접이 된다.

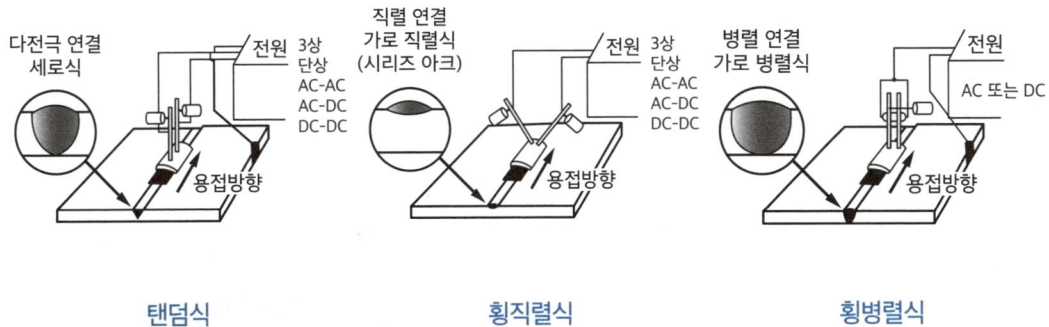

텐덤식   횡직렬식   횡병렬식

2 TIG 용접 [불활성가스 텅스텐 아크 용접]

1) TIG 용접의 정의

- 텅스텐 전극봉을 사용하여 아크를 발생시켜 용가재를 녹여가며 용접하는 방법으로 비용극식 또는 비소모성 전극 용접법이라고 한다.
- GTAW(GAS Tungsten Arc Welding)

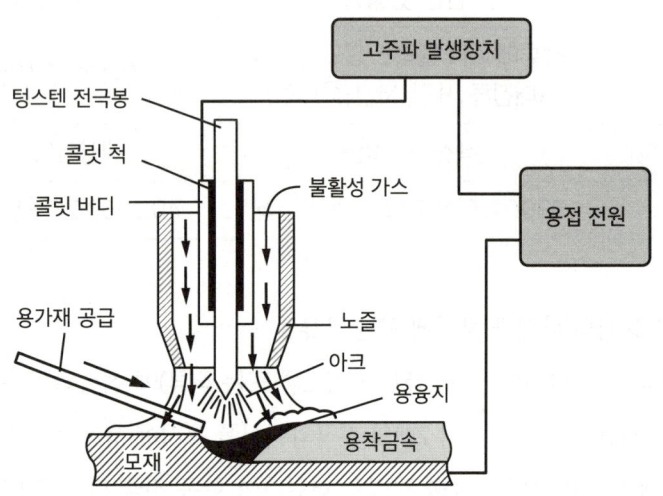

2) TIG 용접토치의 구성요소

① 세라믹 노즐

② 콜릿 바디

③ 콜릿 척

④ 헤드

⑤ 숏캡, 중캡, 롱캡

⑥ 텅스텐 전극봉

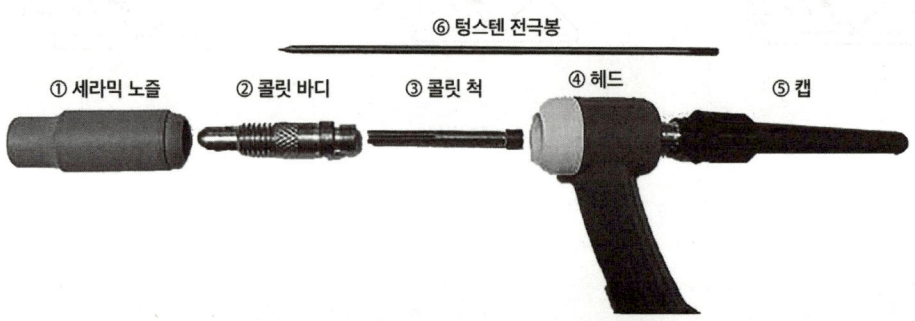

3) TIG 용접의 특징

① 모든 자세 용접이 가능하며, 박판(얇은판) 용접에 적합하다.

② 용접 전원은 교류(AC)와 직류(DC)전원을 사용할 수 있다.

③ 열의 집중이 좋아 용접 능률이 좋고 알루미늄(Al)과 마그네슘(Mg)과 같은 산화막이나 용융점이 높은 용접에도 적합하다.

④ 텅스텐 전극을 사용하고 비용극식 용접법이다.

4) TIG 용접의 전극봉 종류

종류	식별 색	주요 용도
순 텅스텐봉	녹색	교류 알루미늄 용접, 가격이 저렴.
1% 토륨봉	노란색	연강, 스테인리스. 좀 더 긴 수명을 가짐.
2% 토륨봉	적색(빨간색)	연강, 스테인리스. 정극성에 주로 사용되며, 전류의 전도성이 좋아 아크가 안정되며, 전극의 소모가 적음. 가장 많이 사용되고 있음. 전극봉 가공시 분진이 발생하는 경우 방사선이 발생한다는 문제가 있음.
1%~2% 란탄봉	흑색(1%), 금색(1.5%), 하늘색(2%)	토륨과 유사한 특성을 가지고 있으나, 인체에 무해한 재질로 토륨을 대체하여 사용되는 추세
지르코늄봉	갈색 또는 백색	모든 강종에 가능하나 주로 교류 용접을 사용한 알루미늄 용접에 사용됨.

5) TIG 용접용 토치의 종류

분류	종류
냉각방식에 의한 분류	공랭식 토치(200A 이하)
	수냉식 토치(200A 이상)
형태에 의한 분류	T형, 직선형, 플렉시블(가변형)

6) TIG 의 극성

① **직류 정극성** : 모재에 열량이 약 70%, 전극봉에 30% 정도 입열 되어 주로 연강, 스테인리스 용접에 이용된다.

② **직류 역극성**：모재에 열량이 약 30%, 전극봉에 70% 정도 입력되며, 원리상 아크청정작용에 의해 알루미늄 등 산화피막이 있는 재질의 용접에 이용되나, 전극봉에 소손이 많고 입열량이 적기 때문에 사용되지 않는다.

③ **고주파 교류**：정극성과 역극성의 중간 형태로 전극봉의 소손이 있으나, 역극성에 비해 크지 않고, 아크청정작용으로 효과가 있어, 알루미늄 용접에 사용된다. 용접 시 특유의 소음이 난다.

• **아크청정작용이란?**：가스의 양이온이 모재 표면에 충돌하여 녹, 이물질, 산화막 등을 제거하는 작용을 말한다.

3 MIG 용접

1) MIG 용접의 정의

• 전극와이어인(1.0~2.4mm) 용가재를 송급방식에 의해 연속적으로 보내어 아크를 발생시키는 방법으로 용극식 또는 소모식 불활성 가스 아크 용접이라고 한다.

• MIG 용접에는 주로 아르곤, 헬륨 가스를 사용한다.

① **MAG 용접**：Metal Active Gas, 이산화탄소, 아르곤, 산소 등의 혼합가스를 이용한 용접을 한다.

② **CO_2 용접**：CO_2 가스만을 사용하여 용접한다.

③ **GMAW**：Gas Metal Arc Welding, MIG, MAG, CO_2(솔리드 와이어) 용접을 통틀어서 말한다.

2) MIG 용접의 장점

① 전자세 용접이 가능하다.

② 용착 효율이 약 98%로 높아 능률적이다.

③ 전류 밀도가 높아 아크 용접의 4~6배, TIG 용접의 2배 정도 높아 용융속도가 빠르다.

④ 반자동 및 전자동 용접기로 용접속도가 빠르다.

⑤ 박판 보다 후판용접에 능률적이다.

⑥ 직류 역극성 사용 시 청정작용이 필요한 알루미늄, 마그네슘 용접이 가능하다.

⑦ 아크의 자기제어 특성이 있다.

⑧ 직류용접기는 정전압 특성, 상승 특성이 있다.

3) MIG 용접의 단점

① 바람의 영향을 크게 받기 때문에, 방풍 대책이 필요하다.

② 장비가 무거워 이동이 어렵고 가격이 비싸다.

4) MIG 용접 토치의 부속품

- 노즐
- 팁
- 가스디퓨저
- 스위치
- 토치바디

5) MIG 용접기의 와이어 송급방식

① **Push 방식** : 반자동으로 와이어를 밀어주는 방식

② **Pull 방식** : 전자동으로 와이어를 잡아 당기는 방식

③ **Push - Pull 방식** : 와이어와 토치 측의 송급 장치를 부착하여 밀고 당기는 방식

④ **Double - Push 방식** : Push 방식의 송급장치와 토치 중간에 보조 Push 장치를 부착하는 방식

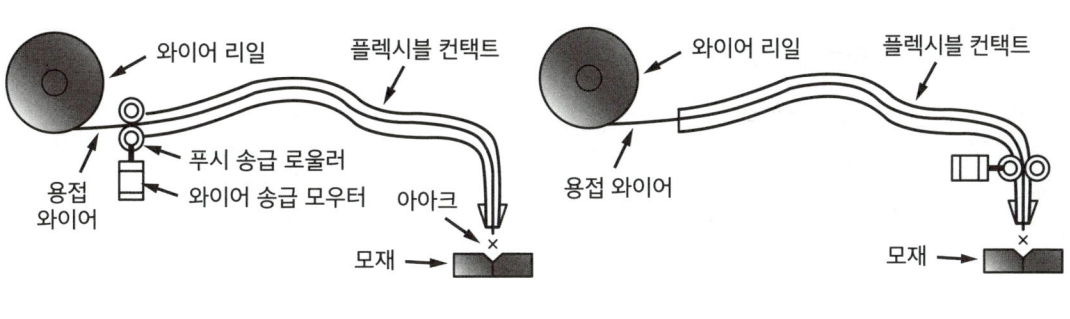

Push 방식　　　　　　　　　　　　　　Pull 방식

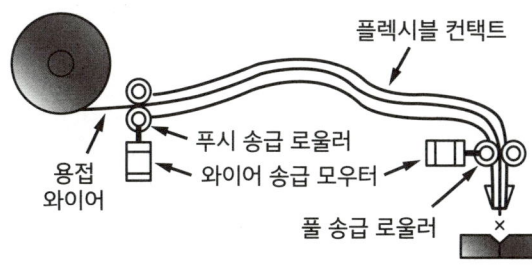

Push － Pull 방식

6) MIG 용접 제어장치 기능

종류	기능
예비가스 유출시간	아크 발생 전 보호가스를 흐르게 하여 안정적인 아크와 결함 발생을 방지한다.
스타트 시간	아크가 발생하는 순간 전류와 전압을 크게 하여 아크발생과 모재와의 융합을 좋게 한다.
크레이터 충전 시간	크레이터의 결함을 방지한다.
번 백 시간	크레이터 처리에 의해 낮아진 전류가 서서히 줄어들면서 아크가 끊어지는 현상을 제어하여 용접부가 녹아내리는 것을 방지한다.
가스지연 유출시간	용접 후 5~25초 정도 가스를 흘러보내어 크레이터의 산화를 방지한다.

7) MIG 용접 보호가스의 종류

종류	기호
아르곤	Ar
헬륨	He
아르곤-헬륨	Ar-He
아르곤-산소	$Ar-O_2$
아르곤-탄산가스	$Ar-CO_2$
아르곤-헬륨-탄산가스	$Ar-He-CO_2$

4 이산화탄소 아크 용접(CO₂ 용접)

1) 이산화탄소 아크 용접의 정의 및 특징

- MIG 용접 시 사용되는 불활성 가스 대신 이산화탄소를 이용한 용극식 용접 방법이다.

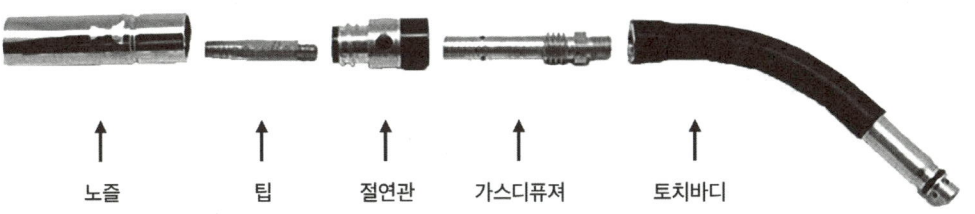

노즐　　　팁　　　절연관　　　가스디퓨져　　　토치바디

- 탄산가스는 활성이므로 고온의 아크에서는 산화성이 크고 용착금속의 산화가 심하여 기공 및 그 밖의 결함이 생기기 쉬우므로 Mn, Si 등의 탈산제를 함유한 와이어를 사용한다.
- 순수한 CO_2 가스 이외에 CO_2-O_2, CO_2-CO, CO_2-Ar, CO_2-Ar-O_2 등이 사용되기도 한다.
- CO_2 가스는 고온아크에서 $2CO_2 \leftrightarrow CO + O_2$로 되므로 탄산가스 아크 용접의 실드 분위기는 CO_2, CO, O_2 및 O 가스가 혼합된다.
- 탈산제가 사용되는 이유는 CO의 기포로 인한 용접결함을 방지하기 위함인데 다음과 같은 작용을 한다.

① 실드 가스인 이산화탄소가 고온인 아크열에 의하여 분해된다.

$$CO_2 \leftrightarrow CO + O$$

② 위의 산화성 분위기에서 용융철이 산화된다.

$$Fe + O \leftrightarrow FeO$$

③ 이 산화철이 강(鋼) 중에 함유된 탄소와 화합하여 다음처럼 일산화탄소 기포가 생성된다.

$$FeO + C \leftrightarrow Fe + CO\uparrow$$

④ 그러나 Mn, Si등의 탈산제가 있으면 아래 반응이 일어나 용융강(熔融鋼)중의 산화철을 감소시켜 기포의 발생을 억제한다.

$$FeO + Mn \leftrightarrow MnO + Fe \,/\, FeO + Si \leftrightarrow SiO_2 + Fe$$

⑤ 탈산 생성물인 MnO, SiO_2 등은 용착금속과의 비중차에 의해 슬래그를 형성해 용접비드 표면에 떠오르게 된다.

- 탄산가스 아크 용접은 분위기가 산화성이므로 알루미늄(Al), 마그네슘(Mg), 티타늄(Ti) 등에는 사용하지 않는데 그 이유는 용융표면에 산화막이 형성되어 용착을 방해하기 때문이다.

2) 이산화탄소 아크 용접의 장점

① MIG 용접에 비해 용착금속에 기공 발생이 적다.

② 전 자세 용접이 가능하며 조작이 간단하다.

③ 보호가스가 저렴한 탄산가스로 용접 경비가 적게 발생한다.

④ 아크 및 용융물이 눈에 보여 정확한 용접을 할 수 있다.

⑤ 용착금속의 기계적, 야금적 성질이 우수하다.

⑥ 전류 밀도가 크므로 깊은 용입과 빠른 용접속도를 할 수 있다.

⑦ 산화 및 질화가 되지 않은 양호한 용착 금속을 얻을 수 있다.

⑧ 직류 정전압 특성이나 상승특성의 전원이 사용된다.

3) 이산화탄소 아크 용접의 단점

① 이산화탄소(CO_2)를 사용하기 때문에 환기에 유의해야 한다.

② 이산화탄소 함량이 3~4%가 되면 두통이나 뇌빈혈을 일으키고 15% 이상 시 위험 상태가 되며, 30% 이상이면 중독되어 생명이 위험하다.

③ 다른 용접에 비해 외관이 거칠다.

④ 바람의 영향을 받으므로 풍속 2m/s 이상에서는 방풍 대책이 필요하다.

⑤ 철 계통의 용접으로 한정되어 있다.

4) CO_2 용접의 전진법과 후진법의 차이점

전진법	후진법
• 용접선이 잘 보여 위빙이 정확하다. • 용입 깊이가 얕다. • 비드 높이가 낮고 평탄한 비드가 형성된다. • 스패터가 많고 진행방향으로 흩어진다.	• 용접선이 노즐에 가려 운봉이 정확하지 않다. • 깊은 용입을 얻을 수 있다. • 비드 높이가 높고 폭이 좁은 비드를 형성한다.

5) 사용 와이어에 따른 특징

솔리드 와이어 (Solid wire)	플럭스코어드 와이어(복합 와이어) (Flux Cored wire)
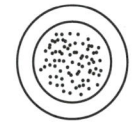	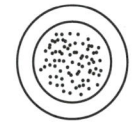
플럭스를 사용하지 않고 용가재로만 구성된 와이어로 부식 방지를 위해 피복이 되어 있다. 주로 구리색으로 되어 있다.	주로 중심에 플럭스가 있고 외부에 용가재로 감싸져 있는 형태이고, 용접 시 플럭스에 의해 슬래그가 형성된다. 조선소에서 주로 사용된다.
• 바람의 영향을 많이 받는다. • 스패터의 발생이 일반적으로 많다. • 아크의 안정성이 적다. • 비드 외관이 복합와이어에 비해 거칠다. • 슬래그가 생성되지 않는다.	• 바람의 영향을 덜 받는다. • 스패터의 발생이 적다. • 아크 안정성이 높다. • 비드 외관이 아름답다. • 슬래그가 생성되므로 용접 후 제거 작업이 필요하다.

6) 용접 전류에 따른 가스 유량

전류	A	가스 유량(L/min)
저전류	250A 이하	10~15
고전류	250A 이상	20~25

7) 솔리드 와이어의 기호

예 YGA-50W-1.2-20

- Y : 용접와이어
- G : 가스실드아크용접
- A : 내후성 강용
- 50 : 용착금속의 최소인장강도
- W : 와이어의 화학 성분
- 1.2 : 와이어의 지름
- 20 : 와이어의 무게

8) 솔리드 와이어의 혼합 가스법 종류

① CO_2 + CO법

② CO_2 + O_2법

③ CO_2 + Ar법

④ CO_2 + Ar + O_2법

용접 일반

용접 검사 및 시공

작업안전

용접 재료

기계제도

용접기능사 기출문제

특수용접기능사 기출문제

9) CO_2 용접의 기공 발생 원인

① CO_2 가스 유량이 부족할 경우

② 바람에 의해 CO_2 가스가 날리는 경우

③ 노즐과 모재와의 거리가 지나치게 길 경우

④ 노즐에 스패터가 과하게 부착됐을 경우

⑤ 모재에 녹이나 페인트 등 오염됐을 경우

10) 와이어 돌출길이

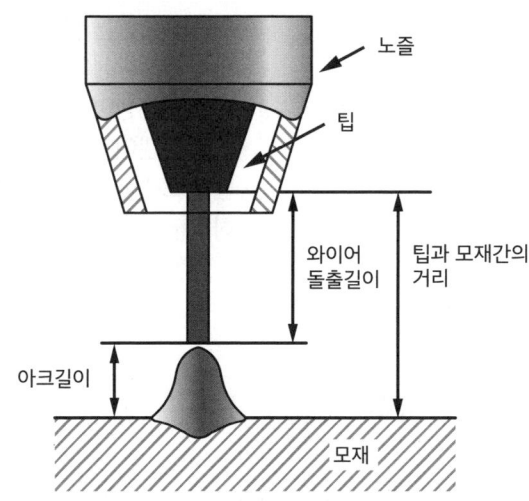

① 와이어 돌출길이 + 아크길이 = 팁과 모재간의 거리이다.

② 와이어의 돌출길이가 길어지면, 용접 와이어의 예열이 많아진다.

③ 와이어의 돌출길이가 짧아지면, 노즐에 스패터가 부착되기 쉽다.

④ 약 200A 미만의 저전류를 사용할 경우 팁과 모재간의 거리는 10~15mm 정도를 유지한다.

⑤ 약 200A 이상의 고전류를 사용할 경우 팁과 모재간의 거리는 15~25mm 정도를 유지한다.

11) 전류와 전압의 관계

• CO_2 용접의 경우 일반적으로 와이어 송급장치에 있는 전류, 전압 조절 스위치를 조절하여 용접 조건을 변화한다. 이때 전류, 전압에 따라 용착량, 비드폭, 입열량 등이 결정된다.

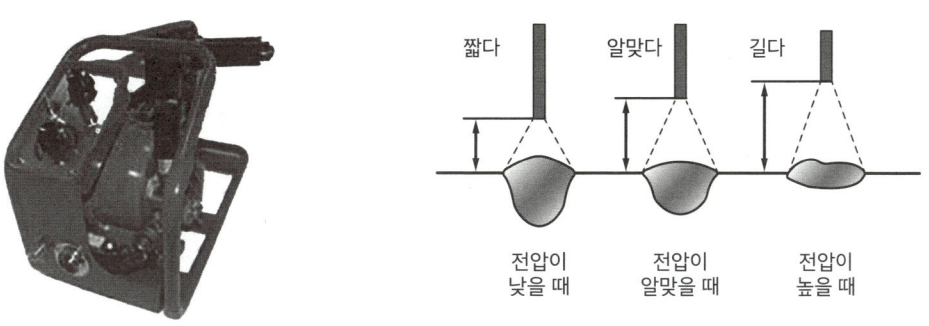

와이어 송급장치(WIRE FEED)　　　　　　　전압에 따른 차이

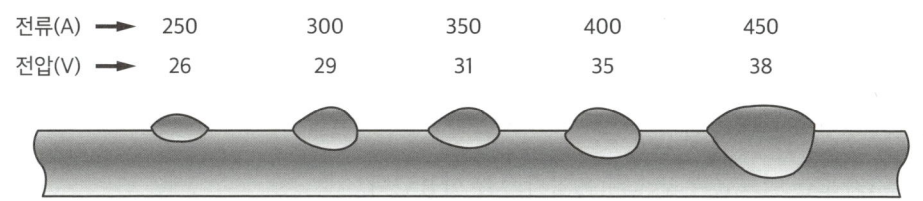

| 전류(A) ➡ | 250 | 300 | 350 | 400 | 450 |
| 전압(V) ➡ | 26 | 29 | 31 | 35 | 38 |

*용접 속도: 40cm/mim, 판 두께: 12mm

전류, 전압 조건에 따른 비드 차이

구분	전류	전압
높을 때	• 용착량이 많아진다. • 입열량이 높아진다. • 과도할 경우 볼록한 비드가 형성된다. • 과도할 경우 와이어가 찌르는 듯한 느낌이 난다.	• 아크길이가 길어진다. • 비드폭이 넓어진다. • 높이가 낮아진다. • 용입이 얕아진다. • 과도할 경우 와이어가 모재에 닿기 전에 녹는 느낌이 난다.
낮을 때	• 용착량이 적어진다. • 입열량이 적어진다.	• 아크길이가 짧아진다. • 비드폭이 좁아진다. • 높이가 높아진다. • 용입이 깊어 진다.

5 플라스마 아크 용접

1) 플라스마 아크 용접의 정의

- 아크열로 기체를 가열하여 플라즈마 상으로 토치의 노즐에서 분출하여 용접하는 방법이다.

① 자기적 핀치 효과

- 고전류가 되면 방전전류에 의하여 자장과 전류의 작용으로 아크 단면을 수축하게 하여 가늘게 되고 전류 밀도도 증가하는 성질을 말한다.

② 열적 핀치 효과

- 자장과 전류의 작용으로 아크의 단면이 수축되고 전류밀도가 증가하는 성질을 말한다.

2) 플라스마 아크 용접의 특징

① 전류 밀도가 크고 기계적 성질이 좋다.

② 용접 변형이 적다.

③ 용입이 깊고 비드폭이 좁다.

④ 냉각 가스로는 아르곤과 수소의 혼합가스를 사용한다.

⑤ 무부하 전압이 일반 아크 용접기보다 2~5배 정도 높다.

⑥ 용접속도가 빨라 가스 보호가 잘 안 될 수 있다.

⑦ 설비비용이 많이 들고 무부하 전압이 높다.

3) 플라스마 아크 용접의 아크의 종류

① 이행형 아크

② 비이행형 아크

③ 중간형 아크

4) 플라스마 아크 용접의 사용 용도

- 티탄 , 구리, 니켈, 합금, 탄소강, 스테인리스강 등

6 스터드 용접

1) 스터드 용접의 정의

• 볼트나 환봉, 핀 등을 직접 강판이나 형강에 용접하는 방법으로 피스톤 형의 홀더에 끼우고 모재와 볼트 사이에 순간적으로 아크를 발생시켜 용접하는 방법이다.

2) 스터드 용접의 특징

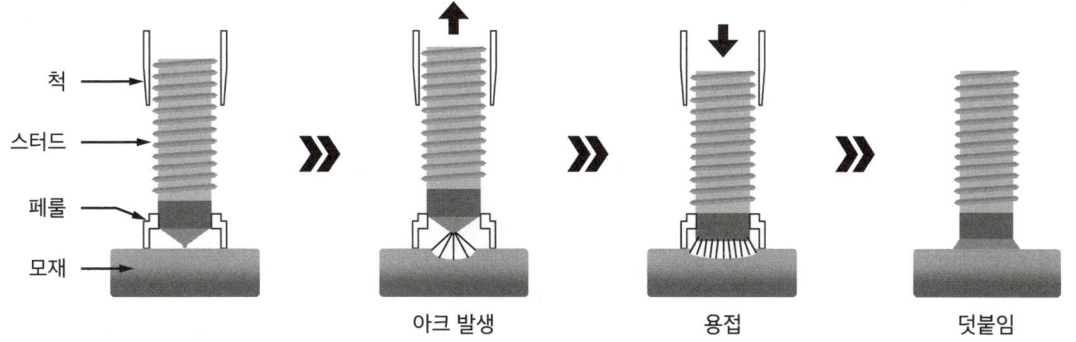

척
스터드
페룰
모재

아크 발생　　　용접　　　덧붙임

스터드 용접법의 원리

① 아크를 집중시키기 위하여 스터드 주변에 페룰을 사용한다.

② 단기간 용접부를 가열 및 용융하여 용접하므로 변형이 적다.

③ 철강재료와 구리, 황동, 알루미늄, 스테인리스강도 용접이 가능하다.

④ 주로 철골, 건축, 자동차의 볼트 용접에 적용 된다.

3) 페룰의 역할

① 용융 금속의 유출 방지

② 용융금속의 산화 방지

③ 용착부의 오염 방지

④ 용접사의 눈을 보호

7 테르밋 용접

1) 테르밋 용접의 정의

- 미세한 알루미늄 분말과 산화철 분말을 도가니에 넣고 첨가제인 과산화바륨, 마그네슘 등의 혼합물을 점화제로 넣고 연소시켜 그 반응열로 용접하는 방법이다.

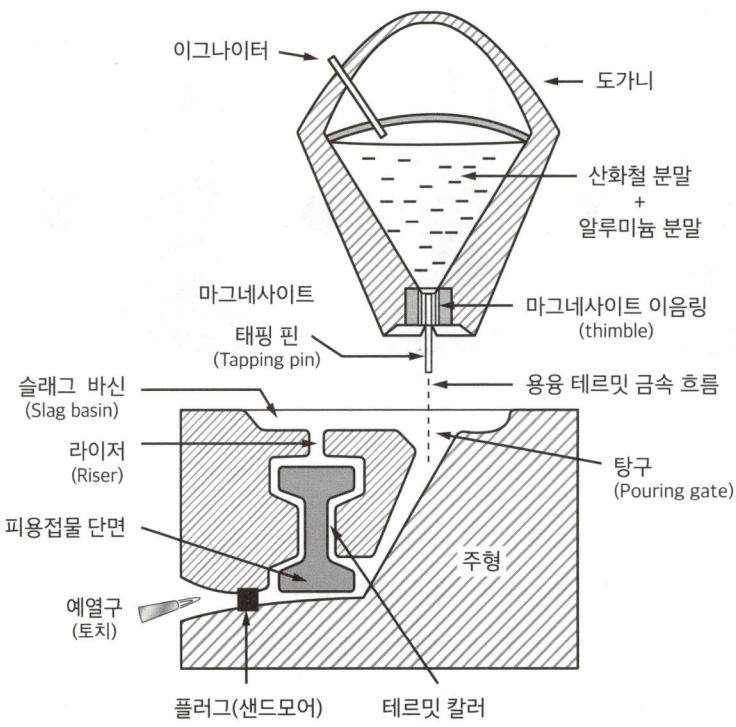

2) 테르밋 용접의 특징

① 용접 시 전기가 필요 없다.

② 용접기구가 간단하고 설비비용이 저렴하다.

③ 차축, 레일, 선박의 프레임 등의 용접에 주로 사용된다.

④ 용접 시간이 짧고 변형이 크지 않다.

⑤ 작업 장소 이동이 용이하여 현장 작업에 많이 사용된다.

⑥ 알루미늄 분말 : 산화철 분말의 중량비 3~4 : 1

3) 테르밋 용접의 점화제

① 마그네슘

② 과산화바륨

③ 알루미늄분말

8 점 용접 및 심 용접

(1) 점 용접(Spot Welding)

1) 점 용접의 정의

- 2개의 금속면을 맞대어 놓고 적절한 기계적 압력을 주면서 전류를 흐르게 하면 접촉면에 존재하는 접촉 저항 및 금속 자체의 저항으로 그 부분이 온도가 오르게 되고, 이때 전류를 끊게 되면서 용접하는 방법이다.
- 너깃(nugget) : 접합부에 생기는 용융 응고된 부분으로 일반적으로는 접합면을 중심으로 하여 바둑돌 모양의 형상을 하고 있다.

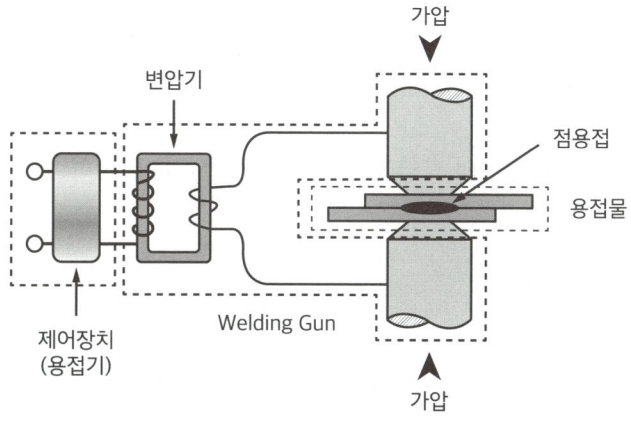

2) 점 용접의 장점

① 작업자의 숙련이 필요 없고 작업 속도도 빠르다.

② 접합 강도는 비교적 크다.

③ 가압으로 조직이 치밀하고 용접봉, 용제 등이 필요하지 않다.

④ 열손실이 적어 잔류응력 및 변형이 작다.

3) 점 용접의 단점

① 이종금속 접합이 곤란하다.

② 용융점이 다른 금속의 접합이 어렵다.

③ 대전류가 필요하며 설비가 복잡하고 비용이 비싸다.

4) 점 용접의 3대 요소

① 용접전류

② 가압력

③ 통전시간

5) 점 용접(스폿용접)의 종류

① 단극식 점 용접

• 기본적인 방법으로 1쌍의 전극으로 1개의 점 용접부를 만드는 용접법이다.

② 다전극 점 용접

• 2개 이상의 전극으로 2개 이상의 점 용접부를 만들어 용접 속도 향상 및 변형 방지에 효과적이다.

③ 직렬식 점 용접

• 1개의 전류 회로에 2개 이상의 용접점을 만드는 방법으로 전류 손실이 큰 단점이 있다.

④ 인터랙 점 용접

• 용접 전류가 피 용접물의 일부를 통해 다른 곳으로 전달하는 방법이다.

⑤ 맥동 점 용접

• 모재의 두께가 다른 경우 전극의 과열을 피하기 위해 전류를 단속하여 용접하는 방법이다.

(2) 심 용접

1) 심 용접의 정의

• 원판모양의 롤러 전극 사이에 2장의 재료를 두고 전기와 압력을 가하여 연속적으로 용접하는 방법이다.

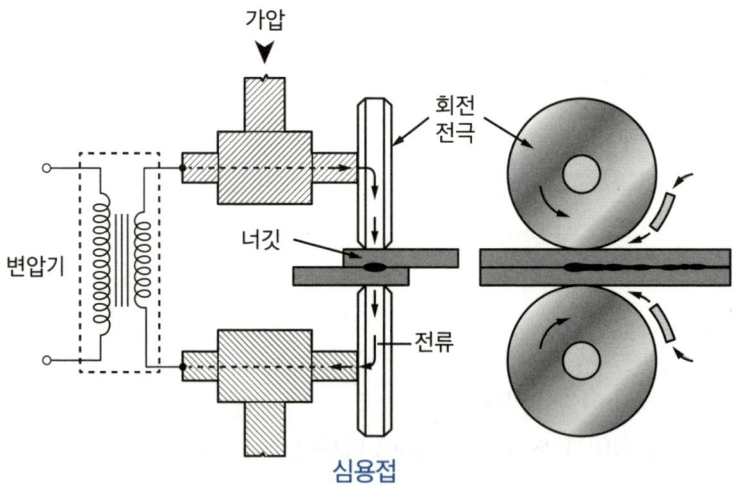

심용접

2) 심 용접의 특징

① 수밀, 기밀을 필요로 하는 탱크나 배관용 탄소 강관 제작에 적합하다.

② 얇은 판 용기 제작에 우수하다.

3) 심 용접의 통전 방법

 ① 단속 통전법

 ② 연속 통전법

 ③ 맥동 통전법

4) 심용접의 종류

 ① 맞대기 심 용접

 ② 머시 심 용접

 ③ 포일 심 용접

9　**프로젝션 용접**

1) 프로젝션 용접의 정의

 • 두 재료의 닿는 부분에 돌기를 만들어 이 부분에 대전류를 집중시키며 압접하는 방법을 말한다.

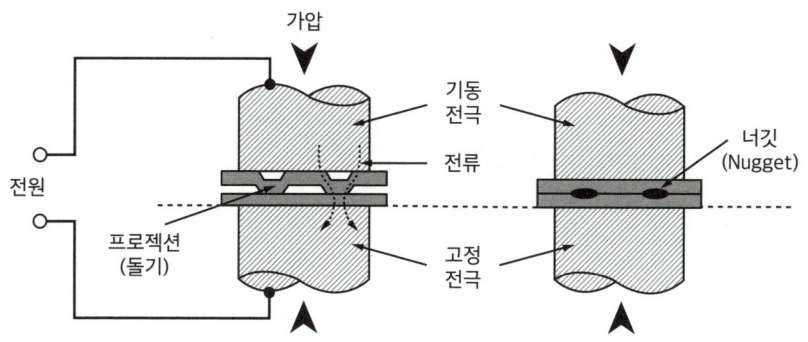

2) 프로젝션 용접의 장점

 ① 이종금속 접합이 가능하다.

 ② 열의 집중성이 좋아 열 용량이 다른 판재 용접도 가능하다.

 ③ 용접 속도가 빠르며 품질이 좋다.

 ④ 전극 수명이 길고 작업이 효율적이다.

3) 프로젝션 용접의 단점

 ① 설비 비용이 비싸다.

 ② 돌기 가공이 필요하므로 원가가 상승한다.

10 납땜

1) 납땜의 정의

• 동일 종류나 이종 금속을 접합할 때 접합할 모재는 용융시키지 않고 모재보다 낮은 융점을 가진 금속의 첨가제를 용융시켜 접합시키는 방법이다.

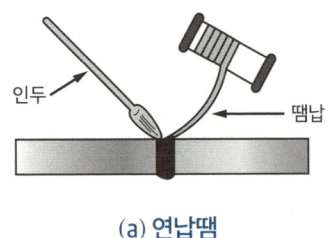

(a) 연납땜

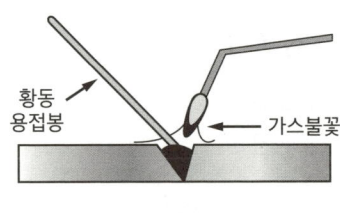

(b) 경납땜

2) 납땜의 종류

① **저항 납땜** : 전기 저항열을 이용하여 납땜하는 방법이다.

② **노내 납땜** : 노내에서 가열하여 납땜하는 방법이다.

③ **가스 납땜** : 가스 토치의 불꽃을 이용하여 납땜하는 방법이다.

④ **유도가열 납땜** : 유도 전류에서 얻은 열을 이용하여 납땜하는 방법이다.

3) 납땜의 분류

종류	용융점	용제의 종류
경납땜	450℃ 이상	붕사, 붕산, 붕산염, 알칼리
연납땜	450℃ 이하	염화아연, 염산, 염화암모늄, 인산, 수지

4) 납땜 용제의 구비 조건

① 모재의 산화피막 등 불순물을 제거할 수 있을 것

② 모재나 땜납에 대한 부식작용이 최소한일 것

③ 납땜 후 슬래그 제거가 용이할 것

④ 모재와의 친화력을 높일 수 있어야 하고 유동성이 좋을 것

⑤ 용제의 온도 범위와 납땜 온도가 일치 할 것

5) 경납땜의 용접 종류

① 구리납

② 황동납

③ 인동납

④ 은납

⑤ 알루미늄납

⑥ 내열 합금용납

6) 연납땜의 종류

① 납-주석

② 납-카드뮴납

③ 납-은납

11 전자빔 용접 및 레이저빔 용접

(1) 전자빔 용접

1) 전자빔 용접의 정의

- 고진공 속에서 고속의 전자빔을 모아 그 에너지를 접합부에 조사하여 그 충격열을 이용하여 용접하는 방법이다.

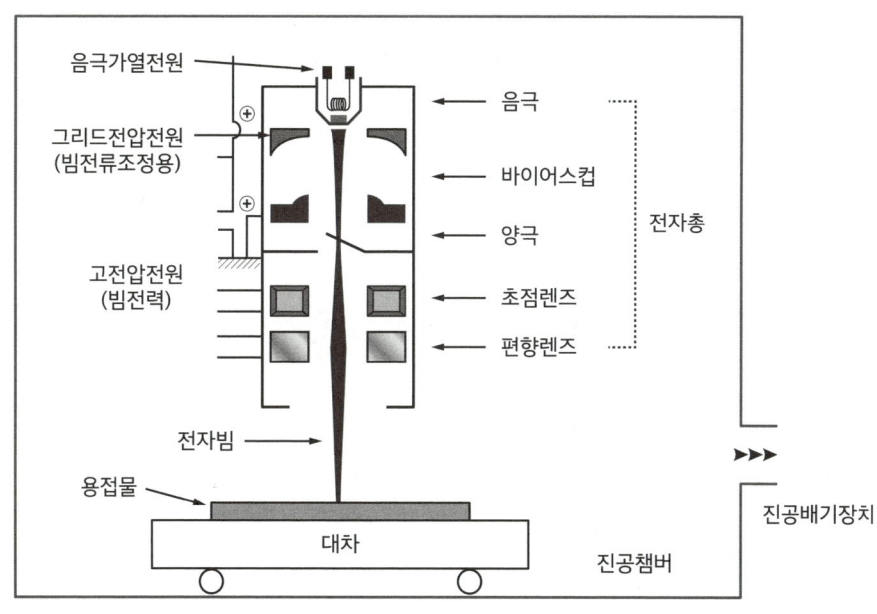

2) 전자빔 용접의 장점

① 용접부의 열영향부 및 용접 변형이 작다.

② 정밀 용접이 가능하다.

용접 일반

용접 검사 및 시공

작업안전

용접 재료

기계제도

용접기능사 기출문제

특수용접기능사 기출문제

③ 얇은 판 및 두꺼운 판까지 용접 할 수 있다.

④ 활성 재료도 용이하게 용접이 된다.

⑤ 불순가스에 의한 오염이 적고 높은 순도의 용접이 가능하다.

⑥ 용접하기 어려운 재질들의 용접에 적합하다. 내화성 금속, 열전도성이 높은 재질, 구리(Copper), 슈퍼알로이(super alloy), 탄탈(Tantalum), 타이타늄(Titanium), 몰리브덴(Molybdenum) 등이 있다.

3) 전자빔 용접의 단점

① 설비 비용이 비싸다.

② 진공 상자 크기에 따라 모재 크기가 제한된다.

③ X선에 대한 특수 보호 장치가 필요하다.

(2) 레이저빔 용접

1) 레이저빔 용접의 정의

• 유도방사에 의한 빛의 증폭이란 뜻으로 광선 출력을 이용하여 용접하는 방법이다.

2) 레이저빔 용접의 특징

① 용접 입열이 작아 변형 및 열영향부 범위가 작다.

② 비접촉식 용접 방식으로 미세하고 정밀한 용접을 할 수 있다.

③ 전자빔 설치비용보다 저렴하다.

④ 이종 금속 용접이 가능하다.

12 마찰 용접

1) 마찰 용접의 정의

• 2개의 모재를 맞대어 놓고 그 접촉면에 압력을 주어 서로 간에 상대운동을 시켜 마찰열을 이용하여 압접하는 용접법이다.

2) 마찰 용접의 특징

① 이종금속의 용접이 가능하다.

② 용접 시간이 짧고 재료 절약이 되어 경제성이 높다.

③ 치수의 정밀도가 높다.

④ 국부 가열로 열 영향부가 좁고 이음 성능이 좋다.

13 초음파 용접

1) 초음파 용접의 정의

• 용접물을 겹쳐 용접 팁과 하부 앤빌 사이에 끼워놓고 기계적인 진동을 주어 그 진동 에너지에 의해 마찰열로 압접하는 방법이다.

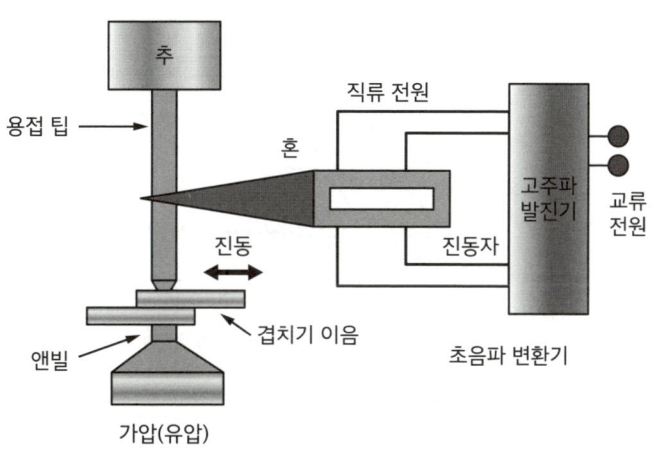

2) 초음파 용접의 특징

① 압력이 작아 용접물의 변형이 작다.

② 판의 두께에 따라 용접 강도 변화가 크다.

③ 얇은 판도 쉽게 용접할 수 있다. (금속 : 0.01~2mm, 플라스틱 : 1~5mm)

④ 이종 금속의 용접이 가능하다.

14 논 가스 아크 용접

1) 논 가스 아크 용접의 정의

• 아크 보호에 필요한 보호가스를 사용하지 않고 와이어 자체에서 발생하는 가스에 의해 아크 분위기를 보호하는 용접 방법이다.

2) 논 가스 아크 용접의 특징

① 보호 가스를 사용하지 않아 용접 장치가 간단하고 운반이 편리하다.

② 바람이 부는 옥외 작업도 가능하다.

15 일렉트로 슬래그 용접

1) 일렉트로 슬래그 용접의 정의

- 용접부의 양면에 수냉동판을 부착하고 전극와이어(2.5∅~3.2∅)를 연속적으로 공급하는데 이 때 발생하는 용융 슬래그의 저항열에 의하여 용접봉과 모재를 연속적으로 용융 시키면서 용 접하는 방법이다.

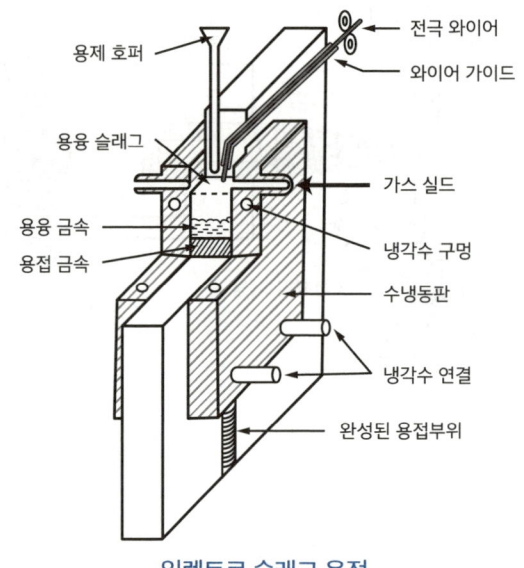

일렉트로 슬래그 용접

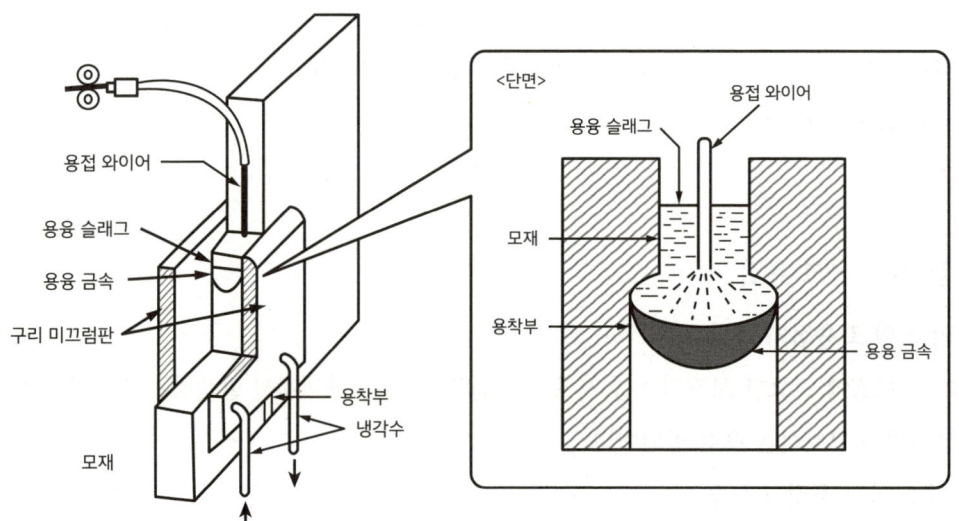

일렉트로 슬래그 용접의 원리

2) 일렉트로 슬래그 용접의 특징

① 용접 작업 시간이 짧아 용접 후 변형이 작다.

② 전기 저항열을 이용한 용접이다.

③ 용접 능률 및 품질이 우수하므로 후판 용접에 적합하다.

④ 수직 상진으로 단층 용접하는 방식이다.

⑤ 용착량은 거의 100%에 가깝다.

⑥ 장비 설치가 복잡하며 냉각장치가 요구된다.

⑦ 용접 진행 중 용접부를 직접 관찰할 수 없다.

3) 용제의 주 성분

① 산화규소

② 산화망간

③ 산화알루미늄

16 일렉트로 가스 아크 용접

1) 일렉트로 가스 아크 용접의 정의

- 일렉트로 슬래그 용접과 같이 수냉동판을 부착하여 용접하는 방법이지만, 보호가스를 이산화 탄소 가스로 사용하여 그 분위기 속에서 아크를 발생시켜 용접하는 방법이다.

- 일렉트로 슬래그의 경우 와이어와 용융 슬래그 사이에 통전된 전류의 저항열을 이용하지만, 일렉트로 가스 아크 용접의 경우 아크열을 이용하여 용접한다.

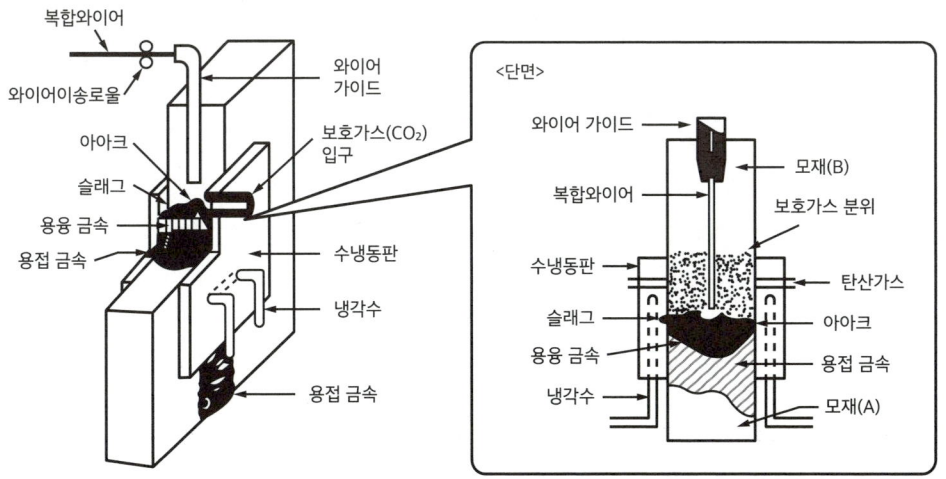

일렉트로 가스 아크 용접의 원리

2) 일렉트로 가스 아크 용접의 특징

① 일렉트로 슬래그 용접보다 얇은 두께인 중후판(40~50mm) 용접에 효과적이다.

② 용접 변형이 거의 없고 작업성이 좋다.

③ 용접 장치가 간단하고 고 기량이 필요 없다.

④ 수직 상진으로 단층 용접하는 방식이다.

⑤ 용접 속도는 자동으로 조절된다.

17 플러그 용접

1) 플러그 용접의 정의

• 접합하고자 하는 두 재료 중 한쪽에 구멍을 뚫고 판의 표면까지 꽉 채워 용접한 후 다른 재료
와 접합하는 용접을 말한다.

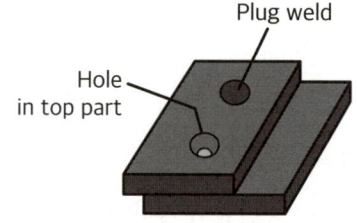

특수 및 기타 용접 예제

학습 영상
p83-85

01

서브머지드 아크 용접의 특징이 아닌 것은?

① 용접 설비비가 많이 든다.
② 아크가 보이지 않으므로 용접부를 확인하기 곤란하다.
③ 용접 길이가 짧을 때 능률적이며, 수평보기, 아래보기 자세 용접에 주로 이용된다.
④ 용접 홈의 정밀도가 좋아야 한다.

해 자동용접으로 용접을 해야 하는 길이가 길 때 능률적이며, 주로 아래보기 자세 용접에 적용된다.

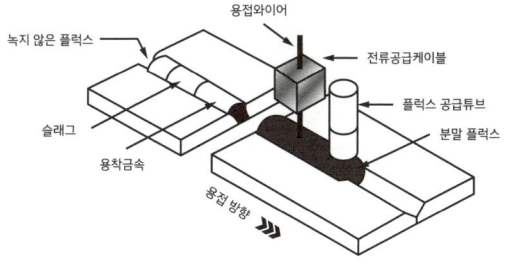

02

가스텅스텐아크용접에서 전자방사능력이 뛰어나고 아크 발생이 용이하며 불순물의 부착이 적어 주로 강, 스테인리스강 등의 용접에 사용되는 전극봉으로, 전극봉 식별색이 빨간색인 전극봉은?

① 순 텅스텐 전극봉
② 2% 토륨 텅스텐 전극봉
③ 니켈 텅스텐 전극봉
④ 지르코늄 텅스텐 전극봉

해 2% 토륨 텅스텐 전극봉은 가장 광범위하게 많이 사용되는 전극봉으로 문제의 설명과 같은 특성을 가지고 있다.

종류	식별 색	주요 용도
순 텅스텐봉	녹색	교류 알루미늄 용접, 가격이 저렴.
1% 토륨봉	노란색	연강, 스테인리스. 좀 더 긴 수명을 가짐.
2% 토륨봉	적색 (빨간색)	연강, 스테인리스. 정극성에 주로 사용되며, 전류의 전도성이 좋아 아크가 안정되며, 전극의 소모가 적음. 가장 많이 사용되고 있음. 전극봉 가공시 분진이 발생하는 경우 방사선이 발생한다는 문제가 있음.

종류	식별 색	주요 용도
1%~2% 란탄봉	흑색(1%), 금색(1.5%), 하늘색(2%)	토륨과 유사한 특성을 가지고 있으나, 인체에 무해한 재질로 토륨을 대체하여 사용되는 추세
지르코늄봉	갈색 또는 백색	모든 강종에 가능하나 주로 교류 용접을 사용한 알루미늄 용접에 사용됨.

03

MIG 용접시 와이어 송급 방식의 종류가 아닌 것은?

① 풀(Pull) 방식
② 푸쉬(Push) 방식
③ 푸쉬(Push) – 풀(Pull) 방식
④ 푸쉬(Push) – 언더(Under) 방식

해 푸쉬 – 언더 방식은 존재하지 않는다.

와이어 송급 방식의 종류
• Push 방식 : 밀어주는 방식
• Pull 방식 : 잡아 당기는 방식
• Push – Pull 방식 : 밀고 당기는 방식

04

CO_2 가스 아크 용접에서 기공발생의 원인으로 옳지 않은 것은?

① CO_2 가스 유량이 부족할 경우
② 바람에 의해 CO_2 가스가 날리는 경우
③ 노즐과 모재와의 거리가 가까운 경우
④ 모재에 녹이나 페인트 등 오염됐을 경우

해 노즐과 모재와의 거리가 가까운 경우 보호력이 높아지기 때문에 기공의 발생이 적다.

기공 발생의 원인
① CO_2 가스 유량이 부족할 경우
② 바람에 의해 CO_2 가스가 날리는 경우
③ 노즐과 모재와의 거리가 지나치게 길 경우
④ 노즐에 스패터가 과하게 부착됐을 경우
⑤ 모재에 녹이나 페인트 등 오염됐을 경우

05

금속 산화물이 알루미늄에 의하여 산소를 빼앗기는 반응에 의해 생성되는 열을 이용하여 금속을 접합하는 용접 방법은?

① 일렉트로 슬래그 용접

② 테르밋 용접

③ 불활성가스 아크 용접

④ 서브머지드 아크 용접

해 테르밋 용접에 관한 설명이다.

🔍 **키워드**
알루미늄, 산소, 반응, 산화철

06

두꺼운 판의 양쪽에 수냉 동판을 대고 용접 슬래그 속에서 아크를 발생시킨 후 용융 슬래그의 전기 저항열을 이용하여 용접하는 방법은?

① 서브머지드 아크 용접

② 불활성가스 아크 용접

③ 일렉트로 슬래그 용접

④ 전자빔 용접

해 일렉트로 슬래그 용접에 관한 설명이다.

| 📖 정답 | 01 ③ 02 ② 03 ④ 04 ③ 05 ② 06 ③

제2장

용접 검사 및 시공

CHAPTER 01 용접 시공

학습 영상
p88-91

1 용접 시공계획

1) 용접시공 순서

설계→재료산출(적산)→재료준비(절단, 가공 등)→조립(제관, 취부, 가접 등)→본용접→용접후 열처리(PWHT) 등으로 실시한다. (본용접 전 예열과정이나, 치수교정(곡직, 가공 등) 과정이 추가될 수 있다.)

2) 용접 이음부 명칭

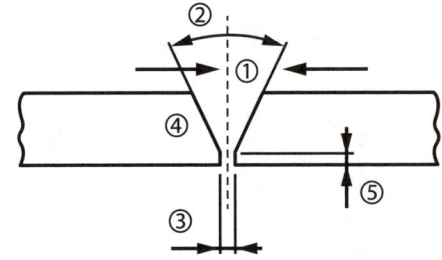

① **베벨 각도**(개선각도) : 용접 대상 모재의 가공된 개선면의 각도

② **홈각도** : 두 용접 대상 모재의 가공된 각각의 베벨각을 합한 것

③ **루트간격** : 인접한 두 용접 대상물의 용접부를 사이에 둔 가장 가까운 거리

④ **그루브 면**(개선면) : 용접되는 그루브의 면, 루트면을 포함함

⑤ **루트면** : 개선면 아래에 위치한 수직면

3) 루트 간격 보수 요령

• 용접이음의 정도가 나쁘면 용접결함이 발생하고 용접작업 능률이 저하되므로 본용접 시공 전에 용접홈을 보수하여야 한다.

③ 맞대기 용접의 경우

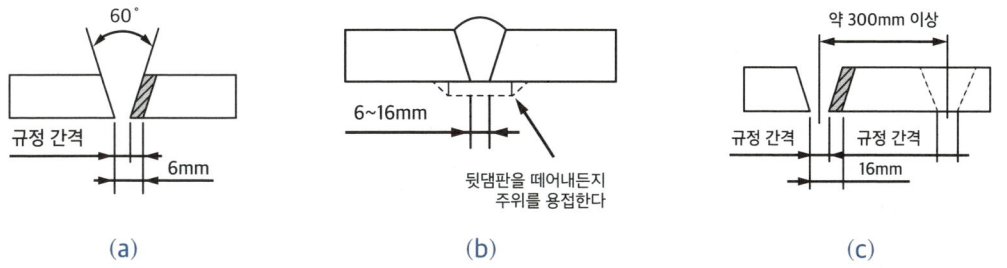

(a)   (b)   (c)

　a. **루트간격 6mm 이하의 경우**：이음부의 한쪽 또는 양쪽에 덧붙임 용접한 후, 절삭하여(보통 그라인더를 이용) 규정 간격으로 개선 홈을 다시 만들어 용접한다.

　b. **루트간격 6~16mm 이하의 경우**：이음부에 두께 6mm 정도의 뒷댐판을 대고 용접한다.

　c. **루트간격 16mm 이상의 경우**：판을 전부 또는 일부(대략 300mm 이상의 폭)를 절단하고 재조립하여 바꾼다.

④ 필릿용접의 경우

　가. 간격이 1.5mm 이하일 경우는 규정된 각장으로 용접한다.

　나. 1.5~4.5mm 일 때에는 넓어진 만큼 각장을 증가 시킬 필요가 있다.

　다. 4.5mm 이상의 경우 라이너를 넣던지 부족한 판을 300mm 이상 잘라내고 대체한다.

2 용접 준비

1) 도면 해독 및 숙지사항

　① 도면을 보고 제작에 필요한 사항들을 점검한다.

　② 필요한 재료를 선정하고, 재료가 가진 특성을 파악한다.

　③ 용접 이음의 종류(맞대기, 필릿, 모서리 등)를 선택한다.

　④ 용접 이음 홈을 선택한다. (주로 두께에 따라 I형, V형 등 선택)

　⑤ 작업시 사용할 용접전류, 용접순서, 가스 유량 등을 정한다.

　⑥ 예열, 후열 등 열처리 필요여부를 확인한다.

2) 용접 전 재료 준비

　① 필요한 홈가공을 실시한다.

　② 홈가공은 정밀하게 실시하는 것이 용접 품질에 매우 중요하다.

③ 주로 가공이 되어서 나오는 경우가 있고, 그라인더 등을 이용하여 가공을 해야 하는 경우가 있다.

④ 홈가공은 가능한 작게 하는 것이 용접 변형과 응력을 적게 할 수 있다.

3) 제관(조립) 및 가접

① 도면에 맞춰 정확한 제작을 위해 본용접 전 가접의 정확도가 매우 중요하다.

② 변형 억제를 위해 정반이나 용접 지그를 적절하게 활용한다.

③ 본용접보다 지름이 작은 용접봉을 사용하면 정밀하게 용접이 가능하다.

④ 가접 전류는 너무 약한 것보다는 조금 강한 것이 좋다.

⑤ 가접 후 가접부가 결함의 원인이 될 수 있으므로 본용접 전 적절하게 가공해주는게 좋다. (자격증 실기의 경우 가공 불가)

4) 용접용 지그 선택의 기준

① 물체를 튼튼하게 고정시켜 줄 크기와 힘이 있을 것

② 변형을 막아줄 만큼 견고하게 잡아줄 수 있을 것

③ 물품의 고정과 분해가 쉽고 청소가 편리할 것

④ 용접 위치를 유리한 용접자세로 쉽게 움직일 수 있을 것

5) 맞대기 이음의 조건

① 용접홈의 선택에 있어서 완전한 용접부가 얻어질 수 있도록 한다.

② 경제적인 시공과 홈 가공이 용이해야 한다.

③ 용접을 시공하기에 용이해야 한다.

④ 용접 이음이 한 곳에 집중되지 않도록 해야 한다.

⑤ 용착 금속의 양이 가능한 적어야 한다.

6) 맞대기 용접 이음의 형태

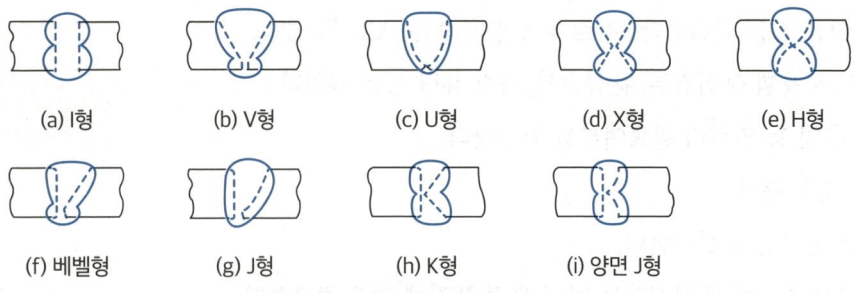

| (a) I형 | (b) V형 | (c) U형 | (d) X형 | (e) H형 |

| (f) 베벨형 | (g) J형 | (h) K형 | (i) 양면 J형 |

홈(그루브) 현상

① I형 : 판 두께가 6mm 이하에 사용하며 두께가 두꺼워 질수록 완전 용입이 어렵다.

② V형 : 판 두께가 20mm 이하에서 사용하며 한쪽 용접으로 완전한 용입을 얻고자 할 때 사용된다. 그리고 두께가 두꺼워짐에 따라 한쪽 방향으로 변형이 발생할 위험이 있다.

③ X형 : 판두께가 15~40mm 정도에 사용하며 양면용접으로 완전한 용입을 얻고자 할 때 사용된다. V형에 비해 용접봉의 소비량이 적으며, 용접변형이 매우 적다.

④ U형 : 두꺼운 판의 양면 용접을 할 수 없는 경우에 가공하는 방법으로 한쪽 용접에 의해 충분한 용입을 얻으려고 할 때 사용하는 방법이다.

3 열 영향부 조직의 특징과 기계적 성질

1) 용접을 한 경우 용접부에는 용착금속(Deposited metal)과 열영향부(Heat Affected Zone, HAZ)가 생긴다.

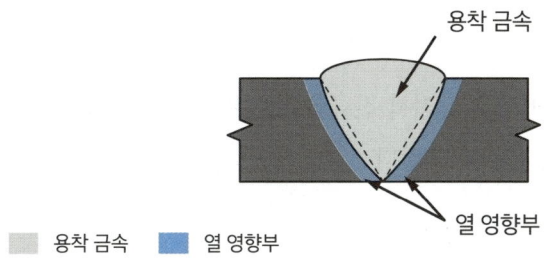

■ 용착 금속　■ 열 영향부

2) 열영향부(HAZ)의 경우 용접입열과 냉각속도에 따라 원래 모재의 조직과 다른 조직이 생성된다.

4 용접 전·후처리

1) 예열

① 의미 : 용접 작업전 모재를 일정 온도로 가열 하는 것으로 제품에 따라 예열하지 않는 경우도 많다.

② 목적 : 재료의 수축응력, 취성발생 등으로 인한 균열(저온균열 등)을 방지하기 위해 이음부의 온도를 올린다.

③ 금속에 재질에 따라 예열 온도의 차이가 크기 때문에 중요한 용접 부분의 경우 해당 부분의 용접절차사양서(WPS)에 데이터를 확인하고 예열 후 용접한다.

④ 저합금강, 고장력강의 경우는 용접 홈을 50~350℃로 예열한다.

⑤ 연강을 0℃ 이하에서 용접할 경우는 이음의 양쪽 폭 100mm 정도를 40~70℃로 예열한다.

⑥ 주철용접에는 냉간 용접과 열간 용접으로 구분되며 냉간 용접은 예열 없이 아주 낮은 온도로 용접하는 방법이고 열간 용접은 용접하는 동안 600~700℃를 계속 유지하여 용접하는 방법이다. 냉간용접의 경우 일반적으로 약 100~200℃ 정도의 예열을 한다.

2) 후열

① **의미** : 용접 작업 후 모재를 일정 온도로 가열 하는 것이다.

② **목적** : 잔류 응력을 제거하거나 용접 후 급랭으로 인한 결함을 방지한다.

3) 용접 후처리 - 잔류 응력 제거법

① **노내 풀림법** : 제품을 가열로 속에서 풀림 열처리를 하는 방법

② **국부 풀림법** : 큰제품이나 구조물 등을 용접선 좌우 일부분만을 열처리하는 방법

③ **기계적 응력 완화법** : 용접부에 소성변형을 주어 응력을 완화하는 방법

④ **저온 응력 완화법** : 용접선의 좌우를 가스 불꽃으로 약 150~200℃ 가열 후 수냉하여 응력을 완하하는 방법

⑤ **피닝법** : 용접부를 특수 해머로 두드려서 잔류응력을 완화하는 방법으로, 강철구술을 이용한 것을 쇼트 피닝(shot peening)이라고 한다.

5 용접 결함, 변형 및 방지대책

1) 용접 결함의 종류

① **치수상 결함** : 완성된 제품의 변형, 치수 및 형상이 불량한 경우

• 변형, 치수 불량, 형상 불량

② **성질상 결함** : 재료 및 용착금속의 기계적, 화학적 성질이 불량한 경우

• 기계적 불량, 화학적 불량

③ **구조상 결함** : 여러 원인으로 인해 용접부 및 용착금속의 구조가 불량한 경우

• 기공, 언더컷, 오버랩, 용입불량, 균열, 슬래그 혼입 등

2) 구조상 결함의 종류

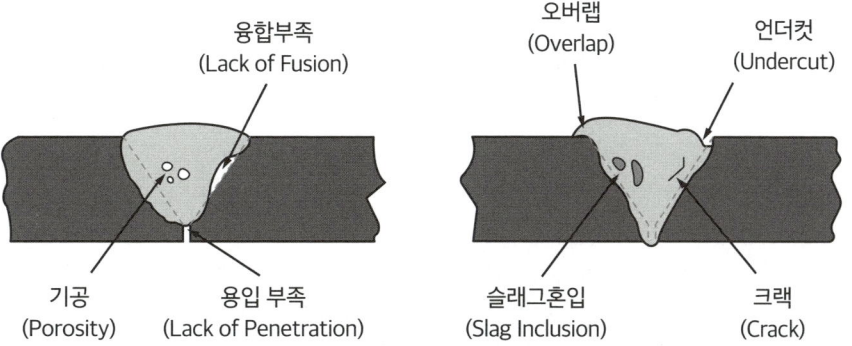

결함 종류	의미	원인	대책
언더컷 (Undercut)	• 용접 중 용착 금속이 채워지지 않고 패인 것처럼 되어있는 결함 • 주로 비드의 양옆에서 발생함	• 용접 전류가 과대할 때(과한 용접입열) • 용접속도가 너무 빠를 때(용착량 부족) • 아크길이가 길 때(과한 용접 입열 및 용착량 부족)	• 용접 전류 줄여 용접입열을 줄임 • 용접속도를 줄여 용착량 공급 • 아크길이를 줄임
오버랩 (Overlap)	• 용착 금속이 완전히 융합되지 못하고 덮여져 있는 결함 • 대체적으로 언더컷이 발생하는 원인과 반대인 경우 발생 확률이 높음	• 용접 전류가 낮을 때(적은 입열로 융합이 안됨) • 용접속도가 너무 느릴 때(필요한 양 이상의 용가재가 공급됨) • 아크길이가 너무 짧을 때	• 용접 전류를 높임 • 용접 속도를 빠르게 • 적당한 아크 길이 사용
용입 불량 (Lack of Penetration)	• 모재의 일부분에 충분한 용입이 되지 않은 경우 • 대체적으로 주어진 모재의 조건에 입열량이 적은 경우 발생	• 모재의 홈각도가 좁은 경우 • 용접 전류가 낮을 때 • 용접 속도가 빠를 때 • 용접봉 각도 및 위치 불량	• 홈각도를 크게 하여 필요한 입열량이 적은 상태로 만들거나, 전류를 강하게 하거나, 용접 속도를 천천히 하여 입열량을 늘려줌 • 용접봉의 위치를 적절한 위치로 용접

결함 종류	의미	원인	대책
융합 부족 (Lack of Fusion)	• 용입불량과 비슷한 개념으로 용착금속과 모재가 완전한 융합이 되지 않은 것	• 용접 운봉이 불량한 경우 • 개선각이 작거나 입열이 부족하여 융합되지 못한 경우 • 용접부가 오염된 경우	• 운봉을 정확하게 하여 충분히 융합되도록 함 • 개선각을 크게 하거나, 전류값을 적절하게 조절함 • 오염된 부분은 미리 제거함
균열 (Crack)	• 용접부 또는 열영향부에 균열이 발생하는 것 (저온균열은 일반적으로 200℃ 이하의 온도에서 발생되지만 200~300℃에서도 발생한다.)	• 모재의 강성에 비해 이음의 강성이 클 때 • 부적절한 용접봉 사용 • 급열, 급랭으로 인한 용접부의 잔류 응력 발생	• 적절한 용접순서로 용접 • 적절한 용접봉 사용 • 예열 및 후열 처리
기공 (Porosity)	• 용접 시 발생한 가스가 용접금속 내에 갇힌 상태로 응고한 결함 • 형상에 따라 블로우홀, 웜홀 등으로 부르기도 함	• 아크길이가 길 때 • 용접 전류가 과다 할 때 • 용접봉 또는 이음부에 습기가 많을 때 • 이음부에 기름, 페인트, 녹 등이 있을 때 • 모재에 유황량이 많을 때	• 아크 길이를 적당하게 조절 • 용접봉의 수분 제거 • 이음부 표면을 깨끗하게 청소 • 저수소계 용접봉을 사용
개재물 혼입 (Inclusion)	• 슬래그, 플럭스, 텅스텐 등과 같이 용접부에 이물질이 들어간 경우	• 부적절한 운봉 • 용접 전 슬래그 제거 불충분 • 텅스텐 전극봉의 접촉으로 인한 혼입 • 용접속도가 너무 느릴 때 슬래그가 앞서 나가는 경우	• 봉 각도를 조절하고 적절한 운봉을 함 • 용접 전 슬래그를 깨끗하게 제거 • 텅스텐 전극봉이 접촉한 경우 접촉부 가공 후 진행 • 용접속도 조절로 용융풀이 슬래그보다 앞서도록 운봉

결함 종류	의미	원인	대책
슬래그 혼입 (slag inclusion)	• 부적절한 용접으로 용접부에 슬래그가 혼입된 경우	• 슬래그 제거가 불완전할 때 • 전류가 낮을 때 • 운봉 속도가 빠를 때 • 용접 이음이 부적당 할 때	• 용접 전 슬래그를 깨끗하게 제거 • 전류를 약간 높게 함 • 적절한 용접 속도로 슬래그가 용융풀을 앞지르지 않도록 함 • 용접 이음부 간격을 넓게 함

3) 변형 방지법

① **억제법**:가접을 하여 고정을 하거나, 마그네틱이나 지그를 이용해 모재를 고정하여 억제하는 방법(잔류 응력이 발생할 가능성이 높음)

② **역변형법**:가접 후 본용접 전에 용접으로 인한 변형을 미리 예상하여 반대로 변형을 주고 용접하는 방법

③ **도열법**:용접부의 주위에 석면 및 동판을 이용하여 용접열을 방출 시키는 방법

④ **용착법**:대칭법, 후퇴법, 스킵법 등의 용접 방법

4) 변형의 교정

① 박판에 대한 점 수축법

• 가열부 지름은 20~30mm 정도로 하고 약 500~600℃의 가열 온도로 30초 정도 가열한 후 가열 즉시 수냉한다.

② 형재에 대한 직선 수축법을 사용한다.

③ 가열 후 해머질을 통한 교정법을 사용한다.

④ 후판에 대하여 가열 후 압력을 가하고 수냉한다.

⑤ 롤러에 걸어 변형을 교정한다.

⑥ 절단하여 정형 후 용접하여 변형을 교정한다.

⑦ 피닝법을 사용하여 변형을 교정한다.

5) 결함 보수법

① 보통의 경우 결함부를 그라인더 가공 또는 가우징 작업을 통해 제거하고 용접을 실시한다.

② 균열은 균열의 끝 부분에 정지구멍(균열이 더 이상 진행되지 않도록)을 만들고 균열부를 깎아낸 다음 홈을 만들어 재용접한다.

③ 기공 또는 슬래그 섞임의 경우 부분을 가공하고 용접한다.

01

다음 그림과 같이 이음 홈의 각 명칭을 잘못 설명한 것은?

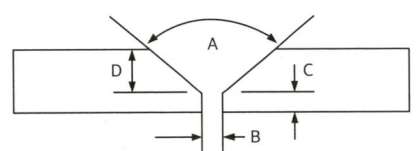

① A : 홈각도
② B : 루트간격
③ C : 루트 면
④ D : 홈 길이

해 D의 명칭은 홈 깊이이다.

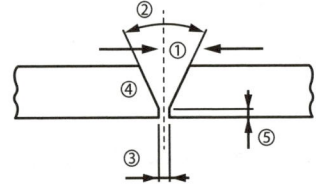

① 베벨 각도(개선각도) : 용접 대상 모재의 가공 된 개선면의 각도
② 홈각도 : 두 용접 대상 모재의 가공된 각각의 베벨각을 합한 것
③ 루트간격 : 인접한 두 용접 대상물의 용접부를 사이에 둔 가장 가까운 거리
④ 그루브 면(개선면) : 용접되는 그루브의 면, 루트면을 포함함
⑤ 루트면 : 개선면 아래에 위치한 수직면

02

다음 중 판 두께가 **6mm 이하**에 사용되는 용접 홈은?

① I형
② V형
③ H형
④ U형

해 ① I형 : 판 두께가 6mm 이하에 사용하며 두께 가 두꺼워 질수록 완전 용입이 어렵다.
② V형 : 판 두께가 20mm 이하에서 사용하며 한 쪽 용접으로 완전한 용입을 얻고자 할 때 사 용된다.
③ X형 : 판두께가 15~40mm 정도에 사용하며 양면 용접으로 완전한 용입을 얻고자 할 때 사용된다.
④ U형 : 두꺼운 판의 양면 용접을 할 수 없는 경 우에 가공하는 방법으로 한쪽 용접에 의해 충분한 용입을 얻으려고 할 때 사용하는 방 법이다.

용접 일반

용접 검사 및 시공

작업 안전

용접 재료

기계 제도

용접기능사 기출문제

특수용접기능사 기출문제

03

용접 결함과 그 원인을 알맞게 짝지어 놓은 것은?

① 언더컷 - 전류가 너무 낮을 때

② 용입 불량 - 용접 속도가 너무 느릴 때

③ 기공 - 아크 길이가 길 때

④ 오버랩 - 전류가 너무 높을 때

해 ① 언더컷
  • 용접 전류가 과대할 때 (과한 용접입열)
  • 용접속도가 너무 빠를 때 (용착량 부족)
  • 아크길이가 길 때 (과한 용접 입열 및 용착량 부족)
② 용입 불량
  • 모재의 홈 각도가 좁을 때
  • 용접 전류가 낮을 때
  • 용접 속도가 빠를 때, 용접봉 각도 및 위치가 불량할 때
③ 오버 랩
  • 용접 전류가 낮을 때 (적은 입열로 융합 안 됨)
  • 용접속도가 너무 느릴 때 (필요한 양 이상의 용가재 공급)
  • 아크길이가 너무 짧을 때

CHAPTER 02 용접 자동화

학습 영상
p98-101

1 자동화 절단 및 용접

1) 용접의 자동화: 최근 인건비 상승, 안전규정 강화, 생산성 향상 등으로 인하여 용접 분야에 자동화가 활발히 이루어지고 있다.

2) 자동화의 장점

　① 제품의 균질화

　② 불량품 감소

　③ 연속작업 가능

　④ 고위험 작업 가능

　⑤ 장기적 비용 감소

3) 자동화의 단점

　① 초기 설비 투자 비용이 많이 든다.

　② 현장의 상황에 따른 임기응변이 어렵다.

2 로봇 용접

1) 최근 자동차, 조선 분야에서 로봇용접이 이루어지고 있으며, 유압, 공압, 전기모터 등의 장치를 프로그램에 따라 움직이도록 한다.

2) 동작 형태에 따른 분류

명칭	작동 방식
직각좌표계 로봇	X, Y, Z로 표시되는 직각 좌표계 형식이며 세 개의 팔이 서로 직각으로 교차하여 가로, 세로, 높이 2차원 내에서 작업하는 로봇이다. 작업영역이 직육면체로, 구조가 간단하여 위치결정 정밀도가 높고, 좌표계산이 쉬우며, 제어가 간단하다. 큰 프레임을 가져야 하므로, 공간을 많이 차지하여 작동범위가 좁고, 직선 운동을 위한 기구학적 설계가 복잡한 단점이 있다.
원통 좌표 로봇	동작 기구가 주로 원통 좌표계 형식으로 두 방향의 직선축과 한 개의 회전 운동을 하지만 수직면에서의 선회는 되지 않는 로봇, 주로 공작 기계의 공작물 탈착 작업에 사용된다.

명칭	작동 방식
극좌표 로봇	직선축과 회전축으로 되어 있으며, 수직판 또는 수평면 내에서 선회하는 회전 영역이 넓고 팔이 기울어져 상하로 움직일 수 있어 주로 스폿용접, 중량물 취급 등에 많이 이용되는 로봇.
다관절 로봇	동작 기구가 관절형 형식으로 사람의 팔꿈치나 손목의 관절에 해당하는 움직임을 갖는 로봇.

용접 자동화 예제

01

다음 중 용접 자동화의 장점이 아닌 것은?

① 제품의 균질화

② 연속작업 가능

③ 현장 상황에 따라 임기응변 가능

④ 고위험 작업 가능

해 용접의 자동화는 현장 상황에 따라 임기응변이 어렵다.

용접 자동화의 장점

① 제품의 균질화

② 불량품 감소

③ 연속작업 가능

④ 고위험 작업 가능

⑤ 장기적 비용 감소

02

X, Y, Z로 표시되는 직각 좌표계 형식이며 세 개의 팔이 서로 직각으로 교차하여 가로, 세로, 높이 2차원 내에서 작업하는 로봇은?

① 극좌표 로봇

② 다관절 로봇

③ 직각좌표 로봇

④ 원통좌표 로봇

해 동작 형태에 따른 분류

① 극좌표 로봇 : 직선축과 회전축으로 되어 있으며, 수직판 또는 수평면 내에서 선회하는 회전 영역이 넓고 팔이 기울어져 상하로 움직일 수 있어 주로 스폿용접, 중량물 취급 등에 많이 이용되는 로봇.

② 다관절 로봇 : 동작 기구가 관절형 형식으로 사람의 팔꿈치나 속목의 관절에 해당하는 움직임을 갖는 로봇.

④ 원통 좌표 로봇 : 동작 기구가 주로 원통 좌표계 형식으로 두 방향의 직선축과 한 개의 회전 운동을 하지만 수직면에서의 선회는 되지 않는 로봇. 주로 공작 기계의 공작물 탈착 작업에 사용된다.

| 📖 정답 | 01 ③ 02 ③

CHAPTER 03 파괴, 비파괴 및 기타검사

학습 영상 p102-104

1 용접부 검사의 분류 파괴시험, 비파괴시험

1) 용접부 검사법의 분류

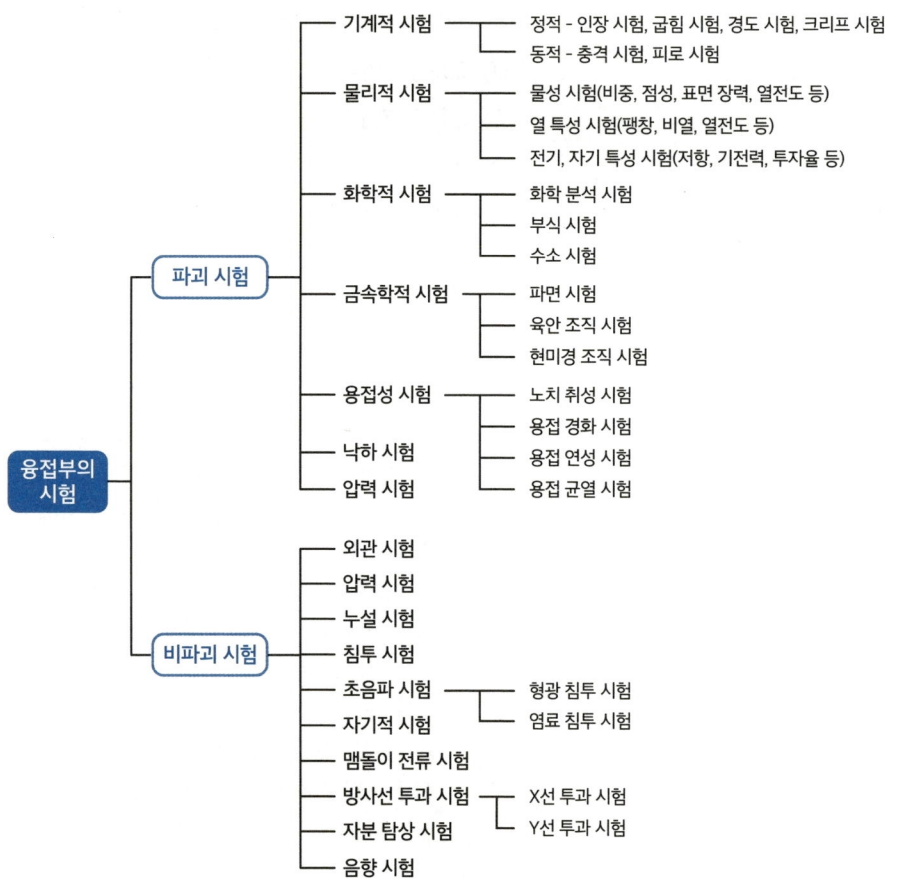

용접부의 시험

파괴 시험
- 기계적 시험
  - 정적 - 인장 시험, 굽힘 시험, 경도 시험, 크리프 시험
  - 동적 - 충격 시험, 피로 시험
- 물리적 시험
  - 물성 시험(비중, 점성, 표면 장력, 열전도 등)
  - 열 특성 시험(팽창, 비열, 열전도 등)
  - 전기, 자기 특성 시험(저항, 기전력, 투자율 등)
- 화학적 시험
  - 화학 분석 시험
  - 부식 시험
  - 수소 시험
- 금속학적 시험
  - 파면 시험
  - 육안 조직 시험
  - 현미경 조직 시험
- 용접성 시험
  - 노치 취성 시험
  - 용접 경화 시험
  - 용접 연성 시험
  - 용접 균열 시험
- 낙하 시험
- 압력 시험

비파괴 시험
- 외관 시험
- 압력 시험
- 누설 시험
- 침투 시험
- 초음파 시험
  - 형광 침투 시험
  - 염료 침투 시험
- 자기적 시험
- 맴돌이 전류 시험
- 방사선 투과 시험
  - X선 투과 시험
  - Y선 투과 시험
- 자분 탐상 시험
- 음향 시험

2) 비파괴시험 종류 및 기호

기호	시험의 종류	기호	시험의 종류
RT	방사선투과시험	PT	침투탐상검사
UT	초음파탐상검사	LT	누설검사
MT	자분탐상검사	VT	육안검사
ET	와전류탐상검사	-	-

2 파괴시험 [기계적 시험법]

1) 인장시험의 정의

- 여러 가지 모양(판, 봉, 관, 원호, 선 등)의 고른 단면을 가진 시험편을 인장 파단시켜 항복점(내력), 인장강도, 연신율, 단면수축률 등을 측정하는 시험법이다.

① 인장강도 구하는 식

$$\text{인장강도}(\sigma \max) : \frac{\text{최대하중}}{\text{원 단면적}} = \frac{P \max}{A_\circ} [\text{kg/cm}^2]$$

② 항복강도 구하는 식

$$\text{항복강도}(\sigma y) : \frac{\text{상부 항복하중}}{\text{원 단면적}} = \frac{P_y}{A_\circ} [\text{kg/cm}^2]$$

③ 연신율 구하는 식

$$\text{연신율}(\varepsilon) : \frac{\text{연신된 거리}}{\text{표점 거리}} \times 100 = \frac{L' - L_\circ}{L_\circ} \times 100 [\%]$$

④ 단면수축률 구하는 식

$$\text{단면수축률}(\psi) : \frac{\text{원 단면적} - \text{파단부 단면적}}{\text{원 단면적}} \times 100 = \frac{A_\circ - A'}{A_\circ} \times 100 [\%]$$

2) 굽힘시험

① 용접부의 연성 및 결함 유무를 조사하기 위해 사용되는 시험법으로 시험편을 절취하여 자유굽힘이나 형 굽힘에 의하여 표면에 나타나는 균열의 유무를 나타내는 시험법이다.

   (굽힘 각도 180°)

② 굽힘시험의 굽힘방법

   가. 자유굽힘

   나. 롤러굽힘

   다. 형틀굽힘

3) 경도시험

- 금속의 단단한 정도를 시험하고 경도 값을 통해서 내마모성을 알 수 있으며 단단할수록 연신율이 작다.

① **브리넬 경도시험**: 압입자인 강구(강철 볼)에 일정한 하중으로 시험편 표면에 압입한 후 이때 생긴 압입자국의 표면적 크기와 하중의 비로 경도를 측정한다. (얇은 판, 침탄강, 질화강에는 적당하지 않음)

② **로크웰 경도시험**: 강구 압입자(B스케일)나 꼭지각이 120°인 원형뿔(C스케일)의 다이아몬드 압입자를 사용하고 압입자에 하중을 걸어 압입자국의 깊이를 측정하여 경도를 측정한다.

③ **비커스 경도시험**: 꼭지각이 136°인 다이아몬드 4 각추의 입자를 1~120kg의 하중으로 시험표면에 압입한 후, 이때 생긴 오목자국의 대각선 길이로 경도를 측정한다.

④ **쇼어 경도시험**: 일정한 높이에서 특수한 추를 낙하시켜 튀어 오르는 높이로 경도 시험을 측정한다.

4) 충격시험

- 시험편에 V형 또는 U형 노치를 만들고, 충격 하중을 주어서 파단 시키는 시험법으로 재료의 인성과 취성의 정도를 조사하는 시험 방법이다. 시험법의 종류는 샤르피식과 아이조드식이 있다.

(a) 샤르피식   (b) 아이조드식

5) 피로시험

- 피로시험기를 이용해 재료에 반복하중을 가하여 파괴 될 때까지의 반복 횟수를 구하는 시험법이다.

- 반복하중, 교번하중, 편진하중 방식이 사용된다.

  ***피로파괴**: 안전하중 상태에서도 작은 힘이 계속적으로 반복하여 작용하면 파괴를 일으키는 것

6) 크리프 시험

- 재료에 일정한 응력을 가할 때에 생기는 변형량의 시간적 변화를 크리프(creep)라 하며, 크리프 시험은 재료의 인장 크리프 스트레인의 크기를 측정하는 것으로서 시료의 온도 및 시험 시간을 규정하고 있다.

3 화학적 시험법

1) 화학분석시험

- 모재, 용착금속 또는 합금 중에 포함되어 있는 각 성분을 알기 위한 방법으로 불순물, 가스조정의 종류와 양, 슬래그 성분도 알 수 있다.

2) 부식시험

① **습부식 시험**：재료가 청수나 해수, 유기산, 무기산, 알칼리 등에 접촉했을 때의 부식상태를 시험하는 방법이다.

② **건부식 시험**：재료가 고온의 증기, 가스 등과 접촉했을 때의 부식 상태를 시험하는 방법이다.

③ **응력부식 시험**：재료에 어떤 응력을 주었을 때 부식 상태를 시험하는 방법이다. 스테인리스강, 구리합금, 모넬메탈 등 내식성을 주로 한 금속 또는 합금의 용접부에 많이 사용된다.

3) 수소시험

- 용접부의 응고 직후부터 일정시간 사이에 발생하는 수소의 양을 측정하는 시험방법으로 수소량 함유의 측정은 45℃ 글리세린 치환법, 수은에 의한법, 진공 가열법이 있다.

4 야금학적 시험

1) 설퍼 프린트

- 철강 재료에서 황의 분포 상태를 알기 위한 시험법이며 연마 단면에 2%의 황산 시약을 사용한다.

2) 현미경 조직시험

① 재료의 조직이나 미소 결함 등을 연마 및 세척하여 부식제를 사용하여 부식시켜 조직을 검사하는 방법이다.

② 현미경 조직시험의 순서

- 시험편 채취 → 마운팅 → 샌드페이퍼 연마 → 폴리싱 → 부식 → 현미경 조직검사

③ 부식제의 용도 및 종류

용도	종류
철강용	피크르산 알코올용액 또는 질산 알코올용액
동합금용	염화제2철용액
니켈합금용	질산초산용액
알루미늄합금용	수산화나트륨용액 또는 불화수소용액

5 방사선투과시험(RT:Radiography Testing)

1) 방사선투과시험의 정의

- x선과 γ선(감마선)은 물체를 투과하는 성질을 가지며 이것을 재료에 투과시켜 투과된 빛의 강도에 따라 필름에 감광시켜 결함을 검사하는 방법이다.

2) 방사선투과시험의 종류

① x선 투과 검사
- 얇은 판 투과 시 사용한다.
- 균열, 융합불량, 용입불량, 기공, 슬래그 섞임, 비금속 개재물, 언더컷 등의 결함 검사가 주 목적이다.

② γ선 투과 검사
- 두꺼운 판 투과 시 사용한다.
- **사용되는 방사선 물질**: 천연 방사선 동위원소(라듐), 또는 인공 방사선 동위원소(코발트60, 세슘134 등)가 사용된다.

3) 방사선투과시험의 결함 등급

결함의 종별	결함의 종류
제1종	기공(블로홀) 및 이와 유사한 결함
제2종	가늘고 긴 슬래그 혼입, 용입불량, 융합불량 및 이와 유사한 결함
제3종	갈라짐 및 이와 유사한 결함
제4종	텅스텐 혼입

6 초음파탐상시험(UT:Ultrasonic Testing)

1) 초음파탐상시험의 정의

- 초음파를 시험체 내부로 보내 반사되어 되돌아오는 성질을 이용하여 시험체에 존재하는 불연속을 검출하는 시험 방법이다. 반사파의 시간과 크기를 스크린으로 관찰하여 결함의 유무와 크기, 종류 등을 검사할 수 있다.

2) 초음파탐상시험의 종류

① **투과법**: 투과한 초음파 펄스를 분석하여 검사하는 방법이다.
② **펄스 반사법**: 초음파의 펄스를 시험체의 면으로 송신하여 반사되는 반사파의 형태로 결함을 검사하는 시험방법이다.
③ **공진법**: 시험체의 공진현상을 이용하여 시험하는 방법이다.

★집중공부★
3) 초음파탐상시험의 장점

① 침투력이 높아 매우 두꺼운 시편에도 사용 할 수 있다.

② 고감도이므로 미세 결함도 검출이 가능하다.

③ 내부 불연속의 위치, 크기, 방향, 모양을 정확하게 측정 할 수 있다.

④ 인체에 무해하다.

★집중공부★
4) 초음파탐상시험의 단점

① 검사자의 의해 정확성이 크게 달라진다.

② 검사 시 표면을 평평하게 가공해야 한다.

③ 표면에 있는 결함은 검출하기 어렵다.

7 침투탐상시험(PT:Penetrant Testing)

1) 침투탐상시험의 정의

• 제품 표면에 나타나는 결함을 검사하기 위한 시험 방법으로 제품에 침투액을 표면장력의 작용으로 침입시킨 후 세척액, 현상액의 과정을 거쳐 결함의 위치 또는 모양을 검사하는 방법이다. 사용되는 침투액의 종류에 따라서 형광 침투 검사와 염료 침투 검사로 나뉜다.

2) 침투탐상시험의 장점

① 거의 모든 재질, 제품에 적용이 가능하다.

② 검사 방법이 간편하고 고도의 숙련이 요구되지 않는다.

③ 제품의 크기, 형상 등에 큰 영향을 받지 않는다.

④ 미세한 균열도 탐상이 가능하다.

⑤ 장비 및 시험에 드는 비용이 저렴하다.

3) 침투탐상시험의 단점

① 표면 검사에만 적용 할 수 있다.

② 시험온도의 제한이 있다(15~52℃).

③ 시험체가 침투제와 반응하여 손상을 입을 수 있다.

8 자분탐상시험(MT:Magnetic Particle Testing)

1) 자분탐상시험의 정의

- 누설자장에 자분이 부착되는 현상을 이용하여 결함을 검출하는 시험방법이다.

★집중공부★
2) 자분탐상시험의 특징

① 작업이 신속하고 간단하다.

② 교류는 표면, 직류는 내부에 수직으로 사용한다.

③ 표면 균열검사에 적합하다.

④ 내부 결함 및 비자성체에서 사용이 곤란하다.

⑤ 인체에 해롭지 않다.

★집중공부★
3) 자분탐상시험의 종류

① 원형자화 : 축통전법, 직각통전법, 전류관통법, 프로드법, 자속관통법

② 선형자화 : 코일법, 극간법

9 누설탐상시험(LT:Leak Testing)

1) 누설탐상시험의 정의

- 수밀, 기밀, 유밀을 필요로 하는 제품에 사용되는 검사법으로 일반적으로 정수압 또는 공기압을 이용하여 검사하는 방법이다.

- 검사 속도가 빠르며 비용이 적게 들고 검사속도에 비해 감도가 좋은 장점이 있는 반면, 결함의 원인 형태를 알 수 없고 개방되어 있는 구조에서는 사용 할 수 없다.

10 와전류탐상검사(ET:Eddy Current Testing)

1) 와전류탐상검사의 정의

- 금속 내에 유기되는 맴돌이(와류) 전류의 작용을 이용하여 결함을 검사하는 방법이다.

- 자기 탐상이 되지 않는 비자성 금속의 결함 검출에 적용하고 표면이나 표면에 가까운 내부결함을 검출한다. (균열, 기공, 언더컷, 오버랩, 용입불량, 슬래그 혼입 등)

11 육안검사(외관검사 VT:Visual Testing)

1) 육안검사의 정의

- 재료 및 제품을 직접 또는 간접적으로 관찰하여 표면 결함의 유무를 알아내는 비파괴검사법이다.
- 결함 종류는 언더컷, 오버랩, 피트, 슬래그 섞임, 균열 등의 결함을 육안검사로 알 수 있다.

용접일반

용접검사 및 시공

직업안전

용접재료

기계제도

용접기능사기출문제

특수용접기능사기출문제

01

용접부의 시험법 중 기계적 시험이 아닌 것은?

① 인장시험　　　　② 굽힘시험
③ 물성시험　　　　④ 피로시험

> 해　물성시험은 물리적 시험으로 비중, 표면장력, 탄성 등을 확인하는 시험방법이다.

02

다음 중 용접부의 연성과 결함의 유무를 조사하기 위한 시험 방법은?

① 굽힘시험　　　　② 인장시험
③ 피로시험　　　　④ 충격시험

> 해　용접부의 연성 및 결함 유무를 조사하기 위해 사용되는 시험법으로 시험편을 절취하여 자유 굽힘이나 형 굽힘에 의하여 표면에 나타나는 균열의 유무를 나타내는 시험법이다. (굽힘 각도 180°)

03

다음 중 비파괴 시험이 아닌 것은?

① 초음파 탐상시험
② 침투 탐상시험
③ 피로시험
④ 누설 탐상시험

> 해　피로시험기를 이용하여 재료에 반복하중을 가하여 파괴 될 때까지의 반복 횟수를 구하는 시험법이다.

04

다음 중 비파괴 검사 기호와 명칭이 올바르지 않은 것은?

① MT : 자분탐상검사
② PT : 침투탐상검사
③ UT : 초음파 탐상검사
④ RT : 와전류 탐상검사

> 해　RT 검사는 방사선 투과검사이다.

| 📖 정답 | 01 ③　02 ①　03 ③　04 ④

제3장

작업 안전

CHAPTER 01 작업안전

CHAPTER 01 작업안전

1 안전 및 안전 보호구

1) 안전율(S) : 외부의 힘을 견딜 수 있을 정도를 수치로 나타낸 값이다.

$$S = \frac{극한강도\,(\sigma_u)}{허용능력\,(\sigma_\alpha)}$$

① 연강재의 안전하중
- **정하중** : 3
- **동하중**(일반) : 5
- **동하중**(주기적) : 8
- **충격하중** : 12

2) 작업장에 따른 보호구 착용 기준

구분	내용
앞면 보호구 (보안경, 보안면)	외부의 물체로부터 눈이나 앞면(얼굴)을 보호할 때 사용
안전모	물체가 떨어지거나 날아올 위험 또는 근로자가 떨어질 위험이 있는 작업
안전대(안전벨트)	높이, 깊이 2미터 이상의 떨어질 위험이 있는 장소에서 하는 작업
안전화	떨어지는 물체에 맞거나 물체에 끼어거나 감전, 정전기, 대전 위험이 있는 작업
절연용 보호구	감전의 위험이 있는 작업 시 사용
방열복	고열에 의한 화상 등의 위험이 있는 작업 시 사용
방한복	-18℃ 이하인 급냉동 어창에서 작업 시 사용
방진마스크	분진이 심하게 발생하는 작업 시 사용
★집중공부★ 귀마개	소음이 발생하는 곳에서는 반드시 사용 ★집중공부★ • 크레인 신호자는 신호를 보낼 때 수신호와 호각신호에 주의를 기울여야 하므로 귀마개를 착용해서는 안된다.

2 안전모

1) 안전모의 구조

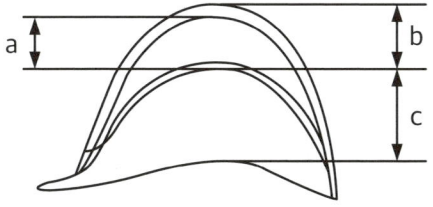

- a : 내부 수직거리
- b : 외부 수직거리
- c : 착용 높이

2) 안전모의 각 부분별 명칭

번호	명칭	
A	모체	
B	착장체	머리받침끈
C		머리고정대
D		머리받침고리
E	턱끈	
F	챙(차양)	

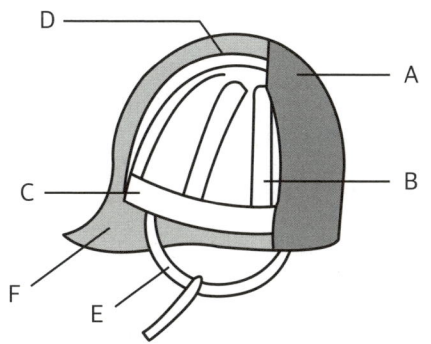

3) 안전모의 기준

- 안전모는 모체, 착장체 및 턱끈을 가질 것
- 착장체의 머리고정대는 착용자의 머리부위에 적합하도록 조절 할 수 있을 것
- 착장체의 구조는 착용자의 머리에 균등한 힘이 분배되도록 할 것
- 턱끈은 사용 중 탈락되지 않도록 확실히 고정되는 구조일 것
- 안전모의 모체. 착장체를 포함한 질량은 440g을 초과 하지 않을 것
- 안전모는 통기의 목적으로 모체에 구멍을 뚫을 수 있으며 통기구멍의 총면적은 150㎟ 이상, 450㎟ 이하일 것
- 머리받침끈이 섬유인 경우 각각의 폭은 15mm 이상이어야 하며, 교차되는 끈의 폭의 합은 72mm 이상 일 것

3 **작업 안전 준수**

★집중공부★
1) 산업안전보건법에 따른 안전·보건표지의 종류

색상	용도	내용
빨간색	금지	정지신호, 소화설비 및 그 장소, 유해행위 금지
	경고	화학물질 취급장소에서의 유해·위험 경고
노란색	경고	화학물질 취급장소에서의 유해·위험 경고 이외의 위험경고,주위표지 또는 기계방화물
파란색	지시	특정 행위의 지시 및 사실의 고지
녹색	안내	비상구 및 피난소, 사람 및 차량의 통행표지
흰색	-	파란색 또는 녹색에 대한 보조색
검은색	-	문자 및 빨간색 또는 노란색에 대한 보조색

2) 응급처치 구명 4단계
① 기도 유지
② 지혈
③ 쇼크 방지
④ 상처치료

4 **전기안전**

1) 전류가 인체의 미치는 영향

허용전류(mA)	영향
8~15	고통을 수반한 쇼크를 느낌
15~20	고통을 느끼고 가까운 근육 경련을 일으킴
20~50	고통을 느끼고 강한 근육 수축이 일어나며 호흡이 곤란해짐
50~100	순간적으로 사망할 위험이 있음

*우리나라 안전전압 : 30V 이하

2) 감전 사고 예방대책

① 절연된 보호장구를 착용한다.

② 신체 및 의복 등이 젖은 상태에서는 전기기기를 만지지 않는다.

③ 무부하 전압이 필요 이상 높지 않도록 하며, 전격방지기를 설치한다.

④ 홀더 및 케이블 피복이 완전한 것을 사용한다.

⑤ 작업이 완료되거나 장시간 중단시에는 스위치를 끊는다.

5 화재 및 상해

★집중공부★
1) 화재의 분류

등급	종류	색상	가연 물질
A급	일반화재	백색	종이, 나무, 섬유
B급	유류 및 가스화재	황색	기름, 윤활유, 페인트 등
C급	전기화재	청색	전기설비, 발전기, 변압기 등
D급	금속화재	무색	철분, 마그네슘, 금속분

2) 소화기의 분류

화재의 종류	소화기 종류
일반 화재	분말소화기, 물소화기, 이산화탄소소화기, 강화액소화기, 알칼리 소화기, 포말소화기
유류 및 가스 화재	분말소화기, 이산화탄소소화기, 포말소화기
전기화재	분말소화기, 이산화탄소소화기, 무상강화핵소화기, 할로겐화합물소화기
금속화재	건조된 모래(건조사), 탄산수소염류소화기

3) 화상의 분류

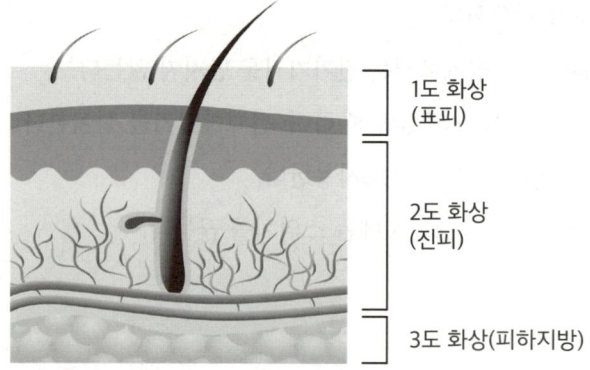

1도 화상
(표피)

2도 화상
(진피)

3도 화상(피하지방)

분류	증상
1도 화상	피부층 중의 가장 바깥층인 표피만 화상 입은 상태로 붉게 변하고 따가운 상태를 말한다.
2도 화상	표피 안의 진피까지 영향을 미친 화상으로 물집이 생기는 상태를 말한다.
3도 화상	표피, 진피, 피하지방까지 화상을 입은 상태로 살이 벗겨지는 매우 심한 상태를 말한다.

4) 상처의 정의

① **찰과상** : 넘어지거나 긁히는 등의 마찰에 의해 피부 표면에 입는 외상을 말한다.

② **타박상** : 어떤 곳에 부딪치거나 물건에 맞아 생기는 손상으로 충격 받은 부위가 부어 오르고 통증이 발생되는 상처를 말한다.

③ **출혈** : 혈관의 손상으로 혈액이 나오는 현상을 말한다.

④ **화상** : 뜨거운 불이나 물 등에 의해 피부나 피부 내부 조직이 손상되는 현상을 말한다.

작업안전 예제

01

산업안전보건법상 안전보건표지에 사용되는 색상 중 안내를 나타내는 색상은?

① 빨강   ② 노란색
③ 파란색   ④ 녹색

해 산업안전보건법에 따른 안전·보건표지의 종류

색상	용도	내용
빨간색	금지	정지신호, 소화설비 및 그 장소, 유해행위 금지
	경고	화학물질 취급장소에서의 유해·위험 경고
노란색	경고	화학물질 취급장소에서의 유해·위험 경고 이외의 위험경고, 주위표지 또는 기계방화물
파란색	지시	특정 행위의 지시 및 사실의 고지
녹색	안내	비상구 및 피난소, 사람 및 차량의 통행표지
흰색	-	파란색 또는 녹색에 대한 보조색
검은색	-	문자 및 빨간색 또는 노란색에 대한 보조색

02

다음 중 응급조치의 구명 4단계에 속하지 않는 것은?

① 지혈   ② 상처보호
③ 쇼크방지   ④ 균형유지

해 응급조치 구명 4단계
① 기도 유지
② 지혈
③ 쇼크 방지
④ 상처치료

03

다음 화재의 분류 중 전기화재의 등급은 무엇인가?

① A급   ② B급
③ C급   ④ D급

해 화재의 분류

등급	종류	색상	가연 물질
A급	일반화재	백색	종이, 나무, 섬유
B급	유류 및 가스화재	황색	기름, 윤활유, 페인트 등
C급	전기화재	청색	전기설비, 발전기, 변압기 등
D급	금속화재	무색	철분, 마그네슘, 금속분

04

다음 화상에 대한 내용으로 표피, 진피, 피하지방까지 화상을 입은 상태로 살이 벗겨지는 상태는 몇 도 화상인가?

① 1도 화상   ② 2도 화상
③ 3도 화상   ④ 4도 화상

해 화상의 분류

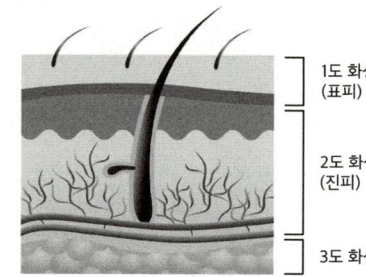

분류	증상
1도 화상	피부층 중의 가장 바깥층인 표피만 화상 입은 상태로 붉게 변하고 따가운 상태를 말한다.
2도 화상	표피 안의 진피까지 영향을 미친 화상으로 물집이 생기는 상태를 말한다.
3도 화상	표피, 진피, 피하지방까지 화상을 입은 상태로 살이 벗겨지는 매우 심한 상태를 말한다.

MEMO

제4장

용접 재료

CHAPTER 01 용접 재료 및 각종 금속 용접

학습 영상 p124-126

1 금속재료 개요

(1) 금속의 일반적인 특성

1) 상온에서 결정구조를 형성하며 고체이다. (예외적으로, Hg(수은)는 액체로 존재)

2) 금속은 특유의 광택을 가진다.

3) 열과 전기의 양도체이다.

4) 전성과 연성이 풍부하며, 소성가공이 쉽다.

5) 다른 물질에 비해 비중이 크다.

용어 정리

- **상온**: 20±5℃의 범위
- **전성**: 망치로 두드리거나 롤러로 밀어서 얇게 펴지는 성질
- **연성**: 재료에 장력을 주어 선 모양으로 늘어지게 하는 성질
- **소성변형**: 재료에 외력을 가하면 변형하는데, 외력을 제거해도 변형은 그대로 남아 원래의 형태로는 돌아가지 않게 되는 것
- **소성가공**: 물체의 소성을 이용해서 변형시켜 갖가지 모양을 만드는 가공법
- **비중**: 4℃의 순수한 물과 같은 체적의 중량비 예 물 1L=1Kg

---

(2) 금속의 성질

- **물리적 성질**: 역학적, 전기적, 자기적, 열적 성질 예 용융점, 비중, 전기전도율, 자성 등
- **기계적 성질**: 금속에 외력(힘)을 가한 경우 나타나는 성질 예 탄성, 전성, 연성, 강도, 취성 등

1) **용융점**: 금속에 열을 가했을 때 고체에서 액체로 변화되는 온도를 말한다. '몇 ℃에서 녹는가?'

화학기호	용융점(근사치)	특징
★집중공부★ W(텅스텐) - 가장 높음	★집중공부★ 3,410℃	Tig 용접에 전극봉으로 사용
★집중공부★ Fe(철)	★집중공부★ 1,538℃	용접에 주요 모재
Cu(구리)	1,083℃	청동, 황동 등의 원료
Au(금)	1,064℃	귀금속

화학기호	용융점(근사치)	특징
★집중공부★ Al(알루미늄)	★집중공부★ 660℃	철보다 약 3배 가벼워 최근 광범위하게 사용
Zn(아연)	419℃	각종 도금에 광범위하게 사용
Pb(납)	325℃	납땜의 주요 원료, 각종 합금에 활용
Sn(주석)	231℃	청동 제작의 주요 원료
H_2O(물)	0℃	-
Hg(수은) - 가장 낮음	약 -38.4℃	금속 중 유일하게 상온에서 액체

> **📢 Tip**
>
> 텅스텐(3400), 철(1500), 구리(1000), 알루미늄(660) 등으로 쉽게 암기

2) 비중: 4℃의 순수한 물과 같은 체적(부피)의 중량비 **예** 물 1L→1kg, 철 1L→7.8kg

- 물과 비교하여 얼마나 무거운가?

  예 같은 크기, 부피의 아령을 만들면 철이 물에 비해 약 7.8배 무겁다.

화학기호	비중(근사치)	특징
Ir(이리듐)	22.5	반도체, 점화 플러그, 전극, X선 망원경, 화학 촉매
Pb(납)	11.3	독성이 강한 중금속, 쾌삭강의 첨가 물질
Cu(구리)	8.9	청동, 황동 등의 원료
★집중공부★ Fe(철)	★집중공부★ 7.8	용접에 주요 모재
Al(알루미늄)	2.7	최근 다양하게 사용되는 모재
Mg(마그네슘)	1.74	실용금속 중 가장 비중이 작음. DSLR카메라 부품
H_2O(물)	1	4℃의 순수한 물, 표준 물질
Li(리튬)	0.53	전기차, 휴대폰 배터리 등에 사용

　　★집중공부★
가. 경금속: 비중이 4.5보다 작은 금속(알루미늄, 마그네슘, 베릴륨 등)
　　★집중공부★
나. 중금속: 비중이 4.5보다 큰 금속(주석, 철, 니켈 구리, 은, 납, 텅스텐 등)

3) 전기전도율: 전기가 얼마나 잘 통하는가?

- **가장 높은 금속**: Ag(은), 가장 높으나 비싸서 구리가 더 많이 쓰인다.
- **가장 실용적인 금속**: Cu(구리), 전선에 주 재료로 쓰인다.
- **주요 금속 비교**: Ag(은) > Cu(구리) > Au(금) > Al(알루미늄) > Ni(니켈) > Fe(철)

4) **자성**: 자석에 얼마나 잘 붙는가?

- **강자성체**: 자석에 붙으며 자석을 제거해도 계속 자성을 띄고, 잘 달라붙는 물질을 말한다.
  - Fe(철), Ni(니켈), Co(코발트)
- **상자성체**: 자석에 붙는 힘을 느끼지 못할 정도로 약하며, 약하게 달라붙는 물질을 말한다.
  - Al(알루미늄), Pt(백금), Mn(망간)
- **반자성체**: 자석에 의한 자화 현상이 전혀 없는 물체이다.
  - Bi(비스무트), Sb(안티몬), Cu(구리) 등

5) **강도** ★집중공부★ : 재료의 강한 정도를 말한다. 인장강도, 압축강도, 굽힘 강도, 비틀림 강도

6) **경도** ★집중공부★ : 재료의 단단한 정도를 말한다.

7) **취성**: 깨지는 성질을 말한다.

  📖 유리의 경우 경도는 크나, 취성이 강하여 잘 깨지는 성질을 가진다.

8) **인성**: 재료의 파괴에 대한 질긴 정도를 말한다.

(3) 금속의 결정구조

- 금속은 고유의 결정구조를 가진다. 주로 3가지 결정격자 형태로 되어 있다.

📖 인간에 몸을 이루는 세포, 레고 블록 하나, 하나

조직	주요 금속	배위 수 = 1개의 원자에 인접한 원자의 수	원자 수 = 단위격자 1개 안에 있는 원자 수
체심입방격자(BCC)	α-Fe(페라이트), Cr(크롬), Mo(몰리브덴)	8개	중심에 1개, 꼭짓점에 1/8개씩 8개 총 2개
면심입방격자(FCC)	γ-Fe(오스테나이트), Al(알루미늄), Cu(구리), Ag(은), Au(금), Pt(백금)	12개	면의 중심에 1/2개씩 6개, 꼭짓점에 1/8개씩 8개 총 4개
조밀육방격자(HCP)	Be(베릴륨), Mg(마그네슘), Zn(아연), Ti(티타늄)	12개	작은 단위 정(육면체를 3등분 한 것) 2개 큰 단위(육면체 전체) 정 6개

> 📢 **Tip**
>
> 철은 온도 변화에 따라 결정구조가 달라짐(동소변태)(BCC→FCC→BCC)

★집중공부★
(4) 금속의 취성

• 특정 조건에서 취성(깨지는 성질)이 심화되는 것이다.

1) 적열 취성: 황(S) 등의 영향으로 고온(1000℃ 이상)에서 취성이 일어나는 현상이다.

2) 청열 취성: 탄소강을 가열하면, 200~300℃ 부근에서 인장강도가 급격히 높아지나, 연신율이 낮아지고 취성이 생긴다.

3) 저온 취성: 인(P) 등의 영향으로 상온, 0℃ 이하의 저온에서 충격값이 낮아지는 현상이다.

2 철강재료

(1) 철강의 제조

1) 제조 순서: 제선 → 제강 → 압연

2) 제선: 철광석에서 선철(주철)을 제조하는 과정이다.

3) 제강: 선철의 불순물(탄소 등)을 제거하여 강(강철, 탄소강)을 만드는 과정이다.

4) 압연: 강을 용도에 맞게 소성가공 시켜 상품화하는 과정이다.

(2) 강괴의 종류

1) 강괴란?: 금 → 금괴, 강철 → 강괴

2) 탈산도에 따라: 킬드강 > 세미킬드강 > 림드강

3) 탈산도란?: 금속에서 산소를 제거한 정도를 말한다.

4) 킬드강: 가장 탈산도를 높인 우수한 강으로 수축된 부분이 있어 생산성이 떨어진다.

5) 세미킬드강: 림드강과 킬드강의 중간 형태이다.

6) 림드강: 가장 탈산도가 낮은 강으로 품질이 떨어지나 생산성이 높다.

(3) 순철 vs 탄소강 vs 합금강 vs 주철, 주강

1) 순철: 거의 순수한 철 Fe

2) 탄소강: Fe+C (~약 2.0%, 탄소)

- 탄소가 소량이지만 큰 역할을 한다.
- 일반적으로 광범위하게 사용되는 재료이다.
- 강철, 강 등으로 부른다.
- 경도에 따라 연강, 경강 등으로 분류한다.

3) **합금강** : Fe+C+(Cr, Ni, Pb 등등)

- 다양한 금속을 첨가하였고, 가격이 탄소강에 비해 고가지만 탄소강의 단점을 개선한 강이다.

4) **주철** : Fe+C (약 2.0%~6.67%)

- 주조에 사용되는 철로 탄소강에 비해 유동성, 경도 등이 좋으나 인장강도가 떨어지고 취성이 강한 성질을 가지고 있다.

(4) 순철

1) 특징

① (거의) 순수한 철　**예**　순수한 금을 순금(24K)이라 한다.

② 변압기, 발전기 등에 일부 사용한다.

③ 일반적으로 강도가 낮아 활용되지 못한다.

2) ★집중공부★ 순철의 동소변태

① ★집중공부★ 동소변태란? : 온도가 변화됨에 따라 결정구조가 변화하는 것을 말한다.

1538℃
↓　　← δ(델타) - Fe, 결정구조 : BCC
1400℃
↓　　← ɤ(감마) - Fe, 결정구조 : FCC, 오스테나이트
910℃
↓　　← α(알파) - Fe, 결정구조 : BCC, 페라이트
상온

3) 순철의 자기변태 ★집중공부★

① **자기변태란?** : 온도가 변화됨에 따라 자성이 달라지는 것을 말한다.

② ★집중공부★ 768℃, 순철의 큐리점(퀴리점)

③ 강사성체 → 상자성체로 변함

> 📢 **Tip**
>
> 자석에 잘 달라 붙던 철이 → 768℃ 이상으로 가열되면 → 자석에 달라 붙지 않는다.

(5) 탄소강

1) 탄소량에 따른 분류

① 일반적인 분류

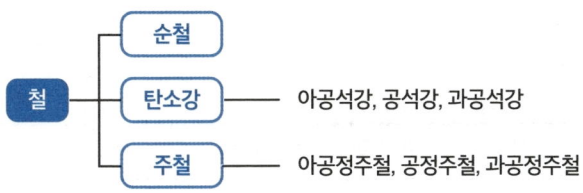

② 기계적 성질의 변화

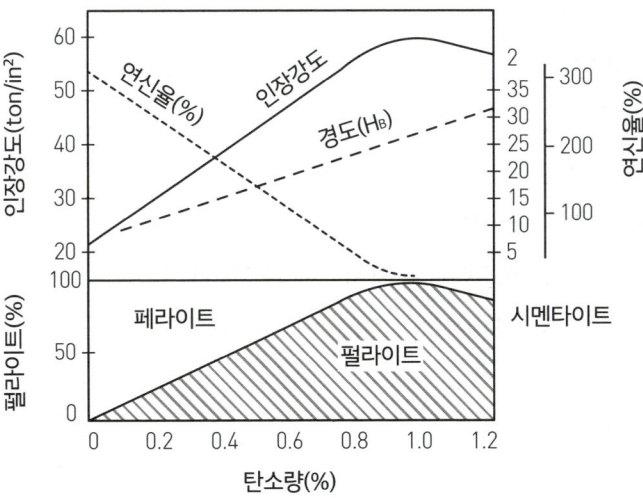

2) Fe-C 상태도

- **왜 알아야 하는가?** : 탄소량과 온도에 따라 철의 조직이 어떻게 변화하는가를 파악하기 위한 그래프이다.

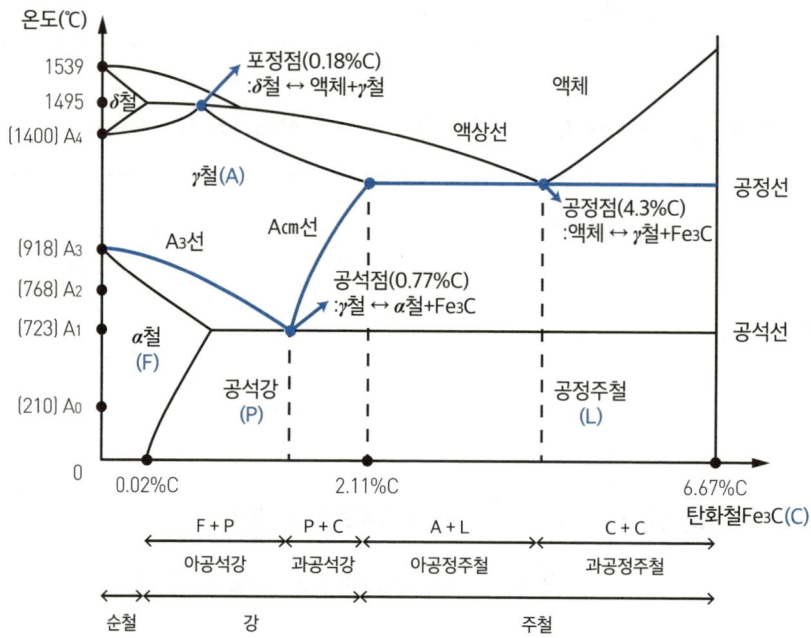

① 강의 분류

- **공석강** : 0.77%C, 펄라이트(P)
- **아공석강** : 0.02~0.77%C, 페라이트(F)+펄라이트(P)
- **과공석강** : 0.77~2.11%C, 펄라이트(P)+시멘타이트(C)

② 주철의 분류

- **공정주철** : 4.3%C, 레데뷰라이트(L)
- **아공정주철** : 2.11~4.3%C, 오스테나이트(A)+레데뷰라이트(L)
- **과공정주철** : 4.3~6.67%C, 레데뷰라이트(L)+시멘타이트(C)

★집중공부★
3) 강의 표준조직

★집중공부★
① **페라이트** : 순철에 가까운 조직

★집중공부★
② **시멘타이트** : Fe_3C, 철과 탄소가 6.67%로 화합, 경도가 매우 크다.

★집중공부★
③ **펄라이트** : Fe+C(0.77%), 페라이트와 시멘타이트가 층층이 쌓여있다. 조개 껍질(펄, peal) 모양과 유사하여 펄라이트라는 이름으로 불린다.

★집중공부★
④ **오스테나이트** : A3선 위 온도에서 존재하는 조직이다.

4) 탄소강의 5대 원소

- 강에 일정량 첨가되어 각각의 역할을 하는 원소들로 대체적으로 강도, 경도는 증가, 연신율, 충격치는 감소한다.

① Mn(망간) : 2% 이내 첨가시, 강도, 경도, 인성 증가한다.

② Si(규소) : silicon, 주조성, 인장강도, 경도 증가 , 연신율, 충격치, 전성은 감소한다.

③ S(황) : sulfur, 특수한 경우를 제외하고 0.05% 이하로 첨가를 제한한다. 강의 유동성을 해치고, 기포를 발생시킨다. 강도, 연신율, 충격치 등이 감소한다. 취성을 증가시킨다. 적열취성의 원인이 된다.

④ P(인) : 특수한 경우를 제외하고 0.05% 이하로 첨가를 제한한다. 강도, 경도가 증가한다. 연신율, 충격치는 감소한다. 상온취성의 원인이 된다.

⑤ C(탄소) : 탄소강의 제작에 있어 가장 중요한 원소이며, 첨가되는 양이 따라 항복점, 인장강도, 연신율, 단면수축률, 연성 등에 큰 영향을 끼친다.

※ H(수소) : 은점(fish eye), 헤어크랙의 원인이 된다.

5) 주요 탄소강의 종류

① **기계 구조용 탄소강**(SM 00 C) : 컴퓨터응용밀링기능사 실기 재료, 00C : 탄소 함유량

② **일반 구조용 압연강재**(SS 000) : 용접기능사 실기 재료, 000 : 재료의 최저 인장강도

③ **탄소 공구강**(STC) : 공구용 재료, 줄, 쇠톱 등

④ **주강**(SC) : 주조에 사용 가능한 탄소강

(6) 합금강

1) 합금강의 종류

Fe+ C + (Ni, Mn, Cr, W, Mo, Co, V, Al 등)

- 합금강

① **구조용** : 강인강, 표면경화용강, 스프링강, 쾌삭강

② **공구용** : 합금공구강, 고속도강, 다이스강, 비철합금공구 재료

③ **특수용도** : 내식강, 내열강, 베어링강, 불변강

2) **특징** : 탄소강의 단점을 보완하며, 특수한 능력이 부여된다.

3) 구조용 합금강

① **해드필드**(hadfield)**강** : 고망간강(망간 약 12% 정도 함유)으로 내마멸성과 내충격성이 우수하고, 특히 인성이 우수하기 때문에 파쇄 장치, 기차 레일, 굴착기 등의 재료로 사용된다.

② 듀콜강: 저망간강, 인장강도 큼, 펄라이트 조직

③ 쾌삭강: Pb, S 등을 첨가하여 절삭성을 향상, 가공이 수월함. 강도가 크지 않은 부분에 사용된다.
   ★집중공부★

4) 공구용 합금강

① 공구의 조건

　가. 높은 온도에서도 단단할 것 → 고온 경도

　나. 잘 마모되지 않을 것 → 내마멸성

　다. 잘 깨지지 않을 것 → 강인성

　라. 열처리가 잘될 것 → 열처리 성

⑤ 자주 출제되는 공구강

　가. **합금 공구강**(STS): 탄소강이 담금질 효과가 작아 Cr, W, Mo, V 등을 첨가하여 담금질 성능을 개선한 합금이다.

　나. **고속도강**(SKH): 18W-4Cr-1V, 탄소량 0.8%, HSS(하이스강), 엔드밀, 선반팁, 쇠톱날 등

　다. **주조 경질 합금**: Co-Cr-W(Mo), 대표적으로 스텔라이트가 있다.

　라. **초경합금**: WC, TiC, TaC 등으로 제작된다.

5) 특수용도용

① 종류: 스테인리스강, 내열강, 불변강

② 스테인리스강(STS, SUS): 강에 Cr, Ni이 첨가되어 내식성을 향상시킨 합금이다.

　가. 오스테나이트계 스테인리스강: 18-8 스테인리스강, 내식, 내산성이 우수하여 일반적으로 가장 많이 사용되고 있다. 열처리가 불가한 특성을 가진다. STS304(일반적인 STS), 308(Cr, Ni 함량 증가), 316(Mo 성분 첨가), 316L(C량을 적게) 등
   ★집중공부★

　나. 페라이트계 스테인리스강: 13 스테인리스강, 강인성, 내식성, 열처리 경화가 가능하다.
   ★집중공부★

　다. 마텐자이트계 스테인리스강: 보통 12% 이상의 크롬을 포함하며, 타 계열보다 탄소 함량이 높아 담금질 열처리를 통한 높은 경도 확보가 가능하다. 주로 기계부품류, 디스크 브레이크 등에 사용된다. STS400계열.
   ★집중공부★

　라. **석출경화형 스테인리스강**: 시효처리 및 열처리를 통해 높은 강도, 내식성, 내열성을 부여한 스테인리스강이다. STS630(17-4 PH)

　마. **듀플렉스형 스테인리스강**: 오스테나이트와 페라이트를 50대 50으로 섞은 것, 상업용의 경우 각각 40대 60비율로 되어 있다. 내구성이 좋으며, 부식에도 더 강한 특징을 가진다. 높은 크롬(19~28%), 그리고 몰리브덴(5% 이상), 낮은 니켈함량을 가진다.

바. **스테인리스강의 입계 부식** : 고온에서 급랭한 것을 가열했을 때 Cr_4C가 석출되어 쉽게 부식이 일어나는 현상이다. 탄소(C)양을 감소시키거나, Ti, V, Nb 등을 첨가하여 예방한다.

　　예 TIG 용접 용가재 중 T-316이 아닌, T-316L 용가재는 C의 양이 적게 첨가되어 있다.

★집중공부★
③ **불변강**

- Fe+Ni, Cr, Co 등을 첨가하여 만든 합금으로, 온도에 따른 열팽창계수가 낮아 크기의 변화가 적음. 측정도구, 계측기 등에 사용된다.

　가. **인바** : Fe-Ni(35%)-Co(0.1~0.3%)-Mn(0.4%)이 함유된 불변강이다.

　나. **슈퍼인바** : Fe-Ni(30~32%)-Co(4~6%), 인바에 비해 열팽창계수가 작다.

　다. **엘린바** : Fe-Ni(36%)-Cr(12%), 온도변화에 따라 탄성률의 변화가 미세하다. 시계태엽 등에 사용된다.

　라. **코엘린바** : Fe-Ni(10~16%)-Co(26~58%)-Cr(10~11%), 엘린바에 코발트(Co)를 첨가한다.

　마. **플래티나이트** : 약 46%의 니켈, 나머지는 철로 조성되어 있고 열팽창계수가 백금과 거의 동일하다.

④ **기타**

　가. **퍼멀로이** : Fe-Ni(35~80%), 니켈과 철의 합금으로 자기장의 세기가 큰 연질 자성 재료이다.

(7) 주철과 주강

1) 주철이란? : 철광석에서 처음 추출한 선철이 주로 사용되며, 주로 주조에 사용되는 철이다.

2) 주강이란? : 주철의 기계적 성질을 보완하기 위해 탄소강이지만 주조에 사용되는 철이다.

3) 주철의 특징

① 인장강도가 주강에 비해 낮고, 경도가 높다.

② 메짐성이 크고 취성이 강하다.

③ 고온에서도 소성변형이 어렵고 주로 주조에만 사용된다.

④ 용융점이 주강에 비해 낮고, 주조성이 좋아, 복잡한 형상 제작도 가능하다.

⑤ 값이 저렴하여 경제적이다.

⑥ 액상일 때 유동성이 좋으며, 충격 저항이 약하다.

⑦ 600℃ 이상의 온도에서 가열 및 냉각을 반복하면 부피가 팽창한다.

4) 주철의 조직

- 펄라이트, 페라이트, C(흑연), Fe_3C(시멘타이트)
- **마우러의 조직도** : C와 Si의 양에 따른 주철 조직의 변화를 그래프로 나타낸 것이다.

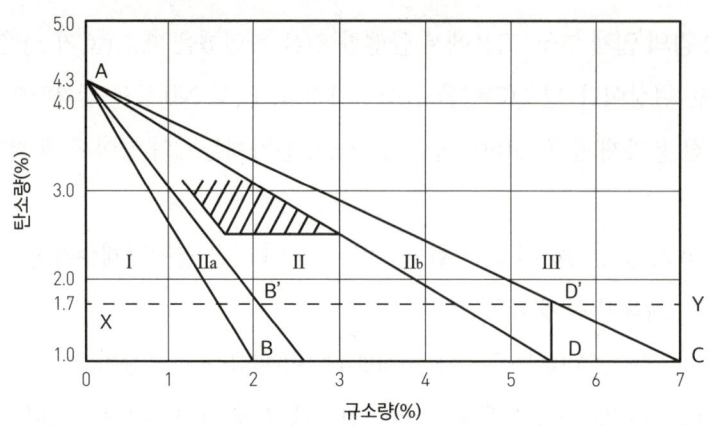

구역	조직	주철의 종류
I	펄라이트＋시멘타이트	백주철(극경주철)
II$_a$	펄라이트＋시멘타이트＋흑연	반주철(경질주철)
II	펄라이트＋흑연	펄라이트주철(강력주철)
II$_b$	펄라이트＋페라이트＋흑연	회주철(보통주철)
III	페라이트＋흑연	페라이트주철(연질주철)

5) 주철의 종류

① **백주철**: 적은 Si(규소) 함량을 가지고 있으며, 펄라이트＋시멘타이트 형태이다.

② **펄라이트주철**(고급주철): 회주철에 비해 인장강도가 크고, 미하나이트 주철이다.

③ **회주철**(보통주철): 3.2%~3.8% C(탄소), 1.4~2.5% Si(규소)

④ **가단주철**: 단조가 가능한 주철, 백주철을 열처리 로에 넣어 가열해서 탈탄 또는 흑연화 방법으로 제조한다. 2.0%~3.2% C(탄소), 0.6~1.5% Si(규소), 강도, 인성 및 내식성이 우수하고, 흑심가단주철, 백심가단주철, 펄라이트 가단주철이 있다.

★집중공부★
⑤ **구상흑연주철**: 보통 주철의 조직에 나타나는 흑연을 본래의 편상에서 구상으로 변화시켜 강인성을 향상시킨 주철이다. 주조성, 가공성, 내마멸성 우수하고, 강도가 높으며, 인성, 연성, 가공성이 좋다. 불순물(P, S)이 적은 선철을 용해하여 주입 전에 Mg(마그네슘), Ce(세륨), Ca(칼슘) 등을 첨가하여 제조한다. 흑연이 원형(＝구상, Bull's eye)모양으로 생겼다고 하여, 구상흑연주철이라 부른다.

⑥ **칠드주철**: 금형 또는 칠 메탈(냉금)이 붙어 있는 모래형에 쇳물을 주입하여 필요한 부분만 급랭시키는 것으로, 이러한 행위를 칠드라고 한다. 칠드된 부분의 경도가 높아 내마멸성, 내열성, 고온경도가 높다.

6) 주강

① 주철의 기계적 성질을 보호하기 위해 탄소강이지만 주조에 사용되는 철이다.

② 주철에 비해 용융점이 높기 때문에 주조가 어렵고 비용이 많이 든다.

③ 탄소량에 따라 저탄소 주강(0.2%C 이하), 중탄소주강(0.2~0.5%), 고탄소 주강(0.5% 이상)이 있다.

④ 주철에 비해 용접에 의한 보수가 쉽고, 기계적 성절이 우수하다.

⑤ **Mn(망간)주강** : 특수 주강으로 내마멸성이 뛰어나 롤러 등으로 사용된다.

⑥ **Mo(몰리브덴)주강** : Mo첨가로 내열성을 향상시킨 주강이다.

7) 주철의 용접

① 주철 용접이 어려운 이유?

- 용접 후 급랭으로 인한 균열의 위험성. 흑연의 조대화로 인해 흑연과 기지금속 사이에 간격이 생겨, 균열, 기공 등 발생의 원인이 된다.

② 주철의 보수 용접

가. 스터드법 : 스터드 볼트로 균열이 생길수 있는 부위를 보강 후 용접하는 방법이다.

나. 비녀장법 : 균열이 가늘고 길 때, 균열부에 비녀장(강봉)을 박아 놓고 용접하는 방법이다.

다. 버터링법 : 버터를 빵에 바르는 방법과 유사하게, 모재와 융합이 잘되는 부분을 용접부를 만들고, 그 위에 다시 용착된 금속과 융합이 잘되는 용접봉으로 용접하는 방법이다.

라. 로킹법 : 스터드 볼트 대신에 둥근 홈을 파고 용접하는 방법이다.

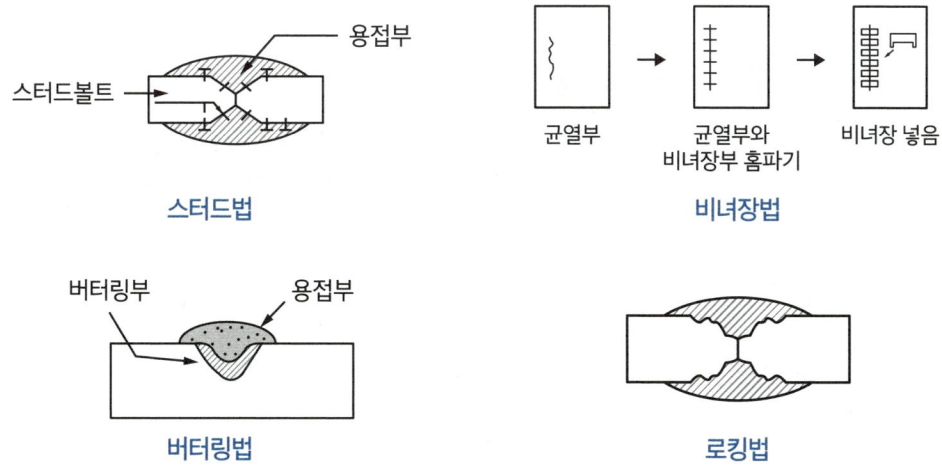

스터드법   비녀장법

버터링법   로킹법

3 비철 금속

- Al(알루미늄), Cu(구리), Ni(니켈), Mg(마그네슘), Ti (티타늄), 등이 있다.

(1) 알루미늄 및 알루미늄 합금

1) 물리적 성질

① **비중**: 2.7, 철(7.8)과 비교해 약 1/3 수준이다.

② **용융점**: 660℃

③ 내식성 우수하다.

④ 열전도율 우수하다. → 각종 식기류 제조에 사용된다.

2) 알루미늄 합금의 종류

분류	종류	구성 및 특징
주조용 (내열용)	실루민	Al-Si, 개량처리를 통한 주조성 향상, 가볍고 단단하며 바닷물에도 녹슬지 아니 하여서 항공기와 자동차의 부품 제조에 쓰임
	라우탈	Al-Cu-Si, 특수실루민, 실리콘(Si)을 넣어 주조성을 개선하고 Cu를 첨가하여 절삭성을 좋게 한 알루미늄 합금으로 시효 경화성이 있는 합금, 열팽창이 극히 작음, 내연기관의 피스톤으로 활용
	Y합금	Al(알)-Cu(구)-Ni(니)-Mg(마), 고온강도 큼, 내연기관의 실린더
	로엑스 합금	Y합금에 Si이 더 해진 합금, 열팽창 계수가 작아 엔진, 피스톤용 재료로 사용
	코비탈륨	Y합금의 일종으로 Ti과 Cu를 0.2% 정도씩 첨가한 것으로 피스톤에 사용되는 것
가공용	두랄루민	Al(알)-Cu(구)-Mg(마)-Mn(망), 가벼우면서 강도가 매우 높은 합금, 철에 비해 비강도 3배 높음, 항공기 소재로 사용
내식용	알민	Al+Mn(1~1.5%), 가공성, 용접성이 좋으며, 저장용 통에 사용됨
	하이드로날륨	Al-Mg(~10%) 합금으로 내식성이 매우 우수함. 내식 알루미늄합금으로, 알루미늄이 바닷물에 약한 것을 개량하기 위하여 개발된 합금

(2) 구리 및 구리 합금

1) 물리적 성질

① **비중** : 8.96, 철(7.8)에 비해 무겁다.

② **용융점** : 1083℃, 철(1538℃)에 비해 낮다.

③ 내식성 우수하다.

④ FCC 구조이다.

2) 구리의 종류

① 전기동

② 전해인성 구리(=정련동)

③ 무산소 구리

3) 구리합금의 종류(황아청주)

★집중공부★
① **황동** : Cu-Zn(아연), 가공성, 주조성, 내식성, 기계적 성질이 좋다.

★집중공부★
② **청동** : Cu-Sn(주석)

4) 황동의 종류

① **7-3 황동** : Cu(70%), Zn(30%), 카트리지 블라스, 연신율, 냉간가공성 좋고 탄피 재료에 사용된다.

② **6-4 황동** : Cu(60%), Zn(40%), 문쯔 메탈, 7-3황동에 비해 전연성이 낮고, 인장강도 크다.

③ **톰백** : Cu(95~80%)-Zn(5~20%), 유려하며 광택이 있어 모조금으로 사용된다.

④ **애드미럴티 황동**(주석황동) : 7-3황동+1% Sn(주석) 첨가되며 전연성이 우수하고 열교환기, 증발기에 사용한다.

⑤ **네이벌 황동**(주석황동) : 6-4황동+1% Sn(주석) 첨가되며 내식성과 강도가 증가하고, 기어, 플랜지, 볼트, 축 등에 사용한다.

5) 청동의 종류

① **켈밋**(Kelmet) : Cu-Pb, 켈밋 메탈(Kelmet Metal)은 미끄럼 베어링 용도로 사용하는 합금으로서, 열전도율이 좋아 주로 고온 고하중을 받는 베어링에 사용한다.

② **포금**(gun metal) : Cu-Sn(8~12%)-Zn(1~2%), 청동에 과거 포신 제작시 사용되며 내해수성이 우수하고, 수압, 수증기에 잘 견딘다.

③ **알루미늄 청동** : 구리에 대략 15%까지 알루미늄을 가한 합금으로 담금질이 가능하고, 내식성, 내마모성이 우수하다.

6) 기타

① **인 청동**: 1% 이하의 P(인) 첨가되며 청동 용탕의 유동성이 우수하다.

② **규소 청동**: 4% 이하의 Si(규소) 첨가되며 높은 온도와 낮은 온도에서 내식성 좋고 용접성이 우수하다.

③ **망간 청동**: 5~15% Mn(망간) 첨가되며 300℃까지 강도가 저하되지 않아 증기기관의 증기 밸브, 터빈의 프로펠러 등으로 사용된다.

④ **베릴륨 청동**: 2~3% Be(베릴륨)을 첨가되며 시효 경화성, 구리 합금 중에서 강도와 경도가 가장 크고 베어링, 고급스프링, 전기접점, 용접용 전극에 사용된다.

⑤ **코슨 합금**: Cu, 3~4% Ni(니켈), 1% Si(규소)를 첨가한 구리합금으로 강도와 전기 전도율이 좋다.

(3) 기타 금속

1) 니켈(Ni)

① **비중**: 8.9, 철(7.8)에 비해 무겁다.

② **용융점**: 1455℃, 철(1538℃)에 비해 낮다.

③ 오스테나이트계 스테인리스강의 주요 원소이다.

④ **불변강의 주요 합금 원소**: 인바, 슈퍼인바, 엘린바

⑤ **합금 종류**: 콘스탄탄, 모넬메탈, 인코넬(산, 알칼리 등에 우수한 내식성을 가짐)

⑥ **모넬메탈** 60~75%의 니켈과 26~30%의 구리 및 소량의 철, 망가니즈, 규소 등이 들어 있는 자연 합금으로, 내식성과 높은 온도에서 강도가 높아 각종 화학 기계, 열기관 등에 쓰인다.

⑦ **콘스탄탄**: 상품명 어드밴스 라고도 불리며 Ni(45%)+Cu(55%) 또는 Mn(1%)를 첨가한다. 주로 열전대용 재료에 사용된다.

2) 마그네슘(Mg)

① **비중**: 1.74, 철(7.8)에 비해 가볍다.

② **용융점**: 650℃

③ 실용 금속 중 비중이 가장 낮다.

④ 고급 카메라 바디, 전자기기, 노트북, 자동차 휠 등에 이용된다.

3) 티타늄(Ti)

① **비중**: 4.5, 철(7.8)에 비해 가볍다.

② **용융점**: 1668℃

③ 비강도, 고온강도, 내식성 우수하다.

4 기타 재료

1) 형상 기억 합금

① 일반적인 금속은 탄성한도가 있어, 그 이하에서는 외력을 제거하면 되돌아오지만, 항복점 이상에서는 소성변형되어 되돌아오지 않는다.

② 형상 기억 합금은 소성변형이 일어난 후 일정 온도 이상으로 가열해주면 다시 원상태로 돌아온다.

③ 금-카드뮴, 인듐-탈륨, 니켈-티탄 합금 등이 사용되고 있다.

2) 섬유 강화 금속 복합 재료(FRM, Fiber-Reinforced metals)

① 알루미늄(Al), 티탄(Ti), 마그네슘(Mg) 등과 같이 비교적 가벼운 금속 속에, 알루미나(Al_2O_3)나 탄화규소(SiC)와 같이 인장 강도가 높고 1000℃ 이상의 고온에서 견딜 수 있는 세라믹 섬유를 복합시킨 고온 고강도용 복합 재료이다.

② 고온 고강도용 복합 재료로서 금속과 유사한 기계적 강도를 가지면서, 가벼운 특성을 지닌다.

③ 강도가 높고, 고온내구성, 경량의 장점이 있으나, 제조단가가 높고, 제조공법이 제한적인 것이 단점이다.

④ 우주환경 구조물(우주정거장 등), 엔진의 터빈 블레이드, 자동차 엔진 부품(피스톤헤드, 커넥팅 로드, 등)과 테니스 라켓, 안전 헬멧에도 사용되고 있다.

01

금속에 대한 성질을 설명한 것으로 틀린 것은?

① 모든 금속은 상온에서 고체 상태로 존재한다.

② 텅스텐(W)의 용융점은 약 3,410℃이다.

③ 이리듐(Ir)이 비중은 약 22.5이다.

④ 열 및 전기의 양도체이다.

해 수은은 액체 상태로 존재한다.

금속의 일반적인 특징
1) 상온에서 결정구조를 형성하며 고체이다.
   (Hg(수은)은 액체로 존재)
2) 금속은 특유의 광택을 가진다.
3) 열과 전기의 양도체이다.
4) 전성과 연성이 풍부하며, 소성가공이 용이하다.
5) 다른 물질에 비해 비중이 크다.

02

강에서 상온 메짐(취성)의 원인이 되는 원소는?

① P   ② S
③ Mn   ④ Cu

해 저온취성(상온메짐) : 인(P), 구리(Cu) 등의 영향으로 상온, 0도 이하의 저온에서 충격값이 낮아지는 현상.

03

아공석강의 기계적 성질 중 탄소함유량이 증가함에 따라 감소하는 성질은?

① 연신율 　　　　② 경도
③ 인장강도 　　　④ 항복강도

해 아공석강을 기준으로 탄소량이 증가하면 페라이트는 줄어들고, 펄라이트의 양은 증가하며 인장강도와 경도, 항복강도는 증가한다. 그러나 연신율은 감소한다.

1) 강의 분류
• 공석강 : 0.77%C, 펄라이트(P)
• 아공석강 : 0.02~0.77%C, 페라이트(F)+펄라이트(P)
• 과공석강 : 0.77~2.11%C, 펄라이트(P)+시멘타이트(C)

2) 주철의 분류
• 공정주철 : 4.3%C, 레데뷰라이트(L)
• 아공정주철 : 2.11~4.3%C, 오스테나이트(A)+레데뷰라이트(L)
• 과공정주철 : 4.3~6.68%C, 레데뷰라이트(L)+시멘타이트(C)

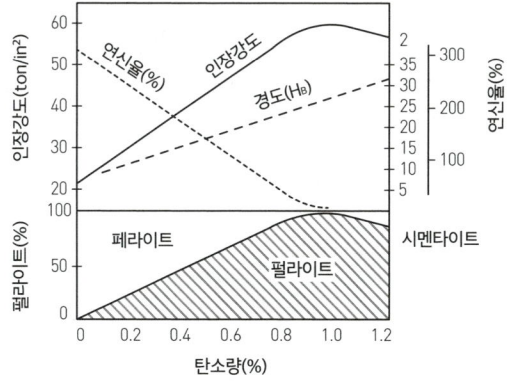

04

망간 10~14%를 함유한 강으로 상온에서 오스테나이트 조직을 가지며 각종 광산기계, 기차레일의 교차점, 냉간 인발용의 드로잉 다이스 등에 사용되는 합금은?

① 듀콜강
② 스테인리스강
③ 고속도강
④ 하드필드강

해 하드필드강에 대한 설명이다.

> 🔍 **자주 출제되는 구조용 합금강**
> ㄱ. **해드필드강** : 고Mn강으로 내마멸성과 내충격성이 우수하고, 특히 인성이 우수하기 때문에 파쇄장치, 기차 레일, 굴착기 등의 재료로 사용
> ㄴ. **듀콜강** : 저망간강, 인장강도 큼, 펄라이트 조직
> ㄷ. **쾌삭강** : Pb, S 등을 첨가하여 절삭성을 향상, 가공이 수월함. 강도가 크지 않은 부분에 사용

용접 일반

용접 검사 및 시공

작업안전

용접 재료

기계제도

용접기능사 기출문제

특수용접기능사 기출문제

05

Fe-Ni계 합금으로 온도에 따른 열팽창계수가 낮고, 크기의 변화가 적어, 측정도구, 계측기, 등에 사용되는 합금에 해당하지 않는 것은?

① 인바
② 슈퍼인바
③ 엘린바
④ 듀콜강

해 불변강 : Fe + Ni, Cr, Co 등을 첨가하여, 온도에 따른 열팽창계수가 낮아, 크기의 변화가 적음. 측정도구, 계측기 등에 사용
  ㄱ. 인바
  ㄴ. 슈퍼인바
  ㄷ. 엘린바
  ㄹ. 코엘린바
  ㅁ. 퍼멀로이

CHAPTER 02 용접재료 열처리 등

학습 영상
p143-144

1 열처리

1) **열처리란?** : 금속을 다양한 방법으로 가열하고 냉각시켜 성질을 개선하는 것이다.

　예 생고기 → 가열 → 구워진 고기, 면요리 → 가열 → 익혀짐 → 찬물에 냉각 → 탱탱해짐

2) **열처리의 종류**
　① ★집중공부★ **일반 열처리** : 불림, 풀림, 담금질, 뜨임
　② ★집중공부★ **항온 열처리** : 오스템퍼링, 마르템퍼링, 마르퀜칭 등
　③ ★집중공부★ **표면경화 열처리** : 침탄법, 질화법, 화염경화법, 고주파 경화법 등

3) **일반열처리 – 불림**(Normalizing, 노멀라이징)

　① **목적** : 불균일한 오스테나이트 조직 → 조직의 균일화 → 기계적 성질 개선

　② **방법** : Fe-C 상태도의 A3 또는 Acm 변태선 이상으로 일정시간 가열 → 공기 중에 서냉

> 🔍 **키워드**
> 공기 중, 서냉, 조직의 균일화, 기계적 성질 개선

　③ **활용**

　예 • 재료 → 압연 → 압연으로 인한 가공 경화 → 불림을 통한 기계적 성질 개선

　　　• 재료 → 주조 → 주조로 인한 편석(불순물이 뭉쳐 있는 상태) → 불림을 통한 표준화

4) **일반열처리 – 풀림**(Annealing, 어닐링)

　① **목적** : 단단해진강을 연하게 하여 기계 가공성 향상 및 내부의 응력 제거, 기계적 성질을 개선한다.

　② **풀림의 종류** : 완전풀림, 응력제거풀림, 구상화풀림 등

> 🔍 **키워드**
> 기계적 성질 개선, 응력 제거

　③ **불림과의 차이** : 목적의 차이, 가열온도가 불림에 비해 약간 낮은 편이다.

　④ **활용**

　예 재료 → 조관으로 인한 열경화 → 인발 가공 전 연화를 위한 풀림 → 가공성 향상

5) **일반열처리 – 담금질(Quenching, 퀜칭)**

① **목적** : 재료의 경도 증가 → 내마멸성 향상

📋 달구어진 칼을 급속히 냉각하여 경도를 증가시킨다.

② **방법** : A3 변태점 또는 A1 변태점 이상으로 가열 → 급랭 → 마텐자이트 조직 생성

③ **담금질 후 열처리** : 담금질한 조직은 딱딱하고, 내부 응력이 크며, 매우 불안정하다. 따라서 담금질 후 뜨임 열처리를 한다.

6) **일반열처리 – 뜨임(Tempering, 템퍼링)**

① **목적** : 담금질로 경도가 커졌으나 조직이 불안정하므로 인성, 연성 증대 등 기계적성질 개선을 위한 열처리를 뜨임이라고 한다.

② **방법** : 뜨임 온도를 목적에 따라 100℃~650℃까지 가열한 후 서냉

③ **뜨임을 통한 조직** : 마텐자이트 → 뜨임 → 트루스타이트 → 뜨임 → 소르바이트

④ **경도 순위** : 마텐자이트 > 트루스타이트 > 소르바이트 > 펄라이트 > 오스테나이트 > 페라이트

7) **강의 심랭처리(sub zero, 서브제로 처리)**

① **목적** : 담금질시 마텐자이트로 되지 못한 오스테나이트 조직을 상온 이하로 낮춰 마텐자이트화 시키는 것을 말한다.

② **장점** : 오스테나이트의 적은 양은 작은 영향을 주지만, 장시간 방치 시 치수 변화가 일어날 수 있기 때문에, 심랭처리로 예방할 수 있다.

8) **항온열처리**

① **일반열처리와 다른점** : 가열 후 냉각시 연속으로 냉각하는 것이 아닌, 일정 시간 유지 후 냉각하는 것을 말한다.

② **종류** : 오스템퍼링, 마르템퍼링, 마르퀜칭

2 표면경화 및 처리법

① **목적** : 내마멸성은 가지면서 → 표면에만 경도를 증가시킨다.

　　　　　내부는 강인하게 → 내부에는 인성을 가지도록 한다.

　　　　　📋 겉은 바삭하게 속은 촉촉하게, 운동화 밑창(겉은 단단하게, 속은 부드럽게)

② **화학적 방법** : 침탄법, 질화법, 침탄 질화법

③ **물리적 방법** : 화염 경화법, 고주파 경화법, 숏피닝, 하드페이싱

④ **침탄법** : 표면에 C 고용, 표면은 고탄소강, 중심부는 연한 상태로 만든다.

⑤ **질화법** : 표면에 단단한 질화물(Fe₄N, Fe₂N) 등을 만들어 질화층을 만든다.

⑥ **침탄질화법** : C와 N을 동시에 강의 표면에 침투시킨다.

⑦ **화염경화법** : 강재를 가열 후 내부에 열이 전달되기 전에 냉각시켜 경화층을 얻는 방법이다.

⑧ **고주파경화법** : 고주파 유도 전류에 의해 원하는 깊이로 가열 후 급랭하는 방법이다.

⑨ **하드페이싱** : 표면에 스텔라이트, 초경합금 등의 경도가 강한 금속을 용착시키는 것이다.

⑩ **숏피닝** : 표면에 작은 입자 구슬(Shot)을 고속 분사시켜 표면층을 가공 경화하는 것이다.
★집중공부★

⑪ **금속용사법** : 물체의 표면에 금속을 분사하여 도장하는 방법이다.

⑫ **금속침투법** : 하나의 금속 표면에 다른 금속을 확산 침투시키고 피복층을 만들게 하는 방법이다.
- Al : 칼로라이징
★집중공부★
- Si : 실리코라이징
★집중공부★
- Zn : 세라다이징
★집중공부★
- Cr : 크로마이징
★집중공부★

3 열간가공, 냉간가공

1) **열간가공** : 금속 등의 결정체에 재결정이 일어나는 온도 이상에서 소성변형을 주는 가공이다. 가공 경화가 일어나지 않아 연속하여 가공을 할 수 있고, 조밀하고 균질한 조직이 되어 안정된 재질을 얻을 수 있다. 냉간가공에 비해 치수는 부정확하다.

2) **냉간가공** : 금속 등의 결정체에 재결정이 일어나는 온도보다 상당히 낮은 온도에서 소성변형을 주는 가공이다. 냉간가공은 열간가공과 같은 큰 소성변형을 시키기는 어려우나, 다듬질 치수의 정밀도가 좋으므로 판·선·관재 등의 다듬질 가공에 이용된다.

3) **재결정 이란?** : 냉간가공 등으로 소성 변형을 일으킨 결정이 가열될 때, 내부 응력이 감소하는 과정(회복)에 이어서, 변형이 남아있는 원래의 결정입자로부터, 변형이 없는 새로운 결정의 핵이 발생하여 원래의 결정입자와 치환되어가는 현상을 말한다.

4) **재결정 온도란?** : 재결정하는데 필요한 온도. 통상 압연 등으로 소성가공을 한 후 한 시간의 풀림(Annealing)으로 재결정이 완료하는 온도를 가리킬 때가 많다.

01

금속에 대한 성질을 설명한 것으로 틀린 것은?

① 모든 금속은 상온에서 고체 상태로 존재한다.

② 텅스텐(W)의 용융점은 약 3,410℃이다.

③ 이리듐(Ir)이 비중은 약 22.5이다.

④ 열 및 전기의 양도체이다.

해 수은은 액체 상태로 존재한다.

금속의 일반적인 특징
1) 상온에서 결정구조를 형성 하며 고체이다. (Hg(수은)은 액체로 존재)
2) 금속은 특유의 광택을 가진다.
3) 열과 전기의 양도체이다.
4) 전성과 연성이 풍부하며, 소성가공이 용이하다.
5) 다른 물질에 비해 비중이 크다.

02

강에서 상온 메짐(취성)의 원인이 되는 원소는?

① P   ② S

③ Mn   ④ Cu

해 저온취성(상온메짐) : 인(P), 구리(Cu) 등의 영향으로 상온, 0도 이하의 저온에서 충격값이 낮아지는 현상.

03

아공석강의 기계적 성질 중 탄소함유량이 증가함에 따라 감소하는 성질은?

① 연신율   ② 경도

③ 인장강도   ④ 항복강도

해 아공석강을 기준으로 탄소량이 증가하면 페라이트는 줄어들고, 펄라이트의 양은 증가하며 인장강도와 경도, 항복강도는 증가한다. 그러나 연신율은 감소한다.
1) 강의 분류
- 공석강 : 0.77%C, 펄라이트(P)
- 아공석강 : 0.02~0.77%C, 페라이트(F)+펄라이트(P)
- 과공석강 : 0.77~2.11%C, 펄라이트(P)+시멘타이트(C)

2) 주철의 분류
- 공정주철 : 4.3%C, 레데뷰라이트(L)
- 아공정주철 : 2.11~4.3%C, 오스테나이트(A)+레데뷰라이트(L)
- 과공정주철 : 4.3~6.68%C, 레데뷰라이트(L)+시멘타이트(C)

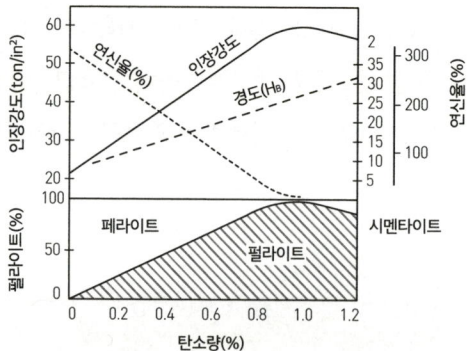

04

망간 10~14%를 함유한 강으로 상온에서 오스테나이트 조직을 가지며 각종 광산기계, 기차레일의 교차점, 냉간 인발용의 드로잉 다이스 등에 사용되는 합금은?

① 듀콜강
② 스테인리스강
③ 고속도강
④ 해드필드강

해 해드필드강에 대한 설명이다.

🔎 자주 출제되는 구조용 합금강
ㄱ. **해드필드강**: 고Mn강으로 내마멸성과 내충격성이 우수하고, 특히 인성이 우수하기 때문에 파쇄장치, 기차 레일, 굴착기 등의 재료로 사용
ㄴ. **듀콜강**: 저망간강, 인장강도 큼, 펄라이트 조직
ㄷ. **쾌삭강**: Pb, S 등을 첨가하여 절삭성을 향상, 가공이 수월함. 강도가 크지 않은 부분에 사용

05

Fe-Ni계 합금으로 온도에 따른 열팽창계수가 낮고, 크기의 변화가 적어, 측정도구, 계측기 등에 사용되는 합금에 해당하지 않는 것은?

① 인바
② 슈퍼인바
③ 엘린바
④ 듀콜강

해 불변강 : Fe+Ni, Cr, Co 등을 첨가하여, 온도에 따른 열팽창계수가 낮아, 크기의 변화가 적음. 측정도구, 계측기 등에 사용
ㄱ. 인바 : Fe-Ni(35%)-Co(0.1~0.3%)-Mn(0.4%)이 함유된 불변강.
ㄴ. 슈퍼인바 : Fe-Ni(30~32%)-Co(4~6%), 인바에 비해 열팽창계수가 작음.
ㄷ. 엘린바 : Fe-Ni(36%)-Cr(12%), 온도변화에 따라 탄성률의 변화가 미세함. 시계태엽 등에 사용.
ㄹ. 코엘린바 : Fe-Ni(10~16%)-Co(26~58%)-Cr(10~11%), 엘린바에 코발트(Co)를 첨가.
ㅁ. 퍼멀로이 : Fe-Ni(35~80%), 자기장의 세기가 크게 만들어진 불변강.

제5장

기계제도

CHAPTER 01 제도통칙 등

CHAPTER 01 제도통칙 등

학습 영상
p150-155

1 도면 및 척도

★집중공부★
1) 도면 크기의 종류 및 윤곽치수

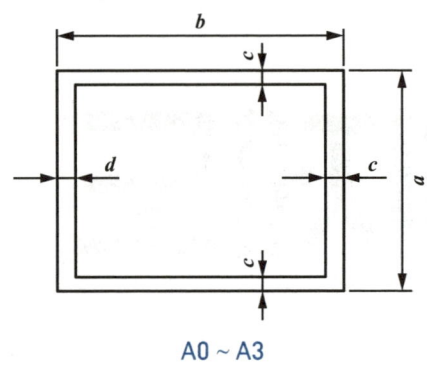

A0 ~ A3

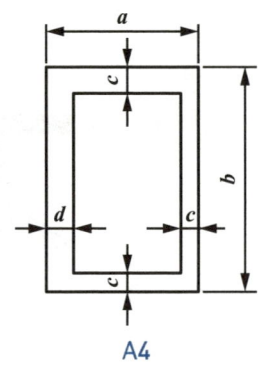

A4

호칭	치수(a × b)	도면 윤곽		
		c(최소)	d(최소)	
			철하지 않을 때	철할 때
★집중공부★ A0	841 × 1189	20	20	
★집중공부★ A1	594 × 841	20	20	
★집중공부★ A2	420 × 594			25
★집중공부★ A3	297 × 420	10	10	
★집중공부★ A4	210 × 297	10		

2) 도면의 관한 항목

① 도면에 반드시 기입해야 할 사항 : 표제란, 윤곽선, 중심마크

구분	내용
표제란	도면에 필요한 사항과 중요내용이 표기되어 있어야 하며 도명, 도면 번호, 기업(소속명), 척도, 투상법, 작성 년, 월, 일 등이 기입된다.
윤곽선	용지의 가장자리와 도면 그리는 부분이 구분되도록 그리는 선으로 굵은 실선으로 표시한다.
중심마크	복사하거나 마이크로필름을 촬영할 때 도면의 위치를 쉽게 잡기 위해 표시한 선으로 굵은 실선으로 표시한다.

구분	내용
비교눈금	도면을 축소하거나 확대 했을 때 그 정도를 알기 위한 선으로 굵은 실선으로 표시한다.
재단마크	출력된 도면을 구격에서 정한 크기로 자르기 편하도록 하기 위한 선이다.

3) 도면의 분류

분류	명칭	내용
목적에 따른 분류	계획도	설계자의 의도 및 계획을 나타낸 도면
	제작도	건설 또는 제조에 필요한 정보를 전달하기 위한 도면
	주문도	주문서에 첨부하여 제품의 크기나 형태, 정밀도 등의 주문 내용을 나타낸 도면
	공정도	제조 공정 도중이나 공정 전체를 나타낸 제작 도면
	제작도	건설 및 제조에 필요한 정보를 전달하기 위한 도면
	승인도	주문자 등이 승인한 도면
	상세도	건조물이나 구성재의 일부를 상세하게 나타낸 도면
	설명도	제품의 구조, 기능 등을 설명하기 위한 도면
내용에 따른 분류	부품도	부품에 대하여 최종 다듬질 상태에서 구비해야 할 모든 정보를 기록한 도면
	조립도	2개 이상의 부품들을 조립한 상태에서 상호관계와 조립에 필요치수 등을 나타낸 도면
	배치도	건물의 위치나 기계 등의 설치 위치를 나타낸 도면
	구조도	구조물의 구조를 나타낸 도면
	스케치도	제품의 실체를 보고 프리핸드로로 그린 도면
표현 형식에 따른 분류	외관도	대상물의 외형 및 최소한으로 필요한 치수를 나타낸 도면
	일반도	구조물의 평면도, 입면도, 단면도 등에 의해서 그 형식
	계통도	급수, 배수, 전력 등의 계통을 나타낸 도면
	전개도	대상물을 구성하는 면을 평면으로 전개한 도면
	구조선도	기계, 교량 등의 골조를 나타내고 구조 계산에 사용되는 도면

4) 척도의 정의

① 도면에서의 길이와 대상물의 실제 길이의 비이다.

② 척도는 표제란에 기재하는 것이 원칙이다.

③ 도면을 정해진 척도로 그리지 못하거나 비례하지 않을 때는 척도 "NS"로 표시한다.

5) 척도 표기 방법

- A:B = 도면의 크기 : 물체의 실제 길이

6) 척도의 종류 및 값

종류	내용	예
축척	실물보다 작게 그린 것	1:2, 1:50, 1:100
현척	실물과 동일한 크기로 그린 것	1:1
배척	실물보다 크게 그린 것	2:1, 5:1, 20:1

2 선의 종류 및 활용

1) 선의 종류 및 내용

명칭	선의 종류		내용
외형선	굵은 실선	━━━━	대상물이 보이는 부분의 모양을 표시
치수선	가는 실선	────	치수 기입을 위한 선
치수보조선			치수 기입을 위해 도형으로부터 끌어내는 데 사용하는 선
지시선			지시 및 기호를 표시하는 선
회전단면선			회전한 형상을 나타내기 위한 선
수준면선			수면, 유면 등의 위치를 나타내는 선
숨은선	가는 파선 또는 굵은 파선	― ― ― ―	대상물의 보이지 않는 부분의 모양을 표시
중심선	가는 1점 쇄선	――――	도형의 중심을 표시하는 선
기준선			위치 결정의 근거임을 나타내기 위한 선
피치선			반복되는 도형의 피치의 기준을 표시

명칭	선의 종류		내용
특수 지정선	굵은 1점 쇄선	—--—--—	특수한 가공 및 특수 열처리가 필요한 부분 등 요구사항을 적용할 범위를 표시하는 선
가상선	가는 2점 쇄선	—··—··—··—	가공 부분의 이동하는 특정 위치 및 이동 한계를 표시하는 선
무게 중심선			단면의 무게 중심을 연결한 선
파단선	불규칙한 가는 실선	～～	대상물의 일부를 파단한 경계 또는 일부를 떼어 낸 경계를 표시하는 선
	지그재그 선	─/\/\─	
해칭	가는 실선(사선)	/////	단면도의 절단면을 나타내는 선
개스킷	아주 굵은 실선	▬▬▬	얇은 부분의 단선 도시 명시
절단선	가는 1점 쇄선으로 끝 부분 및 방향이 변하는 부분은 굵게 실선	A' A-A	절단한 면을 나타내는 선

- 선의 활용 예시

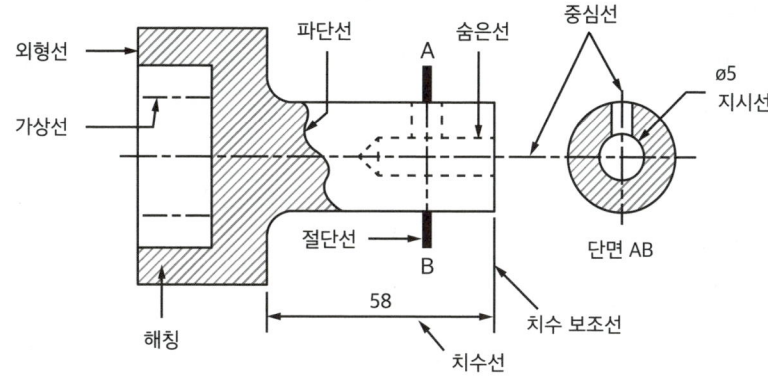

2) 선 활용의 기준 : 굵기의 기준, 비율, 우선순위

① **선 굵기의 기준** : 0.18mm, 0.25mm, 0.35mm, 0.5mm, 0.7mm, 1mm

② **선이 중복된 경우, 선의 우선순위**

- 외형선 → 숨은선 → 절단선 → 중심선 → 무게중심선 → 치수 보조선

③ **선 굵기 비율** : 아주 굵은선, 굵은선, 가는 선 = 4 : 2 : 1

3 치수

1) 치수기입의 정의

① 중복 치수는 피한다.

② 치수는 계산해서 구할 필요가 없도록 기입한다.

③ 치수는 투상도에 집중한다.

④ 관련된 치수는 한 곳에 모아서 기입한다.

⑤ 치수는 공정마다 배열을 분리하여 기입한다.

⑥ 참고치수에 대해서는 수치에 괄호를 붙인다.

⑦ 치수는 대상물의 크기, 자세 및 위치를 가장 명확하게 표시할 수 있도록 기입한다.

⑧ 도면에 나타나는 치수는 특별히 명시하지 않는 한 다듬질 치수를 표시한다.

⑨ 대상물의 기능, 제작, 조립 등을 고려하여, 필요한 치수를 분명하게 도면에 지시한다.

⑩ 치수에서 기능상 필요한 경우 치수의 허용 한계를 지시한다. 단 이론적으로 정확한 치수는 제외한다.

2) ★집중공부★ 치수 보조기호[표]

구분	기호	예
지름	ø	ø10
반지름	R	R5
구의 지름	Sø	Sø10
구의 반지름	SR	SR5
정사각형의 변	□ - 치수 앞에	□10
판의 두께	t	t10
원호의 길이	⌒	⌒10
45° 모따기	C	C10
비례척도가 아닌 치수	—	<u>10</u>
이론적으로 정확한 치수	□ - 사각형 안에	⊡10
참고치수	( )	(10)

3) 치수선의 끝부분 기호

내용		기호
2선간의 거리를 나타냄 화살의 열림 각도는 30°		
기준선으로부터의 거리를 표시	3각형의 열림 각도는 60° 또는 90°	
부품의 치수를 표시		
기타		

4) 종류별 치수기입 방법

- 현의 치수기입, 호의 치수기입, 반지름의 치수기입, 각도의 치수기입 등.
- 구명의 총수 및 치수 기입방법도 기입

5) 치수 기입 시 고려사항

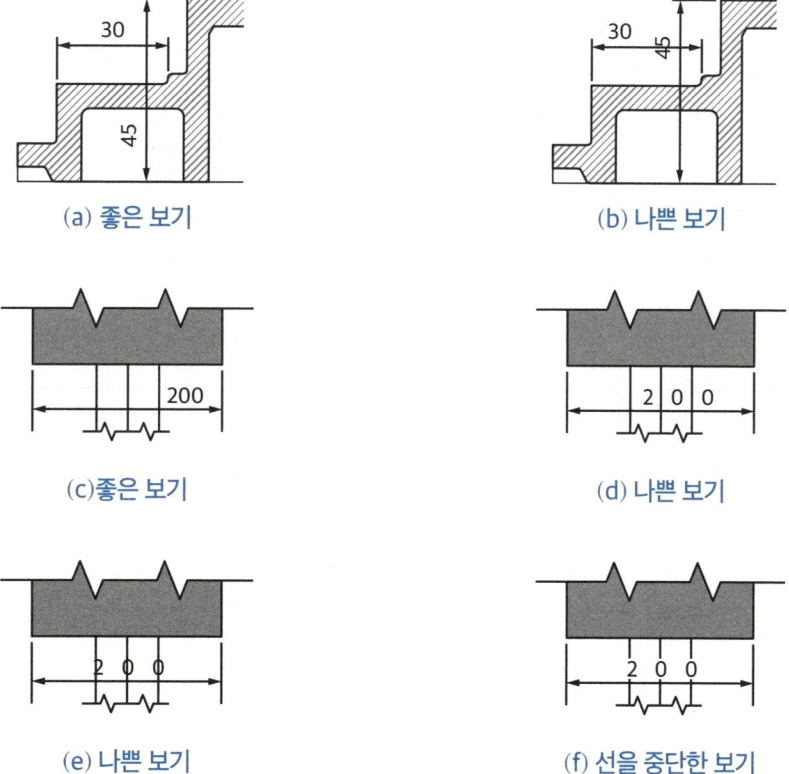

(a) 좋은 보기   (b) 나쁜 보기

(c)좋은 보기   (d) 나쁜 보기

(e) 나쁜 보기   (f) 선을 중단한 보기

4 투상법

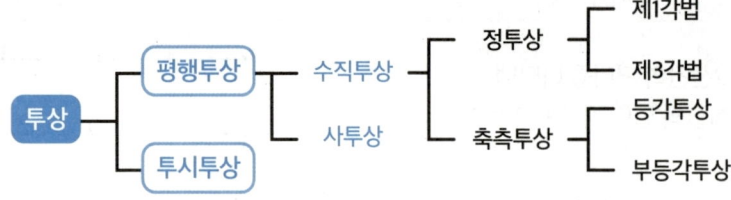

1) 투상법의 정의

• 투상도란 평면상에 그리는 그림으로 주로 정면도, 평면도, 측면도로 세 방향에서 그리게 되는데 보이는 선은 실선, 보이지 않는 선은 파선으로 그린다. 그리고 투상법은 제3각법에 따르는 것을 원칙으로 하며, 필요할 경우 제1각법을 따르기도 한다.

2) 제3각법과 제1각법

제1각법	제3각법

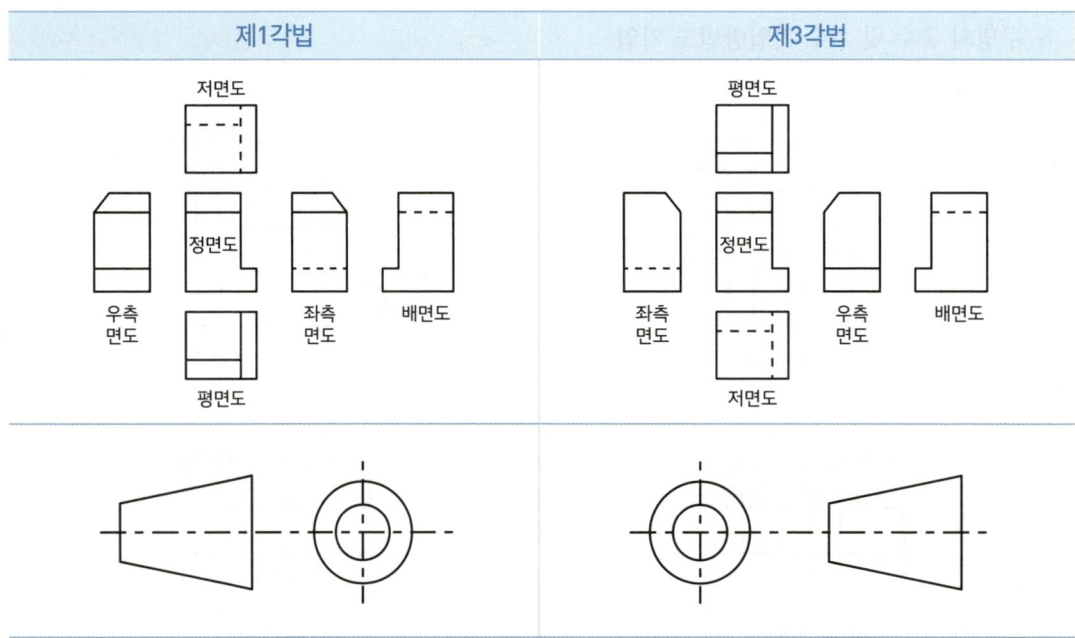

3) 투상도의 종류

① **보조 투상도** : 경사면이 있는 물체에 그 경사면의 실제 모형을 나타낼 경우 그 경사면과 맞서는 위치에 보조 투상도로 표시한다.

② **회전 투상도** : 각도를 가진 물체의 모양을 나타내기 위해 그 부분을 회전하여 실제 모형을 표시하는 투상도

③ **부분 투상도**: 그림의 일부를 도시하는 것으로 충분한 경우에는 필요한 부분만 부분 투상도로 표시한다.

④ **국부 투상도**: 물체의 구멍, 홈 등과 같이 한 부분의 모양을 도시하는 것을 목적으로 그리는 투상도

⑤ **부분 확대도**: 특정 부위의 도면이 작아 치수기입 등이 곤란할 경우 그 부분을 확대하여 그린 투상도

⑥ **주 투상도**: 특별한 이유가 없을 경우 대상물을 길이가 긴 가로 방향으로 표시한다.

4) 단면도의 정의

• 물체의 모양이 복잡하고 가려져서 보이지 않은 부분을 좀 더 명확하게 표시하기 위해 절단 또는 파단한 것으로 필요한 곳이 뚜렷하게 표시된다. 절단면은 기본 중심선을 지나고 투상면에 평행한면을 선택하는 것을 원칙으로 한다.

5) 단면도의 종류

종류	형태	내용
온단면도		물체 전체를 절단면으로 지나가는 단면도
한쪽 단면도		대칭형의 물체를 중심선을 기준으로 하여 외형도와 단면도의 절반을 조합하여 표시한 단면도
부분 단면도		파단선을 경계로 필요로 하는 요소의 부분만 단면으로 표시하는 단면도
회전도시 단면도		• 핸들, 바퀴의 암과 림, 훅, 축 등과 같이 주로 단면의 모양이 90°로 회전시켜 그 사이에 그리는 단면도 • 투상도의 절단한 곳과 겹쳐서 그릴 경우 가는 실선으로 그림

6) 전개도법의 정의

- 전개도는 입체의 표면을 평면 위에 펼쳐서 그리는 도면이다.

7) 전개도법의 종류

종류	내용
평행선법	삼각기둥, 사각기둥과 같은 각기둥이나 원기둥을 평행하게 전개하여 그리는 방법
방사선법	삼각뿔, 사각뿔과 같은 각뿔이나 원뿔을 꼭지점을 기준으로 부채꼴로 펼쳐서 전개하여 그리는 방법
삼각형법	꼭지점이 먼 각뿔이나 원뿔 등의 해당면을 삼각형으로 분활하여 전개도를 그리는 방법

5 KS 각종 기호

1) 재료 기호

① 부문별 분류 기호

구분	기호
기본	A
기계	B
전기	C
금속	D

② 강재의 기호

- 일반 구조용 압연 강재
- 종류 : SS330, SS400, SS490, SS540, SS590 (숫자는 최저 인장강도를 나타냄)

※ 2017년 이후 항복강도로 변경

- 기계구조용 탄소강재
- SM10C, SM15C, SM35C 등 (숫자는 탄소함유량은 나타냄)
- **스프링 강재** : SPS
- **고속도 공구강재** : SKH
- **기계구조용 탄소강관** : STKM
- **탄소 공구강 강재** : STC

- 일반구조용 탄소강관 : STK
- 배관용 탄소강관 : SPP(Steel Pipe Piping)
- 압력 배관용 탄소 강관 : SPPS(Steel Pipe Pressure Service)
- 저온 배관용 탄소 강관 : SPLT(Steel Pipe Low Temperature)
- 고온 배관용 탄소 강관 : SPHT(Steel Pipe High Temperature)
- 배관용 합금강 강관 : SPA(Steel Pipe Alloy)

2) 용접 기본기호

번호	명칭	도시	기호
1	양면 플랜지형 맞대기 이음 용접		
2	평면형 평행 맞대기 이음 용접		
3	한쪽면 V형 맞대기 이음 용접		
4	부분 용입 한쪽면 V형 맞대기 이음 용접		
5	부분 용입 양면 V형 맞대기 이음 용접 (부분 용입 X형 이음)		
6	양면 V형 맞대기 이음 용접 (X형 맞대기 용접)		
7	한쪽면 K형 맞대기 이음 용접 (V형 맞대기 용접)		
9	부분 용입 한쪽면 K형 맞대기 이음 용접		
10	부분 용입 양면 K형 맞대기 이음 용접 (부분 용입 K형 맞대기 용접)		
11	한쪽면 U형 홈 맞대기 이음 용접 (평행면 또는 경사면)		
12	양면 U형 맞대기 이음 용접 (H형 맞대기 이음 용접)		
13	한쪽면 J형 맞대기 이음 용접		

번호	명칭	도시	기호
14	뒷(이)면 이음 용접		
15	급경사면(스팁 플랭크) 한쪽면 V형 홈 맞대기 이음 용접		
16	급경사면 한쪽면 K형 맞대기 이음 용접		
17	가장자리(변두리) 용접		
18	필릿(Filet) 용접		
19	스폿(Spot, 점) 용접		
20	심(Seam) 용접		
21	플러그(또는 슬롯) 용접		
22	경사 이음		
23	겹침 이음		
24	서페이싱(덧쌓기)		
25	서페이싱 이음		

3) 용접 보조기호

구분		기호	구분	기호
표면 용접	평면	———	영구적 덮개판 (이면판재)	M
	볼록형	⌣	제거 가능한 덮개판 (이면판재)	MR
	오목형	⌣	끝단부 토(Toe)를 매끄럽게 함	⤵
다듬질 방법	치핑	C	필릿 용접부 토(Toe)를 매끄럽게 함	⤸
	연삭	G	현장용접	▶
	절삭	M	온 둘레 용접	○
	지정하지 않음	F	온 둘레 현장용접	⬤

① 보조 표시 기호 예시

(a) 현장용접

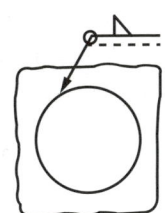

(b) 온둘레 용접

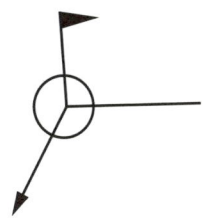

(c) 온둘레 현장용접

★집중공부★
4) 용접 기호 상세내용

① 용접기호 구성

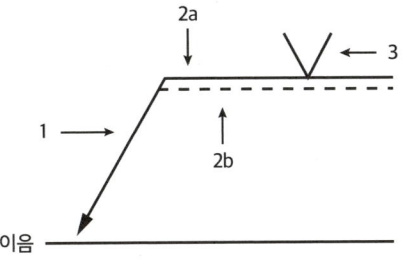

- 1: 화살표(지시선)
- 2a: 기준선(실선)
- 2b: 식별선(점선)
- 3: 용접 기호

② 치수 표시 방법 및 예시

가. 플러그 용접

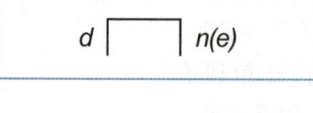

- d : 구멍의 지름
- n : 용접부의 수
- (e) : 용접부의 간격

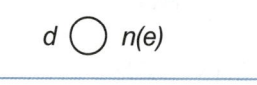

- c : 슬롯의 너비
- n : 용접부의 개수
- ℓ : 용접부의 길이
- (e) : 용접부의 간격

나. 스폿 용접

$$d \bigcirc n(e)$$

- d : 점(용접부)의 지름
- n : 용접부의 수
- (e) : 용접부의 간격

다. 심용접

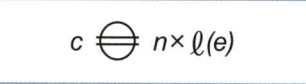

- c : 용접부의 너비
- n : 용접부의 개수
- ℓ : 용접부의 길이
- (e) : 용접부의 간격

라. 필릿용접

- a : 목높이(목두께)
- z : 목길이
- n : 용접부의 수
- ℓ : 용접부의 길이(크레이터 제외)
- (e) : 인접한 용접부의 간격

6 배관도시기호

1) 관의 접속상태와 기호 : 접속되지 않을 때, 접속되어 있을 때

관의 접속상태		도시 방법
접속되어 있을 때	교차	
	분기	
접속 되어 있지 않을 때		

2) 관의 이음의 종류 및 기호

연결 방법	기호	연결 방법	기호
나사 이음		용접 이음	
플랜지 이음		동관(납땜형) 이음	
턱걸이 이음		유니언 이음	

3) 배관의 접합 종류 및 기호

종류	기호	종류	기호
일반적인 접합기호		칼라(collar)	
마개와 소켓 연결		유니언 연결	
플랜지 연결		블랭크 연결	

4) 밸브의 종류 및 기호

종류	기호	종류	기호
밸브(일반)		앵글 밸브	
게이트 밸브		3방향 밸브	
글로브 밸브		안전밸브	
체크 밸브			
볼 밸브			
버터플라이 밸브		콕 일반	

5) 계기의 종류 및 기호

① **온도계** : T (Temperature)

② **유량계** : F (Flow Rate)

③ **진공계** : V (Vacuum)

④ **압력계** : P (Pressure)

명칭	기호	명칭	기호
압력계	P	유량계	F
온도계	T	액면계	LG

구분	명칭	기호
계기	일반	
	현장 부착	
	패널 부착	

6) 유체의 종류 및 기호

유체의 종류	문자 기호	유체의 종류	문자 기호
공기	A	물(일반)	W
연료가스	G	온수	H
연료유 또는 냉동기유	O	냉수	C
증기	S	냉매	R

01

도면의 척도 값 중 실제 형상을 축소하여 그리는 것은?

① 2 : 1　　　　② 1 : 2
③ 1 : 1　　　　④ 5 : 1

해 도면의 척도

종류	내용	예
축척	실물보다 작게 그린 것	1 : 2, 1 : 50, 1 : 100
현척	실물과 동일한 크기로 그린 것	1 : 1
배척	실물보다 크게 그린 것	2 : 1, 5 : 1, 20 : 1
NS	비례척이 아님	NS

02

선이 중복된 경우, 가장 우선적으로 그려야 할 선은?

① 치수 보조선
② 숨은선
③ 외형선
④ 무게중심선

해 중복된 선의 우선순위
외형선 > 숨은선 > 절단선 > 중심선 > 무게중심선 > 치수보조선

03

그림은 몇 각법을 나타낸 투상법 기호인가?

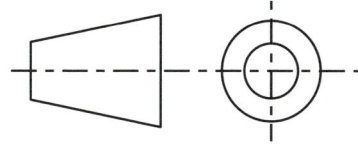

① 제1각법   ② 제2각법

③ 제3각법   ④ 제4각법

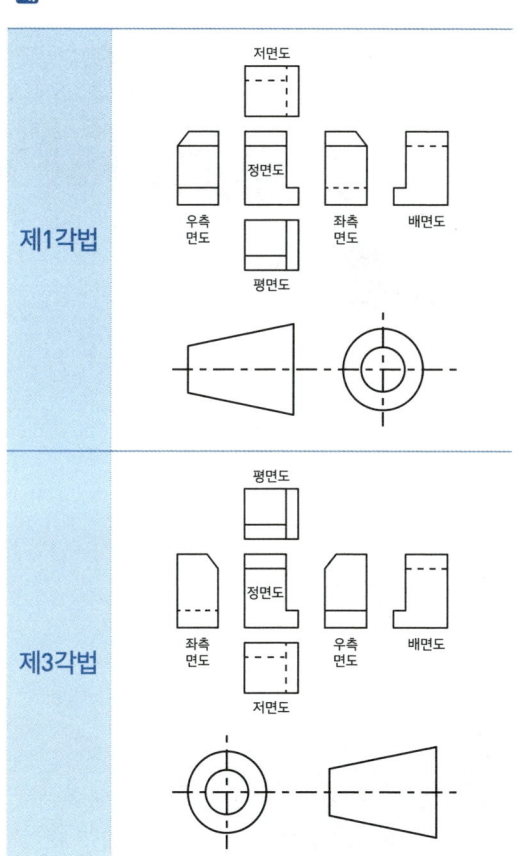

용접 일반

용접 검사 및 시공

작업 안전

용접 재료

기계제도

용접기능사 기출문제

특수용접기능사 기출문제

제6장

최신 기출복원 문제

CHAPTER 01

2025년도 기출문제

01 도면 부품란에 SM15CK로 기입되어 있을 때 어떤 재료를 의미하는가?

① 탄소주강품

② 용접용 스테인리스 강재

③ 회주철품

④ 기계구조용탄소강재 – 침탄담금질용

해 재료 기호

SM – C 계열은 기계 구조용 탄소강재를 의미하며 일반, 침탄, 고주파 담금질용으로 구분된다.

■ 종류

- 일반 담금질용 : SM30C 이상
- 침탄 담금질용 : SM9CK, SM15CK, SM20CK, SM22C 이하
- 고주파 담금질용 : SM35C~SM45C(JIS : S45C)

■ 표시 방법 및 기호 체계

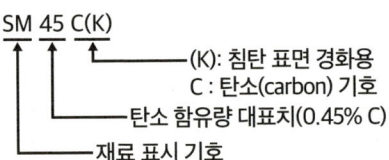

SM 45 C(K)

- (K): 침탄 표면 경화용
- C : 탄소(carbon) 기호
- 탄소 함유량 대표치(0.45% C)
- 재료 표시 기호

02 서브머지드 아크 용접장치 중 전극형상에 의한 분류에 속하지 않는 것은?

① 와이어(wire) 전극

② 테이프(tape) 전극

③ 대상(hoop) 전극

④ 대차(carriage) 전극

해 서브머지드 아크 용접장치 – 전극형상

대차전극의 경우 전극형상에 해당하지 않는다.

03 서브머지드 아크 용접에서 본용접 시점과 끝나는 부분에 용접결함을 효과적으로 방지하기 위하여 사용하는 것은?

① 동판 받침

② 백킹(backing)

③ 엔드 탭(end tab)

④ 실링(sealing) 비드

해 서브머지드 아크용접

문제는 엔드 탭에 관한 설명이며, 일반적으로 용접이 완료된 이후 제거한다.

04 다음 중 탄소강에 함유되어 있는 규소(Si)의 영향을 잘못 설명한 것은?

① 인장강도, 탄성한계, 경도를 상승시킨다.

② 연신율과 충격값을 증가시킨다.

③ 결정립을 조대화 시키고 가공성을 해친다.

④ 용접성을 저하시킨다.

해 탄소강 – 원소의 영향

Si는 제철 과정에서 탈산제로 쓰인다.

또한, 경도, 인장 강도, 탄성 한계를 높이며, 고온 강도가 향상되고, 내열성, 내산성. 주조성(유동성), 전자기적 성질이 증가한다.

그러나 연신율(연성), 충격값을 감소시키며, 결정 입자의 조대화로 단접성 등 냉간 가공성을 감소시킨다.

05 마이크로미터의 구조에서 부품에 속하지 않는 것은?

① 앤빌 　　　　　② 스핀들
③ 슬리브 　　　　④ 스크라이버

해 마이크로미터

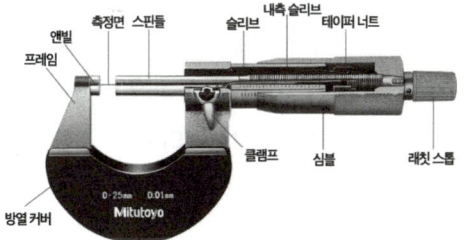

마이크로미터는 직접측정의 한 종류로 스크라이버는 마이크로미터의 구성요소에 해당하지 않는다.
스핀들과 엔빌 사이에 측정물을 놓고 측정하는 측정도구이다.
일반적으로 버니어캘리퍼스에 비해 높은 정밀도를 요구하는 제품의 측정에 사용된다.

06 어미자와 아들자의 눈금을 이용하여 두께, 깊이, 안지름 및 바깥지를 측정용에 사용하는 것은?

① 버니어 캘리퍼스
② 스패너
③ 와이어 스트리퍼
④ 잉글리시 스패너

해 버니어캘리퍼스
문제는 버니어캘리퍼스에 관한 설명이다.

07 그림과 같이 잘린 원뿔의 전개도가 가장 올바른 것은?

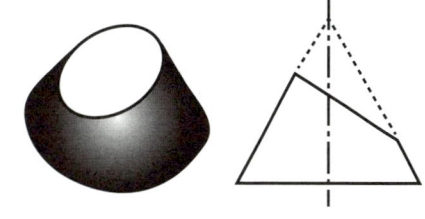

① 　　②

③ 　　④

해 전개도
• 원뿔의 형상이 정면도로 주어졌으며, 윗 부분이 절단된 형태의 원뿔임
• 방사선을 이용한 전개도법은 원뿔, 각뿔등과 같이 꼭지점을 기준으로 부채꼴 모양으로 펼쳐서 전개도를 그리는 방법을 말한다.

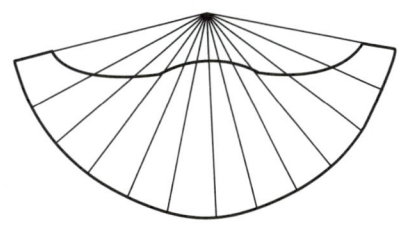

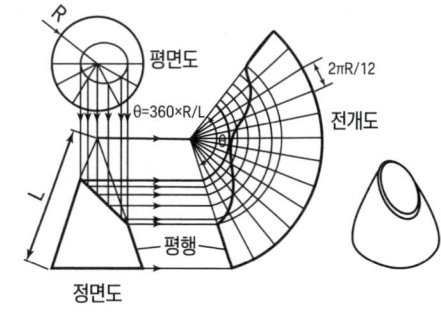

| 📖 정답 | **05** ④　**06** ①　**07** ③

08 미국에서 개발된 것으로 기계적인 진동 (18kHz 이상)이 모재의 융점 이하에서도 용접부가 두 소재 표면 사이에서 형성되도록 하는 용접은?

① 테르밋 용접

② 원자수소 용접

③ 금속 아크 용접

④ 초음파 용접

해 용접의 종류

초음파 용접은 모재에 초음파(18kHz 이상) 횡진동을 주어 진동에너지에 의해 접촉부의 원자가 서로 확산되어 접합하는 방법이다.

10 다음 중 비파괴 검사법에 대한 설명으로 틀린 것은?

① 내부 결함의 검출에 적당한 방법은 방사선 투과시험과 초음파탐상시험이다.

② 초음파탐상시험에서는 초음파의 진행방향에 평행한 방향의 결함을 검출하기 쉽다.

③ 표층부 결함의 검출에는 자분탐상시험과 와전류탐상시험이 적당하다.

④ 용접부의 기공을 검출하기에 가장 좋은 시험법은 방사선투과시험이다.

해 비파괴 검사법

초음파탐상시험에서는 초음파의 진행방향에 수직한 방향의 결함을 검출하기 쉽다.

09 초음파 탐상법의 종류에 속하지 않는 것은?

① 투과법　　　② 펄스반사법

③ 공진법　　　④ 맥동법

해 초음파 탐상법의 종류

초음파 탐상법은 투과법, 펄스반사법, 공진법 등이 있으며, 맥동법은 해당하지 않는다.

11 볼트나 환봉을 강판에 용접할 때 가장 적합한 것은?

① 스터드 용접

② 테르밋 용접

③ 서브머지드 아크 용접

④ 불활성가스 용접

해 용접의 종류

볼트나 환봉을 강판에 용접할 때 스터드 용접을 활용하기에 적합하다.

12 제1각법과 3각법의 도면 배치상의 차이점을 올바르게 설명한 것은?

① 정면도와 평면도의 위치는 일정하나 측면도의 좌우 위치는 서로 반대이다.

② 정면도의 위치는 일정하나 저면도와 평면도의 위치는 서로 반대이다.

③ 평면도의 위치는 일정하나 측면도의 좌우의 위치는 서로 반대이다.

④ 어느 경우나 도면의 배치는 변함없다.

해 1각법과 3각법의 차이

1각법과 3각법에서 정면도의 위치는 일정하나 저면도와 평면도의 위치는 서로 반대이고, 측면도의 좌우 위치 또한 서로 반대이다.

13 강판의 두께가 12mm, 폭 100mm인 평판을 V형 홈으로 맞대기 용접 이음할 때, 이음효율 = 0.8로 하면 인장력 P는? (단, 재료의 최저인장강도는 40 N/㎟이고, 안전율은 4로 한다.)

① 960 N
② 9600 N
③ 860 N
④ 8600 N

해 인장응력 = 인장력(외력)/면적이다.

주어진 조건을 보면
최저인장강도 = 40 N/㎟
안전율 = 4
이음효율 = 0.8
이므로 인장력계산에 사용될 인장응력은 8 N/㎟이다.
인장력 = 인장응력 × 면적이므로,
인장력 = 8 N/㎟ × 12mm × 100mm이다.
따라서, 인장력 P는 9600N이다.

14 다음 중 인장시험에서 알 수 없는 것은?

① 항복점
② 연신율
③ 비틀림강도
④ 단면수축률

해 인장시험의 정의

여러 가지 모양(판, 봉, 관, 원호, 선 등)의 고른 단면을 가진 시험편을 인장 파단시켜 항복점(내력), 인장강도, 연신율, 단면수축률 등을 측정하는 시험법이다.

15 다음 중 알루미늄 합금(alloy)의 종류가 아닌 것은?

① 실루민(silumin)
② Y 합금
③ 로엑스(Lo - Ex)
④ 인코넬(inconel)

해 알루미늄 합금

알루미늄 합금의 종류

① 실루민 : Al-Si, 개량처리를 통한 주조성 향상
② 라우탈 : Al-Cu-Si, 특수실루민, 열팽창이 극히 작음, 내연기관의 피스톤
③ Y합금 : Al(알)-Cu(구)-Ni(니)-Mg(마), 고온강도큼, 내연기관의 실린더
④ 로엑스 합금 : Y 합금에 Si 추가
⑤ 두랄루민 : Al(알)-Cu(구)-Mg(마)-Mn(망), 가벼우면서 강도가 매우 높은 합금철에 비해 비강도 3배 높음, 항공기 소재로 사용
⑥ 하이드로날륨 : Al-Mg(~10%) 합금으로 내식성이 매우 우수함. 내식 알루미늄합금으로, 알루미늄이 바닷물에 약한 것을 개량하기 위하여 개발된 합금

*인코넬 : 니켈을 주체로 하여 15%의 크롬, 6 ~ 7%의 철, 2.5%의 티탄, 1% 이하의 알루미늄·망간·규소를 첨가한 내열합금이다.

| 정답 | **12** ② **13** ② **14** ③ **15** ④

16 주요성분이 Ni-Fe 합금인 불변강의 종류가 아닌 것은?

① 인바
② 모넬메탈
③ 엘린바
④ 플래티나이트

해 불변강의 종류
- 인바 : Fe-Ni(35%)-CO(0.1~0.3%)-Mn(0.4%)이 함유된 불변강.
- 슈퍼인바 : Fe-Ni(30~32%)-CO(4~6%), 인바에 비해 열팽창계수가 작음.
- 엘린바 : Fe-Ni(36%)-Cr(12%), 온도변화에 따라 탄성률의 변화가 미세함. 시계태엽 등에 사용.
- 코엘린바 : Fe-Ni(10~16%)-CO(26~58%)-Cr(10~11%), 엘린바에 코발트(CO)를 첨가
- 퍼멀로이 : Fe-Ni(35~80%), 자기장의 세기가 크게 만들어진 불변강.
- 플래티나이트 : 약 46%의 니켈, 나머지는 철로 조성되어 있음. 열팽창계수가 백금과 거의 동일함.
- 모넬메탈 : 60~75%의 니켈과 26~30%의 구리 및 소량의 철, 망가니즈, 규소 등이 들어 있는 자연 합금으로, 내식성과 높은 온도에서 강도가 높아 각종 화학 기계, 열기관 등에 쓰인다.

17 Cd, Zn과 같은 금속에서 슬립면에 수직으로 압축하면 슬립이 일어나기 곤란해 변형이 생기는 부분을 무엇이라 하는가?

① 쌍정 밴드(twin band)
② 킹크 밴드(kink band)
③ 완전 밴드(perfect band)
④ 증식 밴드(multiplication band)

해 킹크밴드
킹크 밴드는 Cd, Zn과 같은 금속에서 슬립면에 수직으로 압축하면 슬립이 일어나기 곤란해 변형이 생기는 부분으로, 슬립이 막힌 금속에서 압축을 받으면 한쪽으로 비틀리며 생기는 좁은 전단 변형 구역을 의미한다.

18 직류아크 용접기와 비교한 교류아크 용접기의 설명에 해당되는 것은?

① 아크의 안정성이 우수하다.
② 자기쏠림 현상이 있다.
③ 역률이 매우 양호하다.
④ 무부하 전압이 높다.

해 직류, 교류 아크용접기 비교
교류아크 용접기의 경우 직류아크 용접기에 비해 무부하 전압이 높으므로 전격방지기를 사용하여, 감전사고를 예방한다.

구분	직류 용접기	교류 용접기
구조	복잡	간단
아크 쏠림 방지	불가능	가능
아크의 안정성	안정적	불안정
역률	양호	불량
무부하전압	낮다(40~60V)	높다(70~80V)
비피복 용접봉	사용가능	불가능
극성 변화	가능	불가능
전격의 위험	적음	많음
유지 보수	약간 어려움	쉬움
고장	많음	적음
가격	고가	저렴

19 용접시 발생하는 변형을 적게 하기 위하여 구속하고 용접하였다면 잔류응력은 어떻게 되는가?

① 잔류응력이 작게 발생한다.
② 잔류응력이 크게 발생한다.
③ 잔류응력은 변함없다.
④ 잔류응력과 구속용접과는 관계없다.

해 용접 변형
용접을 하게 되면 열에 의해 변형이 발생한다. 변형을 적게 하기 위해 구속을 하는 것은, 본래 변형 해야하는 모재를 억지로 구속하는 것이므로 내부에 잔류응력이 있게 된다.

20 다음 파괴시험 방법 중 충격시험 방법은?

① 전단시험 ② 샤르피시험
③ 크리프시험 ④ 응력부식 균열시험

해 충격시험
충격시험의 종류에는 샤르피식, 아이조드식 시험이 있다.

21 압입체의 대면각이 136°인 다이아몬드 피라미드에 하중 1~120kg을 사용하여 특히 얇은 물건이나 표면 경화된 재료의 경도를 측정하는 시험법은 무엇인가?

① 로크웰 경도 시험법 ② 비커스 경도 시험법
③ 쇼어 경도 시험법 ④ 브리넬 경도 시험법

해 브리넬 경도 시험
압입자인 강구(강철 볼)에 일정한 하중으로 시험편 표면에 압입한 후 이때 생긴 압입자국의 표면적 크기와 하중의 비로 경도를 측정한다. (얇은 판, 침탄강, 질화강에는 적당하지 않음)

22 AW-300, 무부하 전압 80V, 아크 전압 20V인 교류용접기를 사용할 때, 다음 중 역률과 효율을 올바르게 계산한 것은? (단, 내부손실을 4kW라 한다.)

① 역률 : 80.0%, 효율 : 20.6%
② 역률 : 20.6%, 효율 : 80.8%
③ 역률 : 60.0%, 효율 : 41.7%
④ 역률 : 41.7%, 효율 : 60.6%

해 1. 역률(Power Factor): 전압과 전류가 얼마나 유효하게 일을 했는가?

역률(%) = $\frac{\text{소비전력}(kW)}{\text{전원입력}(kVA)} \times 100$

- 소비전력 = 아크출력 + 내부손실
- 전원입력 = 무부하전압 × 정격 2차 전류
- 아크출력 = 아크전압 × 정격 2차 전류

주어진 조건을 보면,
- 무부하 전압 = 80V
- 아크 전압 = 20V
- 정격 2차 전류 = 300A
- 내부손실 = 4kW

이므로,

역률 = $\frac{(20V\times300A)+4000W}{80V\times300A} \times 100$

= 41.666···%

2. 효율 = 아크출력(kw)/소비전력(kw) × 100

효율 = $\frac{20V\times300A}{(20V\times300A)+4000kW}$ = 60%

23 열팽창계수가 다른 두 종류의 판을 붙여서 하나의 판으로 만든 것으로 온도 변화에 따라 휘거나 그 변형을 구속하는 힘을 발생하며 온도감응소자 등에 이용되는 것은?

① 서멧 재료
② 바이메탈 재료
③ 형상기억합금
④ 수소저장합금

해 **기타 금속**
　바이메탈 재료에 관한 설명이다.

24 나사의 표시방법에 대한 설명으로 옳은 것은?

① 수나사의 골지름은 굵은 실선으로 표시한다.
② 수나사의 바깥지름은 굵은 실선으로 표시한다.
③ 암나사의 골지름은 아주 굵은 실선으로 표시한다.
④ 완전 나사부와 불완전 나사부의 경계선은 가는 실선으로 표시한다.

해 **나사 표시 방법**
　① 수나사의 골지름은 가는 실선으로 표시한다.
　② 수나사의 바깥지름은 굵은 실선으로 표시한다.(O)
　③ 암나사의 골지름은 가는 실선으로 표시한다.
　④ 완전 나사부와 불완전 나사부의 경계선은 굵은 실선으로 표시한다.
　따라서 옳은 정답은 2번이다.

25 기계제도에서 물체의 투상에 관한 설명 중 잘못된 것은?

① 주투상도는 대상물의 모양 및 기능을 가장 명확하게 표시하는 면을 그린다.
② 보다 명확한 설명을 위해 주투상도를 보충하는 다른 투상도는 되도록 많이 그린다.
③ 특별한 이유가 없는 경우 대상물을 가로길이로 놓은 상태로 그린다.
④ 서로 관련되는 그림의 배치는 되도록 숨은선을 쓰지 않도록 한다.

해 **투상도**
　다른 투상도는 생략할 수 있으면 생략하는 것이 좋다.

26 마그네슘(Mg)의 특성을 설명한 것 중 틀린 것은?

① 비강도가 Al 합금보다 떨어진다.
② 구상흑연 주철의 첨가제로 사용된다.
③ 비중이 약 1.74 정도로 실용금속 중 가볍다.
④ 항공기, 자동차 부품, 전기기기, 선박, 광학기계, 인쇄제판 등에 사용된다.

해 **마그네슘의 특성**
　비강도란? 비강도는 단위질량당 또는 단위무게당 강도를 의미한다. 즉 비강도가 좋으면 가벼운 무게에 비해서 좋은 강도를 가진다.
　마그네슘 합금의 비강도는 Al 합금에 비해 우수하다.
　최근 무게가 가벼우면서 강도가 필요한 곳에 마그네슘 합금이 사용되고 있다.

27 다음 중 테르밋 용접의 특징에 관한 설명으로 틀린 것은?

① 전기가 필요 없다.

② 용접 작업이 단순하다.

③ 용접 시간이 길고 용접 후 변형이 크다.

④ 용접 기구가 간단하고 작업 장소의 이동이 쉽다.

해 테르밋용접

미세한 알루미늄 분말과 산화철 분말을 도가니에 넣고 첨가제인 과산화바륨, 마그네슘 등의 혼합물을 점화제를 넣고 연소시켜 그 반응열로 용접하는 방법이다.

*테르밋 용접의 특징
① 용접 시 전기가 필요 없다.
② 용접기구가 간단하고 설비 비용이 저렴하다.
③ 차축, 레일, 선박의 프레임 등의 용접에 주로 사용된다.
④ 용접 시간이 짧고 변형이 크지 않다.
⑤ 작업 장소 이동이 용이하여 현장 작업에 많이 사용된다.
⑥ 알루미늄 분말 : 산화철 분말의 중량비 3~4 : 1

28 다음이 설명하고 있는 현상은?

> 알루미늄 용접에서는 사용 전류에 한계가 있어 용접 전류가 어느 정도 이상이 되면 청정 작용이 일어나지 않아 산화가 심하게 생기며 아크 길이가 불안정하게 변동되어 비드 표면이 거칠게 주름이 생기는 현상

① 번 백(burn back)

② 퍼커링(puckering)

③ 버터링(buttering)

④ 멜트 백킹(melt banking)

해 퍼터링

위 박스에 있는 내용은 퍼터링 현상에 대한 설명이다.
- 번백 : 반자동 아크 용접 등에서 와이어가 콘택트 팁에 달라 붙는 현상
- 버터링 : 맞대기 용접 시 열영향부를 방지하기 위하여 홈의 면과 모재를 서로 다른 종류의 금속으로 덧붙여 놓은 것
- 멜트 백킹(용락 받침) : 용락 방지에 사용하는 보조 장치

29 강자성을 가지는 은백색의 금속으로 화학 반응용 촉매, 공구 소결재로 널리 사용되고 바이탈륨의 주성분 금속은?

① Ti

② Co

③ Al

④ Pt

해 금속

- 강자성체 : 자석에 붙으며 자석을 제거해도 계속 자성을 띄고, 잘 달라붙는 물질, Fe, Ni, Co
- 바이탈륨 : 코발트를 주성분으로 하고 크로뮴과 몰리브데넘을 함유한 합금 물질. 열과 산(酸)에 잘 견디며, 틀니나 의족(義足) 따위를 만드는 데 쓰인다. 상품명에서 나온 말이다.
- Co(코발트) : 코발트는 화학 원소로 기호는 Co이고 원자 번호는 27이다. 단단하고 강자성을 띤 은백색 금속 원소이다. 자석이나 강도 높은 합금 제조에 사용된다. 촉매, 공구 소결재로 많이 사용된다.

30 다음 중 알루미늄 합금(alloy)의 종류가 아닌 것은?

① 실루민(silumin) ② Y 합금
③ 로엑스(Lo - Ex) ④ 인코넬(inconel)

🖼 **알루미늄 합금**
알루미늄 합금의 종류
① 실루민 : Al - Si, 개량처리를 통한 주조성 향상
② 라우탈 : Al - Cu - Si, 특수실루민, 열팽창이 극히 작음, 내연기관의 피스톤
③ Y합금 : Al(알) - Cu(구) - Ni(니) - Mg(마), 고온강도큼, 내연기관의 실린더
④ 로엑스 합금 : Y 합금에 Si 추가
⑤ 두랄루민 : Al(알) - Cu(구) - Mg(마) - Mn(망), 가벼우면서 강도가 매우 높은 합금철에 비해 비강도 3배 높음, 항공기 소재로 사용
⑥ 하이드로날륨 : Al - Mg(~ 10%) 합금으로 내식성이 매우 우수함. 내식 알루미늄합금으로, 알루미늄이 바닷물에 약한 것을 개량하기 위하여 개발된 합금
*인코넬 : 니켈을 주체로 하여 15%의 크롬, 6 ~ 7%의 철, 2.5%의 티탄, 1% 이하의 알루미늄·망간·규소를 첨가한 내열합금이다.

31 다음 중 텅스텐과 몰리브덴 재료 등을 용접하기에 가장 적합한 용접은?

① 전자 빔 용접
② 일렉트로 슬래그 용접
③ 탄산가스 아크 용접
④ 서브머지드 아크 용접

🖼 전자 빔 용접은 고진공 속에서 고속의 전자빔을 모아서 그 에너지를 접합부에 조사하여 그 충격열을 이용하여 용접하는 방법이다. 텅스텐, 몰리브덴은 용융점이 높은 금속으로 전자 빔 용접을 통한 용접에 적합하다.
일렉트로 슬래그, 탄산가스 아크, 서브머지드 아크 용접의 경우 주로 철 재질의 용접에 적합하다.

32 용접부의 보조기호에서 제거 가능한 이면 판재를 사용하는 경우의 표시 기호는?

① ⌐M⌐ ② ⌐P⌐

③ ⌐MR⌐ ④ ⌐PR⌐

🖼 **용접부의 보조기호**

⌐MR⌐	제거 가능한 이면 판재를 사용
⌐M⌐	영구적인 덮개 판 사용

33 물체를 수직단면으로 절단하여 그림과 같이 조합하여 그릴 수 있는데, 이러한 단면도를 무슨 단면도라고 하는가?

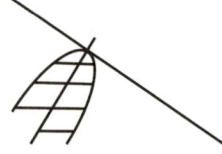

① 은 단면도 ② 한쪽 단면도
③ 부분 단면도 ④ 회전도시 단면도

🖼 **단면도**
수직단면으로 절단한 후 그림과 같이 회전하여 표시하였으므로, 회전도시 단면도에 관한 설명이다.

| 📖 정답 | 30 ④ 31 ① 32 ③ 33 ④

34 피복아크용접에 관한 사항으로 아래 그림의 ( )에 들어가야 할 용어는?

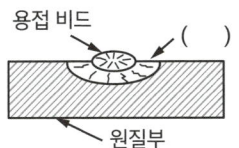

① 용락부 　　　　② 용융지
③ 용입부 　　　　④ 열영향부

해 용접 비드 주변에 모재가 용접열에 의해 기계적 성질이 변화된 곳을 '열영향부'라고 한다.

35 주성분이 은, 구리, 아연의 합금인 경납으로 인장강도, 전연성 등의 성질이 우수하여 구리, 구리합금, 철강, 스테인리스강 등에 사용되는 납재는?

① 양은납 　　　　② 알루미늄납
③ 은납 　　　　④ 내열납

해 납땜
은납에 관한 설명이다. 은납은 경납땜의 일종으로 인강강도, 전연성 등의 성질이 우수하다.

36 가연성가스로 스파크 등에 의한 화재에 대하여 가장 주의해야 할 가스는?

① C_3H_8 　　　　② CO_2
③ He 　　　　④ O_2

해 가연성가스
위 보기에서 가연성가스에 해당하는 것은 C_3H_8(프로판가스)이다.
이 외에도 메탄가스, 수소가스, 아세틸렌가스 등이 있다.

37 다음 중 아세틸렌(C_2H_2)가스의 폭발성에 해당되지 않는 것은?

① 406~408℃가 되면 자연 발화한다.
② 마찰, 진동, 충격 등의 외력이 작용하면 폭발 위험이 있다.
③ 아세틸렌 90%, 산소 10%의 혼합 시 가장 폭발위험이 크다.
④ 은, 수은 등과 접촉하면 이들과 화합하여 120℃ 부근에서 폭발성이 있는 화합물을 생성한다.

해 아세틸렌가스는 아세틸렌 15% + 산소 85% 부근에서 가장 폭발 위험이 크다.

38 가스 절단 작업 시 표준 드래그 길이는 일반적으로 모재 두께의 몇 % 정도인가?

① 5 　　　　② 10
③ 20 　　　　④ 30

해 표준 드래그 길이(mm)=판 두께(mm)$\times\dfrac{1}{5}$

=판 두께의 20%

ㅣ 📖 정답 ㅣ　**34** ④　**35** ③　**36** ①　**37** ③　**38** ③

39 다음 중 호의 길이 치수를 나타내는 것은?

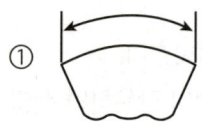 ①   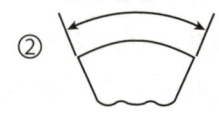 ②

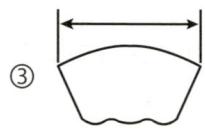 ③   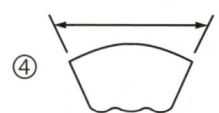 ④

해 호의 길이 치수
① 번의 경우 호의 길이를 나타낸다. (정답)
② 번의 경우 각도를 나타낸다.
③ 번의 경우 현의 길이를 나타낸다.

40 소성변형에 대한 설명으로 틀린 것은?

① 소성변형하기 쉬운 성질을 가소성이라 한다.
② 소성가공법에는 단조, 압연, 인발 등이 있다.
③ 재료에 외력을 가했다가 외력을 제거하면 원상태로 되돌아 오는 것을 소성이라 한다.
④ 가공으로 생긴 내부응력을 적당히 남게 하여 기계적 성질을 향상시킨다.

해 소성변형
재료에 외력을 가했다가 외력을 제거하면 원상태로 되돌아 오는 것은 탄성이라고 한다.

41 다음 중 응력제거 방법에 있어 노내 풀림법에 대한 설명으로 틀린 것은?

① 일반 구조물 압연강재의 노내 및 국부 풀림의 유지 온도는 725±50℃이며, 유지시간은 판 두께 25mm에 대하여 5시간 정도이다.
② 잔류응력의 제거는 어떤 한계 내에서 유지온도가 높을수록 또 유지시간이 길수록 효과가 크다.
③ 보통 연강에 대하여 제품을 노내에서 출입시키는 온도는 300℃를 넘어서는 안 된다.
④ 응력제거 열처리법 중에서 가장 잘 이용되고 또 효과가 큰 것은 제품 전체를 가열로 안에 넣고 적당한 온도에서 얼마동안 유지한 다음 노내에서 서냉하는 것이다.

해 노내 풀림법
일반 구조물 압연강재의 노내 및 국부 풀림의 유지 온도는 625±50℃이다.

42 가스 절단에서 고속 분출을 얻는데 가장 적합한 다이버전트 노즐은 보통의 팁에 비하여 산소소비량이 같을 때 절단 속도를 몇 % 정도 증가시킬 수 있는가?

① 5 ~ 10 % ② 10 ~ 15 %
③ 20 ~ 25 % ④ 30 ~ 35 %

해 다이버전트 노즐

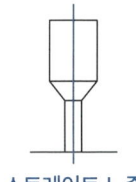 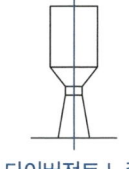

스트레이트 노즐   다이버전트 노즐

다이버전트 노즐의 경우 가스가 노즐을 통과하면 스트레이트에 비해 넓게 발산되어 분출된다. 따라서, 가스의 유속이 빨라지고 같은 유량에 비해 절단 속도가 20~25% 정도 빨라진다.

43 다음 중 용접기의 특성에 있어 수하특성의 역할로 가장 적합한 것은?

① 열량의 증가 ② 아크의 안정
③ 아크전압의 상승 ④ 개로전압의 증가

해 수하특성
부하 전류의 증가에 따라, 단자 전압이 낮아지는 특성(아크의 안정)을 말한다.

44 산소 용기의 윗부분에 각인되어 있는 표시 중 최고 충전 압력의 표시는 무엇인가?

① TP ② FP
③ WP ④ LP

해 산소 용기의 각인
• 고충전압력(FP) : 최고 충전 압력(kgf/cm^2)
• 내압시험압력(TP) : 용기의 내압시험 압력(kgf/cm^2)

45 피복 금속아크 용접봉의 심선으로 사용되는 것은?

① 고탄소림드강 ② 저탄소림드강
③ 특수강 ④ 고장력강

해 아크 용접봉 심선은 저탄소림드강을 사용한다.

46 다음 중 전격방지 대책으로 틀린 것은?

① 홀더 및 케이블 피복이 완전한 것을 사용한다.
② 무부하 전압이 필요 이상 높지 않도록 하며, 전격방지기를 설치한다.
③ 작업이 완료되거나 장시간 중단시에는 스위치를 차단한다.
④ 절연된 보호장구는 착용하지 않아도 된다.

해 절연된 보호장구는 반드시 착용 후 작업한다.

| 📖 정답 | 42 ③ 43 ② 44 ② 45 ② 46 ④

47 규격이 AW 300인 교류 아크 용접기의 정격 2차 전류 범위는?

① 0~300A ② 10~330A
③ 60~330A ④ 120~430A

해 교류 아크 용접기(KS C 9602) 규격
AW-300의 정격 출력전류는 300A 이지만 정격 2차 전류의 범위는 최대값이 110%, 최소값이 정격 출력전류의 20%이므로, 최대값 = 330A, 최소값 = 60A이다.

종류	정격 출력 전류A	정격 사용률 %	정격 부하 전압V	최고 무부하 전압V	출력 전류A 최대값	출력 전류A 최소값	사용 가능한 피복아크 용접봉의 지름mm
AWL-130	130	30	25.2	80 이하	정격 출력 전류의 100% 이상 110% 이하	40 이하	2.0~3.2
AWL-150	150		26.0			45 이하	2.0~4.0
AWL-180	180		27.2			55 이하	2.6~4.0
AWL-250	250		30.0			75 이하	3.2~5.0
AW-200	200	40	28	85 이하		정격 출력 전류의 20% 이하	2.0~4.0
AW-300	300		32				2.6~6.0
AW-400	400		36				3.2~8.0
AW-500	500	60	40	95 이하			4.0~8.0

비고 종류에 사용된 기회 및 수치는 다음과 같은 뜻을 나타낸다.
AW, AWL : 교류 아크 용접기
AW, AWL 다음의 숫자 : 정격 출력 전류

48 불활성 가스 금속 아크(MIG) 용접의 특징 설명으로 옳은 것은?

① 바람의 영향을 받지 않아 방풍 대책이 필요 없다.
② TIG 용접에 비해 전류 밀도가 높아 용융 속도가 빠르고 후판 용접에 적합하다.
③ 각종 금속 용접이 불가능하다.
④ TIG 용접에 비해 전류 밀도가 낮아 용접 속도가 느리다.

해 불활성 가스 금속 아크(MIG) 용접
① 바람의 영향을 받아 방풍 대책이 필요하다.
② 정답
③ 각종 금속 용접이 가능하다.
④ TIG 용접에 비해 전류 밀도가 높아 용접 속도가 빠르다.

49 도면에서 사용되는 선 중에서 가는 2점쇄선을 사용하는 것은?

① 치수를 기입하기 위한 선
② 해칭선
③ 평면이란 것을 나타내는 선
④ 인접부분을 참고로 표시하는 선

해 가는 2점 쇄선은 선과 선 사이에 점이 2개가 찍혀져 있는 선으로 단면의 무게 중심을 연결한 무게중심선, 움직인 물체의 상태를 가상하여 나타내는 가상선, 인접부분을 참고로 표시하는 선 등에 사용된다.

가는 2점쇄선	━ ‥ ━━━━ ‥ ━

①, ②, ③은 모두 가는 실선을 사용한다.

50 도면의 밸브 표시방법에서 안전밸브에 해당하는 것은?

①  ② —▷◁—

③ ↦ ④ ↦

해 밸브 표시방법
① 체크밸브
② 밸브 일반
③ 안전밸브
④ 동력으로 작동하는 밸브

52 면심입방격자 구조로서 전성과 연성이 우수한 금속으로 짝지어진 것은?

① 금, 크롬, 카드뮴
② 금, 알루미늄, 구리
③ 금, 은, 카드뮴
④ 금, 몰리브덴, 코발트

해 면심입방격자

조직	주요 금속
체심입방격자(BCC)	α-Fe, γ-Fe, Cr(크롬), Mo(몰리브덴)
면심입방격자(FCC)	Al(알루미늄), Cu(구리), Ag(은), Au(금), Pt(백금)
조밀육방격자(HCP)	Be(베릴륨), Mg(마그네슘), Zn(아연), Ti(티타늄)

51 용접 자세를 나타내는 기호가 틀리게 짝지어진 것은?

① 위보기자세 : O ② 수직자세 : V
③ 아래보기자세 : U ④ 수평자세 : H

해 용접 자세
• 아래보기 : F (Flat)
• 수직자세 : V (Vertical)
• 수평자세 : H (Horizontal)
• 위보기자세 : O (Overhead)

| 정답 | 50 ③ 51 ③ 52 ②

53 아공석강의 기계적 성질 중 탄소함유량이 증가함에 따라 감소하는 성질은?

① 연신율 ② 경도
③ 인장강도 ④ 항복강도

탄소함유량에 따른 변화
공석강을 기준으로 탄소량이 증가하면 페라이트는 줄어들고, 펄라이트의 양은 증가하며 인장강도와 경도, 항복강도는 증가한다. 그러나 연신율은 감소한다.

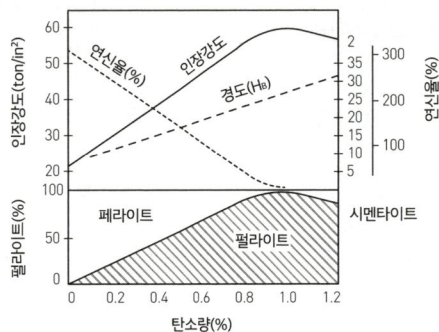

< 강의 분류 >
• 공석강 : 0.77%C, 펄라이트(P)
• 아공석강 : 0.02~0.77%C, 페라이트(F)+펄라이트(P)
• 과공석강 : 0.77~2.11%C, 펄라이트(P)+시멘타이트(C)

54 열과 전기의 전도율이 가장 좋은 금속은?

① Cu ② Al
③ Ag ④ Au

열전도율, 전기전도율
주요 금속 전기전도율
Ag(은) > Cu(구리) > Au(금) > Al(알루미늄) > Ni(니켈) > Fe(철)

55 Fe-C 평형 상태도에서 나타날 수 없는 반응은?

① 포정 반응 ② 편정 반응
③ 공석 반응 ④ 공정 반응

Fe-C 평형 상태도
Fe-C 평형 상태도에서 포정, 공석, 공정 반응을 나타내고 편정반응은 나타나지 않는다.

56 주철의 조직은 C와 Si의 양과 냉각속도에 의해 좌우된다. 이들의 요소와 조직의 관계를 나태는 것은?

① C.C.T 곡선 ② 탄소 당량도
③ 주철의 상태도 ④ 마우러 조직도

주철
주철의 조직은 C와 Si의 양, 냉각속도가 가장 중요한 요소이고, 이 요소의 관계를 그래프로 나타낸 것이 마우러 조직도이다.

57 아크 전류가 일정할 때 아크 전압이 높아지면 용융 속도가 늦어지고, 아크 전압이 낮아지면 용융 속도는 빨라진다. 이와 같은 아크 특성은?

① 부저항 특성
② 절연회복 특성
③ 전압회복 특성
④ 아크길이 자기제어 특성

아크길이 자기제어 특성에 관한 설명이다.
자동용접기나 수동용접기에서 용접 중 아크길이가 달라질 수 있는데 이것을 보정해주는 기능이다. 와이어가 녹는 속도를 조절한다.

58 피복제 중에 산화티탄을 약 35% 정도 포함하였고 슬래그의 박리성이 좋아 비드의 표면이 고우며 작업성이 우수한 특징을 지닌 연강용 피복 아크 용접봉은?

① E4301　　　　　② E4311

③ E4313　　　　　④ E4316

해 고산화티탄 용접봉에 대한 설명이다.
　① E4301 : 저수소계
　② E4311 : 고셀룰로오스계
　③ E4313 : 고산화티탄계
　④ E4316 : 저수소계

59 CO_2 가스 아크 용접에서 기공의 발생 원인으로 틀린 것은?

① 노즐에 스패터가 부착되어 있다.

② 노즐과 모재사이의 거리가 짧다.

③ 모재가 오염(기름, 녹, 페인트)되어 있다.

④ CO2 가스의 유량이 부족하다.

해 CO_2 가스 아크 용접
　② 노즐과 모재사이의 거리가 짧을 경우 보호력이 강해진다.
　거리가 너무 길 경우 보호력이 약해지기 때문에 기공이 발생할 가능성이 많아진다.

60 18-8 스테인리스강의 조직으로 맞는 것은?

① 페라이트　　　　② 오스테나이트

③ 펄라이트　　　　④ 마텐자이트

해 스테인리스강
　스테인리스강의 종류 : 오스테나이트계, 페라이트계, 마텐자이트계, 석출경화형 등
　오스테나이트계 스테인리스강 : 18-8 스테인리스강, 내식, 내산성이 우수, 일반적으로 많이 사용됨. 열처리 불가함.
　STS304(일반적인 STS), 308(Cr, Ni 함량 증가), 316(Mo 성분 첨가), 316L(C량을 적게) 등

용접 일반

용접 검사 및 시공

작업안전

용접 재료

기계제도

용접기능사 기출문제

특수용접기능사 기출문제

2024년도 기출문제

01 10000~30000℃의 높은 열에너지를 가진 열원을 이용하여 금속을 절단하는 절단법은?

① TIG 절단법

② 탄소 아크 절단법

③ 금속 아크 절단법

④ 플라즈마 제트 절단법

해 플라즈마 제트 절단
플라즈마 제트 절단은 가스(예: 공기, 질소, 아르곤 등)를 고온의 플라즈마 상태로 변환하여 금속을 절단하는 방식이다. 이 플라즈마 가스는 고속으로 금속 표면에 분사되어 금속을 녹이고 자른다. 플라즈마 아크 절단는 전기 아크를 통해 플라즈마를 형성하는 것으로 더 높은 온도를 생성한다.

02 플라즈마 아크 용접의 특징으로 틀린 것은?

① 비드 폭이 좁고 용접속도가 빠르다.

② 1층으로 용접할 수 있으므로 능률적이다.

③ 용접부의 기계적 성질이 좋으며 용접변형이 작다.

④ 핀치효과에 의해 전류밀도가 작고 용입이 얕다.

해 플라즈마 아크 용접 특징
플라즈마 아크 용접의 경우 전류밀도가 크고 용입이 깊다.

03 다음 중 응력제거 방법에 있어 노내 풀림법에 대한 설명으로 틀린 것은?

① 일반 구조물 압연강재의 노내 및 국부 풀림의 유지 온도는 725±50℃이며, 유지시간은 판 두께 25㎜에 대하여 5시간 정도이다.

② 잔류응력의 제거는 어떤 한계 내에서 유지온도가 높을수록 또 유지시간이 길수록 효과가 크다.

③ 보통 연강에 대하여 제품을 노내에서 출입시키는 온도는 300℃를 넘어서는 안 된다.

④ 응력제거 열처리법 중에서 가장 잘 이용되고 또 효과가 큰 것은 제품 전체를 가열로 안에 넣고 적당한 온도에서 얼마동안 유지한 다음 노내에서 서냉하는 것이다.

해 노내 풀림법
일반 구조물 압연강재의 노내 및 국부 풀림의 유지 온도는 625±50℃이다.

| 📖 정답 | **01** ④ **02** ④ **03** ①

04 용접부의 형틀 굽힘시험에서 시험편을 보통 몇 도(℃)까지 굽히는가?

① 30도 　　　　　② 60도
③ 90도 　　　　　④ 180도

해 형틀 굽힘시험

형틀 굽힘 시험은 용접공의 기능 검정에 사용된다. 굽힘에는 용접부의 표면 굽힘, 뒷면 굽힘, 축면 굽힘 등의 3종이 있다. 연강의 경우에는 굽힘각도의 크기로서 용접성을 검사한다. 최대 180°까지 굽힘하여 시험 결과의 합격 판정 기준은 다음과 같다.
(1) 3.0㎜를 넘는 균열이 용접 방향에 관계 없이 없을 것 언더컷내의 균열이 기공과 연속되고 있을 때 이 전체를 균열의 길이로 한다. 단 열영향부의 균열은 불문으로 한다.
(2) 3.0㎜이하일 때는 합계의 길이가 7.0㎜를 넘지 않을 것 또한 기공과 균열의 수가 10개를 넘지 않을 것
(3) 언더컷, 슬랙 잠입, 파임 깊이의 결함이 없을 것

05 교류 아크 용접기 사용시 안전 유의사항으로 옳지 않은 것은?

① 용접변압기의 1차측 전로는 하나의 용접기에 대해서 2개의 개폐기로 할 것
② 2차측 전로는 용접봉 케이블 또는 캡타이어 케이블을 사용할 것
③ 용접기의 외함은 접지하고 누전차단기를 설치할 것
④ 일정 조건하에서 용접기를 사용할 때는 자동전격방지장치를 사용할 것

해 용접 안전 유의사항

용접변압기의 1차측 전로는 하나의 용접기에 대해서 1개의 개폐기로 해야한다.

06 가스 용접 시 안전사항으로 적당하지 않는 것은?

① 호스는 길지 않게 하며 용접이 끝났을 때는 용기밸브를 잠근다.
② 작업자 눈을 보호하기 위해 적당한 차광유리를 사용한다.
③ 산소병은 60℃이상 온도에서 보관하고 직사광선을 피하여 보관한다.
④ 호스 접속부는 호스밴드로 조이고 비눗물 등으로 누설여부를 검사한다.

해 가스 용접 시 안전사항

산소 용기는 40℃ 이하 온도에서 보관하고 통풍이 잘되며 직사광선이 없는 곳에 보관해야 한다.

산소용지 취급시 주의사항
① 운반 시 용기를 눕혀 굴리거나 충격을 주지 말아야 한다.
② 운반 밸브를 닫고 안전캡을 씌워서 이동한다.
③ 통풍이 잘되고 직사광선이 없는 곳에 보관하며, 외기온도는 항상 40℃ 이하로 유지해야 한다.
④ 사용 및 저장시 에는 반드시 세워두어야 하고 고정시에는 쇠사슬로 고정시킨다.
⑤ 밸브에는 그리스(grease)나 기름 등을 묻혀서는 안된다.
⑥ 누설검사는 비눗물을 사용하여 누설 여부를 확인 한다.

ㅣ 📖 정답 ㅣ **04** ④ **05** ① **06** ③

용접 일반

용접 검사 및 시공

작업안전

용접 재료

기계제도

용접기능사 기출문제

특수용접기능사 기출문제

07 다음 중 가스 압접의 특징으로 틀린 것은?

① 이음부의 탈탄 층이 전혀 없다.

② 작업이 거의 기계적이어서, 숙련이 필요하다.

③ 용가재 및 용제가 불필요하고, 용접시간이 빠르다.

④ 장치가 간단하여 설비비, 보수비가 싸고 전력이 불필요하다.

해 **가스 압접**

가스 압접의 경우 작업의 숙련도가 낮은 방법이다.

08 스터드 용접에서 페룰의 역할이 아닌 것은?

① 용융금속의 산화를 방지한다.

② 용융금속의 유출을 막아준다.

③ 용착부의 오염을 방지한다.

④ 아크열을 발산한다.

해 **스터드 용접**

페룰은 세라믹 재질로 되어 있으며 아크열을 직접 발생시키는 장치가 아니다.

09 프로젝션 용접의 용접 요구조건에 대한 설명으로 틀린 것은?

① 전류가 통한 후에 가압력에 견딜 수 있을 것

② 상대 판이 충분히 가열될 때까지 녹지 않을 것

③ 성형시 일부에 전단 부분이 생기지 않을 것

④ 성형에 의한 변형이 없고 용접 후 양면의 밀착이 양호할 것

해 **프로젝션 용접**

프로젝션 용접의 경우 전류가 통한 후에는 이미 용접부가 녹기 때문에 가압력에 견딜 수 있다는 것은 틀림

10 고탄소강에 W, Cr, V, Mo 등을 첨가한 합금강으로 고온경도, 내마모성 및 인성을 상승시킨 공구강은?

① 합금 공구강

② 탄소 공구강

③ 고속도 공구강

④ 초경합금 공구강

해 **고속도 공구강**

고속도 공구강에 관한 설명이다.
초경합금 공구강은 금속탄화물(WC, TiC, TaC) + Co 분말을 가압, 성형 후 소결하여 만든 합금이다.

11 재료시험에서 인성 또는 취성을 측정하기 위한 시험방법은?

① 경도시험

② 압축시험

③ 충격시험

④ 비틀림시험

해 **재료 시험법**

재료시험에서 인성 또는 취성을 측정하기 위한 시험법은 충격 시험이다.

12 강의 표준 조직이 아닌 것은?

① 페라이트(ferrite)

② 펄라이트(pearlite)

③ 시멘타이트(cementite)

④ 소르바이트(sorbite)

해 **강의 표준조직**

강의 표준조직은 페라이트, 펄라이트, 시멘타이트이다.
소르바이트는 일반적으로 마텐자이트 조직을 500~600℃ 정도로 뜨임 할 때 나타나는 조직이다. 펄라이트에 비해 경도, 강도, 탄성이 크다.

13 면심입방격자 구조로서 전성과 연성이 우수한 금속으로 짝지어진 것은?

① 금, 크롬, 카드뮴　　② 금, 알루미늄, 구리

③ 금, 은, 카드뮴　　④ 금, 몰리브덴, 코발트

해 면심입방격자

조직	주요 금속
체심입방격자(BCC)	α-Fe(페라이트), Cr(크롬), Mo(몰리브덴)
면심입방격자(FCC)	γ-Fe(오스테나이트), Al(알루미늄), Cu(구리), Ag(은), Au(금), Pt(백금)
조밀육방격자(HCP)	Be(베릴륨), Mg(마그네슘), Zn(아연), Ti(티타늄)

14 청백색의 조밀육방격자금속이며, 비중이 7.1. 용융점이 420℃인 금속명은?

① P　　　　　② Pb

③ Sn　　　　　④ Zn

해 조밀육방격자 금속

　문제는 아연(Zn)에 관한 설명이다. 아연은 주로 부식작용을 막기 위해 강철 제품에 도금할 때 사용된다.

15 알루미늄(Al)의 성질에 관한 설명으로 틀린 것은?

① 비중이 가벼운 경금속이다.

② 전기 및 열의 전도율이 구리보다 좋다.

③ 공기 중에서 표면에 Al_2O_3의 얇은 막이 생겨 내식성이 좋다.

④ 상온 및 고온에서 가공이 용이하다.

해 알루미늄

　구리는 알루미늄에 비해 전기 및 열의 전도율이 좋다.

16 구리에 40~50% Ni을 첨가한 합금으로서 전기저항이 크고 온도계수가 일정하므로 통신기자재, 저항선, 전열선 등에 사용하는 니켈합금은?

① 인바　　　　② 엘린바

③ 모넬메탈　　　④ 콘스탄탄

해 Ni 합금

　콘스탄탄 합금에 관한 설명이다.

　열전쌍 : 서로 다른 종류의 금속을 접속한 것으로 열전 효과를 일으키는 금속선이다. 온도센서로 주로 사용된다. 열에너지를 전기에너지로 바꾸는 현상을 활용한 것.

ㅣ 📖 정답 ㅣ **13** ② **14** ④ **15** ② **16** ④

17 CO_2 가스 아크 용접에서 후진법에 비교한 전진법의 특징 설명으로 맞는 것은?

① 용융 금속이 앞으로 나가지 않으므로 깊은 용입을 얻을 수 있다.

② 용접선을 잘 볼 수 있어 운봉을 정확하게 할 수 있다.

③ 스패터의 발생이 적다.

④ 비드 높이가 약간 높고 폭이 좁은 비드를 얻는다.

해 CO_2 용접 전진법, 후진법
CO_2 용접에서 전진법은 용접선을 잘 볼 수 있어 운봉을 정확하게 할 수 있다. 1, 2, 3번 문항은 후진법에 관한 설명이다.

18 불활성 가스 금속 아크(MIG) 용접의 특징 설명으로 옳은 것은?

① 바람의 영향을 받지 않아 방풍 대책이 필요 없다.

② TIG 용접에 비해 전류 밀도가 높아 용융 속도가 빠르고 후판 용접에 적합하다.

③ 각종 금속 용접이 불가능하다.

④ TIG 용접에 비해 전류 밀도가 낮아 용접 속도가 느리다.

해 불활성 가스 금속 아크(MIG) 용접
① 바람의 영향을 받아 방풍 대책이 필요하다.
② 정답
③ 각종 금속 용접이 가능하다.
④ TIG 용접에 비해 전류 밀도가 높아 용접 속도가 빠르다.

19 버니어 캘리퍼스의 측정시 주의사항 중 잘못된 것은?

① 측정시 측정면을 검사하고 본척과 부척의 0점이 일치하는가를 확인한다.

② 깨끗한 헝겊으로 닦아서 버니어가 매끄럽게 이동되도록 한다.

③ 측정시 공작물을 가능한 힘있게 밀어붙여 측정한다.

④ 눈금을 읽을 때는 시차를 없애기 위해 눈금 면의 직각 방향에서 읽는다.

해 버니어캘리퍼스
버니어캘리퍼스 측정시 너무 강한 힘으로 눌러서 측정하지 않는다.

20 다음 중 직접측정기에 속하는 것은?

① 옵티미터　　　　② 다이얼게이지

③ 미니미터　　　　④ 마이크로미터

해 직접측정기
마이크로미터는 직접측정기에 해당한다.
① 직접 측정 : 버니어캘리퍼스, 마이크로미터, 하이트게이지, 측장기, 각도자
② 비교 측정 : 다이얼 게이지, 전기 마이크로미터, 공기 마이크로미터, 스트레인 게이지
③ 간접 측정
측정기 : 여러 가지 게이지의 길이를 측정하거나, 또는 정밀 공구나 정밀한 부분을 측정하는 데 쓰는 정밀 기기.

21 금속의 공통적 특성이 아닌 것은?

① 상온에서 고체이며 결정체이다. (단, Hg은 제외)
② 열과 전기의 양도체이다.
③ 비중이 크고 금속적 광택을 갖는다.
④ 소성변형이 없어 가공하기 쉽다.

해 금속의 특성
금속은 소성변형이 있어 가공하여 다양한 형태로의 활용이 가능하다.

22 심냉처리(sub-zero treatment)에 관한 설명 중 옳은 것은?

① 강의 연화 및 내부응력의 제거를 목적으로 하는 처리이다.
② 담금질 또는 불림처리한 강을 A1점 이하로 가열하여, 소정시간 유지한 다음 적당히 냉각 하는 처리이다.
③ 강을 A3점 이상 약 30℃의 온도로 가열하고, 소정시간 유지한 다음 조용히 대기중에서 방치하여 냉각하는 처리이다.
④ 잔류하는 오스테나이트를 마텐자이트화하기 위하여 상온으로 담금질한 강을 다시 0℃이하의 온도로 냉각하는 처리를 말한다.

해 심냉처리
심냉처리는 '서브제로처리' 라고도 하며 담금질시 잔류하는 오스테나이트를 마텐자이트화하기 위하여, 상온으로 담금질한 강을 다시 0℃이하의 온도로 냉각하는 처리이다.

23 다음 단면도에 대한 설명으로 틀린 것은?

① 부분 단면도는 일부분을 잘라내고 필요한 내부 모양을 그리기 위한 방법이다
② 조합에 의한 단면도는 축, 휠, 볼트, 너트류의 절단면의 이해를 위해 표시한 것이다.
③ 한쪽 단면도는 대칭형 대상물의 외형 절반과 온 단면도의 절단을 조합하여 표시한 것이다.
④ 회전도시 단면도는 핸들이나 바퀴 등의 암, 림, 훅, 구조 물 등의 절단면을 90도 회전시켜서 표시한 것이다.

해 단면도
조합에 의한 단면도는 2개 이도이다. 상의 절단면에 의한 단면도를 조합하여 나타내는 단면도이다. 일반적으로 축, 핀, 볼트, 너트 등은 절단하여도 의미가 없기 때문에 단면도로 표기하지 않는다.

24 동일 장소에서 선이 겹칠 경우 나타내야 할 선의 우선순위를 옳게 나타낸 것은?

① 외형선 > 중심선 > 숨은선 > 치수보조선
② 외형선 > 치수보조선 > 중심선 > 숨은선
③ 외형선 > 숨은선 > 중심선 > 치수보조선
④ 외형선 > 중심선 > 치수보조선 > 숨은선

해 선의 우선 순위
외형선 → 숨은선 → 절단선 → 중심선 → 무게중심선 → 치수 보조선

25 용접부의 보조기호에서 제거 가능한 이면 판재를 사용하는 경우의 표시 기호는?

① ⌐M⌐   ② ⌐P⌐

③ ⌐MR⌐   ④ ⌐PR⌐

해 용접부의 보조기호

⌐MR⌐	제거 가능한 이면 판재를 사용
⌐M⌐	영구적인 덮개 판 사용

26 보기와 같은 제3각법의 정투상도에 가장 적합한 입체도는?

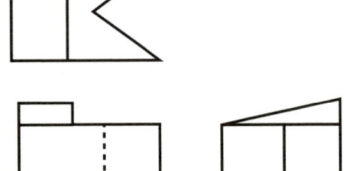

①    ②

③    ④

해 정투상도

정면도를 확인해 볼 때 1, 2, 3번이 해당한다. 평면도를 확인해 볼 때 1, 4번이 해당하므로, 1번이 정답이다.

27 기계제도에서 물체의 투상에 관한 설명 중 잘못된 것은?

① 주투상도는 대상물의 모양 및 기능을 가장 명확하게 표시하는 면을 그린다.

② 보다 명확한 설명을 위해 주투상도를 보충하는 다른 투상도는 되도록 많이 그린다.

③ 특별한 이유가 없는 경우 대상물을 가로길이로 놓은 상태로 그린다.

④ 서로 관련되는 그림의 배치는 되도록 숨은선을 쓰지 않도록 한다.

해 투상도

다른 투상도는 생략할 수 있으면 생략하는 것이 좋다.

28 동일한 저항을 병렬로 연결하였을 때 합성 저항은?

① 저항의 두 배   ② 저항의 반

③ 저항과 같다.   ④ 저항의 2/3

해 저항

저항의 경우 동일한 저항 두 개를 직렬로 연결하면 저항이 두 배가 되고, 병렬로 연결하면 저항은 절반이 된다.

29 다음 중 비파괴 검사법에 대한 설명으로 틀린 것은?

① 내부 결함의 검출에 적당한 방법은 방사선 투과시험과 초음파탐상시험이다.

② 초음파탐상시험에서는 초음파의 진행방향에 평행한 방향의 결함을 검출하기 쉽다.

③ 표층부 결함의 검출에는 자분탐상시험과 와전류탐상시험이 적당하다.

④ 용접부의 기공을 검출하기에 가장 좋은 시험법은 방사선투과시험이다.

해 비파괴시험법

초음파탐상시험에서는 초음파는 불연속부와 같은 경계면에서 투과 및 굴절 또는 반사를 하므로 초음파의 진행방향에 평행한 방향의 결함은 검출이 어렵다.

30 AW-300, 무부하 전압 80V, 아크 전압 20V인 교류용접기를 사용할 때, 다음 중 역률과 효율을 올바르게 계산한 것은? (단, 내부손실을 4kW라 한다.)

① 역률 : 80.0%, 효율 : 20.6%

② 역률 : 20.6%, 효율 : 80.8%

③ 역률 : 60.0%, 효율 : 41.7%

④ 역률 : 41.7%, 효율 : 60.6%

해 1. 역률(Power Factor): 전압과 전류가 얼마나 유효하게 일을 했는가?

$$역률(\%) = \frac{소비전력(kW)}{전원입력(kVA)} \times 100$$

- 소비전력 = 아크출력 + 내부손실
- 전원입력 = 무부하전압 × 정격 2차 전류
- 아크출력 = 아크전압 × 정격 2차 전류

주어진 조건을 보면,
- 무부하 전압 = 80V
- 아크 전압 = 20V
- 정격 2차 전류 = 300A
- 내부손실 = 4kW

이므로,

$$역률 = \frac{(20V\times300A)+4000W}{80V\times300A} \times 100$$
$$= 41.666\cdots\%$$

2. 효율 = 아크출력(kw)/소비전력(kw) × 100

$$효율 = \frac{20V\times300A}{(20V\times300A)+4000kW} = 60\%$$

31 현미경 시험을 하기 위해 사용되는 부식제 중 철강용에 해당되는 것은?

① 왕수
② 염화제2철용액
③ 피크린산
④ 플루오르화수소액

🔠 부식제의 용도 및 종류

용도	종류
철강용	피크르산 알코올용액 또는 질산 알코올용액
동합금용	염화제2철용액
니켈합금용	질산초산용액
알루미늄합금용	수산화나트륨용액 또는 불화수소용액

32 용접의 특징에 대한 설명으로 옳은 것은?

① 복잡한 구조물 제작이 어렵다.
② 기밀, 수밀, 유밀성이 나쁘다.
③ 변형의 우려가 없어 시공이 용이하다.
④ 용접사의 기량에 따라 용접부의 품질이 좌우된다.

🔠 용접의 장·단점

1) 용접의 장점
① 이음구조가 간단하고 이음효율이 높다.
② 기밀, 수밀, 유밀성이 우수하다.
③ 재료의 두께에 관계없이 접합 할 수 있다.
④ 재료가 절약되고 작업 공정이 줄어 경제적이다.
⑤ 이종 재료도 접합이 가능하다.
⑥ 보수 및 수리가 용이하다.
⑦ 자동화가 용이하다.

2) 용접의 단점
① 저온취성이 발생할 우려가 있다.
② 작업자의 기량에 따라 품질이 좌우된다.
③ 용접에 의한 변형과 수축이 발생한다.
④ 용접부의 결함 확인이 어렵다.(기공, 균열, 융합 불량 등)
⑤ 용접에 의한 재질의 변형 및 잔류 응력이 발생한다.

33 주철에 대한 설명으로 틀린 것은?

① 인장강도에 비해 압축강도가 높다.
② 회주철은 편상 흑연이 있어 감쇠능이 좋다.
③ 주철 절삭 시에는 절삭유를 사용하지 않는다.
④ 액상일 때 유동성이 나쁘며, 충격 저항이 크다.

🔠 액상일 때 유동성이 좋으며, 충격 저항이 약하다.

주철의 특징
① 인장강도가 강에 비해 낮고, 경도가 높음
② 메짐성이 큼, 취성이 강함
③ 고온에서도 소성변형이 안됨, 주로 주조에만 이용
④ 주조성이 좋아, 복잡한 형상 제작도 가능
⑤ 값이 저렴하여 경제적임

34 금속의 결정구조에서 조밀육방격자(HCP)의 배위수는?

① 6
② 8
③ 10
④ 12

🔠 조밀육방격자(HCP) 결정구조

조직	주요 금속	배위수
체심입방격자(BCC)	α-Fe(페라이트), Cr(크롬), Mo(몰리브덴)	8개
면심입방격자(FCC)	γ-Fe(오스테나이트), Al(알루미늄), Cu(구리), Ag(은), Au(금), Pt(백금)	12개
조밀육방격자(HCP)	Be(베릴륨), Mg(마그네슘), Zn(아연), Ti(티타늄)	12개

35 용접결함에서 피트(pit)가 발생하는 원인이 아닌 것은?

① 모재 가운데 탄소, 망간 등의 합금원소가 많을 때
② 습기가 많거나 기름, 녹, 페인트가 묻었을 때
③ 모재를 예열하고 용접하였을 때
④ 모재 가운데 황 함유량이 많을 때

해 용접결함
모재를 예열하고 용접하였을 때는 피트 결함이 발생할 가능성이 줄어든다.

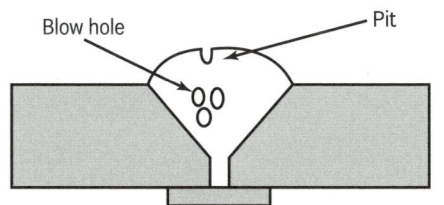

피트(pit): 용접시 용접금속 내에 흡수된 가스가 표면에 나와 생성하는 작은 구멍, 내부에 그대로 잔류된 기능은 블로홀(Blow hole)이라고 함

36 화재 발생 시 사용하는 소화기에 대한 설명으로 틀린 것은?

① 전기로 인한 화재에는 포말소화기를 사용한다.
② 분말 소화기에는 기름 화재에 적합하다.
③ CO_2 가스 소화기는 소규모의 인화성 액체 화재나 전기 설비 화재의 초기 진화에 좋다.
④ 보통화재에는 포말, 분말, CO_2 소화기를 사용한다.

해 소화기 사용

화재의 종류	소화기 종류
일반 화재	분말소화기, 물소화기, 이산화탄소소화기, 강화액소화기, 알칼리 소화기, 포말소화기
유류 및 가스 화재	분말소화기, 이산화탄소소화기, 포말소화기
전기화재	분말소화기, 이산화탄소소화기, 무상강화핵소화기, 할로겐화합물소화기
금속화재	건조된 모래(건조사), 탄산수소염류소화기

* 전기화재의 경우 포말소화기를 사용하지 않는다.

37 일렉트로 슬래그 용접의 단점에 해당되는 것은?

① 용접능률과 용접품질이 우수하므로 후판용접 등에 적당하다.

② 용접진행 중에 용접부를 직접 관찰 할 수 없다.

③ 최소한의 변형과 최단시간의 용접법이다.

④ 다전극을 이용하면 더욱 능률을 높일 수 있다.

해 일렉트로 슬래그 용접
1. 용접 작업 시간이 짧아 용접 후 변형이 작다.
2. 전기 저항열을 이용한 용접이다.
3. 용접 능률 및 품질이 우수하므로 후판 용접에 적합하다.
4. 수직 상진으로 단층 용접하는 방식이다.
5. 용착량은 거의 100%에 가깝다.
6. 장비 설치가 복잡하며 냉각장치가 요구된다. (단점)
7. 용접 진행 중 용접부를 직접 관찰할 수 없다. (단점)

38 다음은 치수 보조기호에 대한 설명이다. 틀린 것은?

① C : 반지름

② SR : 구의 반지름 기호

③ ( ) : 직접적으로 필요하지 않으나 참고로 나타낼 때 사용하는 참고 치수기호

④ t : 모재의 두께

해 "C" 보조기호는 45° 모따기 기호이다.

39 다음 중 용접구조용 압연강재에 해당하는 재료기호는?

① SPPS380   ② SCW450

③ SPCC   ④ SM400C

해 재료기호
① SPPS380 : Carbon Steel Pipes for PressureService, 압력배관용 탄소강관을 의미한다.
② SPCC : Steel Plate Cold Commercial, 냉간 압연강판
③ SCW450 : Steel Casting for welded structure, 용접구조용 주강품
④ SM400C : Steel Marine, 용접 구조용 압연강재 종류, 400은 최소인장강도를 의미한다.

40 아크 에어 가우징에 가장 적합한 홀더 전원은?

① DCRP

② DCSP

③ DCRP, DCSP 모두 좋다.

④ 대전류의 DCSP가 가장 좋다.

해 아크 에어 가우징탄소봉을 전극으로 하여 아크를 발생시키고 압축공기를 이용하여 공기를 분출하여 홈가공, 용접 결함부 제거, 절단 및 구멍 뚫기 등의 작업을 하는 방법이다. 가스 가우징에 비해 작업능률이 좋다.
DCSP는 Direct Current Strait Polarity의 약자로 정극성을 뜻한다. Direct Current Electrode Positive, DCEP로 쓰이기도 한다.DCRP는 Direct Current Reverse Polarity의 약자로 역극성을 의미한다. 아크 에어 가우징의 경우 DCRP 즉, 역극성 전류를 많이 사용한다.

41 TIG용접에서 전극봉의 종류 중 2%토륨 텅스텐 전극봉의 색은 무엇인가?

① 회색　　　　　③ 황색
② 적색　　　　　④ 녹색

해 텅스텐 전극봉의 식별용 색상

종류	식별 색
순 텅스텐봉	녹색
1% 토륨봉	노란색
2% 토륨봉	적색(빨간색)
1%~2% 란탄봉	흑색(1%), 금색(1.5%), 하늘색(2%)
지르코늄봉	갈색 또는 백색

42 피복 금속아크 용접봉의 심선으로 사용되는 것은?

① 고탄소림드강　　　② 저탄소림드강
③ 특수강　　　　　　④ 고장력강

해 아크 용접봉 심선은 저탄소림드강을 사용한다.

43 피복아크 용접봉의 피복제 중 탈산제에 해당되는 것은?

① 페로실리콘, 소맥분, 니켈
② 알루미늄, 소맥분, 구리
③ 페로타이타늄, 페로 실리콘, 페로 바나듐
④ 페로 실리콘, 소맥분, 톱밥

해 피복 배합제의 종류

배합제	종류
고착제	규산나트륨, 규산칼륨, 아교 등
탈산제	규소철, 티탄철, 망간철, 알루미늄, 페로실리콘, 소맥분(밀가루), 톱밥 등
아크 안정제	산화타이타늄(산화티탄), 규산나트륨, 규산칼륨, 석회석 등
가스 발생제	전분(녹말), 석회석, 톱밥, 탄산바륨, 셀롤로오스 등
슬래그 생성제	규사, 석회석, 산화철, 이산화망간, 일미나이트 등
합금 첨가제	니켈, 구리, 페로망간, 페로실리콘, 페로크롬, 페로바나듐 등

44 다음 중 전격방지 대책으로 틀린 것은?

① 홀더 및 케이블 피복이 완전한 것을 사용한다.
② 무부하 전압이 필요 이상 높지 않도록 하며, 전격방지기를 설치한다.
③ 작업이 완료되거나 장시간 중단시에는 스위치를 차단한다.
④ 절열된 보호장구는 착용하지 않아도 된다.

해 절연된 보호장구는 반드시 착용 후 작업한다.

| 📖 정답 | 41 ② 42 ② 43 ④ 44 ④

용접 일반 / 용접검사 및 시공 / 작업안전 / 용접 재료 / 기계제도 / 용접기능사 기출문제 / 특수용접기능사 기출문제

45 기계적 접합으로 적합한 것은?

① 융접   ② 리벳 이음

③ 납땜   ④ 압접

해 • 기계적 접합법 : 금속의 변화 없이, 기계적인 역
학에 의해 결합
   - 볼트이음, 리벳 이음, 핀, 키, 접어 잇기 등
• 야금적 접합법 : 열(전기, 가스, 반응열 등), 압력
등이 작용하여 서로 접합
   - 용접. 압접, 납땜

46 기계 제작 부품 도면에서 도면의 오른쪽 아래 구석에 위치하게 그리고, 굵은 실선으로 그리는 선은 무엇인가?

① 표제란   ② 윤곽선

③ 중심마크   ④ 비교눈금

해 윤곽선에 대한 설명이다.

47 용접 시 냉각속도에 관한 설명 중 틀린 것은?

① 예열을 하면 냉각속도가 완만하게 된다.

② 얇은 판보다는 두꺼운 판이 냉각속도가 크다.

③ 알루미늄이나 구리는 연강보다 냉각속도가 느리다.

④ 맞대기 이음보다는 T형 이음이 냉각속도가 크다.

해 알루미늄이나 구리는 연강에 비해 열전도율이 높기 때문에 냉각속도가 빠르다.

48 산소 용기의 취급 시 주의사항으로 틀린 것은?

① 기름이 묻은 손이나 장갑을 착용하고는 취급 하지 않아야 한다.

② 통풍이 잘되는 야외에서 직사광선에 노출시켜야 한다.

③ 용기의 밸브가 얼었을 경우에는 따뜻한 물로 녹여야 한다.

④ 사용 전에는 비눗물 등을 이용하여 누설 여부를 확인한다

해 통풍이 잘되고 직사광선이 없는 곳에 보관하며, 외기온도는 항상 40℃ 이하로 유지해야 한다.
산소 용기 취급 시 주의사항
① 운반 시 용기를 눕혀 굴리거나 충격을 주지 말아야 한다.
② 운반 밸브를 닫고 안전캡을 씌워서 이동한다.
③ 통풍이 잘되고 직사광선이 없는 곳에 보관하며, 외기온도는 항상 40℃ 이하로 유지해야 한다.
④ 사용 및 저장 시에는 반드시 세워두어야 하고 고정시에는 쇠사슬로 고정시킨다.
⑤ 밸브에는 그리스(grease)나 기름 등을 묻혀서는 안된다.
⑥ 누설검사는 비눗물을 사용하여 누설 여부를 확인 한다

49 35℃에서 15kgf/cm2으로 압축하여 내부 용적 40.7리터의 산소 용기에 충전하였을 때, 용기속의 산소량은 몇 리터인가?

① 4470   ② 5291

③ 6105   ④ 70000

해 용기 속의 산소량 = 용기의 충전 압력 × 용기 내부의 용적
따라서, 용기 속의 산소량 = 150kgf/㎠ × 40.7리터
= 6,105리터

50 구리와 아연을 주성분으로 한 합금으로 철강이나 비철금속의 납땜에 사용되는 것은?

① 황동납   ② 인동납

③ 은납   ④ 주석납

[해] 납땜황동은 구리와 아연의 합금이다. 구리와 아연을 포함하며, 철강, 비철금속의 납땜에 사용되는 것은 황동납이다.

51 용접금속의 구조상의 결함이 아닌 것은?

① 오버랩   ② 변형

③ 균열   ④ 용입불량

[해] 구조상 결함의 종류 : 기공, 오버랩, 용입불량, 균열, 슬래그 혼입, 스패터, 선상조직, 용락, 피트 등

52 용착금속의 인장강도가 55N/m², 안전율이 6이라면 이음의 허용응력은 약 몇 N/m²인가?

① 0.92   ② 9.2

③ 92   ④ 920

[해] 용접설계

$$안전율 = \frac{허용응력}{사용응력} = \frac{인장강도(극한강도)}{허용응력}$$

$$허용응력 = \frac{극한강도}{안전율} = \frac{55\text{N/mm}^2}{6} ≒ 9.2\text{kN/m}^2$$

53 피복 아크 용접봉의 기호 중 고산화티탄계를 표시한 것은?

① E4301   ② E4303

③ E4311   ④ E4313

[해] 피복아크 용접봉의 종류

① E4301 : 일미나이트계
② E4303 : 라임타이타늄계
③ E4311 : 고셀룰로오스계
④ E4313 : 고산화티탄계
⑤ E4316 : 저수소계
⑥ E4324 : 철분산화타이타늄계
⑦ E4326 : 철분저수소계
⑧ E4327 : 철분산화철계

54 고체 상태에 있는 두 개의 금속 재료를 용접, 압접, 납땜으로 분류하여 접합하는 방법은?

① 기계적인 접합법   ② 화학적 접합법

③ 전기적 접합법   ④ 야금적 접합법

[해] 야금적 접합법

1) 용접, 압접, 납땜을 통틀어 야금적 접합법이라고 한다.
2) 나사, 리벳 등을 통틀어 기계적인 접합법이라고 한다.

55 도면에서 반드시 표제란에 기입해야 하는 항목으로 틀린 것은?

① 재질   ② 척도

③ 투상법   ④ 도명

[해] 표제란에는 척도, 투상법, 도명을 적는다. 재질의 경우 부품란에 기입한다.

| 정답 | **50** ①   **51** ②   **52** ②   **53** ④   **54** ④   **55** ①

용접일반

용접검사 및 시공

작업안전

용접재료

기계제도

용접기능사 기출문제

특수용접기능사 기출문제

56 다음 용접 보호기호 중 온둘레 현장 용접을 나타낸 기호는?

① (깃발 기호)   ② ○
③ ● (검은 원 깃발)   ④ (온둘레 현장용접 기호)

해 용접부 보조 기호

구분	기호
현장용접	(깃발 기호)
온 둘레 용접	○
온 둘레 현장용접	(온둘레 현장용접 기호)

57 TIG 용접 토치의 분류 중 형태에 따른 종류가 아닌 것은?

① T형 토치   ② Y형 토치
③ 직선형 토치   ④ 플렉시블형 토치

해 TIG 토치 형태에 따른 분류
T형, 직선형, 플렉시블(가변형)

58 교류 아크 용접기 종류 중 코일의 감긴 수에 따라 전류를 조정하는 것은?

① 탭 전환형
② 가동철심형
③ 가동코일형
④ 가포화 리액터형

해 탭전환형
• 코일의 감긴 수에 따라 전류를 조정한다
• 미세 전류 조정 시 무부하전압이 높아 전격 위험이 크다
• 넓은 범위의 전류 조정이 어렵다.

59 교류 아크 용접기의 부속 장치에 해당되지 않는 것은?

① 전격방지 장치   ② 원격 제어 장치
③ 고주파 발생장치   ④ 자기제어 장치

해 교류 용접기의 부속 장치에는 전방지 장치, 원격제어 장치, 고주파 발생장치, 핫스타트 장치 이렇게 있다.

60 Fe-C평 형상태도에서 공정점의 C%는?

① 0.02%   ② 0.8%
③ 4.3%   ④ 6.67%

해 Fe-C 평형상태도
• 공석점 : 0.8%C
• 공정점 : 4.3%C
• 포정점 : 0.18%C

CHAPTER 03

2023년도 기출문제

01 다음 중 직접측정의 종류에 속하지 않는 것은?

① 버니어캘리퍼스   ② 마이크로미터

③ 측장기   ④ 다이얼게이지

해 직접측정-간접측정

① 직접 측정 : 버니어캘리퍼스, 마이크로미터, 하이트게이지, 측장기, 각도자

② 비교 측정 : 다이얼 게이지, 전기 마이크로미터, 공기 마이크로미터, 스트레인 게이지

③ 간접 측정
측장기 : 여러 가지 게이지의 길이를 측정하거나, 또는 정밀 공구나 정밀한 부분을 측정하는 데 쓰는 정밀 기기

02 주강에 대한 설명으로 틀린 것은?

① 주조조직 개선과 재질 균일화를 위해 풀림처리를 한다.

② 주철에 비해 기계적 성질이 우수하고, 용접에 의한 보수가 용이하다.

③ 주철에 비해 강도는 작으나 용융점이 낮고 유동성이 커서 주조성이 좋다.

④ 탄소함유량에 따라 저탄소 주강, 중탄소 주강, 고탄소 주강으로 분류한다.

해 주강
주강은 주철에 비해 강도가 크고 용융점이 높다.

03 Al-Mn계 합금으로 Al에 1~2% Mn 이하의 것이 사용되며, 가공성, 용접성이 좋으므로 저장탱크, 기름탱크 등에 쓰이는 합금은?

① 알민   ② 하이드로날륨

③ 듀랄루민   ④ 실루민

해 내식성 Al 합금

• 하이드로날륨 : Al-Mg(12%이하)계 합금이다. 내식성이 가장 우수하다.

• 알민 : Al-Mn계 합금으로 Al에 1~2% Mn 이하의 것이 사용되며, 가공성, 용접성이 좋으므로 저장탱크, 기름탱크 등에 쓰이는 합금이다.

04 Ni 합금 중에서 구리에 Ni 40~50% 정도를 첨가한 합금으로 저항선, 전열선 등으로 사용되며 열전쌍의 재료로도 사용되는 것은?

① 퍼멀로이   ② 큐프로니켈

③ 모넬메탈   ④ 콘스탄탄

해 Ni 합금
콘스탄탄 합금에 관한 설명이다.
열전쌍 : 서로 다른 종류의 금속을 접속한 것으로 열전 효과를 일으키는 금속선이다. 온도센서로 주로 사용된다. 열에너지를 전기에너지로 바꾸는 현상을 활용한 것

05 다음 중 저항의 기호로 옳은 것은?

① V   ② A

③ Ω   ④ K

해 저항의 기호
저항의 기호는 옴(Ω)이다.

| 정답 | 01 ④   02 ③   03 ①   04 ④   05 ③

06 규격이 AW 300인 교류 아크 용접기의 정격 2차 전류 범위는?

① 0~300A ② 20~330A

③ 60~330A ④ 120~430A

> 해 교류 아크 용접기(KS C 9602) 규격
>
> AW-300의 정격 출력전류는 300A 이지만 정격 2차 전류의 범위는 60A~330A이다.

종류, 정격 및 특성

종류	정격 출력 전류 A	정격 사용 률%	정격 부하 전압 V	최고 무부하 전압 V	출력 전류 A			(참고)사용 가능한 피복 아크 용접봉의 지름mm
					최대 값	최소 값	
AWL-130	130	30	25.2	80 이하	정격 출력 전류 의 100% 이상 110% 이하	40 이하	2.0~3.2
AWL-150	150		26.0			45 이하	2.0~4.0
AWL-180	180		27.2			55 이하	2.6~4.0
AWL-250	250		30.0			75 이하	3.2~5.0
AWL-200	200	40	28	85 이하		정격 출력 전류 의 20% 이하	2.0~4.0
AWL-300	300		32				2.0~6.0
AWL-400	400		36				3.2~8.0
AWL-500	500	60	4	95 이하			4.0~8.0

비고
종류에 사용된 기호 및 수치는 다음과 같은 뜻을 나타낸다.
AW, AWL : 교류 아크 용접기
AW, AWL 다음의 숫자 : 정격 출력 전류

07 다음은 치수 보조기호에 대한 설명이다. 틀린 것은?

① C : 45도 모따기 기호

② SR : 구의 반지름 기호

③ ( ) : 직접적으로 필요하지 않으나 참고로 나타낼 때 사용하는 참고 치수기호

④ t : 리벳이음 등에서 피치를 나타낼 때 사용하는 피치 기호

> 해 치수 보조 기호
>
> t는 재료의 두께를 나타내는 기호이다.

08 용접재료 기호 중 SS275에서 275가 의미하는 것은?

① 최소 인장강도 ② 최소 항복강도

③ 최대 인장강도 ④ 최대 항복강도

> 해 용접 재료 기호
>
> SS275는 일반 구조용 강재로 최소 항복강도가 275N/mm2 인 것을 의미한다.
>
> ※2016년 12월 경 개정되어 개정전에는 SS400으로 최소 인장강도를 의미하였으나, 개정후에는 SS275로 최소 항복강도를 의미한다.

| 📖 정답 | **06** ③ **07** ④ **08** ②

202 피복아크용접기능사 필기

09 경도시험 중 작은 강구나 다이아몬드를 붙인 소형의 추(2.6g)를 일정한 높이 25cm에서 시험표면에 낙하시켜 튀어오르는 높이에 의하여 경도를 측정하는 것으로서 오목자국이 남지 않기 때문에 정밀품의 경도 시험에 널리 쓰이고 있는 것은?

① 쇼어경도시험
② 비커스경도시험
③ 로크웰경도시험
④ 브리넬경도시험

해 경도시험의 종류

경도시험의 종류는 브리넬, 비커스, 로크웰, 쇼어 경도시험 등이 있다.
그 중 문제에서 설명하고 있는 것은 쇼어 경도시험에 해당한다.

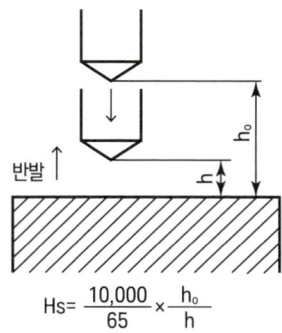

$$Hs = \frac{10,000}{65} \times \frac{h_o}{h}$$

10 서브머지드 아크 용접의 일반적인 특징으로 틀린 것은?

① 비가시 용접으로 용접시 용착부를 육안으로 식별이 불가능하다.
② 용융속도와 용착속도가 느리며 용입이 얕다.
③ 용착금속의 기계적 성질이 우수하다.
④ 개선각을 작게 하여 용접 패스 수를 줄일 수 있다.

해 서브머지드 아크용접

서브머지드 아크용접은 용융속도와 용착속도가 빠르며 용입이 깊다.

11 다음 중 용제와 와이어가 분리되어 공급되고 아크가 용제 속에서 일어나며 잠호용접이라 불리는 용접은?

① MIG 용접
② 시임용접
③ 서브머지드 아크 용접
④ 일렉트로 슬래그 용접

해 잠호용접

서브머지드아크용접은 비가시 용접으로 용접시 용착부를 육안으로 식별이 불가능하다고 해서 잠호용접이라고도 부른다.

12 미세한 알루미늄 분말과 산화철 분말을 혼합하여 과산화바륨과 알루미늄 등 혼합분말로 된 점화제를 넣고 연소시켜 그 반응열로 용접하는 것은?

① 테르밋 용접
② 전자 빔 용접
③ 불활성가스 아크 용접
④ 원자 수소 용접

해 산화철 - 알루미늄 혼합 분말 용접

테르밋 용접에 관한 설명이다.

| 정답 | **09** ① **10** ② **11** ③ **12** ①

13 수냉 동판을 용접부의 양면에 부착하고 용융된 슬래그 속에서 전극와이어를 연속적으로 송급하여 용융슬래그 내를 흐르는 저항 열에 의하여 전극와이어 및 모재를 용융 접합시키는 용접법은?

① 초음파 용접

② 플라즈마 제트 용접

③ 서브머지드 아크 용접

④ 일렉트로 슬래그 용접

해 용접의 종류

일렉트로 슬래그 용접에 관한 설명이다.

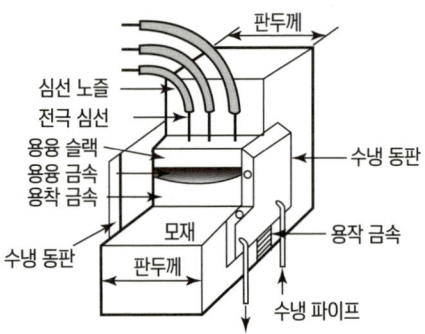

14 피복 아크 용접봉에서 피복제의 역할로 틀린 것은?

① 용착금속의 급랭을 방지한다.

② 모재 표면의 산화물을 제거 한다.

③ 용착금속의 탈산 정련 작용을 방지한다.

④ 중성 또는 환원성 분위기로 용착금속을 보호 한다.

해 피복제의 역할

용착 금속의 탈산 정련 작용을 하며 용융점이 높고 높은 점성의 무거운 슬래그를 만든다.

15 다음 중 탄소의 함량이 가장 많은 금속은?

① 연강

② 경강

③ 최경강

④ 탄소공구강

해 탄소량에 따른 강의 분류

1) 극연강(0.03~0.12%) : 강판, 강선, 못, 파이프, 와이어

2) 연강 (0.13~0.20%) : 관, 교량, 강철봉, 철골, 철교, 볼트, 리벳 (SM15C)

3) 반연강(0.20~0.30%) : 기어, 레버, 강철판, 볼트, 너트, 파이프

4) 반경강(0.30~0.40%) : 철골, 강철판, 차축

5) 경강(0.40~0.50%) : 차축, 크랭크축, 기어, 캠, 레일 (SM45C)

6) 최경강(0.50~0.70%) : 공구강, 핀, 차바퀴, 레일, 스프링

7) 탄소공구강(0.60~1.5%C) : 공구제작이 활용

16 그림과 같이 잘린 원뿔의 전개도가 가장 올바른 것은?

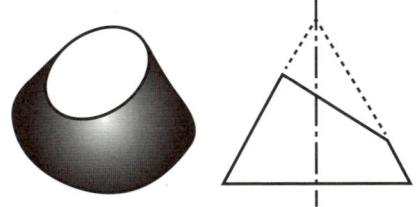

①

②

③

④

해 전개도
- 원뿔의 형상이 정면도로 주어졌으며, 윗 부분이 절단된 형태의 원뿔임
- 방사선을 이용한 전개도법은 원뿔, 각뿔등과 같이 꼭지점을 기준으로 부채꼴 모양으로 펼쳐서 전개도를 그리는 방법을 말한다.

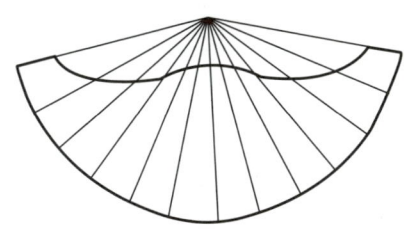

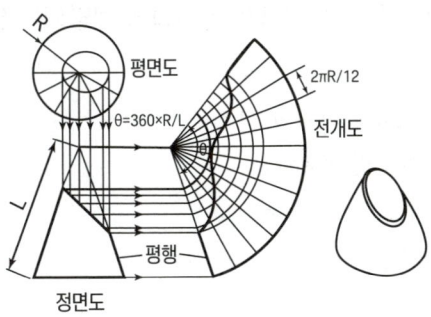

17 도면의 척도가 "1 : 2"로 도시되었을 때 척도의 종류는?

① 배척
② 축척
③ 현척
④ 비례척이 아님

해 척도
뒷 숫자가 큰 것은 실제 도면보다 2배 작게 그렸다는 의미이므로 축척이 정답이다.

18 일반적으로 금속이 갖는 특성으로 적당하지 않은 것은?

① 전성 및 연성이 좋다.
② 전기 및 열의 양도체이다.
③ 금속 고유의 광택을 가진다.
④ 모든 금속은 액체나 고체에서 결정구조를 가진다.

해 일반적인 금속의 특성
1) 상온에서 결정구조를 형성하며 고체이다. (예외적으로, Hg(수은)는 액체로 존재)
2) 금속은 특유의 광택을 가진다.
3) 열과 전기의 양도체이다.
4) 전성과 연성이 풍부하며, 소성가공이 쉽다.
5) 다른 물질에 비해 비중이 크다.
*금속은 고체상태에서 결정구조를 가진다.

| 📖 정답 | 16 ③ 17 ② 18 ④

19

다음 상태도에서 70wt%A-30wt%B인 합금을 Tc온도까지 열을 가한 뒤 0℃까지 냉각시켰을 때, 합금의 조직은?

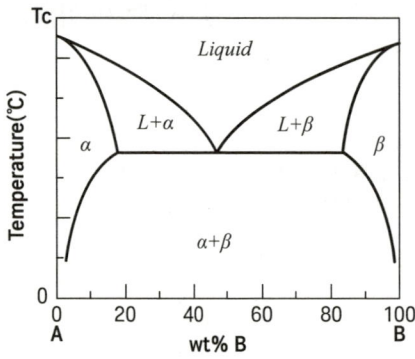

① 초정(β) + 석출(α)

② 초정(α) + 공정($\alpha + \beta$)

③ 초정(β) + 공정($\alpha + \beta$)

④ 초정(α) + 석출(β)

해 30wt%B 지점을 보면 액상에서 처음으로 α조직이 형성되기 시작하다가(초정α), 공정(α+β)조직이 나오게 된다.

20

압력이 일정한 Fe-C 평형상태도에서 공정점의 자유도는?

① 0 ② 1

③ 2 ④ 3

해 Fe-Fe3C 상태도의 자유도

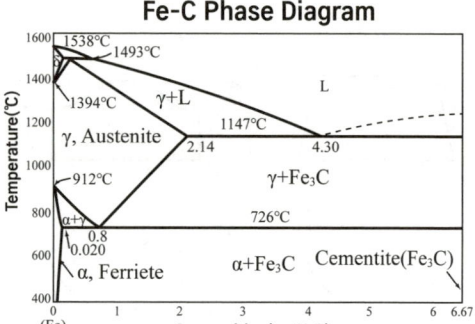

공정점(4.3%c)에서 L→ɣ+Fe₃C 이 된다.

자유도 F=C-P+1인데, 공정점에서

C : 성분의 개수, 2

P : 상의 개수, 3

1 : 온도(압력이 일정하므로 1이 적용됨.)

F=2-3+1=0

21

다음 중 야금적 접합법에 해당되지 않는 것은?

① 용접(fusion welding)

② 접어 잇기(seam)

③ 압접(pressure welding)

④ 납땜(brazing and soldering)

해 기계적 접합, 야금적 접합

접어 잇기는 기계적 접합에 해당한다.

22 아크에어 가우징에 사용되는 압축공기에 대한 설명으로 올바른 것은?

① 압축공기의 압력은 2~3[kgf/㎠] 정도가 좋다.

② 압축공기 분사는 항상 봉의 바로 앞에서 이루 어져야 효과적이다.

③ 약간의 압력 변동에도 작업에 영향을 미치므로 주의한다.

④ 압축공기가 없을 경우 긴급 시에는 용기에 압축된 질소나 아르곤 가스를 사용한다.

해 아크 에어 가우징 : 탄소봉을 전극으로 하여 아크를 발생시키고 고압(5~7kgf/cm²)의 압축공기를 이용하여 공기를 분출하여 홈가공, 용접 결함부 제거, 절단 및 구멍 뚫기 등의 작업을 하는 방법이다. 가스 가우징에 비해 작업능률이 좋다.
① 압축공기 압력은 고압(5~7kgf/cm²) 으로 한다.
② 압축공기 분사는 바로 앞에서 이루어지지 않도록 한다.
③ 약간의 압력 변동에는 작업에 영향이 없다.
④ 질소나 아르곤 사용도 가능하다.

23 강재표면의 홈이나 개재물, 탈탄층 등을 제거하기 위하여 될 수 있는 대로 얇게 그리고 타원형 모양으로 표면을 깎아 내는 가공법은?

① 가우징   ② 드래그
③ 프로젝션   ④ 스카핑

해 스카핑
• 강재 표면의 탈탄 층 또는 홈 등을 제거하기 위해 사용한다.
• 표면 얕고 넓은 범위를 깎아 내기 위해 사용한다.

24 배관도에서 유체의 종류와 글자 기호를 나타내는 것 중에서 틀린 것은?

① 공기 : A   ② 가스 : G
③ 유류 : O   ④ 수증기 : V

해 배관에 흐르는 유체의 기호
수증기의 경우 Steam의 약자 S를 사용한다.

25 아크전류가 일정할 때 아크전압이 높아지면 용접봉의 용융속도가 늦어지고, 아크전압이 낮아지면 용융속도가 빨라지는 특성은?

① 부저항 특성
② 전압회복 특성
③ 절연회복 특성
④ 아크길이 자기제어 특성

해 용접 특성
아크 길이 자기제어 특성에 관한 설명이다.

26 나사의 표시방법에 대한 설명으로 옳은 것은?

① 수나사의 골지름은 가는 실선으로 표시한다.

② 수나사의 바깥지름은 가는 실선으로 표시한다.

③ 암나사의 골지름은 아주 굵은 실선으로 표시한다.

④ 완전 나사부와 불완전 나사부의 경계선은 가는 실선으로 표시한다.

해 나사 도시 방법
가는 실선으로 수나사의 골지름을 표시한다.

27 자분 탐상 검사의 장점이 아닌 것은?

① 표면 균열검사에 적합하다

② 정밀한 전처리가 요구된다.

③ 결함 모양이 표면에 직접 나타나 육안으로 관찰할 수 있다.

④ 작업이 신속 간단하다.

해 자분탐상 검사의 장점
정밀한 전처리가 요구되는 것은 단점에 해당함

ㅣ 📖 정답 ㅣ **22** ④ **23** ④ **24** ④ **25** ④ **26** ① **27** ②

28 가접 방법에서 가장 옳은 것은?

① 가접은 반드시 본 용접을 실시할 홈 안에 하도록 한다.

② 가접은 가능한 튼튼하게 하기 위하여 길고 많게 한다.

③ 가접은 본 용접과 비슷한 기량을 가진 용접공이 할 필요는 없다.

④ 가접은 강도상 중요한 곳과 용접의 시점 및 종점이 되는 끝부분에는 피해야 한다.

해 가접시 주의사항
- 가접은 균열, 기공, 슬래그 혼입 등의 결함을 수반하기 쉬우므로 본 용접을 실시할 홈 안에 가접하는 것은 바람직하지 못하며, 만일 불가피하게 홈 안에 가접하였을 경우 본 용접 전 가공하는 것이 좋다.
- 가접은 본용접과 비슷한 기량을 가진 용접사가 하는 것이 좋다.
- 가접은 강도상 중요한 곳과 용접의 시점 및 종점이 되는 끝부분은 피해야 한다.

29 용접재해 중 전격에 의한 재해 방지대책으로 맞는 것은?

① TIG 용접시 텅스텐 전극봉을 교체할 때는 항상 전원 스위치를 차단하고 교체한다.

② 용접 중 홀더나 용접봉은 맨손으로 취급해도 무방하다.

③ 밀폐된 구조물에서는 혼자서 작업하여도 무방하다.

④ 절연 홀더의 절연부분이 균열이나 파손되어 있으면 작업이 끝난 후에 보수하거나 교체한다.

해 전격 방지 대책
① 전극봉은 감전 방지를 위해 스위치를 차단하고 교체한다.
② 홀더나 용접봉은 맨손으로 취급하지 않는다.
③ 밀폐된 곳에서 혼자 작업하지 않는다.
④ 절연부분이 균열이나 파손되어 있으면 즉시 교체한다.

30 용접작업 시의 전격방지대책으로 잘못된 것은?

① TIG 용접시 텅스텐 전극봉을 교체할 때는 항상 전원 스위치를 차단하고 작업한다.

② TIG 용접시 수냉식 토치는 과열을 방지하기 위해 냉각수 탱크에 넣어 식힌 후 작업한다.

③ 용접하지 않을 때에는 TIG 용접의 텅스텐 전극봉을 제거하거나 노즐 뒷쪽으로 밀어 넣는다.

④ 홀더나 용접봉은 절대로 맨손으로 취급하지 않는다.

해 전격 방지 대책
② 토치 과열을 방지하기 위해 냉각수 탱크에 넣어서는 안된다. 수냉식 토치이므로 토치내부에 냉각수가 자연적으로 냉각되도록 한다.

31 불활성가스 금속 아크 용접에 관한 설명으로 틀린 것은?

① 피복아크용접에 비해 용착효율이 높아 고능률적이다.

② 바람의 영향을 받지 않으므로 방풍대책이 필요 없다.

③ TIG용접에 비해 전류밀도가 높아 용융속도가 빠르다.

④ CO_2용접에 비해 스패터 발생이 적어 비교적 아름답고 깨끗한 비드를 얻을 수 있다.

해 불활성가스 금속 아크 용접의 특징
바람의 영향을 받으므로 방풍대책이 필요 하다.

32 불활성가스 텅스텐 아크 용접의 직류정극성에 관한 설명이 맞는 것은?

① 직류 역극성보다 청정작용의 효과가 가장 크다.

② 직류 역극성보다 용입이 깊다.

③ 직류 역극성보다 비드폭이 넓다.

④ 직류 역극성에 비하여 지름이 큰 전극이 필요하다.

해 용접의 극성
직류 정극성의 경우 직류 역극성에 비해 용입이 깊다.

33 내마멸성이 우수하고 경도가 커서 각종 광산기계, 기차 레일의 교차점, 칠드롤러, 불도저 등의 재료로 이용되며, 하드필드강이라고도 하는 것은?

① 크롬강 ② 고망간강
③ 니켈-크롬강 ④ 크롬-몰리브덴강

해 합금
고망간강에 관한 설명이다.

34 플래시 버트 용접 과정의 3단계는?

① 예열, 플래시, 업셋
② 업셋, 플래시, 후열
③ 예열, 검사, 플래시
④ 업셋, 예열, 후열

해 플래시 버트 용접의 과정
플래시 버트 용접의 경우 예열→플래시→업셋의 과정을 거친다.

35 Ni-Fe 합금으로서 불변강이라 불리우는 합금이 아닌 것은?

① 인바 ② 모넬메탈
③ 엘린바 ④ 슈퍼인바

해 불변강의 종류
모넬메탈의 경우 니켈합금의 하나로, 니켈 60~70%, 구리, 철, 망간, 규소가 들어 있는 합금이며, 내식성의 용기, 염색기계, 터빈의 날개 등에 쓰인다.

36 7:3 황동에 주석을 1%정도 첨가하여 탈아연 부식을 억제하고 내식성 및 내해수성을 증대시킨 특수황동은?

① 쾌삭황동 ② 네이벌황동
③ 애드미럴티황동 ④ 강력황동

해 황동의 종류
문제의 설명은 애드미럴티 황동에 해당한다.

| 정답 | 32 ② 33 ② 34 ① 35 ② 36 ③

37 보기와 같이 제 3각법으로 정투상한 도면의 입체도로 가장 적합한 것은?

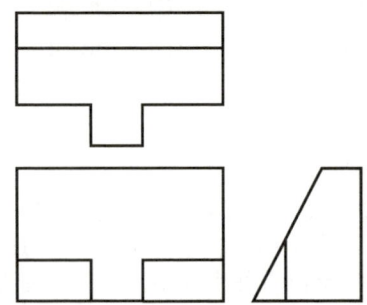

① 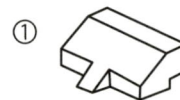 ②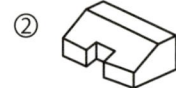

③ 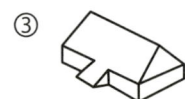 ④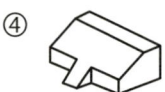

해 정투상법
보기의 도면에 해당하는 입체도는 ④에 해당한다.

38 제1각법과 3각법의 도면 배치상의 차이점을 올바르게 설명한 것은?

① 정면도와 평면도의 위치는 일정하나 측면도의 좌우 위치는 서로 반대이다.
② 정면도의 위치는 일정하나 저면도와 평면도의 위치는 서로 반대이다.
③ 평면도의 위치는 일정하나 측면도의 좌우의 위치는 서로 반대이다.
④ 어느 경우나 도면의 배치는 변함없다.

해 1각법과 3각법의 차이
1각법과 3각법에서 정면도의 위치는 일정하나 저면도와 평면도의 위치는 서로 반대이고, 측면도의 좌우 위치 또한 서로 반대이다.

39 용접기 설치 및 보수할 때 지켜야 할 사항으로 옳은 것은?

① 셀렌 정류기형 직류아크 용접기에서는 습기나 먼지 등이 많은 곳에 설치해도 괜찮다.
② 조정핸들, 미끄럼 부분 등에는 주유해서는 안 된다.
③ 용접 케이블 등의 파손된 부분은 즉시 절연 테이프로 감아야 한다.
④ 냉각용 선풍기, 바퀴 등에도 주유해서는 안 된다.

해 용접기 설치 및 보수
정류기형 용접기는 습기나 먼지등이 적은 곳에 설치해야한다.
조정핸들, 미끄럼 부분, 냉각용 선풍기, 바퀴 등에는 주유해도 된다.

40 인장시험에서 표점거리가 50mm의 시험편을 시험 후 절단된 표점거리를 측정하였더니 65 mm가 되었다. 이 시험편의 연신율은 얼마인가?

① 20% ② 23%
③ 30% ④ 33%

해 연신률 계산
$(65 - 50)/50 \times 100 = 30\%$

41 맞대기 용접 이음에서 최대 인장하중이 800kgf 이고, 판 두께가 5mm, 용접선의 길이가 20㎝ 일 때 용착금속의 인장강도는 얼마인가?

① 0.8kgf/㎟ ② 8kgf/㎟
③ 8×10^4kgf/㎟ ④ 8×10^5kgf/㎟

해 용착금속의 인장강도
'인장강도 = 최대인장하중 ÷ 단면적' 으로 계산할 수 있다.
인장강도 = 800kgf ÷ (5mm × 200mm) = 0.8 kgf/㎟

42 팁 끝이 모재에 닿는 순간 순간적으로 팁 끝이 막혀 팁 속에서 폭발음이 나면서 불꽃이 꺼졌다가 다시 나타나는 현상을 무엇이라 하는가?

① 역화 　　　　　② 인화
③ 역류 　　　　　④ 폭발

해 역화
　　팁 끝이 모재에 닿아 폭발음을 내면서 불꽃이 꺼졌다가 하는 현상은 역화에 관한 설명이다.

43 안전·보건표지의 종류와 형태에서 그림의 안전표지판이 나타내는 것은?

① 응급구호 표지
② 비상구 표지
③ 위험장소경고 표지
④ 환경지역 표지

해 안전표지판
　　위의 그림은 위험장소경고 표지에 해당한다.

44 용접결함에서 피트(pit)가 발생하는 원인이 아닌 것은?

① 모재 가운데 탄소, 망간 등의 합금원소가 많을 때
② 습기가 많거나 기름, 녹, 페인트가 묻었을 때
③ 모재를 예열하고 용접하였을 때
④ 모재 가운데 황 함유량이 많을 때

해 용접결함
　　모재를 예열하고 용접하였을 때는 피트 결함이 발생할 가능성이 줄어든다.

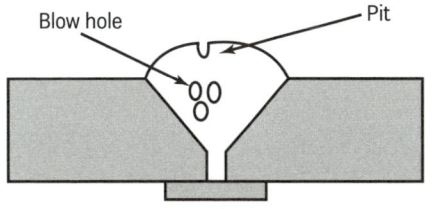

　　피트(pit) : 용접시 용접금속 내에 흡수된 가스가 표면에 나와 생성하는 작은 구멍, 내부에 그대로 잔류된 기능은 블로홀(Blow hole)이라고 함

45 언더컷의 원인이 아닌 것은?

① 전류가 높을 때
② 전류가 낮을 때
③ 빠른 용접 속도
④ 운봉각도의 부적합

해 용접결함 - 언더컷
　　언더컷은 주로 전류가 높을 때 발생한다. 전류가 낮을 때는 오버랩의 발생 가능성이 커진다.

ㅣ 📖 정답 ㅣ　42 ①　43 ③　44 ③　45 ②

46 대상물의 보이는 부분의 모양을 표시하는데 사용하는 선은?

① 치수선   ② 외형선
③ 숨은선   ④ 기준선

해 제도에 사용되는 선
   외형선에 관한 설명이다.

47 잔류 응력을 완화하는 방법 중에서 저온 응력 완화법의 설명으로 맞는 것은?

① 용접선의좌우 양측을 각각 250㎜의 범위를 625℃에서 1시간 가열하여 수냉하는 방법
② 600℃에서 10℃씩 온도가 내려가게 풀림처리하는 방법
③ 가열 후 압력을 가하여 수냉하는 압법
④ 용접선의 양측을 정속으로 이동하는 가스 불꽃에 의하여 나비 약 150㎜에 걸쳐서 150 ~200℃로 가열한 다음 수냉하는 방법

해 저온응력 완화법
   저온응력 완화법은 가스 화염으로 용접선 양측을 150~200도씨 정도 가열한 후 곧 수랭하여 주로 용접선 방향의 인장 응력 완화, 용접부의 용접 잔류응력과 방향이 일치하는 인장응력이 발생하면서 소성변형을 통해 응력이 완화된다.

48 열적 핀치효과와 자기적 핀치 효과를 이용하는 용접은?

① 초음파 용접   ② 고주파 용접
③ 레이저 용접   ④ 플라즈마 아크용접

해 플라즈마 아크 용접
   열적 핀치효과와 자기적 핀치 효과를 이용하는 용접법은 플라즈마 아크용접이다.
   핀치효과 : 용융된 막대 모양의 금속에 큰 전류가 흐를 때 어떤 이유에 의해 단면이 작아지는 것이 생기면 그것이 강력한 전류력에 의해 절단되는 현상

49 가변압식의 팁 번호가 200일 때 10시간 동안 표준 불꽃으로 용접할 경우 아세틸렌가스의 소비량은 몇 리터인가?

① 20   ② 200
③ 2000   ④ 20000

해 가변압식 팁에서 아세틸렌의 소비량
   가변압식 팁 번호 200의 의미는 1시간동안 표준불꽃으로 용접시 소비되는 아세틸렌가스의 소비량을 의미한다. 따라서, 200번 팁으로 10시간을 표준불꽃으로 용접시 2000리터의 아세틸렌가스가 소비된다.

50 보기와 같은 KS 용접 기호의 해독으로 틀린 것은?

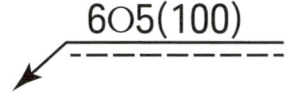

① 화살표 반대쪽 스폿 용접
② 스폿부의 지름 6mm
③ 용접부의 개수(용접 수) 5개
④ 스폿 용접한 간격은 100mm

해 스폿용접 기호 해석
그림은 화살표 쪽 스폿 용접을 하도록 지시되어 있다.

51 소성변형에 대한 설명으로 틀린 것은?

① 소성변형하기 쉬운 성질을 가소성이라 한다.
② 소성가공법에는 단조, 압연, 인발 등이 있다.
③ 재료에 외력을 가했다가 외력을 제거하면 원상태로 되돌아 오는 것을 소성이라 한다.
④ 가공으로 생긴 내부응력을 적당히 남게 하여 기계적 성질을 향상시킨다.

해 소성변형
재료에 외력을 가했다가 외력을 제거하면 원상태로 되돌아 오는 것은 탄성이라고 한다.

52 다음 용착법 중에서 비석법(스킵법)을 나타낸 것은?

① 5 4 3 2 1
   → → → → →

② 2 3 4 1 5
   → → → → →

③ 1 4 2 5 3
   → → → → →

④ 3 4 5 1 2
   → → → → →

해 용착법의 종류
비석법(스킵법)은   1 4 2 5 3
                → → → → →   순서로

용접하여 용접부의 변형을 줄여주는 용착법이다.

53 피복 아크 용접봉의 피복 배합제 중 아크 안정제가 아닌 것은?

① 알루미늄   ② 석회석
③ 산화티탄   ④ 규산나트륨

해 피복 배합제
석회석, 산화티탄, 규산나트륨은 아크안정제로 사용되는 배합제이다.
알루미늄의 경우 탈산제로 사용된다.

| 🔖 **정답** | 50 ① 51 ③ 52 ③ 53 ① |

54 납땜의 용제가 갖추어야 할 조건이 아닌 것은?

① 모재의 산화 피막과 같은 불순물을 제거하고 유동성이 나쁠 것

② 청정한 금속면의 산화를 방지할 것

③ 땜납의 표면장력을 맞추어서 모재와의 친화력을 높일 것

④ 용제의 유효온도 범위와 납땜 온도가 일치할 것

해 납땜의 용제 조건

납땜의 용제는 모재의 산화 피막과 같은 불순물을 제거하고 유동성이 좋아야한다.

55 초음파 탐상법의 종류에 속하지 않는 것은?

① 투과법　　　　② 펄스반사법

③ 공진법　　　　④ 맥동법

해 초음파 탐상법의 종류

초음파 탐상법은 투과법, 펄스반사법, 공진법 등이 있으며, 맥동법은 해당하지 않는다.

56 다음 중 이음 형상에 따른 저항 용접의 분류에 있어 겹치기 저항 용접에 해당하지 않는 것은?

① 점 용접　　　　② 퍼커션 용접

③ 심 용접　　　　④ 프로젝션 용접

해 저항용접

퍼커션 용접, 업셋 용접, 플래시 용접은 맞대기 저항 용접에 해당한다.

57 순철이 910℃에서 Ac3 변태를 할 때 결정 격자의 변화로 옳은 것은?

① BCT→FCC　　　② BCC→FCC

③ FCC→BCC　　　④ FCC→BCT

해 순철의 동소변태

순철을 910℃부근에서 BCC→FCC로 동소변태한다.

58 모재 및 용접부의 연성과 결함의 유무를 조사하기 위하여 무슨 시험을 하는 것이 가장 쉬운가?

① 경도 시험　　　　② 압축 시험

③ 굽힘 시험　　　　④ 충격 시험

해 용접 시험법

모재 및 용접부의 연성과 결함의 유무를 조사하는 방법은 굽힘시험이 가장 적절하다.

59 측정의 종류에 피측정물을 측정한 후 그 측정량을 기준 게이지와 비교하여 차이값을 계산하여 실제 치수를 인식할 수 있는 측정법은?

① 직접 측정　　　　② 간접 측정

③ 비교 측정　　　　④ 한계 측정

해 측정의 종류

측정의 종류에는 절대측정, 비교측정, 간접측정 등이 있으며 문제는 비교측정에 관한 설명에 해당한다.

60 강을 동일한 조건에서 담금질할 경우 '질량효과(mass effect)가 적다'의 가장 적합한 의미는?

① 냉간 처리가 잘된다.
② 담금질 효과가 적다.
③ 열처리 효과가 잘된다.
④ 경화능이 적다.

해 담금질 - 질량효과

질량효과는 질량에 따라 얼마나 균일한 마르텐자이트를 얻을수 있는지를 보는 척도이다. 시편이 안쪽으로 들어갈수록 냉각속도는 느려지고 이에 따라 불균일한 마르텐자이트 조직이 형성된다.
질량효과가 적으면 열처리 효과가 잘된다는 것을 의미하며, 담금질을 통해 좀 더 균일한 마르텐자이트 조직을 얻을 수 있다는 것을 의미한다.

용접일반

용접 검사 및 시공

작업안전

용접 재료

기계제도

용접기능사 기출문제

특수용접기능사 기출문제

2021~19년도 기출문제

학습 영상
p216-231

01 용접용어에 관한 설명으로 옳지 않은 것은?

① 모재 : 용접에 사용되는 재료
② 피복제 : 용접봉의 심선을 둘러서 쌓여있는 부분
③ 용적 : 용접봉이 녹아 용융지에 떨어지는 용융방울
④ 용융지 : 모재가 녹은 깊이

해 용접 용어
• 용입 : 모재가 녹은 깊이
• 용융지 : 용접 시 아크열에 의하여 모재 부분이 오목하게 들어간 부분으로 쇳물이 형성되어 있다.

02 용접기 특성 중 부하 전류가 증가하면, 단자 전압은 저하되는 특성은?

① 정전류 특성   ② 정전압 특성
③ 수하 특성   ④ 상승 특성

해 용접기의 전기적 특성
① 정전류 특성 : 부하 전압 및 전류가 변하더라도, 단자 전류는 거의 변하지 않는 특성을 말한다.
② 정전압 특성 : 부하 전압 및 전류가 변하더라도, 단자 전압은 거의 변하지 않는 특성을 말한다. CP특성이라고도 한다.
③ 수하 특성 : 부하 전류의 증가에 따라, 단자 전압이 낮아지는 특성(아크의 안정)을 말한다.
④ 상승 특성 : 부하 전류의 증가에 따라, 단자 전압이 약간 높아지는 특성을 말한다.

03 일렉트로 가스 용접의 특징으로 옳은 것은?

① 용접 변형이 많고 작업성이 나쁘다.
② 용접 장치가 복잡하고 고 기량이 필요하다.
③ 수직 상진으로 다층 용접하는 방식이다.
④ 용접 속도는 자동으로 조절된다.

해 일렉트로 가스 용접의 특징
① 일렉트로 슬래그 용접보다 얇은 두께인 중후판(40~50mm) 용접에 효과적이다.
② 용접 변형이 거의 없고 작업성이 좋다.
③ 용접 장치가 간단하고 고 기량이 필요 없다.
④ 수직 상진으로 단층 용접하는 방식이다.
⑤ 용접 속도는 자동으로 조절된다.

04 MIG 용접의 특징으로 옳은 것은?

① 아래보기 자세 용접만 가능하다.
② 용착 효율이 약 8%로 낮아 비능률적이다.
③ 전류 밀도가 낮아 아크 용접의 4~6배, TIG 용접의 2배 정도 높아 용융속도가 느리다.
④ 바람의 영향을 크게 받기 때문에, 방풍 대책이 필요하다.

해 MIG 용접의 특징
MIG 용접의 장점
① 전자세 용접이 가능하다.
② 용착 효율이 약 98%로 높아 능률적이다.
③ 전류 밀도가 높아 아크 용접의 4~6배, TIG 용접의 2배 정도 높아 용융속도가 빠르다.
④ 반자동 및 전자동 용접기로 용접속도가 빠르다.

| 정답 | 01 ④ 02 ③ 03 ④ 04 ④

⑤ 박판 보다 후판용접에 능률적이다.
⑥ 직류 역극성 사용 시 청정작용이 필요한 알루미늄, 마그네슘 용접이 가능하다.
⑦ 아크의 자기제어 특성이 있다.
⑧ 직류용접기는 정전압 특성, 상승 특성이 있다.

MIG 용접의 단점
① 바람의 영향을 크게 받기 때문에, 방풍 대책이 필요하다.
② 장비가 무거워 이동이 어렵고 가격이 비싸다.

05 맞대기 용접의 홈 형태에서 가장 두꺼운 판의 용접에 사용되는 용접홈은?

① I형　　　　② V형
③ X형　　　　④ K형

해 용접홈의 형태
① I형 : 판 두께가 6mm 이하에 사용하며 두께가 두꺼워질수록 완전 용입이 어렵다.
② V형 : 판 두께가 20mm 이하에서 사용하며 한쪽 용접으로 완전한 용입을 얻고자 할 때 사용된다. 그리고 두께가 두꺼워짐에 따라 한쪽 방향으로 변형이 발생할 위험이 있다.
③ X형 : 판두께가 15~40mm 정도에 사용하며 양면용접으로 완전한 용입을 얻고자 할 때 사용된다. V형에 비해 용접봉의 소비량이 적으며, 용접 변형이 매우 적다.

06 MIG 용접의 와이어 송급 방식의 종류가 아닌 것은?

① 풀(Pull) 방식
② 푸쉬(Push) 방식
③ 푸쉬(Push) – 풀(Pull) 방식
④ 푸쉬(Push) – 언더(Under) 방식

해 MIG 용접의 와이어 송급 방식
푸쉬 – 언더 방식은 존재하지 않는다.
와이어 송급 방식의 종류
• Push 방식 : 밀어주는 방식
• Pull 방식 : 잡아 당기는 방식
• Push – Pull 방식 : 밀고 당기는 방식

07 가변압식 토치의 팁 번호 200번을 사용하여 중성불꽃(표준불꽃)으로 1시간 동안 용접할 때, 아세틸렌가스의 소비량은?

① 100　　　　② 150
③ 200　　　　④ 400

해 가스용접 팁의 능력
가변압식 토치의 팁 번호는 중성불꽃(표준불꽃)으로 1시간 동안 용접할 때, 아세틸렌가스의 소비량으로 나타낸다.
200번 팁이므로 소비량은 200L이다.
불변압식의 경우 팁번호가 팁에 적합한 모재의 두께로 나타낸다.

08 다음 중 반자동 CO_2 용접에서 용접전류와 전압을 높일 때의 특성을 설명한 것으로 옳은 것은?

① 용접전류가 높아지면 용착율과 용입이 감소한다.
② 아크전압이 높아지면 비드가 좁아진다.
③ 용접전류가 높아지면 와이어의 용융속도가 느려진다.
④ 아크전압이 지나치게 높아지면 기포가 발생한다.

ㅣ 정답 ㅣ　05 ③　06 ④　07 ③　08 ④

해 CO_2 용접 전류와 전압
① 용접전류가 높아지면 용착율과 용입이 증가한다.
② 아크전압이 높아지면 비드가 넓어진다.
③ 용접전류가 높아지면 와이어의 용융속도가 빨라진다.
④ 아크전압이 지나치게 높아지면 기포가 발생한다.

09 다음 중 C급 화재에 속하는 화재의 종류는?

① 일반화재
② 유류 및 가스화재
③ 전기화재
④ 금속화재

해 화재의 분류

등급	종류	색상	가연 물질
A급	일반화재	백색	종이, 나무, 섬유
B급	유류 및 가스화재	황색	기름, 윤활유, 페인트 등
C급	전기화재	청색	전기설비, 발전기, 변압기 등
D급	금속화재	무색	철분, 마그네슘, 금속분

10 용접의 결함 중 정지구멍(Stop hole)을 뚫어 결함 부분을 깎아내고 보수하는 용접 결함은?

① 언더컷
② 오버랩
③ 균열
④ 용입 부족

해 용접 결함
균열은 균열의 끝부분에 정지구멍(균열이 진행되지 않도록)을 만들고 균열부를 깎아 낸 다음 홈을 만들어 재용접한다.

11 직류 용접에서 역극성의 특징으로 옳은 것은?

① 비드폭이 좋다.
② 용접봉의 용융속도가 느리다.
③ 용입이 깊다.
④ 박판용접에 적합하다.

해 직류용접의 극성
극성에 따른 비교

구분	직류 정극성(DCSP)	직류 역극성(DCRP)
연결 방법	모재(+):70%, 용접봉(-):30%	용접봉(+):70%, 모재(-):30%
비드 폭	좁음	넓음
용융 속도	용접봉의 용융속도가 느림	용접봉의 용융속도가 빠름
용입	깊음	낮음
사용 용도	후판 용접	얇은판 용접(박판, 합금강, 비철금속)

12 언더컷이 발생하기 쉬운 조건으로 옳지 않은 것은?

① 전류가 낮을 때
② 용접속도가 너무 빠를 때
③ 아크길이가 길 때
④ 부적당한 용접봉을 사용할 때

해 용접 결함 - 언더컷

결함 종류	언더컷(Undercut)
의미	• 용접 중 용착 금속이 채워지지 않고 패인 것처럼 되어있는 결함 • 주로 비드의 양 옆에서 발생함

원인	• 용접 전류가 과대할 때(과한 용접입열) • 용접속도가 너무 빠를 때(용착량 부족) • 아크길이가 길 때(과한 용접 입열 및 용착량 부족)
대책	• 용접 전류 줄여 용접입열을 줄임 • 용접속도를 줄여 용착량 공급 • 아크길이를 줄임

13 용접 결함의 종류에서 치수상 결함에 속하는 것은?

① 변형　　　　　② 기공
③ 균열　　　　　④ 오버랩

해 용접 결함의 종류
　① 치수상 결함 : 완성된 제품의 변형, 치수 및 형상이 불량한 경우
　　• 변형, 치수불량, 형상 불량
　② 성질상 결함 : 재료 및 용착금속의 기계적, 화학적 성질이 불량한 경우
　　• 기계적 불량, 화학적 불량
　③ 구조상 결함 : 여러 원인으로 인해 용접부 및 용착금속의 구조가 불량한 경우
　　• 기공, 언더컷, 오버랩, 용입 불량, 균열, 슬래그 혼입 등

14 서브머지드 아크 용접에 대한 설명으로 옳지 않은 것은?

① 용착금속의 기계적 성질이 우수하고 용접 품질을 양호하게 할 수 있다.
② 용접 중 아크가 보이지 않아 용접 상태를 확인하여 용접할 수 없다.
③ 개선각을 크게 하여 용접 패스 수를 늘릴 수 있다.
④ 용제 흡습이 쉽기 때문에 건조나 취급을 잘 해야 한다.

해 서브머지드 아크 용접의 장점
　① 용접속도는 피복아크 용접에 두께가 12mm일 때 약 2~3배, 25mm일 때 5~6배, 50mm일 때 8~12배가 되므로 능률이 높다.
　② 용착금속의 기계적 성질이 우수하고 용접 품질을 양호하게 할 수 있다.
　③ 용접 중 대기 중의 보호가 확실하여 대기 중의 산소, 질소 등의 영향을 받지 않는다.
　④ 용제의 단열 작용으로 용입을 크게 할 수 있고, 용융속도 및 용착속도가 빠르다.
　⑤ 개선각을 작게 하여 용접 패스 수를 줄일 수 있다.

서브머지드 아크 용접의 단점
　① 용접 중 아크가 보이지 않아 용접 상태를 확인하여 용접할 수 없다.
　② 용접 자세는 수평 및 아래보기 자세로 한정 되어있다.
　③ 설비 비용이 많이 든다.
　④ 용제 흡습이 쉽기 때문에 건조나 취급을 잘해야 한다.
　⑤ 용접선이 짧고 복잡한 경우 비능률적이다.
　⑥ 용접 시공 조건을 잘못 했을 경우 제품의 불량률이 커진다.
　⑦ 입열량이 크기 때문에 용접금속의 결정입이 조대화하여 충격값이 낮아지기 쉽다.

15 서브머지드 아크 용접에서 용융형 용제의 특징이 아닌 것은?

① 비드 외관이 아름답다.
② 흡습성이 거의 없으므로 재건조가 불필요하다.
③ 미용융 용제는 다시 사용이 가능하다.
④ 용융시 분해되거나 산화되는 원소를 첨가할 수 있다.

해 서브머지드 아크용접 용제
용융형 용제는 합금원소 첨가가 불가능하다.

구분	용융형 플럭스(Fused flux)
합금첨가	불가
극성의 감수성	비교적 민감
슬러그 박리성	비교적 나쁨
가스발생	적음
대입열 용접성	교전류 사용이 난이
용입	약간 깊음
텐덤 용접성	부적합
장기 보관성	안정
건조 온도	150~200℃로 1시간 이상 건조
사용강재	고장력강, 저합금강의 충격요구 강재 사용 곤란
염기도	산성 및 중성
입도	전류에 따라 플럭스 입도가 다름 (대전류 : 세립, 저전류 : 대립)
색상/외관	색상차이 없음
제조방법	1300℃ 이상 가열후 냉각, 분쇄

구분	소결형 플럭스(Bond flux)
합금첨가	가능
극성의 감수성	비교적 둔함
슬러그 박리성	비교적 좋음
가스발생	많음
대입열 용접성	고전류 사용이 민감
용입	약간 얕음
텐덤 용접성	적합
장기 보관성	변질 우려가 있음
건조 온도	200~250℃로 1시간 이상 건조
사용강재	비교적 넓은 범위의 강종에 사용 가능함
염기도	산성, 중성, 염기성, 고염기성
입도	전류에 관계없이 1종류 입도
색상/외관	색상차이로 식별이 가능
제조방법	400~500℃의 낮은 온도에서 제조

16 용접 설계상 주의사항으로 옳지 않은 것은?

① 용접에 적합한 구조로 설계할 것
② 결함이 발생하기 쉬운 용접은 피할 것
③ 강도가 약한 필릿 용접은 가급적 피할 것
④ 국부적으로 열이 집중될 수 있도록 할 것

해 용접 설계상 주의사항
국부적으로 열이 집중되면 응력 발생, 변형 등의 결함이 발생할 수 있으므로, 열은 분산하는 것이 좋다.

17 연강용 가스 용접봉에서 시험편을 처리할 때 '용접한 그대로 응력을 제거하지 않은 것'을 의미하는 기호는?

① GA   ② GB
③ SR   ④ NSR

해 가스용접 시험편 처리
가스용접에서 연강용 가스 용접용을 사용하여 시험편을 제작할 때 용접이 완료된 시험편의 열처리 여부에 관련된 내용이다.
• SR : 625±25℃에서 응력제거풀림처리를 한 시험편을 말한다.
• NSR : 용접한 그대로 응력을 제거하지 않은 것을 말한다.

18 아크쏠림(자기불림, Arc Blow)의 방지법으로 옳지 않은 것은?

① 교류아크용접기를 사용한다.
② 아크 길이를 길게 한다.
③ 엔드탭을 사용한다.
④ 용접부 길이가 긴 경우 후진법으로 용접한다.

용접 일반

용접 검사 및 시공

작업안전

용접 재료

기계제도

용접기능사 기출문제

특수용접기능사 기출문제

해 아크쏠림 방지법
① 용접봉 끝을 아크쏠림의 반대 방향으로 기울인다.
② 용접부 길이가 긴 경우 후진법(후퇴 용접법)으로 용접한다.
③ 아크 길이를 짧게 유지한다.
④ 교류 용접기를 사용한다.
⑤ 접지점을 용접부에서 멀리하거나 접지점을 2개 연결한다.
⑥ 시점과 끝점에 엔드 탭을 사용한다.

20 피복아크용접에서 피복제의 역할로 옳지 않은 것은?

① 아크를 안정시킨다.

② 용착금속의 탈산, 정련 작용을 한다.

③ 슬래그 제거를 쉽게 하고 외관 비드를 좋게 한다.

④ 산성 분위기로 용융금속을 산화한다.

해 피복제의 역할
① 아크를 안정시킨다.
② 용착금속의 탈산, 정련 작용을 한다.
③ 슬래그 제거를 쉽게 하고 외관 비드를 좋게 한다.
④ 중성 또는 환원성 분위기로 용융금속을 보호한다.
⑤ 전기절연 작용을 한다.
⑥ 용융금속에 필요한 합금 원소를 첨가한다.
⑦ 용착금속의 냉각속도를 느리게 한다.(급랭 방지)

19 다음 중 안전보건표지의 색채에 따른 용도를 바르게 짝지은 것은?

① 노란색 : 지시

② 녹색 : 경고

③ 빨간색 : 금지

④ 파란색 : 금지

해 안전보건표지의 색채

색상	용도	내용
빨간색	금지	정지신호, 소화설비 및 그 장소, 유해행위 금지
	경고	화학물질 취급장소에서의 유해·위험 경고
노란색	경고	화학물질 취급장소에서의 유해·위험 경고 이외의 위험경고, 주위표지 또는 기계방화물
파란색	지시	특정 행위의 지시 및 사실의 고지
녹색	안내	비상구 및 피난소, 사람 및 차량의 통행표지
흰색	-	파란색 또는 녹색에 대한 보조색
검은색	-	문자 및 빨간색 또는 노란색에 대한 보조색

21 모재의 홈가공이 V형일 때 엔드탭의 가공 형태로 가장 적절한 것은?

① 홈가공 불필요   ② I형 홈가공

③ V형 홈가공   ④ X형 홈가공

해 용접 홈가공
모재가 V형 홈으로 가공되어 있는 경우 엔드탭 또한 V형으로 가공하는 것이 옳다.

22 CO_2 용접에서 후진법과 비교한 전진법의 특징으로 옳은 것은?

① 용접선이 노즐에 가려 운봉이 정확하지 않다.

② 비드 높이가 낮고 평탄한 비드가 형성된다.

③ 깊은 용입을 얻을 수 있다.

④ 스패터가 적고 진행방향 뒤쪽으로 흩어진다.

해 CO_2 용접 전진법과 후진법

전진법	• 용접선이 잘 보여 위빙이 정확하다. • 용입 깊이가 얕다. • 비드 높이가 낮고 평탄한 비드가 형성된다. • 스패터가 많고 진행방향으로 흩어진다.
후진법	• 용접선이 노즐에 가려 운봉이 정확하지 않다. • 깊은 용입을 얻을 수 있다. • 비드 높이가 높고 폭이 좁은 비드를 형성한다.

23 서브머지드 아크 용접의 다전극 방식에 의한 분류 중 같은 종류의 전원에 두 개의 전극을 접속하는 방식은?

① 텐덤식   ② 횡직렬식

③ 횡병렬식   ④ 독립식

해 서브머지드 아크 용접의 다전극 방식 분류

① 텐덤식 : 두 개의 전극 와이어를 독립된 전원(교류 또는 직류)에 접속하여 용접선에 따라 전극의 간격을 10~30mm 정도로 하여 2개의 전극 와이어를 동시에 녹게 하는 방법이다.

② 횡직렬식 : 두 개의 와이어에 전류를 직렬로 연결하여 한쪽 전극 와이어에서 다른 쪽 전극 와이어로 전류가 흐르면 두 전극에서 아크가 발생하게 되고 그 복사열에 의해 용접이 이루어지므로 비교적 용입이 얕은 용접에 활용된다.

③ 횡병렬식 : 한 종류의 전원에 접속하여 용접하는 방식으로 비드 폭이 넓고 용입이 깊은 용접이 된다.

24 정격2차전류 200A의 용접기로 150A의 전류로 용접한다고 했을 때, 허용사용률은? (단, 정격사용률은 40%이다.)

① 22.5   ② 44.2

③ 71.1   ④ 90.1

해 허용사용률

• 전격 2차 전류 이하의 전류로 용접하는 경우에 허용되는 사용률을 말한다.

$$허용사용률(\%) = \frac{(정격 2차 전류)^2}{(실제의 용접 전류)^2} \times 정격사용률(\%)$$

• 주어진 값 : 정격2차전류 = 200A, 사용전류 = 150A, 정격사용률 = 40%

$$\frac{(200A)^2}{(150A)^2} \times 40\% = \frac{40,000}{22,500} \times 40 = 약 71.1\%$$

25 플래시 버트 용접의 순서로 옳은 것은?

① 예열→업셋→플래시

② 예열→플래시→업셋

③ 플래시→업셋→예열

④ 플래시→예열→업셋

해 플래시 버트 용접

플래시 버트 용접은 전기저항 용접에서 맞대기 용접의 한 종류이다.

일반적으로 예열→플래시→업셋 과정으로 용접이 이루어진다.

26 인장시험에서 최초의 길이가 50mm이고, 파단 후 거리가 60mm일 경우에 연신율은?

① 10% ② 20%

③ 50% ④ 100%

해 인장시험 - 연신율

$$연신율(\varepsilon) : \frac{연신된\ 거리}{표점\ 거리} \times 100 = \frac{L' - L_\circ}{L_\circ} \times 100\,[\%]$$

(60 - 50)/50X100 = 20%

27 겹쳐진 두 부재의 한쪽에 둥근 구멍 대신 좁고 긴 홈을 만들어 놓고 용접하는 방법은?

① 맞대기 용접

② T형 필릿 용접

③ 모서리 용접

④ 슬롯 용접

해 용접 방법

겹쳐진 두 부재의 한쪽에 둥근 구멍을 만들고 용접을 하면 '플러그 용접'이 된다.

겹쳐진 두 부재의 한쪽에 좁고 긴 홈을 만들고 용접을 하면 '슬롯 용접'이 된다.

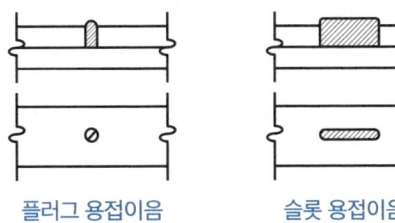

플러그 용접이음   슬롯 용접이음

28 스터드 용접의 특징으로 옳지 않은 것은?

① 아크를 집중시키기 위하여 스터드 주변에 페룰을 사용한다.

② 장기간 용접부를 가열 및 용융하여 용접하므로 변형이 많다.

③ 철강재료와 구리, 황동, 알루미늄, 스테인리스강도 용접이 가능하다.

④ 주로 철골, 건축, 자동차의 볼트 용접에 적용된다.

해 스터드 용접

① 아크를 집중시키기 위하여 스터드 주변에 페룰을 사용한다.

② 단기간 용접부를 가열 및 용융하여 용접하므로 변형이 적다.

③ 철강재료와 구리, 황동, 알루미늄, 스테인리스강도 용접이 가능하다.

④ 주로 철골, 건축, 자동차의 볼트 용접에 적용된다.

29 가스절단에 관한 설명으로 옳지 않은 것은?

① 예열 불꽃의 세기가 약해지면 절단 속도는 늦어진다.

② 절단속도는 산소의 소비량이 적을수록 증가한다.

③ 불꽃의 세기에 비해 절단속도가 빠르면 절단이 중단될 수 있다.

④ 모재의 온도가 높을수록 고속절단이 가능하다.

해 가스절단

절단속도는 산소의 소비량이 많을수록 증가한다.

ㅣ 📖 정답 ㅣ **26** ② **27** ④ **28** ② **29** ②

30 가스실드계 용접봉으로 피복이 얇고 슬래그가 거의 없어 좁은 홈의 용접이나 수직 및 위보기 용접에 우수한 용접봉은?

① E4301

② E4311

③ E4303

④ E4313

해 **피복아크용접봉의 종류**
① E4301 - 일미나이트계
② E4311 - 고셀룰로오스계
③ E4303 - 라임티타니아계
④ E4313 - 고산화티탄계
고셀룰로오스계는 가스실드계의 대표적인 용접봉이다.
- 셀룰로오스가 약 20~30% 정도 포함되어 있다.
- 용접 전류를 슬래그 실드계 용접봉에 비해 10~15% 낮게 사용한다.
- 용접 전 70~100℃에서 30분~1시간 정도 건조 후 사용해야 한다.
- 슬래그가 적어 좁은 홈의 용접성이 좋다.
- 수직 상진, 하진 및 위보기 자세에 용접성이 좋다.
- 기공이 발생하기 쉽다.
- 스프레이형의 아크를 발생하므로 용입이 깊고 스패터가 많으며 비드 표면이 거칠다.
- 가스실드에 의한 환원성 아크분위기로 용착금속의 기계적 성질이 좋다.

31 용접 후 열처리의 목적으로 옳지 않은 것은?

① 잔류응력 제거

② 응력에 의한 부식 균열 방지

③ 열영향부의 조직 개선

④ 용접 입열 보충

해 **용접 후 열처리**
용접 후 열처리는 용접 입열을 보충하는 것과 관련이 없다.

32 용접 구조의 설계상 주의사항으로 옳지 않은 것은?

① 용접이 한곳에 집중되는 것을 주의한다.

② 용접을 필요한 강도 이외에 과도하게 하지 않는다.

③ 두꺼운 판을 용접하는 경우 용입을 얕게 하고, 여러 층으로 나누어 용접한다.

④ 리벳과 용접의 혼용 시에는 충분히 주의한다.

해 **용접 구조 설계상 주의사항**
두꺼운 판을 용접하는 경우 용입을 깊게 하고, 용접 층수를 줄이는 것이 용접입열을 적게 하여 변형을 줄일 수 있다.

33 그림의 맞대기 이음부 명칭으로 옳지 않은 것은?

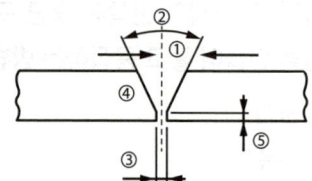

① 개선각도(그루브 각도)

② 홈각도

③ 루트간격

④ 루트면

해 ① 베벨 각도(개선각도) : 용접 대상 모재의 가공된 개선면의 각도
② 홈각도 : 두 용접 대상 모재의 가공된 각각의 베벨각을 합한 것
③ 루트간격 : 인접한 두 용접 대상물의 용접부를 사이에 둔 가장 가까운 거리
④ 그루브 면(개선면) : 용접되는 그루브의 면, 루트면을 포함함
⑤ 루트면 : 개선면 아래에 위치한 수직면

34 가스용접에서 전진법과 비교한 후진법의 설명으로 옳지 않은 것은?

① 용접속도가 빠르다.

② 비드모양이 미려하다.

③ 후판 용접에 적합하다.

④ 열이용률이 좋다.

해 가스용접 – 전진법과 후진법

구분	전진법	후진법
토치 진행방향	오른쪽→왼쪽	왼쪽→오른쪽
용접 속도	느리다	빠르다
비드 모양	보기 좋다	매끈하지 못하다
모재 두께	5mm 이하 박판	후판
홈 각도	크다(80°)	작다(60°)
용접 변형	크다	작다
열 이용률	나쁘다	좋다
기계적 성질	나쁘다	미세하다
산화정도	심하다	양호하다

35 전자빔 용접에 관한 설명으로 옳지 않은 것은?

① 용접부의 열영향부 및 용접 변형이 크다.

② 정밀 용접이 가능하다.

③ 얇은 판 및 두꺼운 판까지 용접 할 수 있다.

④ 불순가스에 의한 오염이 적고 높은 순도의 용접이 가능하다.

해 전자빔 용접
① 용접부의 열영향부 및 용접 변형이 작다.
② 정밀 용접이 가능하다.
③ 얇은 판 및 두꺼운 판까지 용접 할 수 있다.
④ 활성 재료도 용이하게 용접이 된다.

⑤ 불순가스에 의한 오염이 적고 높은 순도의 용접이 가능하다.

⑥ 용접하기 어려운 재질들의 용접에 적합하다. 내화성 금속, 열전도성이 높은 재질, 구리(Copper), 슈퍼알로이(super alloy), 탄탈(Tantalum), 타이타늄(Titanium), 몰리브덴(Molybdenum) 등이 있다.

36 CO_2 용접에서 용제가 포함된 와이어를 사용하는 플럭스 코어드 와이어 용접법의 종류에 해당하지 않는 것은?

① NCG법   ② 퓨즈 아크법

③ 솔리드 아크법   ④ 아코스 아크법

해 플럭스 코어드 와이어 용접법
플럭스 코어드 와이어 용접(복합 와이어 용접)는 와이어의 구조에 따라 여러 종류가 있다.

(a) 아코스 와이어   (b) Y관상 와이어

(c) S관상 와이어   (d) NCG 와이어

37 가스 절단에서 변형을 최소화할 수 있는 방법으로 옳지 않은 것은?

① 적당한 지그를 사용하여 절단재의 이동을 구속한다.

② 절단에 의하여 변형되기 쉬운 부분을 최후까지 남겨놓고 냉각하면서 절단한다.

③ 여러 개의 토치를 이용하여 평행 절단한다.

④ 가스 절단 직후 절단물 전체를 650℃로 가열한 후 즉시 수냉한다.

가스 절단

가스 절단 직후 즉시 수냉을 하면, 급랭으로 인하여 응력이 발생할 수 있다. 따라서, 변형을 줄이려면 서서히 냉각시키는 것이 좋다.

38 아크 용접에서 직접재해에 해당하지 않는 것은?

① 감전
② 화상
③ 전광성 안염
④ 전도

해 아크용접 재해

전도는 근로자가 작업 중 미끄러지거나 넘어져서 발생하는 재해를 말한다. 용접에 의한 재해와는 직접 관련이 없다.

39 불활성 가스 텅스텐 아크 용접에서 일반 교류전원을 사용하지 않고, 고주파 교류 전원을 사용할 때의 장점으로 틀린 것은?

① 텅스텐 전극의 수명이 길어진다.
② 텅스텐 전극봉이 많은 열을 받는다.
③ 전극봉을 모재에 접촉시키지 않아도 아크가 발생한다.
④ 아크가 안정되어 작업 중 아크가 약간 길어져도 끊어지지 않는다.

해 불활성가스 텅스텐 아크용접(TIG용접)

• 교류용접의 경우 텅스텐 전극봉이 많은 열을 받는다.
• 고주파를 사용하면 전극봉의 열을 줄여줄 수 있다.

40 일명 비석법이라고도 하며, 용접 길이를 짧게 나누어 간격을 두면서 용접하는 용착법은?

① 전진법
② 후진법
③ 대칭법
④ 스킵법

해 용착법의 종류

① 전진법 : 한쪽 끝에서 다른 쪽으로 용접하는 방법으로 용접장이 짧으면 변형, 잔류응력이 문제가 되지 않지만, 용접장이 길면 잔류응력과 수축이 발생한다.
② 후진법 : 용접을 단계적으로 후퇴하면서 용접하는 방법으로 수축과 잔류응력을 줄이는 방법이다.
③ 대칭법 : 용접부의 중심에서 좌, 우로 대칭적으로 용접하는 방법으로, 변형과 수축응력의 경감법이다.
④ 스킵법(비석법) : 용접부를 짧게 나눈 다음 띄엄 띄엄 용접하는 방법으로 잔류응력을 줄이는 방법이다.

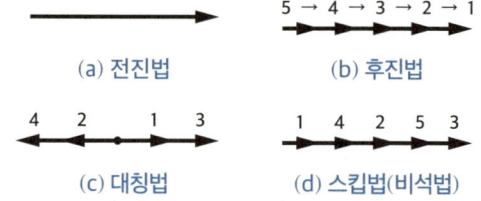

(a) 전진법　　(b) 후진법
(c) 대칭법　　(d) 스킵법(비석법)

41 스테인리스강을 조직상으로 분류할 때 해당하지 않는 것은?

① 페라이트계
② 마텐자이트계
③ 시멘타이트계
④ 오스테나이트계

해 스테인리스강의 분류

스테인리스강에는 오스테나이트계, 페라이트계, 마텐자이트계 등이 있다.
시멘타이트계는 해당하지 않는다.

42 Al - Cu - Si 합금으로 Si를 첨가하여 주조성을 좋게 하고, Cu를 첨가하여 절삭성을 좋게 한 알루미늄 합금은?

① 실루민 　　　　　② 라우탈
③ Y합금 　　　　　④ 로엑스 합금

해 알루미늄 합금의 종류

분류	종류	구성 및 특징
주조용 (내열용)	실루민	Al - Si, 개량처리를 통한 주조성 향상, 가볍고 단단하며 바닷물에도 녹슬지 아니하여서 항공기와 자동차의 부품 제조에 쓴다.
	라우탈	Al - Cu - Si, 특수실루민, 실리콘(Si)을 넣어 주조성을 개선하고 Cu를 첨가하여 절삭성을 좋게 한 알루미늄 합금으로 시효 경화성이 있는 합금, 열팽창이 극히 작음, 내연기관의 피스톤으로 활용
	Y합금	Al(알) - Cu(구) - Ni(니) - Mg (마), 고온강도 큼, 내연기관의 실린더
	로엑스 합금	Y 합금에 Si이 더 해진 합금, 열팽창 계수가 작아 엔진, 피스톤용 재료로 사용
	코비 탈륨	Y합금의 일종으로 Ti과 Cu를 0.2% 정도씩 첨가한 것으로 피스톤에 사용되는 것
가공용	두랄 루민	Al(알) - Cu(구) - Mg(마) - Mn (망), 가벼우면서 강도가 매우 높은 합금철에 비해 비강도 3배 높음, 항공기 소재로 사용
내식용	알민	Al + Mn(1~1.5%), 가공성, 용접성이 좋으며, 저장용 통에 사용됨.
	하이드 로날륨	Al - Mg(~10%) 합금으로 내식성이 매우 우수함. 내식 알루미늄 합금으로, 알루미늄이 바닷물에 약한 것을 개량하기 위하여 개발된 합금

43 조성이 2.0~3.0% 탄소, 0.6~1.5% 규소가 첨가된 백주철을 열처리로에 가열하여 탈탄 또는 흑연화 방법으로 제조한 주철로, 단조가공이 가능한 주철은?

① 가단 주철 　　　　② 칠드 주철
③ 구상 흑연 주철 　　④ 펄라이트 주철

해 주철의 종류
가단주철은 단조가 가능한 주철로, 백주철을 열처리로에 넣어 가열해서 탈탄 또는 흑연화 방법으로 제조한다. 2.0%~3.2% C(탄소), 0.6~1.5% Si(규소), 강도, 인성 및 내식성이 우수하다.

44 마그네슘의 성질로 옳지 않은 것은?

① 비중이 1.74이다.
② 용융점은 약 650℃ 정도이다.
③ 실용 금속 중에 비중이 가장 낮다.
④ 면심 입방 격자로, 냉간가공이 쉽다.

해 마그네슘의 성질
마그네슘은 조밀육방격자(HCP)이며, 냉간가공이 어렵다.

45 금속침투법에서 칼로라이징에 사용되는 원소는?

① 알루미늄 　　　　② 규소
③ 아연 　　　　　　④ 크롬

해 금속침투법
금속침투법은 하나의 금속 표면에 다른 금속을 확산 침투시키고 피복층을 만들게 하는 방법이다.
• Al : 칼로라이징　　• Zn : 세라다이징
• Si : 실리코라이징　• Cr : 크로마이징

46 알루마이트법이라고도 하며, 알루미늄을 2% 수산용액에서 전류를 흘려 표면에 단단하고 치밀한 산화피막을 만드는 방법은?

① 통산법 ② 황산법
③ 수산법 ④ 크롬산법

해 알루미늄의 표면처리

알루미늄에 산화피막을 만들어 내마모성, 내식성을 향상시키는 작업이다. 아노다이징(Anodizing)이라고도 한다. 수산법, 황산법, 크롬산법이 있다. 일반적으로 알루마이트법이란 수산법을 이야기하며 2%의 수산용액에서 전류를 흘려 제품의 표면에 산화피막을 형성한다.

47 6 : 4 황동의 내식성을 개량하기 위하여 1% 전후의 주석을 첨가한 것은?

① 톰백 ② 네이벌 황동
③ 켈밋 ④ 포금

해 황동의 종류

① 7-3 황동 : Cu(70%), Zn(30%), 카트리지 블라스, 연신율, 냉간가공성 좋고 탄피 재료에 사용된다.
② 6-4 황동 : Cu(60%), Zn(40%), 문쯔 메탈, 7-3황동에 비해 전연성이 낮고, 인장강도 크다.
③ 톰백 : Cu(95~80%)-Zn(5~20%), 유려하며 광택이 있어 모조금으로 사용된다.
④ 애드미럴티 황동(주석황동) : 7-3황동+1%Sn(주석) 첨가되며 전연성이 우수하고 열교환기, 증발기에 사용한다.
⑤ 네이벌 황동(주석황동) : 6-4황동+1%Sn(주석) 첨가되며 내식성과 강도가 증가하고, 기어, 플랜지, 볼트, 축 등에 사용한다.

청동의 종류

① 켈밋(Kelmet) : Cu-Pb, 켈밋 메탈(Kelmet Metal)은 미끄럼 베어링 용도로 사용하는 합금으로서, 열전도율이 좋아 주로 고온 고하중을 받는 베어링에 사용한다.

② 포금(gun metal) : Cu-Sn(8~12%)-Zn(1~2%), 청동에 과거 포신 제작시 사용되며 내해수성이 우수하고, 수압, 수증기에 잘 견딘다.
③ 알루미늄 청동 : 구리에 대략 15%까지 알루미늄을 가한 합금으로 담금질이 가능하고, 내식성, 내마모성이 우수하다.

48 재료의 크기에 따라 내·외부의 열처리 효과 차이에 의해 생기는 현상으로 강의 담금질성에 의해 영향을 받는 것은?

① 담금질 효과 ② 질량 효과
③ 시효 경화 ④ 뜨임 효과

해 열처리

① 담금질 효과 : 담금질은 재료를 단단하게 하는데 담금질이 잘되는 재료나 환경을 담금질 효과가 크다고 표현한다. 일반적으로 냉각속도가 클수록 담금질 효과가 커진다.
② 질량 효과 : 재료의 크기에 따라 내·외부의 열처리 효과 차이에 의해 생기는 현상이다.
③ 시효경화 : 재료가 시간이 지남에 따라 서서히 경도가 높아지는 것을 의미한다.
④ 뜨임 효과 : 담금질 후 뜨임처리를 할 때, 뜨임이 열처리가 되는 정도를 의미한다.

49 일반적인 주철의 탄소 함유량으로 적절한 것은?

① 0.03% 이하 ② 0.8%
③ 0.8~2.11% ④ 2.11~6.67%

해 주철

• 강의 분류
① 공석강 : 0.77%C, 펄라이트(P)
② 아공석강 : 0.02~0.77%C, 페라이트(F)+펄라이트(P)
③ 과공석강 : 0.77~2.11%C, 펄라이트(P)+시멘타이트(C)

• 주철의 분류
① 공정주철 : 4.3%C, 레데뷰라이트(L)
② 아공정주철 : 2.11~4.3%C, 오스테나이트(A)+레데뷰라이트(L)
③ 과공정주철 : 4.3~6.67%C, 레데뷰라이트(L)+시멘타이트(C)

50 금속의 일반적인 특징으로 옳지 않은 것은?

① 상온에서 결정구조를 형성하며 고체이다.
② 금속은 특유의 광택을 가진다.
③ 금속이 이온화 되면 음이온이 된다.
④ 전성과 연성이 풍부하며, 소성가공이 쉽다.

해 금속의 일반적인 특징
금속은 이온화되면 양이온이 된다.

51 도면 표제란의 척도 표시란에 'NS'라고 쓰여 있을 경우 뜻하는 것은?

① 현척을 나타낸다.
② 축척을 나타낸다.
③ 배척을 나타낸다.
④ 비례척이 아님을 나타낸다.

해 척도

종류	내용	예
축척	실물보다 작게 그린 것	1:2, 1:50, :100
현척	실물과 동일한 크기로 그린 것	1:1
배척	실물보다 크게 그린 것	2:1, 5:1, 20:1
NS	비례척이 아님	NS

52 다음 제도선 중 가장 우선으로 쓰여야 하는 선은?

① 외형선
② 숨은선
③ 절단선
④ 치수보조선

해 선의 우선순위
외형선→숨은선→절단선→중심선→무게중심선→치수 보조선

53 다음 용접기호에서 나타낸 용접의 종류는?

① 점 용접
② 심 용접
③ 플러그 용접
④ 필릿 용접

해 용접기호
플러그용접 또는 슬롯용접에 해당하는 기호이다.

54 1각법과 3각법에 대한 설명으로 옳지 않은 것은?

① 제1각법은 물체를 1상한에 놓고 정투상한다.
② 제1각법은 '눈→투상면→물체'의 순서로 나타낸 것이다.
③ 제3각법은 물체를 3상한에 놓고 정투상한다.
④ 한 도면에 제1각법과 제3각법을 혼용해서는 안 된다.

해 정투상법
• 제1각법은 눈→물체→투상면의 순서로 나타낸다.
• 제3각법은 눈→투상면→물체의 순서로 나타낸다.

| 📖 정답 | 50 ③ 51 ④ 52 ① 53 ③ 54 ②

55 배관 도면에서 기호 W가 표시된 경우 흐르는 유체는?

① 공기 ② 연료가스
③ 증기 ④ 물(일반)

배관 기호

유체의 종류	문자 기호	유체의 종류	문자 기호
공기	A	물(일반)	W
연료가스	G	온수	H
연료유 또는 냉동기유	O	냉수	C
증기	S	냉매	R

56 다음의 용접 기호에 대한 설명으로 옳지 않은 것은?

$$a \triangle n \times \ell(e)$$

① a : 목길이
② n : 용접부의 수
③ l : 용접길이(크레이터 제외)
④ (e) : 인접한 용접부의 간격

해 필릿 용접 기호
a는 목두께, z는 목길이를 의미한다.
일반적으로 국내 도면은 목길이로 표시된다.

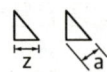

• a : 목높이(목두께)
• z : 목길이
• n : 용접부의 수
• ℓ : 용접부의 길이 (크레이터 제외)
• (e) : 인접한 용접부의 간격

57 다음 중 용접구조용 압연강재에 해당하는 재료기호는?

① SPPS380 ② SPCC
③ SCW450 ④ SM400C

해 재료기호
① SPPS380 : Carbon Steel Pipes for Pressure Service, 압력배관용 탄소강관을 의미한다.
② SPCC : Steel Plate Cold Commercial, 냉간 압연 강판
③ SCW450 : Steel Casting for welded structure, 용접구조용 주강품
④ SM400C : Steel Marine, 용접 구조용 압연강재 종류, 400은 최소인장강도를 의미한다.

58 다음과 같은 3각투상에 가장 적합한 입체도는?

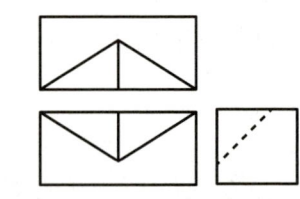

①  ②

③  ④

해 정투상법 - 3각법

59 그림과 같은 배관 밸브 도시기호가 의미하는 것은?

① 밸브 일반
② 게이트 일반
③ 글로브밸브
④ 체크밸브

🈁 배관 도시기호

종류	기호	종류	기호
밸브 일반	⊲⊳	앵글 밸브	◁
게이트 밸브	⊲▷◁	3방향 밸브	◁▷
글로브 밸브	◁●▷	안전 밸브	⊲⊳
체크 밸브	⁄|⁄		⊲⊳
볼 밸브	◁◁	콕 일반	⊲○▷
버터플라이 밸브	⁄●|⁄		

60 다음 도면의 드릴 가공 표기에 대한 설명으로 옳은 것은?

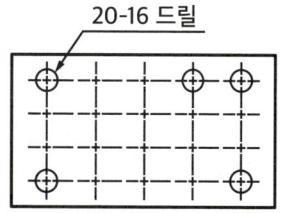

20-16 드릴

① 구멍지름 16mm, 구멍수량 20개
② 구멍지름 20mm, 구멍수량 16개
③ 구멍지름 16mm, 구멍수량 5개
④ 구멍지름 20mm, 구멍수량 5개

🈁 드릴 표기
20은 구멍의 수량, 16은 구멍의 크기를 의미한다.

CHAPTER 05

2018~17년도 기출문제

학습 영상 p232-244

01 용접부 시험 검사 중 야금학적 시험방법에 해당 하지 않은 것은?

① 노치 취성 시험
② 육안 조직 시험
③ 설퍼 프린트 시험
④ 파면 시험

해 용접부 시험 검사에서 노치 취성 시험은 파괴시험법에 속한다.
용접부 시험방법
• 야금학적 시험 방법 : 파면시험, 설퍼프린트시험, 육안조직시험, 현미경 조직시험
• 용접성 시험법 : 노치 취성 시험, 용접 경화성 시험, 용접 연성 시험, 용접 균열 시험

02 피복아크 용접에서 아크의 특성 중 역극성의 특징으로 틀린 것은?

① 용입이 낮다.
② 얇은 판 용접에 사용된다.
③ 용접봉의 용융속도가 빠르다.
④ 비드폭이 좁다.

해 직류 역극성은 음극(-)에 모재(30%)를, 양극(+)은 용접봉(70%)에 연결하는 방식으로 비드폭이 넓다.

03 피복아크 용접봉의 피복제 중 탈산제에 해당되는 것은?

① 페로실리콘, 소맥분, 니켈
② 알루미늄, 소맥분, 구리
③ 페로타이타늄, 페로 실리콘, 페로 바나듐
④ 페로 실리콘, 소맥분, 톱밥

해 피복 배합제의 종류

배합제	종류
고착제	규산나트륨, 규산칼륨, 아교 등
탈산제	규소철, 티탄철, 망간철, 알루미늄, 페로실리콘, 소맥분(밀가루), 톱밥 등
아크 안정제	산화타이타늄(산화티탄), 규산나트륨, 규산칼륨, 석회석 등
가스 발생제	전분(녹말), 석회석, 톱밥, 탄산바륨, 셀롤로오스 등
슬래그 생성제	규사, 석회석, 산화철, 이산화망간, 일미나이트 등
합금 첨가제	니켈, 구리, 페로망간, 페로실리콘, 페로크롬, 페로바나듐 등

04 이산화탄소 아크 용접 시 두통이나 뇌빈혈을 일으키는 이산화탄소 가스의 농도는?

① 1~2%
② 3~4%
③ 5~10%
④ 25~30%

해 이산화탄소 함량이 3~4%가 되면 두통이나 뇌빈혈을 일으키고 15% 이상 시 위험 상태가 되며, 30% 이상이면 중독되어 생명이 위험하다.

| 📖 정답 | 01 ① 02 ④ 03 ④ 04 ②

05 서브머지드 아크 용접의 특징으로 틀린 것은?

① 콘택트 팁에서 통전되므로 와이어 중에 저항 열이 적게 발생되어 고전류 사용이 가능하다.

② 아크가 보이지 않으므로 용접부의 적부를 확인하기가 곤란하다.

③ 용접 길이가 짧을 때 능률적이며 수평 및 위보기 자세 용접에 주로 이용된다.

④ 일반적으로 비드 외관이 아름답다.

해 서브머지드 아크 용접 시용접 길이가 길 때 능률적이며 아래보기 자세 용접에 주로 이용된다.

06 피복 아크 용접봉에서 피복제의 역할로 알맞지 않은 것은?

① 아크를 안정시킨다.

② 용착금속의 탈산 정련 작용을 방지한다.

③ 중성 또는 환원성 분위기로 용융금속을 보호한다.

④ 전기 절연 작용을 한다.

해 피복제는 용착금속의 탈산 정련 작용을 한다.
피복제의 역할
① 아크를 안정시킨다.
② 용착금속의 탈산, 정련 작용을 한다.
③ 슬래그 제거를 쉽게 하고 외관 비드를 좋게 한다.
④ 중성 또는 환원성 분위기로 용융금속을 보호한다.
⑤ 전기절연 작용을 한다.
⑥ 용융금속에 필요한 합금 원소를 첨가한다.
⑦ 용착금속의 냉각속도를 느리게 한다. (급랭 방지)

07 TIG 용접에서 전극봉의 종류 중 순 텅스텐 전극봉의 색은 무엇인가?

① 회색　　　　　② 적색

③ 황색　　　　　④ 녹색

해 텅스텐 전극봉의 식별용 색상

종류	식별 색
순 텅스텐봉	녹색
1% 토륨봉	노란색
2% 토륨봉	적색(빨간색)
1%~2% 란탄봉	흑색(1%), 금색(1.5%), 하늘색(2%)
지르코늄봉	갈색 또는 백색

08 가동 철심형 교류아크 용접기에 관한 설명으로 알맞지 않은 것은?

① 현재 가장 많이 사용되는 교류 아크 용접기이다.

② 미세한 전류 조절이 가능하다.

③ 광범위한 전류 조절이 가능하다.

④ 누설자속의 양을 조절하여 전류를 조정한다.

해 가동 철심형은 광범위한 전류 조정이 어렵다.

09 다음 중 아크 전류가 일정할 때 아크 전압이 높아지면 용접봉의 용융속도가 늦어지고 아크 전압이 낮아지면 용융속도가 빨라지는 특성은?

① 수하 특성　　　② 자기 제어 특성

③ 정전류 특성　　④ 정전압 특성

해 용접기의 전기적 특성

① 수하 특성 : 부하 전류의 증가에 따라, 단자 전압이 낮아지는 특성(아크의 안정)을 말한다.
③ 정전류 특성 : 부하 전압 및 전류가 변하더라도, 단자 전류는 거의 변하지 않는 특성을 말한다.
④ 정전압 특성 : 부하 전압 및 전류가 변하더라도, 단자 전압은 거의 변하지 않는 특성을 말한다.

10 2개의 모재를 맞대어 놓고 서로 간에 상대 운동을 시켜 마찰열을 이용하여 압접하는 용접법은?

① 냉간 압접
② 초음파 용접
③ 프로젝션 용접
④ 마찰 용접

해 마찰 용접

2개의 모재를 맞대어 놓고 그 접촉면에 압력을 주어 서로 간에 상대운동을 시켜 마찰열을 이용하여 압접하는 용접법이다.

11 용접부의 양면에 수냉동판을 부착하고 용융 슬래그의 저항열에 의하여 용접봉과 모재를 연속적으로 용융 시키면서 용접하는 방법은?

① 서브머지드 아크 용접
② 일렉트로 슬래그 용접
③ 불활성가스 아크 용접
④ 플러그 용접

해 용접부의 양면에 수냉동판을 사용하는 것은 일렉트로 슬래그 용접 방법에만 사용된다.

12 가스용접 시 산소와 프로판 가스의 혼합 비로 적절한 것은?

① 1.5 : 1
② 2.5 : 1
③ 3.5 : 1
④ 4.5 : 1

해 가스 용접시 혼합비는 4.5(산소) : 1(프로판)이다.

13 화재의 분류 중 C급 화재에 속하는 것은?

① 금속화재
② 전기화재
③ 일반화재
④ 유류 및 가스화재

해 화재의 분류

등급	종류	색상	가연 물질
A급	일반화재	백색	종이, 나무, 섬유
B급	유류 및 가스화재	황색	기름, 윤활유, 페인트 등
C급	전기화재	청색	전기설비, 발전기, 변압기 등
D급	금속화재	무색	철분, 마그네슘, 금속분

14 아크에어 가우징에서 압축공기에 대한 설명으로 맞는 것은?

① 가스 가우징에 비해 작업능률이 2~3배 정도 떨어진다.
② 긴급시에는 압축 질소나 아르곤 가스를 사용해도 상관없다.
③ 압축공기의 압력은 $3 \sim 5 kgf/cm^2$ 정도가 좋다.
④ 주로 얇은 판 절단시 사용된다.

해 **아크 에어 가우징**

탄소봉을 전극으로 하여 아크를 발생시키고 고압 (5~7kgf/cm²)의 압축공기를 이용하며 이 공기를 분출하여 홈가공, 용접 결함부 제거, 절단 및 구멍 뚫기 등의 작업을 하는 방법이다. 가스 가우징에 비해 작업능률이 2~3배 정도 좋다.

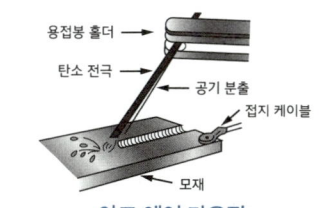

용접봉 홀더 →
탄소 전극 →
→ 공기 분출
→ 접지 케이블
→ 모재

아크 에어 가우징

압축공기
용접봉 홀더
탄소 전극
극성
전극 케이블
접지 케이블
모재

아크 에어 가우징의 회로

16 다음 중 산화불꽃으로 가스 용접할 경우 가장 적합한 용접재료는?

① 알루미늄   ② 스테인리스
③ 황동   ④ 주철

해 **산화불꽃**

산소과잉 불꽃이라고도 하며, 백심이 작게 나와 있는 상태에서 겉불꽃의 크기가 점점 작아진다. 산소가 분출되는 소리가 매우 크고 구리, 황동 용접에 주로 사용된다.

17 용접 결함의 종류 중 구조상 결함에 속하지 않은 것은?

① 기공   ② 언더컷
③ 용입불량   ④ 변형

해 용접 결함 중 변형은 치수상 결함에 속한다.

18 다음 중 전격방지 대책으로 틀린 것은?

① 홀더 및 케이블 피복이 완전한 것을 사용한다.
② 무부하 전압이 필요 이상 높지 않도록 하며, 전격방지기를 설치한다.
③ 작업이 완료되거나 장시간 중단시에는 스위치를 차단한다.
④ 절연된 보호장구는 착용하지 않아도 된다.

해 절연된 보호장구는 반드시 착용해야 한다.

15 플라스마 아크 용접의 특징으로 틀린 것은?

① 용접 속도가 빠르다.
② 용접 변형이 적다.
③ 핀치효과에 의해 전류 밀도가 작고 용입이 얕다.
④ 기계적 성질이 좋다.

해 핀치효과에 의해 전류밀도가 크고 용입이 깊다.

ㅣ 📖 **정답** ㅣ **15** ③ **16** ③ **17** ④ **18** ④

19 일렉트로 가스 아크 용접의 특징 중 틀린 것은?

① 용접 속도는 자동으로 조절된다.

② 용접 장치가 간단하고 고 기량이 필요 없다.

③ 얇은 두께인 박판 절단 시 경제적이다.

④ 용접 변형이 거의 없고 작업성이 좋다.

해 일렉트로 가스 아크 용접은 중후판(40~50mm) 용접에 효과적이다.

20 산소 아크 절단 설명 중 틀린 것은?

① 속이 비어 있는 피복 강전극으로 아크를 발생시킨다.

② 산소를 분출하여 반응열에 의해 절단한다.

③ 절단 속도가 빨라 철강 구조물 해체 작업시 사용한다.

④ 가스절단보다 절단면이 부드럽다.

해 산소 아크 절단은 가스절단 보다 절단면이 거칠다.

21 다음 그림 중 바르게 나타낸 것은?

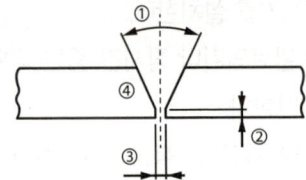

① 개선면   ② 개선면

③ 루트간격   ④ 루트면

해 ① 홈각도 : 두 용접 대상 모재의 가공된 각각의 베벨각을 합한 것

② 루트면 : 개선면 아래에 위치한 수직면

④ 개선면 : 용접되는 그루브의 면, 루트면을 포함함

22 다음 중 전자 빔 용접의 장점으로 틀린 것은?

① 활성 재료도 용이하게 용접이 된다.

② 불순가스에 의한 오염이 적고 높은 순도의 용접이 가능하다.

③ 정밀 용접이 가능하다.

④ 용접부의 열영향부 및 변형이 크고 설비 비용이 적게 든다.

해 전자 빔 용접은 용접의 열영향부 및 용접 변형이 작고, 설비 비용은 많이 든다.

23 금속재료를 용접, 압접, 납땜으로 열이나 압력 등의 작용하여 서로 접합하는 방법은?

① 전기적 접합법   ② 기계적인 접합법

③ 야금적 접합법   ④ 화학적 접합법

해 야금적 접합법

열(전기, 가스, 반응열 등), 압력 등이 작용하여 서로 접합하는 방법으로 용접, 압접, 납땜으로 접합한다.

| 정답 | 19 ③   20 ④   21 ③   22 ④   23 ③

24 다음 중 고셀룰로스계(E4311) 용접봉의 특징으로 틀린 것은?

① 비드 표면이 양호하고 용입이 낮다.

② 슬래그가 적어 좁은 홈의 용접성이 좋다.

③ 환원성 아크 분위기로 용착금속의 기계적 성질이 좋다.

④ 셀롤로오스가 약 20~30% 정도 포함되어 있다.

해 E4311 고셀룰로오스계 특징
- 셀룰로오스가 약 20~30% 정도 포함되어 있다.
- 용접 전류를 슬래그 실드계 용접봉에 비해 10~15% 낮게 사용한다.
- 용접 전 70~100℃에서 30분~1시간 정도 건조 후 사용해야 한다.
- 슬래그가 적어 좁은 홈의 용접성이 좋다.
- 수직 상진, 하진 및 위보기 자세에 용접성이 좋다.
- 기공이 발생하기 쉽다.
- 스프레이형의 아크를 발생하므로 용입이 깊고 스패터가 많으며 비드 표면이 거칠다.
- 가스실드에 의한 환원성 아크분위기로 용착금속의 기계적 성질이 좋다.

25 다음 중 맞대기 저항 용접이 아닌 것은?

① 플래시 용접   ② 업셋 용접

③ 방전 충격 용접   ④ 프로젝션 용접

해 프로젝션 용접은 겹치기 저항 용접에 속한다.

26 테르밋 용접의 설명으로 알맞지 않은 것은?

① 차축, 레일, 선박의 프레임 등의 용접에 주로 사용된다.

② 용접 시 전기가 필요 없다.

③ 작업 장소 이동이 용이하여 현장 작업에 많이 사용된다.

④ 테르밋 반응 시 온도는 약 3,500℃ 정도이다.

해 테르밋 반응 시 온도는 약 2,800℃ 정도이다.

27 가스 절단 시 표준 드래그 길이는 판 두께의 몇 %인가?

① 10%   ② 15%

③ 20%   ④ 25%

해 표준 드래그 길이를 구하는 식

$$표준\ 드래그\ 길이(mm) = 판\ 두께(mm) \times \frac{1}{5}$$
$$= 판\ 두께의\ 20\%$$

28 MIG 용접의 장점에 대한 설명으로 틀린 것은?

① 박판보다 후판 용접에 능률적이다.

② 반자동 및 전자동 용접기로 용접 속도가 빠르다.

③ 전자세 용접이 불가능하다.

④ 전류 밀도가 높아 용융 속도가 빠르다.

해 MIG 용접은 전자세 용접이 가능하다.

ㅣ 📖 **정답** ㅣ **24** ① **25** ④ **26** ④ **27** ③ **28** ③

29 플라스마 아크 용접에 대한 설명으로 잘못된 것은?

① 전류 밀도가 크고 기계적 성질이 좋다.

② 용접의 변형이 적다.

③ 무부하 전압이 일반 아크 용접기에 비하여 2~3배 정도 낮다.

④ 용입이 깊고 비드폭이 좁다.

해 플라스마 아크 용접은 무부하 전압이 일반 아크 용접기에 비하여 2~3배 정도 높다.

30 다음 중 용접 이음부의 형태로 박판(6mm 이하) 용접에 가장 적합한 것은?

① I형   ② K형

③ H형   ④ V형

해 박판(6mm 이하) 용접시에는 I형 이음부 형태를 사용한다.

31 다음 용착법 중 비석법(스킵법)은 무엇인가?

① $2 \to 3 \to 4 \to 1 \to 5$

② $5 \to 4 \to 3 \to 2 \to 1$

③ $3 \to 4 \to 5 \to 1 \to 2$

④ $1 \to 4 \to 2 \to 5 \to 3$

해 스킵법(비석법)

용접부를 짧게 나눈 다음 띄엄띄엄 용접하는 방법으로 잔류응력을 줄이는 방법이다.

32 피복아크 용접기를 사용하여 아크 발생을 8분간 하고 2분간 쉬었다면, 용접기 사용률은 몇 %인가?

① 25   ② 40

③ 65   ④ 80

해 용접기 사용률

용접기 사용률은 '아크발생시간/(아크발생시간 + 휴식시간)'으로 계산한다. 따라서, 8/10*100 = 80%이다.

33 맞대기 용접 이음에서 최대 인장하중 800kgf이고, 판 두께 5mm, 용접선의 길이는 20cm일 때 용착금속의 인장강도는 몇 kgf/mm²인가?

① 0.8   ② 8

③ 0.16   ④ 16

해

$$\sigma = \frac{작용하중(F)}{힘이 작용하는 단면적(A)}$$

$$= \frac{800\text{kgf}}{5\text{mm} \times 200\text{mm}} = \frac{800\text{kgf}}{1{,}000\text{mm}^2} = 0.8\text{kgf/mm}^2$$

34 이면 따내기 방법이 아닌 것은?

① 산소창 절단   ② 밀링

③ 선반   ④ 아크 에어 가우징

해 산소창 절단

가늘고 긴 강관(안지름 3.2~6mm, 길이 1.5mm~3m)에 산소를 공급하여 창 자체가 연소되면서 절단하는 방법으로 이면 따내기와는 관련이 없다.

35 전기에 감전사고 발생 시 체내에 흐르는 전류가 몇 mA일 때 근육 수축이 일어나는가?

① 1mA ② 5mA

③ 20mA ④ 100mA

해 전류량에 따라 사람의 몸에 미치는 영향

허용전류(mA)	영향
8~15	고통을 수반한 쇼크를 느낌
15~20	고통을 느끼고 가까운 근육 경련을 일으킴
20~50	고통을 느끼고 강한 근육 수축이 일어나며 호흡이 곤란해짐
50~100	순간적으로 사망할 위험이 있음

36 용접작업을 하지 않을 때는 무부하 전압을 20~30V 이하로 유지하고 용접봉을 작업물에 접촉시키면 릴레이(relay) 작동에 의해 전압이 높아져 용접작업이 가능하게 하는 장치는?

① 아크부스터 ② 원격제어장치

③ 전격방지기 ④ 용접봉 홀더

해 전격방지기

교류아크 용접기의 경우 무부하 전압이 높아 전기 충격에 위험이 있다. 따라서, 전격방지기를 달아 용접하기 전에는 무부하 전압을 낮게 유지하고, 용접작업을 할 때는 높여준다.

핫 스타트 장치(= 아크부스터)

아크가 발생하는 초기에 용접봉과 모재가 냉각되어 입열이 부족하고, 아크가 불안정하므로 아크 초기에만 용접전류를 특별히 크게 하도록 사용한다.

37 다음 중 연강용 가스용접봉의 종류인 "GA43"에서 "43"이 의미하는 것은?

① 가스 용접봉

② 용착금속의 연신율 구분

③ 용착금속의 최소 인장강도 수준

④ 용착금속의 최대 인장강도 수준

해 가스 용접봉

• G : 가스용접봉
• A : 용착금속의 연신율 구분
• 43 : 용착금속의 최소 인장강도 수준

용접봉을 나타내는 수치 중 인장강도는 대부분 최소 인장강도를 기준으로 쓰여 있다.

38 산소병의 내용적이 40.7리터인 용기에 압력이 100kgf/cm²로 충전되어 있다면 프랑스식 팁 100번을 사용하여 표준불꽃으로 약 몇 시간까지 용접이 가능한가?

① 16시간 ② 22시간

③ 31시간 ④ 41시간

해 가스용접 팁

프랑스식 100번 팁이라는 것은 표준불꽃으로 용접 시 1시간에 100L의 아세틸렌이 소비되는 것을 의미한다. 산소병에 있는 산소의 양은 40.7L×100kgf/cm² = 4070kgf/cm²이다.

일반적인 표준불꽃의 산소 : 아세틸렌 비율이 약 1 : 1이므로 4070/100 = 40.7이다.

약 41시간 정도의 용접이 가능하다.

용접 일반

용접 검사 및 시공

작업안전

용접 재료

기계제도

용접기능사 기출문제

특수용접기능사 기출문제

39 Cr-Ni계 스테인리스강의 입계부식 방지법으로 알맞지 않은 것은?

① 400℃ 이하에서 작업한다.

② V을 소량 첨가해준다.

③ Ti을 소량 첨가해준다.

④ C 양이 적은 강을 사용해준다.

해 Cr-Ni계 스테인리스강의 결함인 입계부식 방지하기 위해선 600℃ 이상의 고온에서 작업을 해주어야 한다.

40 그림과 같은 결정격자의 금속 원소는?

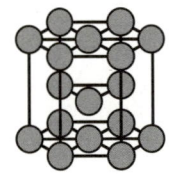

① Mg   ② Au

③ Cr   ④ Cu

해 그림은 조밀육방격자(HCP)의 결정구조로 주요 금속은 Be(베릴륨), Mg(마그네슘), Zn(아연), Ti(티타늄)이 있다.

41 탄소강에서 적열취성의 원인이 되는 원소는?

① Mn   ② S

③ Si   ④ H

해 탄소강의 5대 원소

① Mn(망간) : 2% 이내 첨가시, 강도, 경도, 인성 증가한다.

② Si(규소) : silicon, 주조성, 인장강도, 경도 증가, 연신율, 충격치, 전성은 감소한다.

③ S(황) : sulfur, 특수한 경우를 제외하고 0.05% 이하로 첨가를 제한한다. 강의 유동성을 해치고, 기포를 발생시킨다. 강도, 연신율, 충격치 등이 감소한다. 취성을 증가시킨다. 적열취성의 원인이 된다.

④ P(인) : 특수한 경우를 제외하고 0.05% 이하로 첨가를 제한한다. 강도, 경도가 증가한다. 연신율, 충격치는 감소한다. 상온취성의 원인이 된다.

⑤ C(탄소) : 탄소강의 제작에 있어 가장 중요한 원소이며, 첨가되는 양이 따라 항복점, 인장강도, 연신율, 단면수축률, 연성 등에 큰 영향을 끼친다.

※ H(수소) : 은점(fish eye), 헤어크랙의 원인이 된다.

42 시편의 표점거리가 125mm, 늘어난 길이가 145mm이었다면 연신율은?

① 16%   ② 20%

③ 26%   ④ 30%

해 연신율

시편이 원래길이(표점거리)에서 늘어난 길이의 비율

$$\text{연신율}(\varepsilon) : \frac{\text{연신된 거리}}{\text{표점 거리}} \times 100 = \frac{L' - L_\circ}{L_\circ} \times 100 [\%]$$

이므로, 20/125×100 = 16%

43 재료의 인성과 취성의 정도를 조사하는 시험방법 중 가장 적합한 것은?

① 압축시험
② 충격시험
③ 인장시험
④ 피로시험

🔲 **충격시험**

시험편에 V형 또는 U형 노치를 만들고, 충격 하중을 주어서 파단 시키는 시험법으로 재료의 인성과 취성의 정도를 조사하는 시험 방법이다. 시험법의 종류는 샤르피식과 아이조드식이 있다.

44 배관도에 유체의 종류와 문자 기호 내용 중 틀린 것은?

① 가스 : G
② 공기 : A
③ 증기 : W
④ 기름 : O

🔲 **유체의 종류 및 기호**

유체의 종류	문자 기호	유체의 종류	문자 기호
공기	A	물(일반)	W
연료가스	G	온수	H
연료유 또는 냉동기유	O	냉수	C
증기	S	냉매	R

45 열과 전기의 전도율이 가장 좋은 금속은?

① Cu
② Al
③ Ag
④ Au

🔲 **열전도율, 전기전도율**
주요 금속 전기전도율
Ag(은) > Cu(구리) > Au(금) > Al(알루미늄) > Ni(니켈) > Fe(철)

46 그림에서 표시하는 용접기호의 의미는?

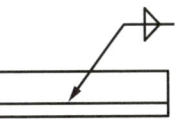

① 한쪽 필릿 용접
② 양쪽 필릿 용접
③ 온둘레 용접
④ 플러그 용접

🔲 필릿 용접 기호인 " ◺ " 가 기준선 위, 아래 모두 표시되어 있으므로 양쪽 필릿 용접을 해야 한다.

47 구상흑연주철에서 그 바탕조직이 펄라이트이면서 구상흑연의 주위를 유리된 페라이트가 감싸고 있는 조직의 명칭은?

① 오스테나이트(austenite) 조직
② 시멘타이트(cementite) 조직
③ 레데뷰라이트(ledeburite) 조직
④ 불스 아이(bull's eye) 조직

🔲 **주철의 종류**

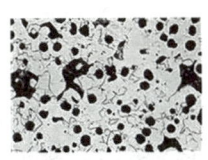

구상흑연 주철의 조직

구상흑연주철은 일반 주철에 비해 주조성, 가공성, 강도, 내마멸성이 우수하며 인성과 연성 또한 일반 주철보다 높은 주철로 Mg, Ce, Ca 등을 첨가하여 제작한다.
구상흑연주철의 종류 중 구상흑연 주위에 페라이트가 감싸고 있고, 그 외부 바탕조직이 펄라이트 조직을 가지는 것을 소의 뿔을 닮았다고 하여 불스 아이(bull's eye) 조직이라고 부른다.

48 산소 용기 각인 내용 중 최고충전압력의 표시는 무엇인가?

① PP
② TP
③ FP
④ LP

해 • 내압시험압력(TP): 용기의 내압시험 압력(kgf/cm²)
• 최고충전압력(FP): 최고 충전 압력(kgf/cm²)

49 그림과 같은 도시기호가 나타내는 것은?

① 안전 밸브
② 전동 밸브
③ 스톱 밸브
④ 슬루스 밸브

해 밸브 기호

종류	기호	종류	기호
밸브(일반)	▷◁	버터 플라이 밸브	▷◁·
게이트 밸브	▷◁	앵글 밸브	△
글로브 밸브	▷●◁	3방향 밸브	▷◁
체크 밸브	▷◀◁	안전 밸브	⚬ ⚬
볼 밸브	▷◁	콕 이음	▷◁

50 도면의 명칭에 관한 용어 중 잘못 설명한 것은?

① 시공도: 설계자의 의도 및 계획을 나타낸 도면
② 주문도: 주문서에 첨부하여 제품의 크기나 형태, 정밀도 등의 주문 내용을 나타낸 도면
③ 제작도: 건설 및 제조에 필요한 정보를 전달하기 위한 도면
④ 상세도: 건조물이나 구성재의 일부를 상세하게 나타낸 도면

해 설계자의 의도 및 계획을 나타낸 도면은 계획도이다.

51 기계제도에서 사용하는 선의 굵기의 기준이 아닌 것은?

① 0.9mm
② 0.5mm
③ 0.25mm
④ 0.35mm

해 선의 굵기의 기준
0.18mm, 0.25mm, 0.35mm, 0.5mm, 0.7mm, 1mm

52 다음 중 표제란과 부품란으로 구분 할 경우 일반적으로 표제란에만 기입하는 것은?

① 척도
② 부품 번호
③ 부품 기호
④ 수량

해 부품란은 부품번호, 부품명, 수량 등이 기입되어 있고 표제란에는 척도가 기입된다.

53 도면의 척도 중 실물보다 크게 그린 경우 사용하는 척도는?

① 실척   ② 축척

③ 배척   ④ 현척

해 척도의 종류 및 값
- 축척 : 실제 형성을 축소하여 도면에 그리는 것.
  예 1:2, 1:3
- 현척 : 실제 형상과 같은 크기로 도면에 그리는 것.
  예 1:1
- 배척 : 실제 형상을 확대하여 그리는 것. 예 2:1

54 다음 중 제3각법의 설명 중 틀린 것은?

① 평면도는 정면도 위쪽에 배치된다.

② 우측면도는 정면도 우측에 배치된다.

③ 저면도는 정면도 아래에 배치된다.

④ 좌측면도는 우측면도 아래에 배치된다.

해 좌측면도는 정면도 좌측에 배치된다.

55 다음 용접 보호기호 중 온둘레 현장 용접을 나타낸 기호는?

①   ②

③   ④

해 용접부 보조 기호

구분	기호
현장용접	
온 둘레 용접	
온 둘레 현장용접	

56 KS 기계재료 표시기호 SF340A의 '340'은 무엇을 나타내는가?

① 경도   ② 연신율

③ 탄소 함유량   ④ 최저 인장강도

해 기계재료 표시기호
  탄소강 단강품[SF340A]
- SF : carbon Steel Forgings for general use
- 340 : 최저인장강도 340N/mm^2
- A : 어닐링, 노멀라이징 또는 노멀라이징 템퍼링을 한 단강품

57 그림과 같이 기계 도면 작성 시 가공에 사용하는 공구 등의 모양을 나타낼 필요가 있을 때 사용하는 선으로 올바른 것은?

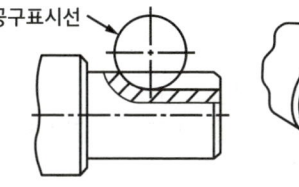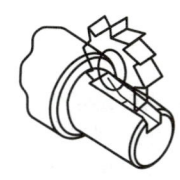

공구표시선

① 가는 실선   ② 가는 1점 쇄선

③ 가는 2점 쇄선   ④ 가는 파선

해 선의 용도
  공구 등의 모양을 나타낼 필요가 있을 때 사용하는 선은 가는 2점 쇄선 ' ————·—— '으로 사용한다.

58 다음 용접 기호 중 표면 육성(서페이싱)을 표시하는 기호는?

①  ② ⎯⎯⎯⎯

③ ⊖ ④ ⫽

🔵 ② 서페이싱 이음
③ 심 용접
④ 경사 이음

구멍, 볼트, 리벳	먼 면에 카운터싱크 있음	양쪽 면에 카운터싱크 있음
공장에서 드릴 가공 및 끼워 맞춤	✳	✳
공장에서 드릴 가공, 현장에서 끼워 맞춤	✳	✳
현장에서 드릴 가공 및 끼워 맞춤	✳	✳

59 기호를 기입한 위치에서 먼 면에 카운터 싱크가 있으며, 공장에서 드릴 가공 및 현장에서 끼워 맞춤을 나타내는 리벳의 기호 표시는?

① ✳ ② ✳

③ ✳ ④ ✳

🔵 기호 표시(KS A ISO5845 - 1)
제도 - 체결품(파스너)의 부품 조립 간략표시 - 제1부 : 일반 원칙

구멍, 볼트, 리벳	카운터싱크 없음	가까운 면에 카운터싱크 있음
공장에서 드릴 가공 및 끼워 맞춤		✳
공장에서 드릴 가공, 현장에서 끼워 맞춤	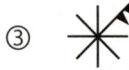	✳
현장에서 드릴 가공 및 끼워 맞춤	✳	✳

60 다음 용접 기호 중 플러그 용접 기호는 무엇인가?

① ◿ ② ⊓

③ ∨ ④ ○

🔵 플러그 용접의 기호는 ⊓ 이다.

CHAPTER 6-1

2016년도 기출문제 1회

01 플래시 용접(flash welding)법의 특징으로 틀린 것은?

① 가열 범위가 좁고 열영향부가 적으며 용접속도가 빠르다.

② 용접면에 산화물의 개입이 적다.

③ 종류가 다른 재료의 용접이 가능하다.

④ 용접면의 끝맺음 가공이 정확하여야 한다.

해 플래시 용접은 용접면의 끝맺음 가공이 정확하지 않아도 된다.

02 아크 쏠림의 방지대책에 관한 설명으로 틀린 것은?

① 교류용접으로 하지 말고 직류용접으로 한다.

② 용접부가 긴 경우는 후퇴법으로 용접한다.

③ 아크 길이는 짧게 한다.

④ 접지부를 될 수 있는 대로 용접부에서 멀리한다.

해 아크 쏠림의 방지대책
- 용접봉 끝을 아크쏠림의 반대 방향으로 기울인다.
- 용접부 길이가 긴 경우 후진법(후퇴 용접법)으로 용접한다.
- 아크 길이를 짧게 유지한다.
- 교류 용접기를 사용한다.
- 접지점을 용접부에서 멀리하거나 접지점을 2개 연결한다.
- 시점과 끝점에 엔드 탭을 사용한다.

03 CO_2 가스 아크 용접 결합에 있어서 다공성이란 무엇을 의미하는가?

① 질소, 수소, 일산화탄소 등에 의한 기공을 말한다.

② 와이어 선단부에 용적이 붙어 있는 것을 말한다.

③ 스패터가 발생하여 비드의 외관에 붙어 있는 것을 말한다.

④ 노즐과 모재간 거리가 지나치게 작아서 와이어 송급 불량을 의미한다.

해 용접 결함
다공성이란 질소, 수소, 일산화탄소 등에 의한 다량의 기공을 말한다.

04 박판의 스테인리스강의 좁은 홈의 용접에서 아크 교란 상태가 발생할 때 적합한 용접방법은?

① 고주파 펄스 티그 용접

② 고주파 펄스 미그 용접

③ 고주파 펄스 일렉트로 슬래그 용접

④ 고주파 펄스 이산화탄소 아크 용접

해 펄스용접
고주파 펄스 티그 용접을 활용하면 모재에 과도한 열량이 가해지지 않도록 할 수 있다. 순간적으로 모재에 냉각될 시간이 주어지므로, 전극봉의 소모 또한 줄어든다.
아크 교란 상태(아크 쏠림) 현상 또한 줄어든다.

| 📖 정답 | 01 ④ 02 ① 03 ① 04 ①

05 용접 이음의 종류가 아닌 것은?

① 겹치기 이음 ② 모서리 이음
③ 라운드 이음 ④ T형 필릿 이음

해 용접 이음의 종류
라운드 이음은 이음의 종류에 없다.

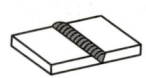 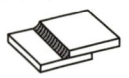 

(a) 맞대기 이음 (b) 겹치기 이음 (c) 모서리 이음

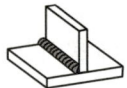  

(d) T이음 (e) 플랜지형 맞대기 이음 (f) 양면 덮개판 이음

06 서브머지드 아크 용접봉 와이어 표면에 구리를 도금한 이유는?

① 접촉 팁과의 전기 접촉을 원활히 한다.
② 용접 시간이 짧고 변형을 적게 한다.
③ 슬래그 이탈성을 좋게 한다.
④ 용융 금속의 이행을 촉진시킨다.

해 서브머지드 아크 용접봉인 와이어는 콘택트 팁과 전기적 접촉을 좋게 하고 녹 방지를 위해 표면에 구리(Cu) 도금을 한다.

07 기계적 접합으로 볼 수 없는 것은?

① 볼트 이음 ② 리벳 이음
③ 접어 잇기 ④ 압접

해 • 기계적 접합법 : 금속의 변화 없이, 기계적인 역학에 의해 결합
- 볼트이음, 리벳 이음, 핀, 키, 접어 잇기 등
• 야금적 접합법 : 열(전기, 가스, 반응열 등), 압력 등이 작용하여 서로 접합
- 용접. 압접, 납땜

08 용접부의 연성결함을 조사하기 위하여 사용되는 시험법은?

① 브리넬 시험 ② 비커스 시험
③ 굽힘 시험 ④ 충격 시험

해 충격 시험은 충격치를 알아보기 위함이고 브리넬 시험과 비커스 시험은 경도시험의 종류이다.

09 다음이 설명하고 있는 현상은?

> 알루미늄 용접에서는 사용 전류에 한계가 있어 용접 전류가 어느 정도 이상이 되면 청정 작용이 일어나지 않아 산화가 심하게 생기며 아크 길이가 불안정하게 변동되어 비드 표면이 거칠게 주름이 생기는 현상

① 번 백(burn back)
② 퍼커링(puckering)
③ 버터링(buttering)
④ 멜트 백킹(melt banking)

해 • 번백 : 반자동 아크 용접 등에서 와이어가 콘택트 팁에 달라 붙는 현상
• 버터링 : 맞대기 용접 시 열영향부를 방지하기 위하여 홈의 면과 모재를 서로 다른 종류의 금속으로 덧붙여 놓은 것
• 멜트 백킹(용락 받침) : 용락 방지에 사용하는 보조 장치

10 화재의 분류 중 C급 화재에 속하는 것은?

① 전기 화재　　② 금속 화재

③ 가스 화재　　④ 일반 화재

해 화재의 분류

등급	종류
A급	일반화재
B급	유류 및 가스화재
C급	전기화재
D급	금속화재

11 용접 작업시 전격 방지대책으로 틀린 것은?

① 절연 홀더의 절연부분이 노출, 파손되면 보수하거나 교체한다.

② 홀더나 용접봉은 맨손으로 취급한다.

③ 용접기의 내부에 함부로 손을 대지 않는다.

④ 땀, 물 등에 의한 습기찬 작업복, 장갑, 구두 등을 착용하지 않는다.

해 감전 사고 예방대책
　① 절연된 보호장구를 착용한다.
　② 신체 및 의복 등이 젖은 상태에서는 전기기기를 만지지 않는다.
　③ 무부하 전압이 필요이상 높지 않도록 하며, 전격 방지기를 설치한다.
　④ 홀더 및 케이블 피복이 완전한 것을 사용한다.
　⑤ 작업이 완료되거나 장시간 중단시에는 스위치를 끊는다.

12 용접 자세를 나타내는 기호가 틀리게 짝지어진 것은?

① 위보기자세 : O　　② 수직자세 : V

③ 아래보기자세 : U　　④ 수평자세 : H

해 용접 자세
　• 아래보기 : F (Flat)
　• 수직자세 : V (Vertical)
　• 수평자세 : H (Horizontal)
　• 위보기자세 : O (Overhead)

13 플라스마 아크 용접의 특징으로 틀린 것은?

① 용접부의 기계적 성질이 좋으며 변형도 적다.

② 용입이 깊고 비드 폭이 좁으며 용접속도가 빠르다.

③ 단층으로 용접할 수 있으므로 능률적이다.

④ 설비비가 적게 들고 무부하 전압이 낮다.

해 플라스마 아크 용접은 설비비가 많이 들고 무부하 전압이 높다.

14 다음 중 귀마개를 착용하고 작업하면 안되는 작업자는?

① 조선소의 용접 및 취부작업자

② 자동차 조립공장의 조립작업자

③ 강재 하역장의 크레인 신호자

④ 판금작업장의 타출 판금작업자

해 크레인 신호자는 신호를 보낼 때 수신호와 호각신호에 주의를 기울여야 하므로 귀마개를 착용해서는 안된다.

15 이산화탄소 아크 용접의 보호가스 설비에서 저전류 영역의 가스유량은 약 몇 L/min 정도가 가장 적당한가?

① 1~5 　　　　　② 6~9
③ 10~15 　　　　④ 20~25

해 용접 전류에 따른 가스 유량

전류	A	가스 유량(L/min)
저전류	250A 이하	10~15
고전류	250A 이상	20~25

16 가용접에 대한 설명으로 틀린 것은?

① 가용접 시에는 본 용접보다도 지름이 큰 용접봉을 사용하는 것이 좋다.
② 가용접은 본 용접과 비슷한 기량을 가진 용접사에 의해 실시되어야 한다.
③ 강도상 중요한 곳과 용접의 시점 및 종점이 되는 끝 부분은 가용접을 피한다.
④ 가용접은 본 용접을 실시하기 전에 좌우의 홈 또는 이음부분을 고정하기 위한 짧은 용접이다.

해 가용접 시에는 본 용접보다 지름이 작은 용접봉을 사용하는 것이 좋다.

17 지름이 10cm인 단면에 8000kgf의 힘이 작용할 때 발생하는 응력은 약 몇 kgf/cm²인가?

① 89 　　　　　② 102
③ 121 　　　　　④ 158

해

$$\sigma = \frac{F}{\frac{\pi d^2}{4}} = \frac{8,000kgf}{\frac{\pi \times 100cm^2}{4}} = 101.85kgf/cm^2$$

인장응력을 구하는 식

$$\sigma = \frac{F}{A} = \frac{\text{작용 힘 (N or kgf)}}{\text{단위면적 (mm}^2\text{)}}$$

18 용접 자동화의 장점을 설명한 것으로 틀린 것은?

① 생산성 증가 및 품질을 향상시킨다.
② 용접조건에 따른 공정을 늘일 수 있다.
③ 일정한 전류 값을 유지할 수 있다.
④ 용접와이어의 손실을 줄일 수 있다.

해 용접 자동화는 용접조건이 달라도 공정 수를 줄일 수 있다.

19 용접 열원을 외부로부터 공급 받는 것이 아니라, 금속산화물과 알루미늄간의 분말에 점화제를 넣어 점화제의 화학반응에 의하여 생성되는 열을 이용한 금속 용접법은?

① 일렉트로 슬래그 용접
② 전자 빔 용접
③ 테르밋 용접
④ 저항 용접

해 미세한 알루미늄 분말과 산화철 분말을 도가니에 넣고 첨가제인 과산화바륨, 마그네슘 등의 혼합물을 점화제로 넣고 연소시켜 그 반응열로 용접하는 방법이다.

| 📖 정답 | **15** ③ **16** ① **17** ② **18** ② **19** ③

20 서브머지드 아크 용접에 관한 설명으로 틀린 것은?

① 아크발생을 쉽게하기 위하여 스틸 울(steel wool)을 사용한다.

② 용융속도와 용착속도가 빠르다.

③ 홈의 개선각을 크게 하여 용접효율을 높인다.

④ 유해 광선이나 흄(fume) 등이 적게 발생한다.

해 용접은 홈의 개선각이 클 경우 용접 효율이 낮아지고, 서브머지드 아크 용접은 개선각을 작게 하여 용접 패스 수를 줄일 수 있는 특정이 있다.

21 서브머지드 아크 용접부의 결함으로 가장 거리가 먼 것은?

① 기공   ② 균열

③ 언더컷   ④ 용착

해 용접 결함은 기공, 균열, 언더컷, 오버랩, 슬래그 섞임, 크랙 등이 있고 용착은 용접봉이 녹아 용착되는 부분의 금속을 말한다.

22 현미경 시험을 하기 위해 사용되는 부식제 중 철강용에 해당되는 것은?

① 왕수   ② 염화제2철용액

③ 피크린산   ④ 플루오르화수소액

해 부식제의 용도 및 종류

용도	종류
철강용	피크르산 알코올용액 또는 질산 알코올용액
동합금용	염화제2철용액
니켈합금용	질산초산용액
알루미늄합금용	수산화나트륨용액 또는 불화수소용액

23 피복 아크 용접에서 일반적으로 가장 많이 사용되는 차광유리의 차광도 번호는?

① 4~5   ② 7~8

③ 10~11   ④ 14~15

해 • 가스 용접 및 가스 절단 : 4~6번
　• 피복 아크 용접 : 10~11번
　• MIG 용접 : 12~13번

24 아세틸렌 가스의 성질 중 15℃ 1기압에서의 아세틸렌 1리터의 무게는 약 몇 g인가?

① 0.151   ② 1.176

③ 3.143   ④ 5.117

해 아세틸렌 가스의 1L의 무게는 약 1,176g 이다.

ㅣ 📖 정답 ㅣ **20** ③ **21** ④ **22** ③ **23** ③ **24** ②

25 피복 매합제의 성분 중 탈산제로 사용되지 않는 것은?

① 규소철　　　　② 망간철
③ 알루미늄　　　④ 유황

🔷 유황은 적열취성의 악영향을 미치는 성분으로, 탈산제로 사용되지 않는다.
　탈산제의 종류
　규소철, 티탄철, 망간철, 알루미늄, 페로실리콘, 소맥분(밀가루), 톱밥 등

26 고셀룰로오스계 용접봉은 셀룰로오스를 몇 % 정도 포함하고 있는가?

① 0~5　　　　　② 6~15
③ 20~30　　　　④ 30~40

🔷 고셀룰로오스계 용접봉은 셀룰로오스가 약 20~30% 정도 포함되어 있다.
　E4311 고셀룰로오스계 특징
　• 셀룰로오스가 약 20~30% 정도 포함되어 있다.
　• 용접 전류를 슬래그 실드계 용접봉에 비해 10~15% 낮게 사용한다.
　• 용접 전 70~100℃에서 30분~1시간 정도 건조 후 사용해야 한다.
　• 슬래그가 적어좁은 홈의 용접성이 좋다.
　• 수직 상진·하진 및 위보기 자세에 용접성이 좋다.
　• 기공이 발생하기 쉽다.
　• 스프레이형의 아크를 발생하므로 용입이 깊고 스패터가 많으며 비드 표면이 거칠다.
　• 가스실드에 의한 환원성 아크분위기로 용착금속의 기계적 성질이 좋다.

27 가스 용접의 특징으로 틀린 것은?

① 응용 범위가 넓으며 운반이 편리하다.
② 전원 설비가 없는 곳에서도 쉽게 설치할 수 있다.
③ 아크 용접에 비해서 유해 광선의 발생이 적다.
④ 열집중성이 좋아 효율적인 용접이 가능하여 신뢰성이 높다.

🔷 가스 용접은 열 집중성이 나빠 효율적인 용접이 어렵다.
　가스용접의 장점 및 단점
　① 장점
　• 전원이 없는 곳에서도 쉽게 설치할 수 있다.
　• 설비비가 저렴하고 용접기의 운반이 편리하다.
　• 아크 용접에 비해 유해 광선 발생이 적다.
　• 가열 시 열량 조절이 자유롭게 되어 박판 용접에 적합하다.
　② 단점
　• 가스 폭발 위험이 있다.
　• 열의 효율이 낮아 용접속도가 느리다.
　• 열의 집중성이 나빠 효율적인 용접이 어렵다.
　• 열 받는 부위가 넓어 변형이 심하게 생긴다.

28 가스 용접에서 모재의 두께가 6mm일 때 사용되는 용접봉의 직경은 얼마인가?

① 1mm　　　　　② 4mm
③ 7mm　　　　　④ 9mm

🔷

$$가스\ 용접봉\ 지름\,(D) = \frac{모재두께\,(t)}{2} + 1$$
$$= \frac{6mm}{2} + 1 = 4mm$$

29 규격이 AW 300인 교류 아크 용접기의 정격 2차 전류 조정 범위는?

① 0~300A   ② 20~220A

③ 60~330A   ④ 120~430A

해 정격 2차 전류 조정 범위는 정격 전류의 20~110% 이다. 따라서, AW300의 정격 전류는 300A이므로 전류 조정 범위는 60~330A이다.

30 직류아크용접기로 두께가 15mm이고, 길이가 5m인 고장력 강판을 용접하는 도중에 아크가 용접봉 방향에서 한쪽으로 쏠리었다. 다음 중 이러한 현상을 방지하는 방법이 아닌 것은?

① 이음의 처음과 끝에 엔드 탭을 이용한다.

② 용량이 더 큰 직류용접기로 교체한다.

③ 용접부가 긴 경우에는 후퇴 용접법으로 한다.

④ 용접봉 끝을 아크쏠림 반대 방향으로 기울인다.

해 아크 쏠림의 방지대책

① 용접봉 끝을 아크쏠림의 반대 방향으로 기울인다.

② 용접부 길이가 긴 경우 후진법(후퇴 용접법)으로 용접한다.

③ 아크 길이를 짧게 유지한다.

④ 교류 용접기를 사용한다.

⑤ 접지점을 용접부에서 멀리하거나 접지점을 2개 연결한다.

⑥ 시점과 끝점에 엔드 탭을 사용한다.

31 피복 아크 용접시 아크 열에 의하여 용접봉과 모재가 녹아서 용착금속이 만들어지는데 이때 모재가 녹은 깊이를 무엇이라 하는가?

① 용융지   ② 용입

③ 슬래그   ④ 용적

해 피복아크 용접 용어

모재가 녹은 깊이를 용입이라고 한다.

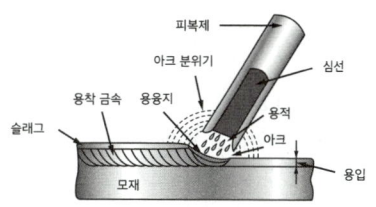

32 다음 중 두꺼운 강판, 주철, 강괴 등의 절단에 이용되는 절단법은?

① 산소창 절단   ② 수중 절단

③ 분말 절단   ④ 포갬 절단

해 • 산소창 절단 : 가늘고 긴 강관(안지름 3.2~6 mm, 길이 1.5mm~3m)에 산소를 공급하여 창 자체가 연소되면서 절단하는 방법이다.

• 수중 절단 : 침몰선의 해체, 교량 건설 등에 사용하며, 수소와 산소를 절단에 이용한다.

• 분말 절단 : 철분 또는 용제를 연속적으로 절단용 산소 속에 혼합시켜 그 반응열을 이용한 절단 방법이다.

• 포갬 절단 : 얇은 판(6mm 이하)의 절단에서 경제성과 작업 능률을 높이기 위하여 여러 개의 판을 포개어 놓고 한번에 절단하는 방법을 말한다.

| 📖 정답 | **29** ③ **30** ② **31** ② **32** ①

33 가스절단에 이용되는 프로판가스와 아세틸렌가스를 비교하였을 때 프로판가스의 특징으로 틀린 것은?

① 절단면이 미세하며 깨끗하다.
② 포갬 절단 속도가 아세틸렌보다 느리다.
③ 절단 상부 기슭이 녹은 것이 적다.
④ 슬래그의 제거가 쉽다.

해 프로판 가스는 포갬 절단 속도가 아세틸렌보다 빠르다.
프로판가스의 특징
• 절단면이 깨끗하고, 슬래그가 잘 떨어진다.
• 포갬 절단 및 후판에 속도가 빠르다.
• 산소의 소비량이 아세틸렌에 비해 많다.

34 용접법의 분류 중 압접에 해당하는 것은?

① 테르밋 용접   ② 전자 빔 용접
③ 유도가열 용접   ④ 탄산가스 아크 용접

해 압접
용접과 압접의 차이는 접합과정에서 외력의 존재 여부이다. 유도가열 용접에서 외력이 작용하므로 압접에 속한다. 나머지는 용접이다.

35 교류아크용접기의 종류에 속하지 않는 것은?

① 가동코일형   ② 탭전환형
③ 정류기형   ④ 가포화 리액터형

해 교류아크용접기는 가동 철심형, 가동 코일형, 탭전환형, 가포화 리액터형이 있다.

36 피복아크용접봉은 금속심선의 겉에 피복제를 발라서 말린 것으로 한쪽 끝은 홀더에 물려 전류를 통할 수 있도록 심선길이의 얼마만큼을 피복하지 않고 남겨 두는가?

① 3mm   ② 10mm
③ 15mm   ④ 25mm

해 피복아크 용접봉 전체를 피복제로 피복하지 않고 홀더에 고정할 수 있도록 약 25mm 정도 남겨 둔다.

37 가스용기를 취급할 때의 주의사항으로 틀린 것은?

① 가스용기의 이동시는 밸브를 잠근다.
② 가스용기에 진동이나 충격을 가하지 않는다.
③ 가스용기의 저장은 환기가 잘 되는 장소에 한다.
④ 가연성 가스용기는 눕혀서 보관한다.

해 아세틸렌 용기 취급 시 주의사항
① 충전구가 동결되었을 때는 35℃ 이하의 온수로 녹인다.
② 저장 시에는 인화 물질이나 화기에 가까이 하지 않아야 하고 통풍이 양호해야 한다.
③ 눕혀 보관할 경우 아세톤이 유출되기 때문에 반드시 세워서 사용 및 보관해야 한다.
④ 저장소의 전기스위치, 전등 등은 방폭구조여야 한다.

38 강재 표면의 흠이나 개재물, 탈탄층 등을 제거하기 위해 얇고, 타원형 모양으로 표면을 깎아내는 가공법은?

① 가스 가우징
② 너깃
③ 스카핑
④ 아크 에어 가우징

해 특수 가공
스카핑
• 강재 표면의 탈탄 층 또는 홈 등을 제거하기 위해 사용한다.
• 표면 얇고 넓은 범위를 깎아 내기 위해 사용한다.

39 니켈-크롬 합금 중 사용한도가 1000℃까지 측정할 수 있는 합금은?

① 망가닌
② 우드메탈
③ 배빗메탈
④ 크로멜-알루멜

해 니켈 합금
크로멜-알루멜 재질은 Ni에 Al을 첨가한 알루멜과 Ni,Cr의 합금인 크로멜을 조합하여 1,200℃ 이하의 온도측정을 할 수 있다.

40 Mg 및 Mg 합금의 성질에 대한 설명으로 옳은 것은?

① Mg이 열전도율은 Cu와 Al보다 높다.
② Mg의 전기전도율은 Cu와 Al보다 높다.
③ Mg합금보다 Al합금의 비강도가 우수하다.
④ Mg는 알칼리에 잘 견디나, 산이나 염수에는 침식된다.

해 마그네슘
① Mg이 열전도율은 Cu와 Al보다 낮다.
② Mg의 전기전도율은 Cu와 Al보다 낮다.
③ Mg합금이 Al합금보다 비강도가 우수하다.

마그네슘(Mg)의 특징
• 비중 : 1.74, 철(7.8)에 비해 가벼움
• 용융점 : 650℃
• 실용 금속 중 비중이 가장 낮음
• 고급 카메라 바디, 전자기기, 노트북, 자동차 휠 등에 이용

41 철에 Al, Ni, Co를 첨가한 합금으로 잔류 자속밀도가 크고 보자력이 우수한 자성 재료는?

① 퍼멀로이
② 센더스트
③ 알니코 자석
④ 페라이트 자석

해 자성 재료
알니코 자석은 알루미늄(Al), 니켈(Ni), 코발트(Co)를 첨가한 합금으로 잔류 자속밀도가 크고 보자력이 우수하다. 그리고 높은 온도에서도 사용할 수 있는 자석이다.

42 Al의 비중과 용융점(℃)은 약 얼마인가?

① 2.7, 660℃
② 4.5, 390℃
③ 8.9, 220℃
④ 10.5, 450℃

해 Al(알루미늄)의 특징
철보다 약 3배 정도 가벼워 최근 광범위하게 사용됨.
• 비중 : 2.7
• 용융온도 : 660℃

| 정답 | **38** ③ **39** ④ **40** ④ **41** ③ **42** ①

43 금속간 화합물의 특징을 설명한 것 중 옳은 것은?

① 어느 성분 금속보다 용융점이 낮다.

② 어느 성분 금속보다 경도가 낮다.

③ 일반 화합물에 비하여 결합력이 약하다.

④ Fe_3C는 금속간 화합물에 해당되지 않는다.

해 금속 간 화합물은 성분이 다른 종류의 원소가 간단한 정수비로 결합된 것으로 일반 화합물에 비해 결합력이 약하다.

44 주위의 온도 변화에 따라 선팽창 계수나 탄성률 등의 특정한 성질이 변하지 않는 불변강이 아닌 것은?

① 인바   ② 엘린바

③ 코엘린바   ④ 스텔라이트

해 불변강의 종류
스텔라이트는 주조경질합금의 일종이다.
• 인바 : 줄자 및 정밀기계부품 등에 사용
• 엘린바 : 시계 부품 등에 사용
• 코엘린바 : 스프링, 태엽, 기상관측용 기구 부품 등에 사용

45 강에 S, Pb 등의 특수 원소를 첨가하여 절삭할 때 칩을 잘게 하고 피삭성을 좋게 만든 강은 무엇인가?

① 불변강   ② 쾌삭강

③ 베어링강   ④ 스프링강

해 쾌삭강
납(Pb), 황(S) 등을 첨가하여 절삭성을 향상하고 가공을 수월하게 해준다. 강도가 크지 않은 부분에 주로 사용한다.

46 주철에 대한 설명으로 틀린 것은?

① 인장강도에 비해 압축강도가 높다.

② 회주철은 편상 흑연이 있어 감쇠능이 좋다.

③ 주철 절삭 시에는 절삭유를 사용하지 않는다.

④ 액상일 때 유동성이 나쁘며, 충격 저항이 크다.

해 액상일 때 유동성이 좋으며, 충격 저항이 약하다.
주철의 특징
① 인장강도가 강에 비해 낮고, 경도가 높음
② 메짐성이 큼, 취성이 강함
③ 고온에서도 소성변형이 안됨, 주로 주조에만 이용
④ 주조성이 좋아, 복잡한 형상 제작도 가능
⑤ 값이 저렴하여 경제적임

47 황동의 종류중 순 Cu와 같이 연하고 코이닝하기 쉬우므로 동전이나 메달 등에 사용되는 합금은?

① 95%Cu - 5%Zn 합금

② 70%Cu - 30%Zn 합금

③ 60%Cu - 40%Zn 합금

④ 50%Cu - 50%Zn 합금

해 톰백
95%의 Cu에 Zn이 5% 정도 합금된 재료로 냉간 가공이 쉬워 동전이나 메달 등에 사용된다.

48 금속재료의 표면에 강이나 주철의 작은 입자(ø0.5mm~1.0mm)를 고속으로 분사시켜, 표면의 경도를 높이는 방법은?

① 침탄법   ② 질화법

③ 폴리싱   ④ 쇼트피닝

해 표면에 작은 입자 구슬(Shot)을 고속 분사시켜 표면층을 가공 경화하는 것

49 탄소강은 200~300℃에서 연신율과 단면 수축률이 상온보다 저하되어 단단하고 깨지기 쉬우며, 강의 표면이 산화되는 현상은?

① 적열메짐   ② 상온메짐

③ 청열메짐   ④ 저온메짐

해 취성(메짐)의 종류
- 청열취성 : 탄소강을 가열하면, 200~300℃ 부근에서 인장강도가 급격히 높아지나, 연신율이 낮아지고 취성이 생김
- 저온취성 : 인(P), 구리(Cu) 등의 영향으로 상온, 0도 이하의 저온에서 충격값이 낮아지는 현상
- 고온취성(적열취성) : 황(S) 등의 영향으로 고온(1000℃ 이상)에서 취성이 일어나는 현상

50 물과 얼음, 수증기가 평형을 이루는 3 중점 상태에서의 자유도는?

① 0   ② 1

③ 2   ④ 3

해 자유도(F)=성분수(n)+2-상의 수(p)
F=1+2-3=0
- 자유도 : 독립적 변화하는 상태변수의 수

51 다음 치수 중 참고 치수를 나타내는 것은?

① (50)   ② □50

③ 50   ④ 50

해 치수 보조기호

구분	기호	구분	기호
지름	ø	판의 두께	t
반지름	R	원호의 길이	⌒
구의 지름	Sø	45° 모따기	C
구의 반지름	SR	이론적으로 정확한 치수	10
정사각형의 변	□4	참고치수	( )

52 기계제도에서 물체의 보이지 않는 부분의 형상을 나타내는 선은?

① 외형선   ② 가상선

③ 절단선   ④ 숨은선

해 선의 종류
- 외형선 : 대상물의 보이는 부분의 모양을 표시
- 가상선 : 가공 부분의 이동하는 특정 위치 및 이동을 표시하는 선
- 절단선 : 절단한 면을 나타내는 선

53 그림의 입체도에서 화살표 방향을 정면으로 하여 제3각법으로 그린 정투상도는?

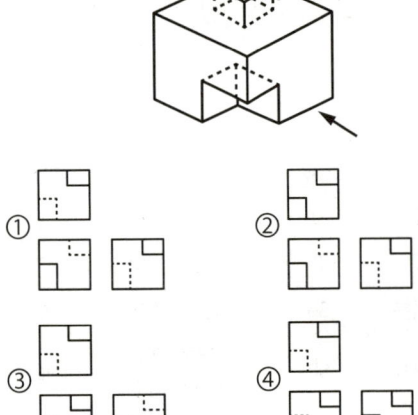

해 투상법

화살표 방향에서본 정면도는 ①, ②에 해당한다. 정면도 좌측 아랫부분의 경우 평면도에서 숨은선으로 그려져야 하므로, ①이 정답이다.

54 그림의 도면에서 X 의 거리는?

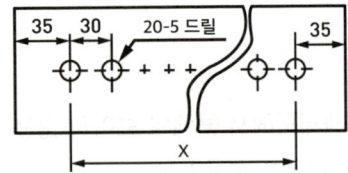

① 510mm   ② 570mm

③ 600mm   ④ 630mm

해 "20-5 드릴" : 5Ø 드릴로 20개의 구멍을 가공하라는 지시

X = 30mm×19 = 570mm

지시된 "X"의 범위 안에 20개의 구멍이 있으나, 양끝 2개는 1/2만 포함되므로 총 19개가 존재한다.

55 다음 중 한쪽 단면도를 올바르게 도시한 것은?

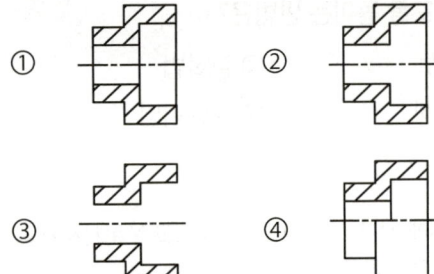

해 한쪽 단면도

대칭형의 물체를 중심선을 기준으로 하여 외형도와 단면도의 절반을 조합하여 표시한 단면도

56 다음 재료 기호 중 용접구조용 압연 강재에 속하는 것은?

① SPPS380   ② SPCC

③ SCW450   ④ SM400C

해 • SPPC380 : 배관용 탄소강 강관
  • SPCC : 일반 구조용 강재
  • SCW450 : 주강 강재
  • SM400C : 구조용 압연 강재

57 그림과 같은 배관 도면에서 도시기호 S는 어떤 유체를 나타내는 것인가?

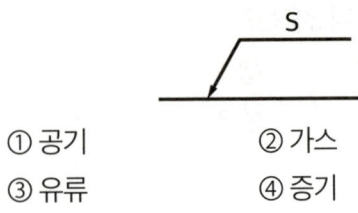

① 공기   ② 가스

③ 유류   ④ 증기

해 공기 : A / 가스 : O / 유류 : S / 증기 : S

58 주 투상도를 나타내는 방법에 관한 설명으로 옳지 않은 것은?

① 조립도 등 주로 기능을 나타내는 도면에서는 대상물을 사용하는 상태로 표시한다.

② 주 투상도를 보충하는 다른 투상도는 되도록 적게 표시한다.

③ 특별한 이유가 없을 경우, 대상물을 세로 길이로 놓은 상태로 표시한다.

④ 부품도 등 가공하기 위한 도면에서는 가공에 있어서 도면을 가장 많이 이용하는 공정에서 대상물을 놓은 상태로 표시한다.

🔷 특별한 이유가 없을 경우 대상물을 길이가 긴 가로 방향으로 표시한다.

59 그림과 같은 입체도의 화살표 방향을 정면도로 표현할 때 실제와 동일한 형상으로 표시하는 면을 모두 고른 것은?

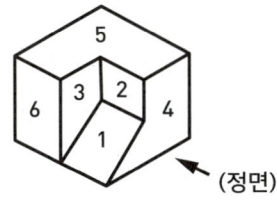

(정면)

① 3과 4 ② 4와 6
③ 2와 6 ④ 1과 5

🔷 화살표 방향을 정면으로 봤을 때 3과 4번이 보이게 된다.

60 그림에서 나타난 용접기호의 의미는?

① 플레어 K형 용접 ② 양쪽 필릿 용접
③ 플러그 용접 ④ 프로젝션 용접

🔷 이 도시기호는 양쪽 필릿 용접 기호이다.

ㅣ 📖 정답 ㅣ 58 ③ 59 ① 60 ②

용접일반

용접검사 및 시공

작업안전

용접재료

기계제도

용접기능사 기출문제

특수용접기능사 기출문제

2016년도 기출문제 1회 257

2016년도 기출문제 2회

01 서브머지드 아크 용접에서 사용하는 용제 중 흡습성이 가장 적은 것은?

① 용융형   ② 혼성형

③ 고온소결형   ④ 저온소결형

해 ① 용융형 용제 : 흡습성이 가장 적으며, 원료 광석을 아크 전기로에서 1,300℃ 이상으로 용융하고 응고시킨 후 분쇄하여 알맞은 입도로 만든 것이다.
② 소결형 용제 : 흡습성이 가장 크며, 광물성 연료 및 합금 분말을 규산화나트륨과 같은 점결제와 낮은 온도에서 소정의 입도로 소결하여 제조하는 것이다.
③ 혼합형 용제 : 흡습성이 용융형과 소결형의 중간 정도 이다.
④ 흡습성 : 습기를 흡수하는 성질, 소결형이 용융형에 비해 흡습성이 높다. 상대적으로 용융형이 더 좋은 비드가 만들어진다.

02 고주파 교류 전원을 사용하여 TIG 용접을 할 때 장점으로 틀린 것은?

① 긴 아크유지가 용이하다.

② 전극봉의 수명이 길어진다.

③ 비접촉에 의해 용착 금속과 전극의 오염을 방지한다.

④ 동일한 전극봉 크기로 사용할 수 있는 전류 범위가 작다.

해 고주파 교류 전원 TIG 용접
TIG 용접에서 고주파 교류 전원은 주로 알루미늄과 같이 산화피막이 있는 재료의 용접에서, 아크 청정 효과를 활용하는 경우에 사용한다.
이때 고주파 교류 전원을 사용하면,
① 긴 아크유지가 용이하다.
② 전극봉의 수명이 길어진다.
③ 비접촉에 의해 용착 금속과 전극의 오염을 방지한다.
④ 동일한 전극봉 크기로 사용할 수 있는 전류 범위가 크다.

03 맞대기 용접이음에서 판두께가 9mm, 용접선길이 120mm, 하중이 7560N일 때, 인장응력은 몇 N/mm²인가?

① 5   ② 6

③ 7   ④ 8

해

$$\text{인장응력}(\sigma) = \frac{F}{A} = \frac{F}{t \times L}$$

$$= \frac{7,560N}{9mm \times 120mm} = 7N/mm^2$$

맞대기 용접부의 인장하중(힘)

$$\text{인장응력}(\sigma) = \frac{F}{A} = \frac{F}{t \times L}$$

$$\sigma(N/mm^2) = \frac{W}{t(mm) \times L(mm)}$$

| 정답 | **01** ①   **02** ④   **03** ③

04 용접 설계상 주의사항으로 틀린 것은?

① 용접에 적합한 설계를 할 것

② 구조상의 노치부가 생성되게 할 것

③ 결함이 생기기 쉬운 용접 방법은 피할 것

④ 용접이음이 한곳으로 집중되지 않도록 할 것

해 **용접 설계시 주의 사항**
노치는 한쪽에 홈이 있는 것과 같은 형상을 말한다. 노치부가 있으면 응력이 집중되어 크랙 발생의 시작점이 될 수 있다. 따라서, 구조상의 노치부는 생성되지 않도록 한다.

05 납땜에 사용되는 용제가 갖추어야 할 조건으로 틀린 것은?

① 청정한 금속면의 산화를 방지할 것

② 납땜 후 슬래그의 제거가 용이할 것

③ 모재나 땜납에 대한 부식 작용이 최소한 일 것

④ 전기 저항 납땜에 사용되는 것은 부도체 일 것

해 납땜에 사용되는 용제는 반드시 도체여야 한다.
납땜 용제의 구비 조건
① 모재의 산화피막 등 불순물을 제거할 수 있을 것
② 모재나 땜납에 대한 부식작용이 최소한일 것
③ 납땜 후 슬래그 제거가 용이할 것
④ 모재와의 친화력을 높일 수 있어야 하고 유동성이 좋을 것
⑤ 용제의 온도 범위와 납땜 온도가 일치 할 것

06 용접이음부에 예열하는 목적을 설명한 것으로 틀린 것은?

① 수소의 방출을 용이하게 하여 저온균열을 방지 한다.

② 모재의 열 영향부와 용착금속의 연화를 방지하고, 경화를 증가시킨다.

③ 용접부의 기계적 성질을 향상시키고, 경화조직의 석출을 방지시킨다.

④ 온도분포가 완만하게 되어 열응력의 감소로 변형과 잔류응력의 발생을 적게 한다.

해 예열의 목적은 재료의 수축응력, 취성발생 등으로 인한 균열을 방지하기 위함으로 예열은 연성을 얻고 경화를 감소시킨다.

07 전자 빔 용접의 특징으로 틀린 것은?

① 정밀 용접이 가능하다.

② 용접부의 열 영향부가 크고 설비비가 적게 든다.

③ 용입이 깊어 다층용접도 단층용접으로 완성할 수 있다.

④ 유해가스에 의한 오염이 적고 높은 순도의 용접이 가능하다.

해 전자빔 용접은 열영향부가 작고 설비비가 많이 든다.
전자빔 용접의 장점
① 용접부의 열영향부 및 용접 변형이 작다.
② 정밀 용접이 가능하다.
③ 얇은 판 및 두꺼운 판까지 용접 할 수 있다.
④ 활성 재료도 용이하게 용접이 된다.
⑤ 불순가스에 의한 오염이 적고 높은 순도의 용접이 가능하다.

| 정답 | 04 ② 05 ④ 06 ② 07 ②

전자빔 용접의 단점
① 설비 비용이 비싸다.
② 진공 상자 크기에 따라 모재 크기가 제한된다.
③ X선에 대한 특수 보호 장치가 필요하다.

해 용접의 보수
V홈의 간격이 약간 더 벌어진 경우 덧살 올림 용접을 한 후 디스크 그라인더 등의 공구를 활용하여 다시 재가공 후 용접한다.

08 샤르피식의 시험기를 사용하는 시험 방법은?

① 경도시험   ② 인장시험
③ 피로시험   ④ 충격시험

해 충격시험은 샤르피식과 아이조드식 충격시험이 있다.

09 다음 중 서브머지드 아크 용접의 다른 명칭이 아닌 것은?

① 잠호 용접   ② 헬리 아크 용접
③ 유니언 멜트 용접   ④ 불가시 아크 용접

해 서브머지드 아크 용접(SAW)은 불가시 아크 용접, 잠호용접, 유니언 멜트 용접이라고도 한다.

11 한 부분의 몇 층을 용접하다가 이것을 다음 부분의 층으로 연속시켜 전체 모양이 계단 형태를 이루는 용착법은?

① 스킵법   ② 덧살 올림법
③ 전진 블록법   ④ 캐스케이드법

해 ① 덧살올림법 : 각 층마다 전체 길이를 용접하면서 쌓아 올리는 방법으로 가장 많이 사용하는 방법이다.
② 전진블록법 : 한 개의 용접봉으로 살을 붙일만한 길이로 구분해서 홈을 한층 완료 후 다른 층을 용접하는 방법이다.
③ 캐스케이드법 : 한 부분의 몇 층을 용접하다가 이것을 다른 부분의 층으로 연속시켜 전체가 계단 형태의 단계를 이루도록 용접하는 방법이다.

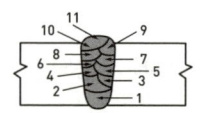
(a) 덧살 올림법

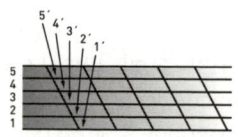
(b) 전진 블록법

(c) 캐스케이드법

10 용접제품을 조립하다가 V홈 맞대기 이음 홈의 간격이 5mm 정도 멀어졌을 때 홈의 보수 및 용접방법으로 가장 적합한 것은?

① 그대로 용접한다.
② 뒷댐판을 대고 용접한다.
③ 덧살올림 용접 후 가공하여 규정 간격을 맞춘다.
④ 치수에 맞는 재료로 교환하여 루트 간격을 맞춘다.

12 산소와 아세틸렌 용기의 취급상의 주의사항으로 옳은 것은?

① 직사광선이 잘 드는 곳에 보관한다.

② 아세틸렌병은 안전상 눕혀서 사용한다.

③ 산소병은 40℃ 이하 온도에서 보관한다.

④ 산소병 내에 다른 가스를 혼합해도 상관없다.

해 가스용기는 안전을 위해 반드시 세워서 보관해야 한다.

13 피복 아크 용접의 필릿 용접에서 루트 간격이 4.5mm 이상일 때의 보수 요령은?

① 규정대로의 각장으로 용접한다.

② 두께 6mm 정도의 뒤판을 대서 용접한다.

③ 라이너를 넣든지 부족한 판을 300mm 이상 잘라내서 대체 하도록 한다.

④ 그대로 용접하여도 좋으나 넓혀진 만큼 각장을 증가 시킬 필요가 있다.

해 필릿 용접부 간격이 4.5mm 이상일 때는 300mm 이상 절단하여 같은 재질의 모재로 대체한다.

14 다음 중 초음파 탐상법의 종류가 아닌 것은?

① 극간법　　　　② 공진법

③ 투과법　　　　④ 펄스 반사법

해 극간법은 자분 탐상법의 종류이다.

초음파 탐상시험의 종류
① 투과법 : 투과한 초음파 펄스를 분석하여 검사하는 방법이다.
② 펄스 반사법 : 초음파의 펄스를 시험체의 면으로 송신하여 반사되는 반사파의 형태로 결함을 검사하는 시험방법이다.
③ 공진법 : 시험체의 공진현상을 이용하여 시험하는 방법이다.

15 CO$_2$ 가스 아크 편면용접에서 이면 비드의 형성은 물론 뒷면 가우징 및 뒷면 용접을 생략할 수 있고, 모재의 중량에 따른 뒤업기(turn over) 작업을 생략할 수 있도록 홈 용접부 이면에 부착하는 것은?

① 스캘롭　　　　② 엔드탭

③ 뒷댐재　　　　④ 포지셔너

해 뒷댐재
아래 그림과 같은 뒷댐재를 모재 이면에 붙이고 용접하여, 작업한다.

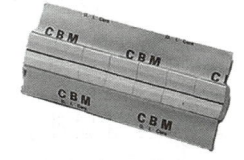

16 탄산가스 아크 용접의 장점이 아닌 것은?

① 가스 아크이므로 시공이 편리하다.

② 적용되는 재질이 철계통으로 한정되어 있다.

③ 용착 금속의 기계적 성질 및 금속학적 성질이 우수하다.

④ 전류 밀도가 높아 용입이 깊고 용접 속도를 빠르게 할 수 있다.

| 📖 정답 | 12 ③ 13 ③ 14 ① 15 ③ 16 ②

적용되는 재질이 철계통으로 한정되어 있는 것은 CO_2용접의 단점으로 볼 수 있다.

17 현상제(MgO, BaCO₃)를 사용하여 용접부의 표면 결함을 검사하는 방법은?

① 침투 탐상법
② 자분 탐상법
③ 초음파 탐상법
④ 방사선 투과법

해 침투탐상시험의 정의

제품 표면에 나타나는 결함을 검사하기 위한 시험 방법으로 제품에 침투액을 표면장력의 작용으로 침입시킨 후 세척액, 현상액의 과정을 거쳐 결함의 위치 또는 모양을 검사하는 방법이다.
사용되는 침투액의 종류에 따라서 형광 침투 검사와 염료 침투 검사로 나뉜다.

18 미세한 알루미늄 분말과 산화철 분말을 혼합하여 과산화바륨과 알루미늄 등의 혼합분말로 된 점화제를 넣고 연소시켜 그 반응열로 용접하는 방법은?

① MIG 용접
② 테르밋 용접
③ 전자 빔 용접
④ 원자 수소 용접

해 테르밋 용접의 정의

미세한 알루미늄 분말과 산화철 분말을 도가니에 넣고 첨가제인 과산화바륨, 마그네슘 등의 혼합물을 점화제로 넣고 연소시켜 그 반응열로 용접하는 방법이다.

19 용접결함에서 언더컷이 발생하는 조건이 아닌 것은?

① 전류가 너무 낮을 때
② 아크 길이가 너무 길 때
③ 부적당한 용접봉을 사용할 때
④ 용접속도가 적당하지 않을 때

해 언더컷 발생의 원인
- 용접 전류가 과대할 때(과한 용접입열)
- 용접속도가 너무 빠를 때(용착량 부족)
- 아크길이가 길 때(과한 용접 입열 및 용착량 부족)

20 플라스마 아크 용접장치에서 아크 플라스마의 냉각가스로 쓰이는 것은?

① 아르곤과 수소의 혼합가스
② 아르곤과 산소의 혼합가스
③ 아르곤과 메탄의 혼합가스
④ 아르곤과 프로판의 혼합가스

해 냉각 가스로는 아르곤과 수소의 혼합가스를 사용한다.

21 피복아크용접 작업 시 감전으로 인한 재해의 원인으로 틀린 것은?

① 1차 측과 2차 측 케이블의 피복 손상부에 접촉되었을 경우
② 피용접물에 붙어있는 용접봉을 떼려다 몸에 접촉되었을 경우
③ 용접기기의 보수 중에 입출력 단자가 절연된 곳에 접촉 되었을 경우
④ 용접 작업 중 홀더에 용접봉을 물릴 때나, 홀더가 신체에 접촉 되었을 경우

용접일반

용접검사 및 시공

작업안전

용접재료

기계제도

용접기능사 기출문제

특수용접기능사기출문제

해 입출력 단자가 절연처리가 되어 있으면 감전될 가능성이 적기 때문에 재해의 원인이 되지 않는다.

22 보기에서 설명하는 서브머지드 아크 용접에 사용되는 용제는?

> • 화학적 균일성이 양호하다.
> • 반복 사용성이 좋다.
> • 비드 외관이 아름답다.
> • 용접 전류에 따라 입자의 크기가 다른 용제를 사용해야 한다.

① 소결형   ② 혼성형
③ 혼합형   ④ 용융형

해 서브머지드 아크 용접 용제
서브머지드 아크 용접에 사용되는 용제는 소결형과 용융형이 있다. 상대적으로 화학적 균일성이 양호한 것은 용융형이며, 반복 사용성이 좋고, 비드 외관이 더 아름답다.
다만, 용접 전류에 따라 입자의 크기가 다른 용제를 사용해야 하는 번거로움이 있다.

23 기체를 수천도의 높은 온도로 가열하면 그 속도의 가스원자가 원자핵과 전자로 분리되어 양(+)과 음(-) 이온상태로 된 것을 무엇이라 하는가?

① 전자빔   ② 레이저
③ 테르밋   ④ 플라스마

해 플라스마 아크 용접의 정의
아크열로 기체를 가열하여 플라스마 상으로 토치의 노즐에서 분출하여 용접하는 방법이다.

24 정격 2차 전류 300A, 정격 사용률 40%인 아크용접기로 실제 200A 용접 전류를 사용하여 용접하는 경우 전체시간을 10분으로 하였을 때 다음 중 용접 시간과 휴식 시간을 올바르게 나타낸 것은?

① 10분 동안 계속 용접한다.
② 5분 용접 후 5분간 휴식한다.
③ 7분 용접 후 3분간 휴식한다.
④ 9분 용접 후 1분간 휴식한다.

해 • 용접기의 허용 사용률

$$허용사용률(\%) = \frac{(정격 2차 전류)^2}{(실제의 용접 전류)^2} \times 정격사용률(\%)$$

$$= \frac{(300A)^2}{(200A)^2} \times 40\% = \frac{90000}{40000} \times 40 = 90\%$$

• 용접기의 사용률

$$사용률(\%) = \frac{아크시간}{아크시간 + 휴식시간} \times 100$$

$$90\% = \frac{아크시간}{10분} \times 100, 아크시간 = 9분, 휴식시간 = 1분$$

25 용해 아세틸렌 취급 시 주의 사항으로 틀린 것은?

① 저장 장소는 통풍이 잘 되어야 된다.
② 저장 장소에는 화기를 가까이 하지 말아야 한다.
③ 용기는 진동이나 충격을 가하지 말고 신중히 취급해야 한다.
④ 용기는 아세톤의 유출을 방지하기 위해 눕혀서 보관한다.

ㅣ 📖 **정답** ㅣ **22** ④ **23** ④ **24** ④ **25** ④

해 용기는 아세톤의 유출을 방지하기 위해 반드시 세워서 사용해야 한다.
아세틸렌 용기 취급 시 주의사항
① 충전구가 동결되었을 때는 35℃ 이하의 온수로 녹인다.
② 저장 시에는 인화 물질이나 화기에 가까이하지 않아야 하고 통풍이 양호해야 한다.
③ 눕혀 보관할 경우 아세톤이 유출되기 때문에 반드시 세워서 사용 및 보관해야 한다.
④ 저장소의 전기스위치, 전등 등은 방폭구조여야 한다.

26 다음 중 아크 절단법이 아닌 것은?

① 스카핑　　　　② 금속 아크 절단
③ 아크 에어 가우징　　④ 플라즈마 제트

해 스카핑은 가스 가공법에 속한다.

27 피복아크 용접봉의 피복제 작용을 설명한 것 중 틀린 것은?

① 스패터를 많게 하고, 탈탄 정련작용을 한다.
② 용융금속의 용적을 미세화하고, 용착효율을 높인다.
③ 슬래그 제거를 쉽게 하며, 파형이 고운 비드를 만든다.
④ 공기로 인한 산화, 질화 등의 해를 방지하여 용착금속을 보호한다.

해 용접봉의 피복제는 스패터 발생을 적게 하고 탈산 정련작용을 한다.
피복제의 역할
① 아크를 안정시킨다.
② 용착금속의 탈산, 정련 작용을 한다.
③ 슬래그 제거를 쉽게 하고 외관 비드를 좋게 한다.

④ 중성 또는 환원성 분위기로 용융금속을 보호한다.
⑤ 전기절연 작용을 한다.
⑥ 용융금속에 필요한 합금 원소를 첨가한다.
⑦ 용착금속의 냉각속도를 느리게 한다.(급랭 방지)

28 용접법의 분류 중에서 융접에 속하는 것은?

① 시임 용접　　　　② 테르밋 용접
③ 초음파 용접　　　④ 플래시 용접

해 심용접, 초음파 용접, 플래시 용접은 압접에 속한다.

29 산소 용기의 윗부분에 각인되어 있는 표시 중 최고 충전 압력의 표시는 무엇인가?

① TP　　　　　　② FP
③ WP　　　　　　④ LP

해 • 고충전압력(FP) : 최고 충전 압력(kgf/cm^2)
• 내압시험압력(TP) : 용기의 내압시험 압력(kgf/cm^2)

30 2개의 모재에 압력을 가해 접촉시킨 다음 접촉에 압력을 주면서 상대운동을 시켜 접촉면에서 발생하는 열을 이용하는 용접법은?

① 가스압접　　　　② 냉간압접
③ 마찰용접　　　　④ 열간압접

해 2개의 모재를 맞대어 놓고 그 접촉면에 압력을 주어 서로간에 상대운동을 시켜 마찰열을 이용하여 압접하는 용접법이다.

31 사용률이 60%인 교류 아크 용접기를 사용하여 정격전류로 6분 용접하였다면 휴식시간은 얼마인가?

① 2분 　　　　　② 3분
③ 4분 　　　　　④ 5분

해 용접기의 사용률

$$사용률(\%) = \frac{아크시간}{아크시간 + 휴식시간} \times 100$$

$$60\% = \frac{6분}{6분 + 휴식시간} \times 100$$

$$휴식시간 = \left(\frac{6분}{60\%} \times 100\right) - 6분 = 4분$$

32 모재의 절단부를 불활성가스로 보호하고 금속전극에 대전류를 흐르게 하여 절단하는 방법으로 알루미늄과 같이 산화에 강한 금속에 이용되는 절단방법은?

① 산소 절단 　　　② TIG 절단
③ MIG 절단 　　　④ 플라스마 절단

해 MIG 절단에 관한 설명이다.

33 용접기의 특성 중에서 부하전류가 증가하면 단자 전압이 저하하는 특성은?

① 수하 특성 　　　② 상승 특성
③ 정전압 특성 　　④ 자기제어 특성

해 용접기의 전기적 특성
　• 정전류 특성 : 부하 전압 및 전류가 변하더라도, 단자 전류는 거의 변하지 않는 특성을 말한다.
　• 정전압 특성 : 부하 전압 및 전류가 변하더라도, 단자 전압은 거의 변하지 않는 특성을 말한다.

CP특성이라고도 한다.
　• 수하 특성 : 부하 전류의 증가에 따라, 단자 전압이 낮아지는 특성(아크의 안정)을 말한다.
　• 상승 특성 : 부하 전류의 증가에 따라, 단자 전압이 약간 높아지는 특성을 말한다.
　• MIG, CO_2 용접 : 전류 밀도가 높아 정전압 특성 또는 상승 특성이 있다.
　• 아크길이 자기제어 특성 : 아크 전류가 일정할 때 아크 전압이 높아지면 용접봉의 용융속도가 늦어지고 아크 전압이 낮아지면 용융속도가 빨라지는 특성이다.

34 산소 - 아세틸렌 불꽃의 종류가 아닌 것은?

① 중성 불꽃 　　　② 탄화 불꽃
③ 산화 불꽃 　　　④ 질화 불꽃

해 산소 - 아세틸렌 불꽃 중에 질화 불꽃은 없다.
산소 - 아세틸렌 불꽃의 종류
　• 중성 불꽃 / 탄화 불꽃 / 산화 불꽃

35 리벳이음과 비교하여 용접이음의 특징을 열거한 중 틀린 것은?

① 구조가 복잡하다.
② 이음 효율이 높다.
③ 공정의 수가 절감된다.
④ 유밀, 기밀, 수밀이 우수하다.

해 용접이음의 특징

| 정답 | 31 ③　32 ③　33 ①　34 ④　35 ①

36 아크에어 가우징 작업에 사용되는 압축공기의 압력으로 적당한 것은?

① 1~3kgf/cm²   ② 5~7kgf/cm²

③ 9~12kgf/cm²   ④ 14~156kgf/cm²

해 아크 에어 가우징

탄소봉을 전극으로 하여 아크를 발생시키고 고압 (5~7kgf/cm²)의 압축공기를 이용하여 공기를 분출하여 홈가공, 용접 결함부 제거, 절단 및 구멍 뚫기 등의 작업을 하는 방법이다. 가스 가우징에 비해 작업능률이 좋다.

37 탄소 전극봉 대신 절단 전용의 특수 피복을 입힌 전극봉을 사용하여 절단하는 방법은?

① 금속아크 절단   ② 탄소아크 절단

③ 아크에어 가우징   ④ 플라스마 제트 절단

38 산소 아크 절단에 대한 설명으로 가장 적합한 것은?

① 전원은 직류 역극성이 사용된다.

② 가스절단에 비하여 절단속도가 느리다.

③ 가스절단에 비하여 절단면이 매끄럽다.

④ 철강 구조물 해체나 수중 해체 작업에 이용된다.

해 산소아크 절단은 철강 구조물 해체나 수중 해체 작업 시 사용된다.

39 다이캐스팅 주물품, 단조품 등의 재료로 사용되며 융점이 약 660℃이고, 비중이 약 2.7인 원소는?

① Sn   ② Ag

③ Al   ④ Mn

해 알루미늄(Al)의 성질

• 비중 : 2.7 철(7.8)에 비해 약 1/3 수준
• 용융점 : 660℃
• 내식성 우수
• 열전도율 우수→각종 식기류에 응용

40 다음 중 주철에 관한 설명으로 틀린 것은?

① 비중은 C와 Si 등이 많을수록 작아진다.

② 용융점은 C와 Si 등이 많을수록 낮아진다.

③ 주철을 600℃ 이상의 온도에서 가열 및 냉각을 반복하면 부피가 감소한다.

④ 투자율을 크게 하기 위해서는 화합 탄소를 적게 하고 유리 탄소를 균일하게 분포시킨다.

해 주철은 600℃ 이상의 온도에서 가열 및 냉각을 반복하면 부피가 팽창한다.

주철의 특징
• 인장강도가 강에 비해 낮고, 경도가 높음
• 메짐성이 큼, 취성이 강함
• 고온에서도 소성변형이 안됨, 주로 주조에만 이용
• 주조성이 좋아, 복잡한 형상 제작도 가능
• 값이 저렴하여 경제적
• 액상일 때 유동성이 좋으며, 충격 저항이 약함
• 600℃ 이상의 온도에서 가열 및 냉각을 반복하면 부피가 팽창한다.

| 정답 | **36** ②   **37** ①   **38** ④   **39** ③   **40** ③

41 금속의 소성변형을 일으키는 원인 중 원자 밀도가 가장 큰 격자면에서 잘 일어나는 것은?

① 슬립 　　　　② 쌍정
③ 전위 　　　　④ 편석

해 **소성변형**
　금속이 소성변형을 일으키는 원인으로 원자밀도가 가장 큰 격자면에서 잘 일어나는 것이 슬립이다.

42 다음 중 Ni - Cu 합금이 아닌 것은?

① 어드밴스 　　　② 콘스탄탄
③ 모넬메탈 　　　④ 니칼로이

해 **니켈 합금**
- 니칼로이는 50%의 Ni, 1% 이하의 Mn, 나머지는 Fe로 되어 있는 합금이다.
- 모넬메탈 : 60~75%의 니켈과 26~30%의 구리 및 소량의 철, 망가니즈, 규소 등이 들어 있는 자연 합금으로, 내식성과 높은 온도에서 강도가 높아 각종 화학 기계, 열기관 등에 쓰인다.
- 콘스탄탄 : 상품명 어드밴스라고도 불림. Ni(45%)+Cu(55%) 또는 Mn(1%)를 첨가. 열전대용 재료

43 침탄법에 대한 설명으로 옳은 것은?

① 표면을 용융시켜 연화시키는 것이다.
② 망상 시멘타이트를 구상화시키는 방법이다.
③ 강재의 표면에 아연을 피복시키는 방법이다.
④ 홈강재의 표면에 탄소를 침투시켜 경화시키는 것이다.

해 **표면경화 및 처리법**
- 침탄법 : 표면에 C 고용, 표면은 고탄소강, 중심부는 연한 상태로 만듦

44 그림과 같은 결정격자의 금속 원소는?

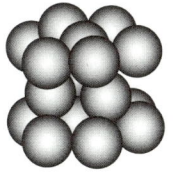

① Ni 　　　　② Mg
③ Al 　　　　④ Au

해 면심입방격자 : Ni, Al, Au

45 전해 인성 구리는 약 400℃ 이상의 온도에서 사용하지 않는 이유로 옳은 것은?

① 풀림취성을 발생시키기 때문이다.
② 수소취성을 발생시키기 때문이다.
③ 고온취성을 발생시키기 때문이다.
④ 상온취성을 발생시키기 때문이다.

해 **전해 인성 구리**
　정련동이라고도 부르며, 전기동을 용융 정제한 것이다. 약 400℃ 이상의 온도에서 수소와 만나 수소취성을 발생시킨다.

용접일반

용접검사및시공

작업안전

용접재료

기계제도

용접기능사 기출문제

특수용접기능사 기출문제

46 구상흑연주철은 주조성, 가공성 및 내마멸성이 우수하다. 이러한 구상흑연주철 제조 시 구상화제로 첨가되는 원소로 옳은 것은?

① P, S
② O, N
③ Pb, Zn
④ Mg, Ca

해 구상흑연주철

구상흑연주철에는 불순물(P, S)이 적은 선철을 용해하여 주입 전에 Mg(마그네슘), Ce(세륨), Ca(칼슘) 등을 첨가하여 제조한다.

47 형상 기억 효과를 나타내는 합금이 일으키는 변태는?

① 펄라이트 변태
② 마텐자이트 변태
③ 오스테나이트 변태
④ 레데뷰라이트 변태

해 형상기억합금

형상기억합금에서 일어나는 변태는 마텐자이트 변태이다.

해 알루미늄 합금

분류	종류	구성 및 특징
주조용 (내열용)	실루민	Al-Si, 개량처리를 통한 주조성 향상, 가볍고 단단하며 바닷물에도 녹슬지 아니하여서 항공기와 자동차의 부품 제조에 쓴다.
	라우탈	Al-Cu-Si, 특수실루민, 실리콘(Si)을 넣어 주조성을 개선하고 Cu를 첨가하여 절삭성을 좋게 한 알루미늄 합금으로 시효 경화성이 있는 합금, 열팽창이 극히 작음, 내연기관의 피스톤으로 활용.
	Y합금	Al(알)-Cu(구)-Ni(니)-Mg(마), 고온강도 큼, 내연기관의 실린더
	로엑스 합금	Y 합금에 Si이 더 해진 합금, 열팽창 계수가 작아 엔진, 피스톤용 재료로 사용
	코비탈륨	Y합금의 일종으로 Ti과 Cu를 0.2% 정도씩 첨가한 것으로 피스톤에 사용되는 것
가공용	두랄루민	Al(알)-Cu(구)-Mg(마)-Mn(망), 가벼우면서 강도가 매우 높은 합금철에 비해 비강도 3배 높음, 항공기 소재로 사용
내식용	알민	Al+Mn(1~1.5%), 가공성, 용접성이 좋으며, 저장용 통에 사용됨.
	하이드로날륨	Al-Mg(~10%) 합금으로 내식성이 매우 우수함. 내식 알루미늄 합금으로, 알루미늄이 바닷물에 약한 것을 개량하기 위하여 개발된 합금

48 Y합금의 일종으로 Ti과 Cu를 0.2% 정도씩 첨가한 것으로 피스톤에 사용되는 것은?

① 두랄루민
② 코비탈륨
③ 로엑스합금
④ 하이드로날륨

49 시험편을 눌러 구부리는 시험방법으로 굽힘에 대한 저항력을 조사하는 시험방법은?

① 충격시험
② 굽힘시험
③ 전단시험
④ 인장시험

| 📖 정답 | 46 ④ 47 ② 48 ② 49 ②

해 굽힘시험

용접부의 연성 및 결함 유무를 조사하기 위해 사용되는 시험법으로 시험편을 절취하여 자유굽힘이나 형 굽힘에 의하여 표면에 나타나는 균열의 유무를 나타내는 시험법이다. (굽힘 각도 180°)

50 Fe - C평 형상태도에서 공정점의 C%는?

① 0.02% ② 0.8%

③ 4.3% ④ 6.67%

해 Fe - C 평형상태도
- 공석점 : 0.8%C
- 공정점 : 4.3%C
- 포정점 : 0.18%C

51 다음 용접 기호 중 표면 육성을 의미하는 것은?

①  ②

③  ④

해 용접 기호

표면 육성을 의미하는 기호는  으로 다른 용어로는 서페이싱, 덧쌓기 등이 있다.

52 배관의 간략 도시방법에서 파이프의 영구 결합부(용접 또는 다른 공법에 의한다) 상태를 나타내는 것은?

①  ②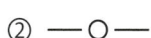

③  ④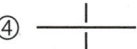

해 관의 접속상태 기호

관의 접속상태		도시 방법
접속되어 있을 때	교차	
	분기	
접속 되어 있지 않을 때		

53 제3각법의 투상도에서 도면의 배치 관계는?

① 평면도를 중심하여 정면도는 위에 우측면도는 우측에 배치된다.

② 정면도를 중심하여 평면도는 밑에 우측면도는 우측에 배치된다.

③ 정면도를 중심하여 평면도는 위에 우측면도는 우측에 배치된다.

④ 정면도를 중심하여 평면도는 위에 우측면도는 좌측에 배치된다.

해 제1각법과 3각법

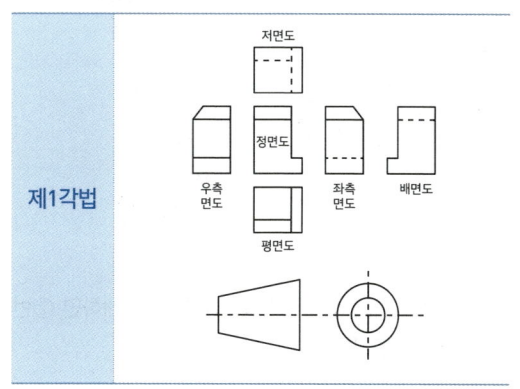

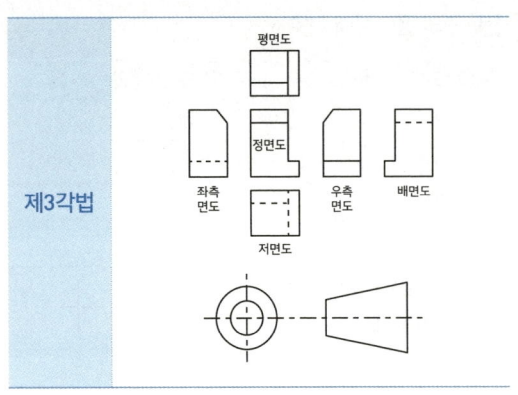

제3각법

55 도면에 대한 호칭방법이 다음과 같이 나타날 때 이에 대한 설명으로 틀린 것은?

> K2 B ISO 5457 – Alt – TP 112.5 – R – TBL

① 도면은 KS B ISO 5457을 따른다.

② A1 용지 크기이다.

③ 재단하지 않은 용지이다.

④ 112.5g/m^2 사양의 트레이싱지이다.

해 도면 호칭 방법
재단하지 않은 용지 사이즈는 A0이며, A1의 경우 1회 재단한 용지이다.

56 그림과 같은 도면에서 나타난 "□40" 치수에서 "□"가 뜻하는 것은?

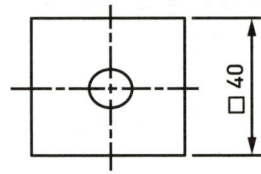

① 정사각형의 변

② 이론적으로 정확한 치수

③ 판의 두께

④ 참고치수

54 그림과 같이 제3각법으로 정투상한 각뿔의 전개도 형상으로 적합한 것은?

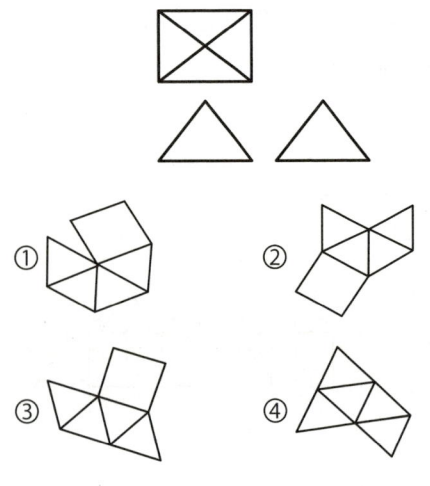

해 사각형이 바닥인 사각형 사각뿔을 전개하면 ②번과 같은 형상이다.

해 치수 보조기호

구분	기호	구분	기호
지름	ø	판의 두께	t
반지름	R	원호의 길이	⌒
구의 지름	Sø	45° 모따기	C
구의 반지름	SR	이론적으로 정확한 치수	10
정사각형의 변	□4	참고치수	( )

57 그림과 같이 원통을 경사지게 절단한 제품을 제작할 때, 다음 중 어떤 전개법이 가장 적합한가?

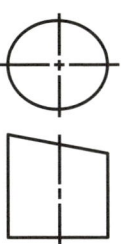

① 사각형법   ② 평행선법

③ 삼각형법   ④ 방사선법

해 원기둥이나 각기둥의 전개도법은 평행선법이 적합하다.

종류	내용
평행선법	삼각기둥, 사각기둥과 같은 각기둥이나 원기둥을 평행하게 전개하여 그리는 방법
방사선법	삼각뿔, 사각뿔과 같은 각뿔이나 원뿔을 꼭지점을 기준으로 부채꼴로 펼쳐서 전개하여 그리는 방법
삼각형법	꼭지점이 먼 각뿔이나 원뿔 등의 해당면을 삼각형으로 분활하여 전개도를 그리는 방법

58 다음 중 가는 실선으로 나타내는 경우가 아닌 것은?

① 시작점과 끝점을 나타내는 치수선

② 소재의 굽은 부분이나 가공 공정의 표시선

③ 상세도를 그리기 위한 틀의 선

④ 금속 구조 공학 등의 구조를 나타내는 선

해 금속 구조 공학 등의 구조를 나타내는 선은 굵은 실선으로 표기한다.
가는 실선 - 해칭선, 치수선, 치수보조선, 지시선

59 그림과 같은 도면에서 괄호 안의 치수는 무엇을 나타내는가?

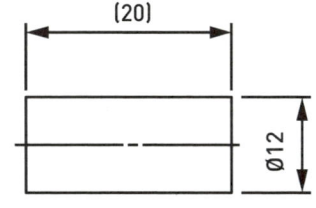

① 완성 치수

② 참고 치수

③ 다듬질 치수

④ 비례척이 아닌 치수

해 56번 치수 보조기호 참조

60 다음 중 일반 구조용 탄소 강관의 KS 재료 기호는?

① SPP   ② SPS

③ SKH   ④ STK

해 • SPP : 배관용 탄소강관
• SPS : 스프링 강재
• SKH : 고속도 공구강재

| 📖 정답 | **57** ②   **58** ④   **59** ②   **60** ④

CHAPTER 6-3
2016년도 기출문제 4회

01 다음 중 용접 시 수소의 영향으로 발생하는 결함과 가장 거리가 먼 것은?

① 기공
② 균열
③ 은점
④ 설퍼

해 설퍼는 황(S)의 영향으로 발생하는 결함이다.
수소(H)의 영향으로 발생하는 결함
기공, 비드 및 균열, 은점, 선상조직

02 가스 중에서 최소의 밀도로 가장 가볍고 확산속도가 빠르며, 열전도가 가장 큰 가스는?

① 수소
② 메탄
③ 프로판
④ 부탄

해 수소의 특징
- 무색, 무취, 무미로 인체애 해가 없다.
- 물의 전기분해로 제조한다.
- 비중은 0.0695로 물질 중 가장 가볍다.
- 고압으로 사용이 가능하며 연소 시 탄소가 존재하지 않아 수중절단용 가스로 사용한다.

03 용착금속의 인장강도가 55N/m², 안전율이 6이라면 이음의 허용응력은 약 몇 N/m²인가?

① 0.92
② 9.2
③ 92
④ 920

해 용접설계

$$안전율 = \frac{허용응력}{사용응력} = \frac{인장강도(극한강도)}{허용응력}$$

$$허용응력 = \frac{극한강도}{안전율} = \frac{55N/mm^2}{6} ≒ 9.2kN/m^2$$

04 팁 끝이 모재에 닿는 순간 순간적으로 팁 끝이 막혀 팁 속에서 폭발음이 나면서 불꽃이 꺼졌다가 다시 나타나는 현상은?

① 인화
② 역화
③ 역류
④ 선화

해 불꽃의 이상 현상
① 인화 : 팁 끝이 순간적으로 막히게 되면 가스의 분출이 나빠지고 불꽃이 혼합실까지 밀려 들어가 토치를 달구는 현상을 말한다.
② 역류 : 토치 내부의 청결이 불량할 때 내부 기관이 막혀 고압의 산소가 압력이 낮은 아세틸렌 쪽으로 흘러 들어가는 현상을 말한다.
③ 역화 : 토치의 팁 끝이 모재와 닿아 팁이 막히거나 팁의 과열과 가스 압력과 유량이 적당하지 않을 때 팁 속에서 폭발음이 나면서 불꽃이 꺼지거나 다시 정상이 되는 현상을 말한다.

05 다음 중 파괴 시험 검사법에 속하는 것은?

① 부식시험
② 침투시험
③ 음향시험
④ 와류시험

해 부식시험은 재료의 부식상태를 검사하는 시험으로 파괴시험 검사법 중 화학적 시험법에 속한다.

| 📖 정답 | 01 ④ 02 ① 03 ② 04 ② 05 ①

06 TIG 용접 토치의 분류 중 형태에 따른 종류가 아닌 것은?

① T형 토치　　　② Y형 토치
③ 직선형 토치　　④ 플렉시블형 토치

> 해 TIG 토치 형태에 따른 분류
> T형, 직선형, 플렉시블(가변형)

07 용접에 의한 수축 변형에 영향을 미치는 인자로 가장 거리가 먼 것은?

① 가접
② 용접 입열
③ 판의 예열 온도
④ 판 두께에 따른 이음 형상

> 해 가접도 수축 변형에 영향을 주긴 하지만 용접입열, 판의 예열 온도, 판 두께에 따른 이음 현상에 비해 가장 영향이 적다.

08 전자동 MIG 용접과 반자동 용접을 비교했을 때 전자동 MIG 용접의 장점으로 틀린 것은?

① 용접 속도가 빠르다.
② 생산 단가를 최소화 할 수 있다.
③ 우수한 품질의 용접이 얻어진다.
④ 용착 효율이 낮아 능률이 매우 좋다.

> 해 전자동 MIG 용접은 용착 효율이 약 98%로 높아 능률이 매우 좋다.

09 다음 중 탄산가스 아크 용접의 자기쏠림 현상을 방지하는 대책으로 틀린 것은?

① 엔드 탭을 부착한다.
② 가스 유량을 조절한다.
③ 어스의 위치를 변경한다.
④ 용접부의 틈을 적게 한다.

> 해 자기쏠림(아크 쏠림)은 가스 유량 조절과 관련이 없다.

10 다음 용접법 중 비소모식 아크 용접법은?

① 논 가스 아크 용접
② 피복 금속 아크 용접
③ 서브머지드 아크 용접
④ 불활성 가스 텅스텐 아크 용접

> 해 용극식 및 비용극식 아크 용접법
> • 용극식(소모식) : 아크열에 의해 전극이 녹아 용접이 되는 것.
> 예 피복아크용접, CO_2 용접, 서브머지드 아크 용접
> • 비용극식(비소모식) : 전극은 아크열만 일으켜주고 용가재는 따로 공급하는 것.
> 예 가스텅스텐 아크용접

11 용접부를 끝이 구면인 해머로 가볍게 때려 용착금속부의 표면에 소성변형을 주어 인장응력을 완화시키는 잔류 응력 제거법은?

① 피닝법
② 노내 풀림법
③ 저온 응력 완화법
④ 기계적 응력 완화법

ㅣ 정답 ㅣ　**06** ②　**07** ①　**08** ④　**09** ②　**10** ④　**11** ①

해 용접 후 처리 – 잔류 응력 제거법
- 노내 풀림법 : 가열로 속에서 풀림 열처리를 하는 방법
- 저온 응력 완화법 : 용접선의 좌우를 가스 불꽃으로 약 150~200℃ 가열 후 수냉하여 응력을 완하하는 방법
- 기계적 응력 완화법 : 용접부에 소성변형을 주어 응력을 완화하는 방법. 일반적으로 타격을 가하기 보다는 하중을 주어 응력을 제거한다.
- 피닝법과 기계적 응력완화법이 혼동될 수 있는데, 끝이 구면인 해머를 이용하여 표면에 소성변형을 주면 피닝법이다.

12 용접 변형의 교정법에서 점 수축법의 가열온도와 가열시간으로 가장 적당한 것은?

① 100~200℃, 20초   ② 300~400℃, 20초
③ 500~600℃, 30초   ④ 700~800℃, 30초

해 용접 변형의 교정방법
- 박판에 대한 점 수축법 : 가열온도 500~600℃, 가열시간은 30초 정도, 가열부 지름 20~30mm, 가열 즉시 수냉한다.

13 수직판 또는 수평면 내에서 선회하는 회전 영역이 넓고 팔이 기울어져 상하로 움직일 수 있어 주로 스폿 용접, 중량물 취급 등에 많이 이용되는 로봇은?

① 다관절 로봇   ② 극좌표 로봇
③ 원통 좌표 로봇   ④ 직각 좌표계 로봇

해

명칭	작동 방식
직각 좌표계 로봇	X, Y, Z로 표시되는 직각 좌표계 형식이며 세 개의 팔이 서로 직각으로 교차하여 가로, 세로, 높이 2차원 내에서 작업하는 로봇이다. 작업영역이 직육면체로, 구조가 간단하여 위치 결정 정밀도가 높고, 좌표계산이 쉬우며, 제어가 간단하다. 큰 프레임을 가져야 하므로, 공간을 많이 차지하여 작동범위가 좁고, 직선 운동을 위한 기구학적 설계가 복잡한 단점이 있다.
원통 좌표 로봇	동작 기구가 주로 원통 좌표계 형식으로 두 방향의 직선축과 한 개의 회전 운동을 하지만 수직면에서의 선회는 되지 않는 로봇, 주로 공작기계의 공작물 탈착 작업에 사용된다.
극좌표 로봇	직선축과 회전축으로 되어 있으며, 수직판 또는 수평면 내에서 선회하는 회전 영역이 넓고 팔이 기울어져 상하로 움직일 수 있어 주로 스폿 용접, 중량물 취급 등에 많이 이용되는 로봇.
다관절 로봇	동작 기구가 관절형 형식으로 사람의 팔꿈치나 손목의 관절에 해당하는 움직임을 갖는 로봇.

14 서브머지드 아크 용접 시 발생하는 기공의 원인이 아닌 것은?

① 직류 역극성 사용
② 용제의 건조 불량
③ 용제의 산포량 부족
④ 와이어 녹, 기름, 페인트

해 서브머지드 아크 용접 기공
서브머지드 아크 용접에서 직류 역극성과 기공은 관련이 없다.

15 다음 중 전자 빔 용접에 관한 설명으로 틀린 것은?

① 용입이 낮아 후판 용접에는 적용이 어렵다.

② 성분 변화에 의하여 용접부의 기계적 성질이나 내식성의 저하를 가져올 수 있다.

③ 가공재나 열처리에 대하여 소재의 성질을 저하시키지 않고 용접할 수 있다.

④ 10-4~10-6mmHg 정도의 높은 진공실 속에서 음극으로부터 방출된 전자를 고전압으로 가속시켜 용접을 한다.

해 전자빔 용접

전자빔 용접은 얇은 판 및 두꺼운 판까지 용접 할 수 있다.

① 전자빔 용접 장점
- 용접부의 열영향부 및 용접 변형이 작다.
- 정밀 용접이 가능하다.
- 얇은 판 및 두꺼운 판까지 용접 할 수 있다.
- 활성 재료도 용이하게 용접이 된다.
- 불순가스에 의한 오염이 적고 높은 순도의 용접이 가능하다.

② 전자빔 용접의 단점
- 설비 비용이 비싸다.
- 진공 상자 크기에 따라 모재 크기가 제한된다.
- X선에 대한 특수 보호 장치가 필요하다.

16 안전 보건표지의 색채, 색도기준 및 용도에서 지시의 용도 색채는?

① 검은색　　　　② 노란색

③ 빨간색　　　　④ 파란색

해 산업안전보건법에 따른 안전·보건표지의 종류

색상	용도	내용
빨간색	금지	정지신호, 소화설비 및 그 장소, 유해행위 금지
	경고	화학물질 취급장소에서의 유해·위험 경고
노란색	경고	화학물질 취급장소에서의 유해·위험 경고 이외의 위험경고, 주위표지 또는 기계방화물
파란색	지시	특정 행위의 지시 및 사실의 고지
녹색	안내	비상구 및 피난소, 사람 및 차량의 통행표지
흰색	-	파란색 또는 녹색에 대한 보조색
검은색	-	문자 및 빨간색 또는 노란색에 대한 보조색

17 X선이나 Y선을 재료에 투과시켜 투과된 빛의 강도에 따라 사진 필름에 감광시켜 결함을 검사하는 비파괴 시험법은?

① 자분 탐상 검사　　② 침투 탐상 검사

③ 초음파 탐상 검사　④ 방사선 투과 검사

해 비파괴 시험

방사선투과시험

x선과 y선은 물체를 투과하는 성질을 가지며 이것을 재료에 투과시켜 투과된 빛의 강도에 따라 필름에 감광시켜 결함을 검사하는 방법이다.

18 다음 중 용접봉의 용융속도를 나타낸 것은?

① 단위 시간 당 용접 입열의 양

② 단위 시간 당 소모되는 용접 전류

③ 단위 시간 당 형성되는 비드의 길이

④ 단위 시간 당 소비되는 용접봉의 길이

ㅣ 📖 정답 ㅣ **15** ① **16** ④ **17** ④ **18** ④

용접봉의 용융속도

용접봉의 용융속도는 단위 시간당 소비되는 용접봉의 길이로 나타낸다.

용융속도＝아크전류×용접봉 쪽 전압강하

③ 대칭법：용접부의 중심에서 좌, 우로 대칭적으로 용접하는 방법으로, 변형과 수축응력의 경감법이다.

④ 스킵법(비석법)：용접부를 짧게 나눈 다음 띄엄 띄엄 용접하는 방법으로 잔류응력을 줄이는 방법이다.

19 물체와의 가벼운 충돌 또는 부딪침으로 인하여 생기는 손상으로 충격 부위가 부어오르고 통증이 발생되며 일반적으로 피부 표면에 창상이 없는 상처를 뜻하는 것은?

① 출혈 ② 화상
③ 찰과상 ④ 타박상

21 금속 산화물이 알루미늄에 의하여 산소를 빼앗기는 반응에 의해 생성되는 열을 이용한 용접법은?

① 마찰 용접
② 테르밋 용접
③ 일렉트로 슬래그 용접
④ 서브머지드 아크 용접

해 상처의 정의

• 찰과상：넘어지거나 긁히는 등의 마찰에 의해 피부 표면에 입는 외상을 말한다.
• 타박상：어떤 곳에 부딪치거나 물건에 맞아 생기는 손상으로 충격받은 부위가 부어 오르고 통증이 발생되는 상처를 말한다.
• 출혈：혈관의 손상으로 혈액이 나오는 현상을 말한다.
• 화상：뜨거운 불이나 물 등에 의해 피부나 피부 내부 조직이 손상되는 현상을 말한다.

해 용접의 종류

• 테르밋 용접：미세한 알루미늄 분말과 산화철 분말을 도가니에 넣고 첨가제인 과산화바륨, 마그네슘 등의 혼합물을 점화제로 넣고 연소시켜 그 반응열로 용접하는 방법이다.

20 일명 비석법이라고도 하며, 용접 길이를 짧게 나누어 간격을 두면서 용접하는 용착법은?

① 전진법 ② 후진법
③ 대칭법 ④ 스킵법

해 운봉에 대한 종류

① 전진법：한쪽 끝에서 다른 쪽으로 용접하는 방법으로 용접장이 짧으면 변형, 잔류응력이 문제가 되지 않지만 용접장이 길면 잔류응력과 수축이 발생한다.
② 후진법：용접을 단계적으로 후퇴하면서 용접하는 방법으로 수축과 잔류응력을 줄이는 방법이다.

22 저항 용접의 장점이 아닌 것은?

① 대량 생산에 적합하다.
② 후열 처리가 필요하다.
③ 산화 및 변질 부분이 적다.
④ 용접봉, 용제가 불필요하다.

해 저항용접

저항용접은 점용접, 심용접, 프로젝션용접, 업셋용접, 플래쉬 버드 용접 등이 있다.

순간적인 열과 압력에 의해 용접이 되기 때문에 산화 및 변질 부분이 적어, 후열 처리가 거의 불필요하다.

23 정격 2차 전류 200A, 정격 사용률 40%인 아크용접기로 실제 아크 전압 30V, 아크 전류 130A로 용접을 수행한다고 가정할 때 허용 사용률은 약 얼마인가?

① 70% ② 75%
③ 80% ④ 95%

해 용접기의 허용 사용률

$$허용 사용률(\%) = \frac{(정격2차\ 전류)^2}{(실제의\ 용접\ 전류)^2} \times 정격사용률(\%)$$
$$= \frac{(200A)^2}{(130A)^2} \times 40\% = \frac{40000}{16900} \times 40 ≒ 96$$

24 아크 전류가 일정할 때 아크 전압이 높아지면 용접봉의 용융속도가 늦어지고 아크 전압이 낮아지면 용융속도가 빨라지는 특성을 무엇이라 하는가?

① 부저항 특성
② 절연회복 특성
③ 전압회복 특성
④ 아크길이 자기제어 특성

해 용접 특성
• 아크길이 자기제어 특성 : 아크 전류가 일정할 때 아크 전압이 높아지면 용접봉의 용융속도가 늦어지고 아크 전압이 낮아지면 용융속도가 빨라지는 특성이다. 전류 밀도가 클 때 가장 잘 나타나고, 자동 용접에서 와이어를 자동 송급할 경우 용접중에 아크 길이가 다소 변하더라도 아크는 자동적으로 자기 제어 특성에 의해 항상 일정한 길이를 유지한다.

25 강재 표면의 흠이나 개재물, 탈탄층 등을 제거하기 위하여 될 수 있는 대로 얇게 그리고 타원형 모양으로 표면을 깎아내는 가공법은?

① 분말 절단 ② 가스 가우징
③ 스카핑 ④ 플라즈마 절단

해 • 스카핑 : 강재 표면의 탈탄 층 또는 홈 등을 제거하기 위해 사용되며, 표면을 얇고 넓은 범위를 깎아내기 위해 사용한다.
• 분말 절단 : 철분 또는 용제를 연속적으로 절단용 산소 속에 혼합시켜 그 반응열을 이용한 절단 방법이다.
• 가스 가우징 : 가스 절단과 비슷한 토치를 사용하고 용접 부분의 뒷면을 따내거나 U형, H형의 용접 홈을 가공하기 위하여 깊은 홈을 파내는 절단 방법으로 주로 용접 결함을 제거하고 재 용접 시 사용한다.

26 다음 중 야금적 접합법에 해당되지 않는 것은?

① 용접(fusion welding)
② 접어 잇기(seam)
③ 압접(pressure welding)
④ 납땜(brazing and soldering)

해 접합법
접어 잇기(seam)의 경우 기계적 접합법에 해당한다. 용접, 압접, 납땜은 금속이 용융, 응고되는 과정을 거쳐 접합되는 야금적 접합법에 해당한다.

| 📖 정답 | **23** ④ **24** ④ **25** ③ **26** ②

27 다음 중 불꽃의 구성 요소가 아닌 것은?

① 불꽃심 ② 속불꽃
③ 겉불꽃 ④ 환원불꽃

해 산소-아세틸렌 불꽃의 구성요소

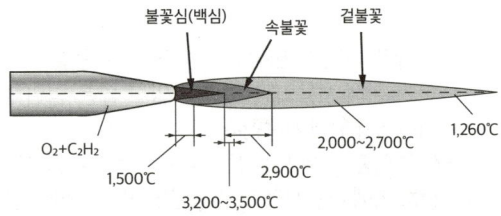

불꽃심(백심) 속불꽃 겉불꽃

$O_2+C_2H_2$ 1,260℃
2,000~2,700℃
1,500℃ 2,900℃
3,200~3,500℃

28 피복 아크 용접봉에서 피복제의 주된 역할이 아닌 것은?

① 용융금속의 용적을 미세화하여 용착효율을 높인다.
② 용착금속의 응고와 냉각속도를 빠르게 한다.
③ 스팩터의 발생을 적게 하고 전기 절연작용을 한다.
④ 용착금속에 적당한 합금원소를 첨가한다.

해 피복제
용접봉의 피복제는 용착금속의 응고와 냉각속도를 느리게 한다.
피복제의 역할
① 아크를 안정시킨다.
② 용착금속의 탈산, 정련 작용을 한다.
③ 슬래그 제거를 쉽게 하고 외관 비드를 좋게 한다.
④ 중성 또는 환원성 분위기로 용융금속을 보호한다.
⑤ 전기절연 작용을 한다.
⑥ 용융금속에 필요한 합금 원소를 첨가한다.
⑦ 용착금속의 냉각속도를 느리게 한다. (급랭 방지)

29 교류 아크 용접기에서 안정한 아크를 얻기 위하여 상용주파의 아크 전류에 고전압의 고주파를 중첩시키는 방법으로 아크 발생과 용접 작업을 쉽게 할 수 있도록 하는 부속장치는?

① 전격방지장치 ② 고주파 발생장치
③ 원격 제어장치 ④ 핫 스타트장치

해 • 고주파 발생 장치 : 안정적인 아크를 얻기위해 상용 주파의 아크전류 외에 고전압(2,000~3,000V)의 고주파 전류를 중첩시키는 방식으로 아크 발생과 용접 작업을 원활하게 하는 장치이다.
• 전격 방지기 : 비교적 높은 무부하 전압(85~90V)으로 교류아크 용접기에 감전위험을 보호하기 위해 사용되는 장치이다.(용접기 내부 또는 뒷면에 설치)
• 원격제어 장치 : 원격으로 전류를 조절하는 장치이다. (용접기와 거리가 먼 경우 사용 편리)발생과 용접 작업을 원활하게 하는 장치이다.
• 핫스타트 장치 : 처음 아크 발생 시 용접봉과 모재가 냉각되어 있어 아크 발생이 불안정하기 때문에 아크발생 초기에만 용접 전류를 크게 해주는 장치이다.

30 피복 아크 용접봉의 피복제 중에서 아크를 안정시켜 주는 성분은?

① 붕사 ② 페로망간
③ 니켈 ④ 산화티탄

해 피복제의 아크 안정제의 종류
산화타이타늄(산화티탄), 규산나트륨, 규산칼륨, 석회석 등

31 산소 용기의 취급 시 주의사항으로 틀린 것은?

① 기름이 묻은 손이나 장갑을 착용하고는 취급하지 않아야 한다.

② 통풍이 잘되는 야외에서 직사광선에 노출시켜야 한다.

③ 용기의 밸브가 얼었을 경우에는 따뜻한 물로 녹여야 한다.

④ 사용 전에는 비눗물 등을 이용하여 누설 여부를 확인한다.

해 통풍이 잘되고 직사광선이 없는 곳에 보관하며, 외기온도는 항상 40℃ 이하로 유지해야 한다.
산소 용기 취급 시 주의사항
① 운반 시 용기를 눕혀 굴리거나 충격을 주지 말아야 한다.
② 운반 밸브를 닫고 안전캡을 씌워서 이동한다.
③ 통풍이 잘되고 직사광선이 없는 곳에 보관하며, 외기온도는 항상 40℃ 이하로 유지해야 한다.
④ 사용 및 저장 시에는 반드시 세워두어야 하고 고정시에는 쇠사슬로 고정시킨다.
⑤ 밸브에는 그리스(grease)나 기름 등을 묻혀서는 안된다.
⑥ 누설검사는 비눗물을 사용하여 누설 여부를 확인 한다.

32 피복 아크 용접봉의 기호 중 고산화티탄계를 표시한 것은?

① E 4301 ② E 4303
③ E 4311 ④ E 4313

해 **피복아크 용접봉의 종류**
① E4301 : 일미나이트계
② E4303 : 라임타이타늄계

③ E4311 : 고셀롤로오스계
④ E4313 : 고산화티탄계
⑤ E4316 : 저수소계
⑥ E4324 : 철분산화타이타늄계
⑦ E4326 : 철분저수소계
⑧ E4327 : 철분산화철계

33 가스 절단에서 프로판 가스와 비교한 아세틸렌가스의 장점에 해당되는 것은?

① 후판 절단의 경우 절단속도가 빠르다.

② 박판 절단의 경우 절단속도가 빠르다.

③ 중첩 절단을 할 때에는 절단속도가 빠르다.

④ 절단면이 거칠지 않다.

해

아세틸렌	프로판
• 점화 및 불꽃 조절이 쉽다. • 예열시간이 짧게 걸린다. • 표면 이물질의 영향을 적게 받는다. • 박판 절단에 속도가 빠르다.	• 절단면이 깨끗하고, 슬래그가 잘 떨어진다. • 포갬 절단 및 후판 절단 속도가 빠르다. • 산소의 소비량이 아세틸렌에 비해 많다.

34 용접기의 구비조건이 아닌 것은?

① 구조 및 취급이 간단해야 한다.

② 사용 중에 온도 상승이 적어야 한다.

③ 전류 조정이 용이하고 일정한 전류가 흘러야 한다.

④ 용접 효율과 상관없이 사용 유지비가 적게 들어야 한다.

해 아크 용접기는 역률 및 효율이 좋아야 한다.

피복아크 용접기의 구비조건
① 구조 및 취급이 간단해야 한다.
② 용접 중 온도 상승이 작아야 한다.
③ 전류 조절이 용이하고 전류가 일정하게 흘러야 한다.
④ 역률 및 효율이 좋아야 한다.
⑤ 적당한 무부하전압이 유지되어야 한다.
　(DC : 40~60V, AC : 70~80V)
⑥ 아크 발생이 쉽고 아크가 안정되어야 한다.

35 다음 중 연강을 가스 용접할 때 사용하는 용제는?

① 붕사
② 염화나트륨
③ 사용하지 않는다.
④ 중탄산소다 + 탄산소다

해 가스 용접 시 재료에 따른 용제의 종류

용접 금속	용제
연강	사용하지 않음
반경강	중탄산소다+탄산소다
주철	탄산나트륨 15%, 붕사 15%, 중탄산나트륨 70%
구리 합금	붕사 15%, 염화리튬 25%
알루미늄	염화나트륨 30%, 염화칼륨 45%, 염화리튬 15%, 플루오르화칼륨 7%, 황산칼륨 3%

36 프로판 가스의 특징으로 틀린 것은?

① 안전도가 높고 관리가 쉽다.
② 온도 변화에 따른 팽창률이 크다.
③ 액화하기 어렵고 폭발 한계가 넓다.
④ 상온에서는 기체 상태이고 무색, 투명하다.

해 프로판 가스는 액화하기 쉽고 폭발 한계가 좁아 안전도가 높고 관리가 쉽다.

37 피복 아크 용접봉에서 아크 길이와 아크 전압의 설명으로 틀린 것은?

① 아크 길이가 너무 길면 불안정하다.
② 양호한 용접을 하려면 짧은 아크를 사용한다.
③ 아크 전압은 아크 길이에 반비례한다.
④ 아크 길이가 적당할 때 정상적인 작은 입자의 스패터가 생긴다.

38 다음 중 용융금속의 이행 형태가 아닌 것은?

① 단락형　　　　② 스프레이형
③ 연속형　　　　④ 글로블러형

해 용적이행 방식에 따른 분류

이행 방식	특징
단락 이행	• 용적이 용융지에 접촉하여 단락이 되고, 표면장력의 작용으로 모재에 옮겨가 용착되는 것을 반복한다. • 비교적 저전류(약 200A 이하)로 용접하는 경우 발생한다. • 입열량이 적고 용입이 얕아 박판용접에 적합하다. • 저전류 CO_2 용접 시 솔리드 와이어 사용할 때 발생한다.
입상 이행 (글로블러형)	• 와이어보다 큰 용적으로 용융되어 이행한다. (옮겨간다.) • 비교적 큰 용적이 단락되지 않고 옮겨 가는 현상이다. • 용융 방울(용적)의 크기가 와이어의 지름보다 클 때 깊은 용입을 얻을 수 있어 능률적이나 스패터 발생이 많다.

| 📖 정답 | 35 ③ 36 ③ 37 ③ 38 ③

이행 방식	특징
스프레이 이행	• 와이어보다 작은 용적으로 용융되어 이행한다. (옮겨간다.) • 용적이행으로 가장 많이 사용되며 용가재가 고속으로 용융되어 미입자의 용적으로 분사되어 모재로 옮겨가면서 용착되는 방식이다. • 고전압, 고전류에서 발생하고 아르곤 가스나 헬륨가스를 사용하는 경합금 용접에 주로 나타난다. • 용적이 작은 입자로 스패터 발생이 적고 용입이 깊으며, 완전한 스프레이 이행이 된다. • MIG 용접 시 주로 사용된다.
펄스 이행	• 낮은 전류에서 스프레이 이행이 이루어지며 박판 용접 시 이용한다.

39 강자성을 가지는 은백색의 금속으로 화학 반응용 촉매, 공구 소결재로 널리 사용되고 바이탈륨의 주성분 금속은?

① Ti   ② Co
③ Al   ④ Pt

📖 금속
• 강자성체 : 자석에 붙으며 자석을 제거해도 계속 자성을 띄고, 잘 달라붙는 물질, Fe, Ni, Co
• 바이탈륨 : 코발트를 주성분으로 하고 크로뮴과 몰리브데넘을 함유한 합금 물질. 열과 산(酸)에 잘 견디며, 틀니나 의족(義足) 따위 등을 만드는 데 쓰인다. 상품명에서 나온 말이다.
• Co(코발트) : 코발트는 화학 원소로 기호는 Co이고 원자 번호는 27이다. 단단하고 강자성을 띤 은백색 금속 원소이다. 자석이나 강도 높은 합금 제조에 사용된다. 촉매, 공구 소결재로 많이 사용된다.

40 재료에 어떤 일정한 하중을 가하고 어떤 온도에서 긴 시간 동안 유지하면 시간이 경과함에 따라 스트레인이 증가하는 것을 측정하는 시험 방법은?

① 피로 시험   ② 충격 시험
③ 비틀림 시험   ④ 크리프 시험

📖 재료시험법
• 충격시험 : 시험편에 V형 또는 U형 노치를 만들고, 충격 하중을 주어서 파단 시키는 시험법으로 재료의 인성과 취성의 정도를 조사하는 시험 방법이다. 시험법의 종류는 샤르피식과 아이조드식이 있다.
• 피로시험 : 피로시험기를 이용하여 재료에 반복 하중을 가하여 파괴 될 때까지의 반복 횟수를 구하는 시험법이다. (피로파괴 : 안전하중 상태에서도 작은 힘이 계속적으로 반복하여 작용하면 파괴를 일으키는 것)
• 크리프 시험 : 재료에 일정한 응력을 가할 때에 생기는 변형량의 시간적 변화를 크리프(creep)라 하며, 크리프 시험은 재료의 인장 크리프 스트레인의 크기를 측정하는 것으로서 시료의 온도 및 시험 시간을 규정하고 있다.

41 금속의 결정구조에서 조밀육방격자(HCP)의 배위수는?

① 6   ② 8
③ 10   ④ 12

📖 결정구조의 배위수
• 배위수(coordination number, 配位數)란? 한 원자를 둘러싸는 가장 가까운 원자의 수

조직	주요 금속	배위수
체심입방격자(BCC)	α-Fe(페라이트), Cr(크롬), Mo(몰리브덴)	8개

조직	주요 금속	배위수
면심입방격자(FCC)	γ-Fe(오스테나이트), Al(알루미늄), Cu(구리), Ag(은), Au(금), Pt(백금)	12개
조밀육방격자(HCP)	Be(베릴륨), Mg(마그네슘), Zn(아연), Ti(티타늄)	12개

42 주석청동의 용해 및 주조에서 1.5~1.7% 의 아연을 첨가할 때의 효과로 옳은 것은?

① 수축률이 감소된다.

② 침탄이 촉진된다.

③ 취성이 향상된다.

④ 가스가 흡입된다.

해 청동

주석청동에 아연을 첨가하면 수축률이 감소된다.

43 금속의 결정구조에 대한 설명으로 틀린 것은?

① 결정입자의 경계를 결정입계라 한다.

② 결정체를 이루고 있는 각 결정을 결정입자라 한다.

③ 체심입방격자는 단위격자 속에 있는 원자수 가 3개이다.

④ 물질을 구성하고 있는 원자가 입체적으로 규 칙적인 배열을 이루고 있는 것을 결정이라 한다.

해 결정구조

체심입방격자는 단위격자 속에 원자수가 2개가 있 다.

44 Al의 표면을 적당한 전해액 중에서 양극 산화처리하면 표면에 방식성이 우수한 산화 피 막층이 만들어진다. 알루미늄의 방식 방법에 많 이 이용되는 것은?

① 규산법

② 수산법

③ 탄화법

④ 질화법

해 알루미늄 부식 방지법

수산법이 관한 내용이다. 수산법은 알루마이트법 이라고도 하며 Al 제품을 2%의 수산 용액에서 전 류를 흘려 표면에 단단하고 치밀한 산화막 조직을 형성 시킨다.

45 강의 표면 경화법이 아닌 것은?

① 풀림

② 금속 용사법

③ 금속 침투법

④ 하드 페이싱

해 풀림은 단단해진 강을 연하게 하기 위한 열처리법 이다.

46 비금속 개재물이 강에 미치는 영향이 아 닌 것은?

① 고온 메짐의 원인이 된다.

② 인성은 향상시키나 경도를 떨어뜨린다.

③ 열처리 시 개재물로 인한 균열을 발생시킨다.

④ 단조나 압연 작업 중에 균열의 원인이 된다.

해 비금속 개재물

금속성분이 아닌 성분을 의미한다. 비금속 개재물이 강에 존재하면 인성을 떨어뜨리는 영향을 미친다.

47 해드 필드강(hadfield steel)에 대한 설명으로 옳은 것은?

① Ferrite계 고 Ni강이다.

② Pearlite계 고 Co강이다.

③ Cementite계 고 Cr강이다.

④ Austenite계 Mn강이다.

해 해드필드(hadfield)강

고망간강(망간 약12% 정도 함유)으로 내마멸성과 내충격성이 우수하고, 특히 인성이 우수하기 때문에 파쇄 장치, 기차 레일, 굴착기 등의 재료로 사용된다.

48 잠수함, 우주선 등 극한 상태에서 파이프의 이음쇠에 사용되는 기능성 합금은?

① 초전도 합금   ② 수소 저장 합금

③ 아모퍼스 합금   ④ 형상 기억 합금

해 형상 기억 합금

① 일반적인 금속은 탄성한도가 있어, 그 이하에서는 외력을 제거하면 돌아오지만, 항복점 이상에서는 소성변형되어 되돌아오지 않는다.

② 형상 기억 합금은 소성변형이 일어난 후 일정 온도 이상으로 가열해주면 다시 원상태로 돌아온다.

③ 금 - 카드뮴, 인듐 - 탈륨, 니켈 - 티탄 합금 등이 사용되고 있다.

④ 잠수함, 우주선과 같이 극한 상태에서 원래 형상을 기억하고 있응 형상기억 합금이 활용된다.

49 탄소강에서 탄소의 함량이 높아지면 낮아지는 것은?

① 경도   ② 항복강도

③ 인장강도   ④ 단면 수축률

해 탄소의 함량이 높아질 경우 단면수축률과 연신률이 저하된다. 반면 강도와 경도는 높아진다.

50 3~5%Ni, 1%Si을 첨가한 Cu 합금으로 C 합금이라고도 하며, 강력하고 전도율이 좋아 용접봉이나 전극재료로 사용되는 것은?

① 톰백   ② 문쯔메탈

③ 길딩메탈   ④ 콜슨합금

해 구리 합금

콜슨합금에 관한 설명이다.

51 치수 기입법에서 지름, 반지름, 구의 지름 및 반지름, 모떼기, 두께 등을 표시할 때 사용하는 보조기호 표시가 잘못된 것은?

① 두께 : D6   ② 반지름 : R3

③ 모떼기 : C3   ④ 구의 반지름 : SR6

| 📖 정답 | 47 ④ 48 ④ 49 ④ 50 ④ 51 ①

치수 보조기호

구분	기호	구분	기호
지름	ø	판의 두께	t
반지름	R	원호의 길이	⌒
구의 지름	Sø	45° 모따기	C
구의 반지름	SR	이론적으로 정확한 치수	10
정사각형의 변	□4	참고치수	( )

52 인접부분을 참고로 표시하는데 사용하는 것은?

① 숨은 선
② 가상선
③ 외형선
④ 피치선

가상선(가는 2점 쇄선)은 인접부분을 참고로 표시하는데 사용한다.

53 보기와 같은 KS 용접 기호의 해독으로 틀린 것은?

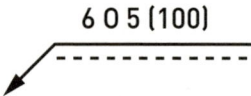

6 0 5 (100)

① 화살표 반대쪽 점용접
② 점 용접부의 지름 6mm
③ 용접부의 개수(용접 수) 5개
④ 점 용접한 간격은 100mm

화살표 쪽에 용접해야 한다.

54 좌우, 상하 대칭인 그림과 같은 형상을 도면화하려고 할 때 이에 관한 설명으로 틀린 것은? (단, 물체에 뚫린 구멍의 크기는 같고 간격은 6mm로 일정하다.)

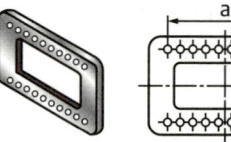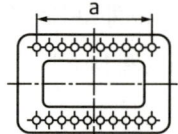

① 치수 a는 9×6(=54)으로 기입할 수 있다.
② 대칭기호를 사용하여 도형을 1/2로 나타낼 수 있다.
③ 구멍은 동일 형상일 경우 대표 형상을 제외한 나머지 구멍은 생략할 수 있다.
④ 구멍은 크기가 동일하더라도 각각의 치수를 모두 나타내야 한다.

구멍은 크기가 동일하고 각각의 일정한 간격일 경우 치수를 모두 나타낼 필요가 없다.

55 그림과 같은 제3각법 정투상도에 가장 적합한 입체도는?

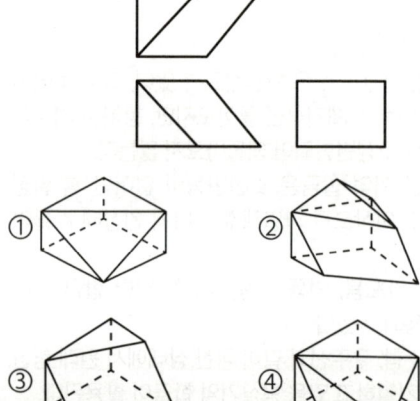

해 **정투상법**
정면도를 볼 때 ②, ③과 같은 형상이 만들어진다.
평면도를 볼 때 ③과 같은 형상이 만들어진다.

56 3각 기둥, 4각 기둥 등과 같은 각 기둥 및 원기둥을 평행하게 펼치는 전개 방법의 종류는?

① 삼각형을 이용한 전개도법
② 평행선을 이용한 전개도법
③ 방사선을 이용한 전개도법
④ 사다리꼴을 이용한 전개도법

해 **전개도법의 종류**

종류	내용
평행선법	삼각기둥, 사각기둥과 같은 각기둥이나 원기둥을 평행하게 전개하여 그리는 방법
방사선법	삼각뿔, 사각뿔과 같은 각뿔이나 원뿔을 꼭지점을 기준으로 부채꼴로 펼쳐서 전개하여 그리는 방법
삼각형법	꼭지점이 먼 각뿔이나 원뿔 등의 해당면을 삼각형으로 분활하여 전개도를 그리는 방법

57 SF-340A는 탄소강 단강품이며, 340은 최저인장강도를 나타낸다. 이때 최저 인장강도의 단위로 가장 옳은 것은?

① N/m^2 ② kgf/m^2
③ N/mm^2 ④ kgf/mm^2

해 **배관의 규격**
SF-340A는 탄소강 단강품이다.
• 단강품 : 여러 가지 방법으로 만들어진 강괴 또는 강편을 보통 프레스나 해머 등으로 소성 가공해서 제조한 제품.

• SF : Carbon Steel Forgings for General Use
• 340 : 최저인장강도 $340N/mm^2$
• A : 어닐링, 노멀라이징 또는 노멀라이징 템퍼링을 한 단강품.
일반적으로 KS 규격에서 인강강도는 N/mm^2를 사용한다.

58 배관 도면에서 그림과 같은 기호의 의미로 가장 적합한 것은?

① 체크 밸브   ② 볼 밸브
③ 콕 일반   ④ 안전 밸브

해 **밸브의 종류 및 기호**

종류	기호	종류	기호
밸브 (일반)	⋈	앵글 밸브	◁
게이트 밸브	⋈	3방향 밸브	⋈
글로브 밸브	●⋈	안전 밸브	(symbol) (symbol)
체크 밸브	◄⋈		
볼 밸브	⋈		
버터플라이 밸브	⋈	유니언 이음	⋈

59 한쪽 단면도에 대한 설명으로 올바른 것은?

① 대칭형의 물체를 중심선을 경계로 하여 외형도의 절반과 단면도의 절반을 조합하여 표시한 것이다.
② 부품도의 중앙 부위의 전후를 절단하여 단면을 90° 회전시켜 표시한 것이다.
③ 도형 전체가 단면으로 표시된 것이다.
④ 물체의 필요한 부분만 단면으로 표시한 것이다.

해 한쪽 단면도
대칭형의 물체를 중심선을 기준으로 하여 외형도와 단면도의 절반을 조합하여 표시한 단면도

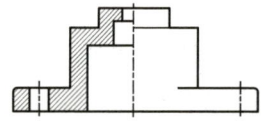

60 판금 작업 시 강판재료를 절단하기 위하여 가장 필요한 도면은?

① 조립도   ② 전개도
③ 배관도   ④ 공정도

해 전개도는 입체의 표면을 평면 위에 펼쳐서 그리는 도면이다.

CHAPTER 7-1

2015년도 기출문제 1회

01 불활성 가스 텅스텐 아크용접(TIG)의 KS 규격이나 미국용접협회(AWS)에서 정하는 텅스텐 전극봉의 식별 색상이 황색이면 어떤 전극봉인가?

① 순텅스텐
② 지르코늄 텅스텐
③ 1% 토륨 텅스텐
④ 2% 토륨 텅스텐

해 1% 토륨텅스텐 전극봉의 색상이 황색이다.

종류	식별 색
순 텅스텐봉	녹색
1% 토륨봉	노란색
2% 토륨봉	적색(빨간색)
1%~2% 란탄봉	흑색(1%), 금색(1.5%), 하늘색(2%)
지르코늄봉	갈색 또는 백색

02 서브머지드 아크 용접의 다전극 방식에 의한 분류가 아닌 것은?

① 푸시식
② 텐덤식
③ 횡병렬식
④ 횡직렬식

해 서브머지드 아크 용접의 다전극 방식에 의한 분류
① 탬덤식 : 2개의 독립전원에 연결 후 아크를 발생시키면 용입이 깊고 비드 폭은 좁다.
② 횡병렬식 : 2개의 독립전원을 직렬로 흐르게 하여 아크의 복사열로 모재를 용융시키는 방법으로 용접 폭이 넓고 용입은 깊다.

③ 횡직렬식 : 2개의 독립전원을 한곳에 연결한 후 아크를 발생시켜 그 복사열로 다량의 용착금속을 얻는 방법으로 용접폭이 넓고 용입은 얕다.

03 다음 중 정지 구멍(Stop hole)을 뚫어 결함부분을 깎아내고 재용접해야 하는 결함은?

① 균열
② 언더컷
③ 오버랩
④ 용입부족

해 결함 보수법
① 보통의 경우 결함부를 그라인더 가공 또는 가우징 작업을 통해 제거하고 용접을 실시한다.
② 균열은 균열의 끝 부분에 정지구멍(균열이 더 이상 진행되지 않도록)을 만들고 균열부를 깎아낸 다음 홈을 만들어 재용접한다.
③ 기공 또는 슬래그 섞임의 경우 부분을 가공하고 용접한다.

04 다음 중 비파괴 시험에 해당하는 시험은?

① 굽힘 시험
② 현미경 조직 시험
③ 파면 시험
④ 초음파 시험

해 굽힘 시험은 파괴 시험에 해당한다.
비파괴 시험의 종류

기호	시험의 종류	기호	시험의 종류
RT	방사선투과시험	PT	침투탐상검사
UT	초음파탐상검사	LT	누설검사
MT	자분탐상검사	VT	육안검사
ET	와전류탐상검사		

| 📖 정답 | **01** ③ **02** ① **03** ① **04** ④

05 산업용 로봇 중 직각 좌표계 로봇의 장점에 속하는 것은?

① 오프라인 프로그래밍이 용이하다.

② 로봇 주위에 접근이 가능하다.

③ 1개의 선형축과 2개의 회전축으로 이루어졌다.

④ 작은 설치공간에 큰 작업영역이다.

해 • 직각좌표계 로봇은 모듈별로 판매되기 때문에 오프라인 프로그래밍을 적용하기 용이하다.
• 로봇 주위는 위험하므로 접근이 어렵다.
• X, Y, Z 3개의 선형 축으로 이루어졌다.
• 설치공간을 많이 차지하나 작동범위가 좁다.

06 용접 후 변형 교정시 가열 온도 500~600℃, 가열 시간 약 30초, 가열 지름 20~30mm로 하여 가열한 후 즉시 수냉하는 변형 교정법을 무엇이라 하는가?

① 박판에 대한 수냉 동판법

② 박판에 대한 살수법

③ 박판에 대한 수냉 석면포법

④ 박판에 대한 점 수축법

해 박판에 대한 점 수축법에 대한 설명이다.
• '가열 지름'이라는 단어를 통해 점 수축법이라는 것을 유추할 수 있다.
• 두께가 얇은 철판일수록 열에 의한 변형이 많다. 일부를 가열하여 변형을 교정하는 방법을 사용할 수 있다.
• 박판 : 두께가 얇은 철판으로 3.0mm 이하
• 중판 : 3.0~6.0mm
• 후판 : 6.0mm 이상
• 극후판 : 100mm 이상

07 용접 전의 일반적인 준비 사항이 아닌 것은?

① 사용 재료를 확인하고 작업 내용을 검토한다.

② 용접전류, 용접 순서를 미리 정해둔다.

③ 이음부에 대한 불순물을 제거한다.

④ 예열 및 후열처리를 실시한다.

해 용접 전의 일반적인 준비 사항으로 문제를 1~4번 모두 용접 전후 해야 하는 사항이나, 후열처리의 경우 용접 후에 실시하므로 용접 전 준비 사항에 해당하지 않는다.

08 금속간의 원자가 접합하는 인력 범위는?

① 10^{-4}cm ② 10^{-6}cm

③ 10^{-8}cm ④ 10^{-10}cm

해 금속 간의 인력이 작용하는 범위는 뉴턴의 만유인력의 법칙에 따라, 두 금속간의 간격이 10^{-8}cm, 1억분의 1cm 정도 접근시키면 인력이 작용되어 결합한다.

09 불활성 가스 금속 아크 용접(MIG)에서 크레이터 처리에 의해 낮아진 전류가 서서히 줄어들면서 아크가 끊어지는 기능으로 용접부가 녹아내리는 것을 방지하는 제어 기능은?

① 스타트 시간

② 예비 가스 유출 시간

③ 버언 백 시간

④ 크레이터 충전 시간

해

종류	기능
예비가스 유출시간	아크 발생 전 보호가스를 흐르게 하여 안정적인 아크와 결함 발생을 방지한다.
스타트 시간	아크가 발생하는 순간 전류와 전압을 크게 하여 아크발생과 모재와의 융합을 좋게 한다.
크레이터 충전 시간	크레이터의 결함을 방지한다.
번 백 시간	크레이터 처리에 의해 낮아진 전류가 서서히 줄어들면서 아크가 끊어지는 현상을 제어하여 용접부가 녹아내리는 것을 방지한다.
가스지연 유출시간	용접 후 5~25초 정도 가스를 흘려보내어 크레이터의 산화를 방지한다.

10 다음 중 용접용 지그 선택의 기준으로 적절하지 않은 것은?

① 물체를 튼튼하게 고정시켜 줄 크기와 힘이 있을 것

② 변형을 막아줄 만큼 견고하게 잡아줄 수 있을 것

③ 물품의 고정과 분해가 어렵고 청소가 편리할 것

④ 용접 위치를 유리한 용접 자세로 쉽게 움직일 수 있을 것

해 지그
가공 및 용접 등에서 위치를 쉽고 정확하게 정하기 위한 보조용 기구 물품의 고정과 분해가 쉬워야 사용이 용이하다.

11 다음 중 테르밋 용접의 특징에 관한 설명으로 틀린 것은?

① 전기가 필요없다.

② 용접 작업이 단순하다.

③ 용접 시간이 길고 용접 후 변형이 크다.

④ 용접 기구가 간단하고 작업 장소의 이동이 쉽다.

해 테르밋 용접
미세한 알루미늄 분말과 산화철 분말을 도가니에 넣고 첨가제인 과산화바륨, 마그네슘 등의 혼합물을 점화제로 넣고 연소시켜 그 반응열로 용접하는 방법이다.

테르밋 용접의 특징
① 용접 시 전기가 필요 없다.
② 용접기구가 간단하고 설비 비용이 저렴하다.
③ 차축, 레일, 선박의 프레임 등의 용접에 주로 사용된다.
④ 용접 시간이 짧고 변형이 크지 않다.
⑤ 작업 장소 이동이 용이하여 현장 작업에 많이 사용된다.
⑥ 알루미늄 분말 : 산화철 분말의 중량비 3~4 : 1

12 서브머지드 아크 용접에 대한 설명으로 틀린 것은?

① 가시 용접으로 용접시 용착부를 육안으로 식별이 가능하다.

② 용융속도와 용착속도가 빠르며 용입이 깊다.

③ 용착금속의 기계적 성질이 우수하다.

④ 개선각을 작게 하여 용접 패스 수를 줄일 수 있다.

해 서브머지드 아크 용접은 용제에 아크가 가려져서 보이지 않기 때문에 불가시 아크 용접, 잠호용접, 유니언 멜트 용접이라고도 한다.

ㅣ 📖 정답 ㅣ **10** ③ **11** ③ **12** ①

용접 일반

용접 검사 및 시공

작업안전

용접 재료

기계제도

용접기능사 기출문제

특수용접기능사 기출문제

서브머지드 아크 용접의 장점

① 용접속도는 피복아크 용접에 두께 12mm일 때 약 2~3배, 25mm일 때 5~6배, 50mm일 때 8~12배가 되므로 능률이 높다.

② 용착금속의 기계적 성질이 우수하고 용접 품질을 양호하게 할 수 있다.

③ 용접 중 대기중의 보호가 확실하여 대기 중의 산소, 질소 등의 영향을 받지 않는다.

④ 용제의 단열 작용으로 용입을 크게 할 수 있고, 용융속도 및 용착속도가 빠르다.

⑤ 개선각을 작게 하여 용접 패스 수를 줄일 수 있다.

13 다음 중 용접 설계상 주의해야 할 사항으로 틀린 것은?

① 국부적으로 열이 집중되도록 할 것

② 용접에 적합한 구조의 설계를 할 것

③ 결함이 생기기 쉬운 용접 방법은 피할 것

④ 강도가 약한 필릿 용접은 가급적 피할 것

해 국부적으로 열이 집중되면 재료의 변형, 재질의 변화 등의 현상이 발생할 수 있으므로 열은 분산되도록 한다.

14 이산화탄소 아크 용접법에서 이산화탄소(CO_2)의 역할을 설명한 것 중 틀린 것은?

① 아크를 안정시킨다.

② 용융금속 주위를 산성 분위기로 만든다.

③ 용융속도를 빠르게 한다.

④ 양호한 용착금속을 얻을 수 있다.

해 용융속도와 이산화탄소의 역할은 관련이 없다. 이산화탄소는 용접부를 보호하는 보호가스로 사용되며, 전류와 전압을 조절하여 용융속도를 제어한다.
 • 용융금속의 주위는 산성 분위기로 만들어지는데, 실드 가스인 이산화탄소가 고온인 아크열에 의하여 분해된다. $CO_2 \leftrightarrow CO + O$

이러한 이유로 산성분위기가 만들어지며, 금속의 산화방지를 위한 탈산제가 첨가된다.

15 이산화탄소 아크 용접에 관한 설명으로 틀린 것은?

① 팁과 모재간의 거리는 와이어의 돌출 길이에 아크 길이를 더한 것이다.

② 와이어 돌출길이가 짧아지면 용접 와이어의 예열이 많아진다.

③ 와이어의 돌출길이가 짧아지면 스패터가 부착되기 쉽다.

④ 약 200A 미만의 저전류를 사용할 경우 팁과 모재 간의 거리는 10~15mm 정도 유지한다.

해 와이어의 돌출길이가 길어지면 아크길이는 길어지며, 용접와이어의 예열이 많아진다.

16 강구조물 용접에서 맞대기 이음의 루트 간격의 차이에 따라 보수 용접을 하는데 보수방법으로 틀린 것은?

① 맞대기 루트 간격 6mm 이하일 때에는 이음부의 한쪽 또는 양쪽을 덧붙임 용접한 후 절삭하여 규정 간격으로 개선 홈을 만들어 용접한다.

② 맞대기 루트 간격 15mm 이상일 때에는 판을 전부 또는 일부(대략 300mm) 이상의 폭을 바꾼다.

③ 맞대기 루트 간격 6~15mm일 때에는 이음부에 두께 6mm 정도의 뒷댐판을 대고 용접한다.

④ 맞대기 루트 간격 15mm 이상일 때에는 스크랩을 넣어서 용접한다.

> 해 맞대기용접에서 루트간격이 규정보다 넓은 경우에 보수하는 방법에 대한 문제이다.

루트 간격	보수 및 용접방법
6mm 이하	이음부의 한쪽 또는 양쪽을 덧붙임 용접한 후, 절삭하여(보통 그라인더를 이용) 규정 간격으로 개선 홈을 다시 만들어 용접한다.
6~16mm 이하	이음부에 두께 6mm 정도의 뒷댐판을 대고 용접한다.
16mm 이상	판을 전부 또는 일부(대략 300mm 이상의 폭)를 바꾼다.

17 용접 시공시 발생하는 용접 변형이나 잔류응력의 발생을 줄이기 위해 용접시공 순서를 정한다. 다음 중 용접시공 순서에 대한 사항으로 틀린 것은?

① 제품의 중심에 대하여 대칭으로 용접을 진행시킨다.
② 같은 평면 안에 많은 이음이 있을 때에는 수축은 가능한 자유단으로 보낸다.
③ 수축이 적은 이음을 가능한 먼저 용접하고 수축이 큰 이음을 나중에 용접한다.
④ 리벳작업과 용접을 같이 할 때는 용접을 먼저 실시하여 용접열에 의해서 리벳의 구멍이 늘어남을 방지한다.

> 해 수축이 큰 이음(맞대기용접)을 먼저 실시하고 수축이 적은 이음(필릿)은 나중에 용접하는 것이 좋다.
> • 자유단이란? : 현(弦)의 한쪽 끝에서 진동파가 전달될 때, 자유롭게 움직이는 다른 쪽 끝을 이르는 말. 구속되어있지 않은 부분을 뜻함.

18 용접 작업시의 전격에 대한 방지 대책으로 올바르지 않은 것은?

① TIG 용접시 텅스텐 봉을 교체할 때는 전원 스위치를 차단하지 않고 해야 한다.
② 습한 장갑이나 작업복을 입고 용접하면 감전의 위험이 있으므로 주의한다.
③ 절연홀더의 절연 부분이 균열이나 파손되었으면 곧바로 보수하거나 교체한다.
④ 용접 작업이 끝났을 때나 장시간 중지할 때에는 반드시 스위치를 차단시킨다.

> 해 텅스텐 전극봉을 교체할 때는 전원 스위치를 차단하고 작업하는 것이 좋다. (스위치 오작동으로 인한 전격 방지)

19 단면적이 10cm²의 평판을 완전 용입 맞대기 용접한 경우의 견디는 하중은 얼마인가? (단, 재료의 허용응력을 1600kgf/cm²로 한다.)

① 160kgf
② 1600kgf
③ 16000kgf
④ 16kgf

> 해 허용응력 = 허용하중/단면적,
> 허용하중 = 허용응력×단면적이므로,
> 1600kgf/cm²×10cm² = 16,000kgf

20 용접 길이가 짧거나 변형 및 잔류응력의 우려가 적은 재료를 용접할 경우 가장 능률적인 용착법은?

① 전진법
② 후진법
③ 비석법
④ 대칭법

해 전진법의 경우 후진법에 비해 비드 모양을 제외하고 단점이 많기 때문에, 사용 범위가 한정된다.

구분	전진법	후진법
토치 진행방향	오른쪽→왼쪽	왼쪽→오른쪽
용접 속도	느리다	빠르다
비드 모양	보기 좋다	매끈하지 못하다
모재 두께	5mm 이하 박판	후판
홈 각도	크다(80°)	작다(60°)
용접 변형	크다	작다
열 이용률	나쁘다	좋다
기계적 성질	나쁘다	미세하다
산화정도	심하다	양호하다

21 다음 중 아세틸렌(C_2H_2) 가스의 폭발성에 해당되지 않는 것은?

① 406~408℃가 되면 자연 발화한다.

② 마찰, 진동, 충격 등의 외력이 작용하면 폭발 위험이 있다.

③ 아세틸렌 90%, 산소 10%의 혼합시 가장 폭발 위험이 크다.

④ 은, 수은 등과 접촉하면 이들과 화합하여 120℃ 부근에서 폭발성이 있는 혼합물을 생성한다.

해 아세틸렌가스는 아세틸렌 15% + 산소 85% 부근에서 가장 폭발 위험이 크다.

22 스터드 용접의 특징 중 틀린 것은?

① 긴 용접 시간으로 용접 변형이 크다.

② 용접 후의 냉각 속도가 비교적 빠르다.

③ 알루미늄, 스테인리스강 용접이 가능하다.

④ 탄소 0.2%, 망간 0.7% 이하 시 균열 발생이 없다.

해 스터드 용접의 특징
① 아크를 집중시키기 위하여 스터드 주변에 페룰을 사용한다,
② 단기간 용접부를 가열 및 용융하여 용접하므로 변형이 적다.
③ 청강재료와 구리, 황동, 알루미늄, 스테인리스강도 가능하다.
④ 주로 철골, 건축, 자동차의 볼트 용접에 적용 된다.

23 연강용 피복 아크 용접봉 중 저수소계 용접봉을 나타내는 것은?

① E 4301
② E 4311
③ E 4316
④ E 4327

해 E 4301 = 일미나이트계 용접봉
E 4311 = 고셀룰로오스계 용접봉
E 4316 = 저수소계 용접봉
E 4327 = 철분산화철계 용접봉

24 산소-아세틸렌 가스 용접의 장점이 아닌 것은?

① 용접기의 운반이 비교적 자유롭다.

② 아크 용접에 비해서 유해광선의 발생이 적다.

③ 열의 집중성이 높아서 용접이 효율적이다.

④ 가열할 때 열량 조절이 비교적 자유롭다.

해 산소-아세틸렌가스 용접의 경우 열의 집중성이 나빠 용접이 비효율적이다.
가열할 때 열량 조절은 밸브개폐에 따라 비교적 자유롭게 조절이 가능하다.

25 직류 피복 아크 용접기와 비교한 교류 피복 아크용접기의 설명으로 옳은 것은?

① 무부하 전압이 낮다.
② 아크의 안정성이 우수하다.
③ 아크 쏠림이 거의 없다.
④ 전격의 위험이 적다.

해 교류아크용접은 직류아크용접에 비해 무부하 전압이 높아 전격의 위험이 크므로 전격방지기를 설치한다. 아크 안전성은 직류아크용접기가 높으나, 아크쏠림이 있다.

26 다음 중 산소 용기의 각인 사항에 포함되지 않는 것은?

① 내용적
② 내압 시험 압력
③ 가스 충전일시
④ 용기 중량

해 가스충전일시는 각인(금속에 새겨져 있는 글자)을 하지 않는다.
산소 용기 각인 내용
① 용기제조자의 명칭 및 기호
② 용기제조 번호
③ 용기의 중량
④ 충전가스의 명칭
⑤ 충전가스의 내용적
⑥ 내압시험압력(TP)
⑦ 최고충전압력(FP)
⑧ 내압시험 연월

27 정류기형 직류 아크 용접기에서 사용되는 셀렌 정류기는 80℃ 이상이면 파손되므로 주의해야 하는데 실리콘 정류기는 몇 ℃ 이상에서 파손이 되는가?

① 120℃
② 150℃
③ 80℃
④ 100℃

해 정류기는 교류 전기를 직류 전기로 변환하는 장치이다. 셀렌 정류기의 경우 80℃ 이상이면 파손되나, 실리콘 정류기의 경우 150℃ 이상에서 파손된다.

28 가스용접 작업시 후진법의 설명으로 옳은 것은?

① 용접속도가 빠르다.
② 열 이용률이 나쁘다.
③ 얇은 판의 용접에 적합하다.
④ 용접 변형이 크다.

해 대체적으로 후진법의 특성이 전진법에 비해 우수하나, 비드모양에 있어서는 전진법이 우수하다.

구분	전진법	후진법
토치 진행방향	오른쪽→왼쪽	왼쪽→오른쪽
용접 속도	느리다	빠르다
비드 모양	보기 좋다	매끈하지 못하다
모재 두께	5mm 이하 박판	후판
홈 각도	크다(80°)	작다(60°)
용접 변형	크다	작다
열 이용률	나쁘다	좋다
기계적 성질	나쁘다	미세하다
산화정도	심하다	양호하다

29 절단의 종류 중 아크 절단에 속하지 않는 것은?

① 탄소 아크 절단　　② 금속 아크 절단
③ 플라즈마 제트 절단　④ 수중 절단

해 수중 절단의 경우 아크절단이 아닌 수소와 산소를 이용하여 절단한다.

30 강재의 표면에 개재물이나 탈탄층 등을 제거하기 위하여 비교적 얇고 넓게 깎아내는 가공방법은?

① 스카핑　　　　　② 가스 가우징
③ 아크 에어 가우징　④ 워터 제트 절단

해 스카핑에 관한 설명이다.
- 가스 가우징 : 가스 절단과 비슷한 토치를 사용하고 용접 부분의 뒷면을 따내거나 U형, H형의 용접홈을 가공하기 위하여 깊은 홈을 파내는 절단 방법
- 아크 에어 가우징 : 탄소봉을 전극으로 하여 아크를 발생시키고 압축공기를 이용하여 공기를 분출하여 홈가공, 용접 결함부 제거, 절단 및 구멍 뚫기 등의 작업을 하는 방법
- 워터 제트 절단 : 물을 초고압으로 사용하여 정밀 절단하는 절단법

31 다음 중 용접기에서 모재를 (+)극에, 용접봉을 (-)극에 연결하는 아크 극성으로 옳은 것은?

① 직류 정극성　　　② 직류 역극성
③ 용극성　　　　　④ 비용극성

구분	직류 정극성(DCSP)	직류 역극성(DCRP)
연결 방법	모재(+) : 70%, 용접봉(-) : 30%	용접봉(+) : 70%, 모재(-) : 30%
비드 폭	좁음	넓음
용융 속도	용접봉의 용융속도가 느림	용접봉의 용융속도가 빠름
용입	깊음	낮음
사용 용도	후판 용접	얇은판 용접(박판, 합금강, 비철금속)

32 야금적 접합법의 종류에 속하는 것은?

① 납땜 이음　　　　② 볼트 이음
③ 코터 이음　　　　④ 리벳 이음

해 납땜의 경우 열과 금속을 특성을 이용한 야금적 접합에 속한다.
- 기계적 접합 : 볼트, 코터, 리벳 등

33 수중 절단작업에 주로 사용되는 연료 가스는?

① 아세틸렌　　　　② 프로판
③ 벤젠　　　　　　④ 수소

해 수중 절단작업에는 주로 연료로 수소 가스를 활용한다.

34 탄소 아크 절단에 압축 공기를 병용하여 전극 홀더의 구멍에서 탄소 전극봉에 나란히 분출하는 고 속의 공기를 분출시켜 용융금속을 불어 내어 홈을 파는 방법은?

① 아크 에어 가우징　② 금속 아크 절단
③ 가스 가우징　　　④ 가스 스카핑

해 아크 에어 가우징에 관한 설명이다.
- 금속 아크 절단 : 탄소 전극봉을 대신하여 절단 전용 특수 피복제를 입힌 전극봉을 이용하여 절단하는 방법
- 가스 가우징 : 가스 절단과 비슷한 토치를 사용하고 용접 부분의 뒷면을 따내거나 U형, H형의 용접홈을 가공하기 위하여 깊은 홈을 파내는 절단 방법
- 가스 스카핑 : 강재의 표면에 개재물이나 탈탄층 등을 제거하기 위하여 비교적 얇고 넓게 깎아내는 가공법

35 가스 용접시 팁 끝이 순간적으로 막혀 가스 분출이 나빠지고 혼합실까지 불꽃이 들어가는 현상을 무엇이라 하는가?

① 인화　　　　② 역류
③ 점화　　　　④ 역화

해 ① 인화 : 팁 끝이 순간적으로 막히게 되면 가스의 분출이 나빠지고 불꽃이 혼합실까지 밀려 들어가 토치를 달구는 현상을 말한다.
② 역류 : 토치 내부의 청결이 불량할 때 내부 기관이 막혀 고압의 산소가 압력이 낮은 아세틸렌 쪽으로 흘러 들어가는 현상을 말한다.
③ 역화 : 토치의 팁 끝이 모재와 닿아 팁이 막히거나 팁의 과열과 가스 압력과 유량이 적당하지 않을 때 팁 속에서 폭발음이 나면서 불꽃이 꺼지거나 다시 정상이 되는 현상을 말한다.

36 피복배합제의 종류에서 규산나트륨, 규산칼륨 등의 수용액이 주로 사용되며 심선에 피복제를 부착하는 역할을 하는 것은 무엇인가?

① 탈산제　　　　② 고착제
③ 슬래그 생성제　④ 아크 안정제

해 고착제에 관한 설명으로 심선과 피복제가 잘 합쳐질 수 있도록 해주는 역할을 한다.
- 탈산제 : 용융금속이나 합금에서 산소를 제거하기 위하여 첨가한 첨가제를 말한다.
- 슬래그 생성제 : 슬래그를 생성하여, 용융금속을 보호하거나 냉각속도를 낮춰주는 역할을 한다.
- 아크 안정제 : 아크를 잘 꺼지지 않도록 안정시켜 주는 역할을 한다.

37 판의 두께(t)가 3.2mm인 연강판을 가스용접으로 보수하고자 할 때 사용할 용접봉의 지름(mm)은?

① 1.6mm　　　② 2.0mm
③ 2.6mm　　　④ 3.0mm

해 적절한 가스 용접봉의 지름＝판의 두께/2＋1 이다. 따라서, 3.2mm/2＋1＝2.6mm 이다.

38 가스 절단시 예열 불꽃의 세기가 강할 때의 설명으로 틀린 것은?

① 절단면이 거칠어진다.
② 드래그가 증가한다.
③ 슬래그 중의 철 성분의 박리가 어려워진다.
④ 모서리가 용융되어 둥글게 된다.

해 가스절단에서 예열에 사용되는 불꽃이 너무 강하면, 절단면이 거칠어지며, 드래그가 감소한다.

| 📖 정답 ㅣ **34** ① **35** ① **36** ② **37** ③ **38** ②

39 황(S)이 적은 선철을 용해하여 구상흑연주철을 제조시 주로 첨가하는 원소가 아닌 것은?

① Al
② Ca
③ Ce
④ Mg

🔲 **구상흑연주철**
보통 주철의 조직에 나타나는 흑연을 본래의 엽편상에서 구상으로 변화시켜 강인성을 향상시킨 주철이다. 선철(주철)에 Mg(마그네슘), Ce(세륨), Ca(칼슘) 등을 첨가하여 제조한다.

40 해드필드(hadfield)강은 상온에서 오스테나이트 조직을 가지고 있다. Fe 및 C 이외에 주요 성분은?

① Ni
② Mn
③ Cr
④ Mo

🔲 **해드필드(hadfield)강**
1882년 해드필드가 처음 발명한 망가니즈강(manganese steel)으로 1.2% 탄소와 12% 망가니즈(Mn, 망간)을 함유하고 있어 강인성과 연성을 지녔으며 내마모성도 뛰어나다.

41 조밀 육방 격자의 결정구조로 옳게 나타낸 것은?

① FCC
② BCC
③ FOB
④ HCP

🔲 **FCC(Face Centered Cubic lattice)**
- 면심입방격자
BCC(Body Centered Cubic lattice)
- 체심입방격자
HCP(Hexagonal Close Packed lattice)
- 조밀육방격자

42 전극재료의 선택 조건을 설명한 것 중 틀린 것은?

① 비저항이 작아야 한다.
② Al과의 밀착성이 우수해야 한다.
③ 산화 분위기에서 내식성이 커야 한다.
④ 금속 규화물의 용융점이 웨이퍼 처리 온도보다 낮아야 한다.

🔲 **금속 규화물**
규화 몰리브덴으로 대표되는 것처럼, 내열 충격성과 내산화성이 뛰어난 도전성 세라믹이다. 일반적으로 고용점, 고경도를 갖는 뛰어난 내식성 세라믹이다.

43 7:3 황동에 주석을 1% 첨가한 것으로 전연성이 좋아 관 또는 판을 만들어 증발기, 열교환기 등에 사용되는 것은?

① 문쯔메탈
② 네이벌 황동
③ 카트리지 브레스
④ 애드미럴티 황동

🔲 **황동의 종류**
① 문쯔 메탈 : 6-4황동, Cu(60%), Zn(40%), 7-3황동에 비해 전연성이 낮고, 인장강도 큼.
② 네이벌 황동 : 6-4황동+1%Sn(주석) 첨가
③ 카트리지 브라스 : 7-3황동, Cu(70%), Zn(30%), 연신율, 냉간가공성 좋음. 탄피 재료
④ 애드미럴티 황동 : 7-3황동+1%Sn(주석) 첨가, 전연성 우수

| 📖 정답 | **39** ① **40** ② **41** ④ **42** ④ **43** ④

44 탄소강의 표준 조직을 검사하기 위해 A3 또는 Acm 선보다 30~50℃ 높은 온도로 가열한 후 공기 중에서 냉각하는 열처리는?

① 노말라이징   ② 어닐링
③ 템퍼링   ④ 칭

해 표준조직을 만들기 위한 처리를 노멀라이징(불림)이라고 한다. 보통 조직의 균질화를 통한 기계적 성질 개선을 위해 처리하는 A₃, Acm 선보다 30~50℃ 높은 온도로 가열한 후 공기 중에 냉각한다.

45 소성 변형이 일어나면 금속이 경화하는 현상을 무엇이라 하는가?

① 탄성 경화   ② 가공 경화
③ 취성 경화   ④ 자연 경화

해 가공 경화
소성가공(압연, 단조, 인발, 압출 등)에 의해 소성변형이 일어나고, 금속이 경화되는 현상을 말한다.

46 납 황동은 황동에 납을 첨가하여 어떤 성질을 개선한 것인가?

① 강도   ② 절삭성
③ 내식성   ④ 전기 전도도

해 납은 절삭성 향상을 위해 사용되는 대표적인 금속으로 쾌삭(가공이 수월한, 절삭성이 높은)강, 쾌삭황동 등에 합금으로 사용된다.

47 마우러 조직도에 대한 설명으로 옳은 것은?

① 주철에서 C와 P 량에 따른 주철의 조직 관계를 표시한 것이다.
② 주철에서 C와 Mn 량에 따른 주철의 조직 관계를 표시한 것이다.
③ 주철에서 C와 Si 량에 따른 주철의 조직 관계를 표시한 것이다.
④ 주철에서 C와 S 량에 따른 주철의 조직 관계를 표시한 것이다.

해 1924년 마우러가 만든 것으로 C와 Si에 따라 주철의 조직이 어떻게 변화하는가를 나타낸 그래프이다.

48 순 구리(Cu)와 철(Fe)의 용융점은 약 몇 ℃인가?

① Cu 660℃, Fe 890℃
② Cu 1063℃, Fe 1050℃
③ Cu 1083℃, Fe 1538℃
④ Cu 1455℃, Fe 2200℃

해 Cu의 용융점은 약 1083℃, Fe의 용융점은 약 1539℃, Al의 용융점은 약 660℃이다.
즉, 주변에서 많이 볼 수 있는 금속인 3가지 금속을 비교하면 용융점은 Al < Cu < Fe 순이다.

| 📖 정답 | **44** ①   **45** ②   **46** ②   **47** ③   **48** ③

49 게이지용 강이 갖추어야 할 성질로 틀린 것은?

① 담금질에 의한 변형이 없어야 한다.
② HRC 55 이상의 경도를 가져야 한다.
③ 열팽창 계수가 보통 강보다 커야 한다.
④ 시간에 따른 치수 변화가 없어야 한다.

해 • 게이지용 강 : 각종 측정도구에 사용되는 합금이다.
① , ② , ④와 같은 특성을 가져야 하며, 열팽창 계수는 보통 강보다 작아야 게이지의 정밀도가 상승한다.
• 열팽창 계수 : 물체의 온도가 1℃ 증가하였을 때 특정한 방향으로 늘어난 길이.

50 그림에서 마텐자이트 변태가 가장 빠른 곳은?

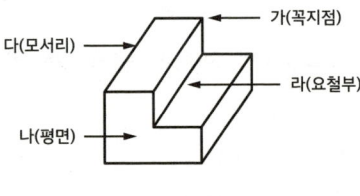

① 가
② 나
③ 다
④ 라

해 마텐자이트
담금질(퀜칭)과정에서 생성되는 열처리 조직으로 경도가 매우 높다.
즉, 열을 가장 많이 빼앗기는 가(꼭지점) 부근에 마텐자이트 형성이 될 가능성이 가장 높은 곳이다.

51 그림과 같은 입체도의 제3각 정투상도로 가장 적합한 것은?

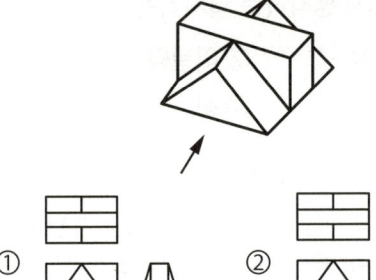

① ② ③ ④

해 3각법으로 투상을 할 때 정면도는 모두 같으므로, 평면도를 보고 먼저 오탑은 제외한다. 평면을 확인하면 ① , ②번과 같은 형상이 나와야 한다. 다음으로 우측면도를 보면 ②번과 같은 형상이 나오는 것을 알 수 있다.

52 다음 중 저온 배관용 탄소 강관의 기호는?

① SPPS
② SPLT
③ SPHT
④ SPA

해 배관의 기호는 대부분 영어 명칭의 앞글자를 모아서 표기하는 경우가 많으므로 영어 명칭을 대략적으로 이해하는 것이 좋다.
① SPPS(Steel Pipe Pressure Service) : 압력 배관용 탄소 강관
② SPLT(Steel Pipe Low Temperature) : 저온 배관용 탄소 강관
③ SPHT(Steel Pipe High Temperature) : 고온 배관용 탄소 강관
④ SPA(Steel Pipe Alloy) : 배관용 합금강 강관

53 다음 중에서 이면 용접 기호는?

① ○   ② ⌵

③ ⌣   ④ ⌵

해 위 용접기호는 주로 용접기호의 기선(기준선) 위에
적어 표기한다.
① ○ : 점용접(스팟용접)
② ⌵ : 한면 개선형 맞대기 용접
③ ⌣ : 이면용접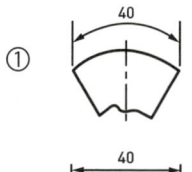
④ ⌵ : 넓은 루트면이 있는 한면 개선형 맞대기
용접

54 다음 중 현의 치수 기입을 올바르게 나타
낸 것은?

① 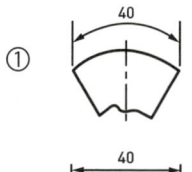   ②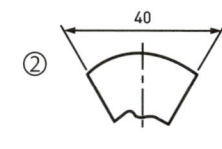

③ 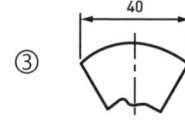   ④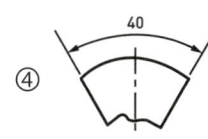

해 치수선과 치수보조선의 형상을 보고 어떤 것을 의
미하는 치수기입인지 확인한다.
① 호의 길이 표기법
② 오류
③ 현의 길이 표기법
③ 각도 표기법

55 다음 중 대상물을 한쪽 단면도로 올바르
게 나타낸 것은?

① 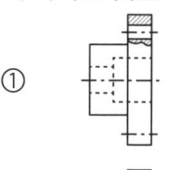   ②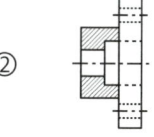

③ 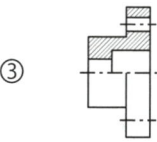   ④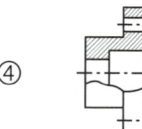

해 한쪽 단면도는 물체의 1/4를 잘라내어 상하 또는
좌우가 대칭의 물체를 중심선을 기준으로 내부 모
양과 외부 모양을 동시에 표시하는 방법이다. 중심
선을 기준으로 한 것은 ③에 해당하는 단면도이다.

56 다음 중 도면에서 단면도의 해칭에 대한
설명으로 틀린 것은?

① 해칭선은 반드시 주된 중심선에 45°로만 경
사지게 긋는다.

② 해칭선은 가는 실선으로 규칙적으로 줄을 늘
어놓는 것을 말한다.

③ 단면도에 재료 등을 표시하기 위해 특수한
해칭(또는 스머징)을 할 수 있다.

④ 단면 면적이 넓을 경우에는 그 외형선에 따
라 적절한 범위에 해칭(또는 스머징)을 할 수 있
다.

해 해칭선 : 도면에서 단면을 표기하는 방법
물체의 인접한 부분이 모두 단면 되었다면 구별을
위해 해칭선의 방향이나 간격을 변경하여 표기한
다.

57 배관의 간략 도시방법 중 환기계 및 배수계의 끝 장치 도시방법의 평면도에서 그림과 같이 도시된 것의 명칭은?

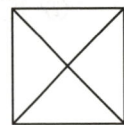

① 배수구　　　　② 환기관
③ 벽붙이 환기 샷갓　④ 고정식 환기 샷갓

해 그림은 고정식 환기 샷갓에 해당한다.

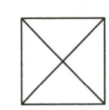

정면도　　　　평면도

58 그림과 같은 입체도에서 화살표 방향에서 본 투상을 정면으로 할 때 평면도로 가장 적합한 것은?

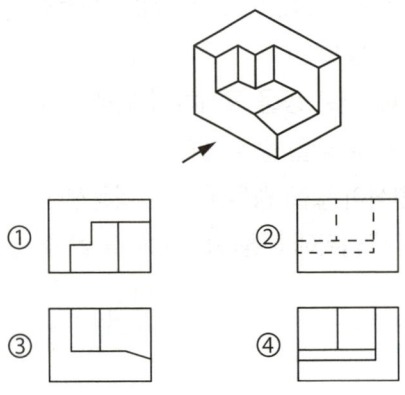

해 평면도는 ①과 같이 그려진다.
　③ 정면도에 해당
　④ 우측면도에 해당

59 나사 표시가 "L 2N M50×2 -4h"로 나타낼 때 이에 대한 설명으로 틀린 것은?

① 왼 나사이다.
② 2줄 나사이다.
③ 미터 가는 나사이다.
④ 암나사 등급이 4h이다.

해 • 나사산의 감는 방향 : L, 왼 나사, 왼 나사의 경우 반시계 방향으로 돌려야 나사가 조여진다.
　• 나사산의 줄수 : 2N, 2줄 나사
　• 나사의 호칭 : M50×2, 지름 50mm, 피치 2mm를 가진 미터 가는 나사, 피치는 나사 산과 나사 산의 거리를 뜻한다.
　• 나사의 등급 : 나사의 정밀도를 의미한다. 4h, 수나사 등급 4, 공차 h
　• 나사의 리드 : 리드는 나사가 1회전 했을 때 이동한 거리로 줄수×피치가 된다. 여기서는 2줄×2mm=4mm 즉, 나사를 1회전 시켰을 때 4mm 이동한다.
　※ 암나사 등급의 경우 대문자를 사용한다.

60 무게 중심선과 같은 선의 모양을 가진 것은?

① 가상선　　　　② 기준선
③ 중심선　　　　④ 피치선

해 가는 2점 쇄선은 선과 선 사이에 점이 2개가 찍혀져 있는 선으로 단면의 무게 중심을 연결한 무게 중심선, 움직인 물체의 상태를 가상하여 나타내는 가상선에 사용된다.
　• 가는 2점 쇄선 : —·—·—·—

CHAPTER 7-2

2015년도 기출문제 2회

01 용접작업 시 안전에 관한 사항으로 틀린 것은?

① 높은 곳에서 용접작업 할 경우 추락, 낙하 등의 위험이 있으므로 항상 안전벨트와 안전모를 착용한다.

② 용접작업 중에 여러 가지 유해 가스가 발생하기 때문에 통풍 또는 환기 장치가 필요하다.

③ 가연성의 분진, 화약류 등 위험물이 있는 곳에서는 용접을 해서는 안 된다.

④ 가스 용접은 강한 빛이 나오지 않기 때문에 보안경을 착용하지 않아도 괜찮다.

해 가스 용접에 경우에도 전기 용접에 비해 약하지만 빛이 나오기 때문에 보안경 착용을 해야 한다.

02 다음 전기 저항 용접법 중 주로 기밀, 수밀, 유밀성을 필요로 하는 탱크의 용접 등에 가장 적합한 것은?

① 점(spot)용접법

② 심(seam)용접법

③ 프로젝션(projection)용접법

④ 플래시(flash)용접법

해 심용접
원판모양의 롤러 전극 사이에 2장의 재료를 두고 전기와 압력을 가하여 연속적으로 용접하는 방법이다.

03 용접부의 중앙으로부터 양끝을 향해 용접해 나가는 방법으로, 이음의 수축에 의한 변형이 서로 대칭이 되게 할 경우에 사용되는 용착법을 무엇이라 하는가?

① 전진법   ② 비석법

③ 케스케이드법   ④ 대칭법

해 대칭법에 관한 설명이다.

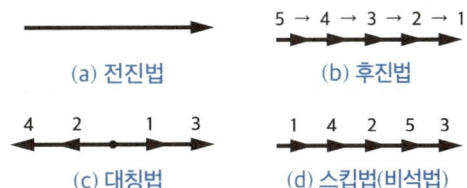

(a) 전진법   (b) 후진법
(c) 대칭법   (d) 스킵법(비석법)

04 불활성 가스를 이용한 용가재인 전극 와이어를 송급장치에 의해 연속적으로 보내어 아크를 발생시키는 소모식 또는 용극식 용접 방식을 무엇이라 하는가?

① TIG 용접

② MIG 용접

③ 피복아크 용접

④ 서브머지드 아크 용접

해 MIG 용접
• TIG 용접은 비소모식, 비용극식 용접이다.
• 피복아크용접은 소모식 용접이지만, 가스를 사용하지 않으며, 송급장치를 사용하지 않는다.

| 정답 | **01** ④ **02** ② **03** ④ **04** ②

- 서브머지드 아크 용접은 소모식 용접이며, 송급 장치를 사용하지만, 불활성가스 아크 용접이 아니다.

05 용접부에 결함 발생 시 보수하는 방법 중 틀린 것은?

① 기공이나 슬래그 섞임 등이 있는 경우는 깎아내고 재용접한다.

② 균열이 발견되었을 경우 균열 위에 덧살올림 용접을 한다.

③ 언더컷일 경우 가는 용접봉을 사용하여 보수한다.

④ 오버랩일 경우 일부분을 깎아내고 재용접한다.

해 균열이 발견되었을 경우 균열을 완전히 제거하고 용접을 해야만, 용접부 내부에 결함이 존재하지 않게 할 수 있다.

06 용접할 때 용접 전 적당한 온도로 예열을 하면 냉각 속도를 느리게 하여 결함을 방지할 수 있다. 예열 온도 설명 중 옳은 것은?

① 고장력강의 경우는 용접 홈을 50~350℃로 예열

② 저합금강의 경우는 용점 홈을 200~500℃로 예열

③ 연강을 0℃ 이하에서 용접할 경우는 이음의 양쪽 폭 100mm 정도를 40~250℃로 예열

④ 주철의 경우는 용접홈을 40~75℃로 예열

해 예열

용접 전에 적당한 온도로 모재를 가열하여 재료의 수축응력, 취성발생 등으로 인한 균열(저온균열 등)을 방지하기 위해 이음부의 온도를 올리는 것이다. 제품에 따라 반드시 예열을 하는 것은 아니다.

금속에 재질에 따라 예열 온도의 차이가 크기 때문에 중요한 용접 부분의 경우 해당부분의 용접절차 사양서(WPS)에 데이터를 확인하고 예열 후 용접한다. (문제의 내용은 일반적인 사항)

① 고장력강의 경우는 용접 홈을 50~350℃로 예열한다.

② 저합금강의 경우는 용점 홈을 50~350℃로 예열한다.

③ 연강을 0℃ 이하에서 용접할 경우는 이음의 양쪽 폭 100㎜ 정도를 40~70℃로 예열한다.

④ 주철의 경우는 냉간용접의 경우 일반적으로 약 100~200℃ 정도의 예열한다.

07 서브머지드 아크 용접에 관한 설명으로 틀린 것은?

① 장비의 가격이 고가이다.

② 홈 가공의 정밀을 요하지 않는다.

③ 불가시 용접이다.

④ 주로 아래보기 자세로 용접한다.

해 서브머지드 아크 용접의 경우 자동용접으로 용접사가 직접 아크나 용용지를 보고 용접하는 것이 아니기 때문에, 그만큼 홈 가공의 정밀도가 높아야 용접의 결함이 들어갈 확률이 적어진다.

08 안전표지 색채 중 방사능 표지의 색상은 어느 색인가?

① 빨강   ② 노랑

③ 자주   ④ 녹색

해 방사능 표지의 경우 보통 노란색 바탕에 빨간색이
나 검정색으로 표시한다.

색상	용도	내용
빨간색	금지	정지신호, 소화설비 및 그 장소, 유해행위 금지
	경고	화학물질 취급장소에서의 유해·위험 경고
노란색	경고	화학물질 취급장소에서의 유해·위험 경고 이외의 위험경고, 주위표지 또는 기계방화물
파란색	지시	특정 행위의 지시 및 사실의 고지
녹색	안내	비상구 및 피난소, 사람 및 차량의 통행표지
흰색	-	파란색 또는 녹색에 대한 보조색
검은색	-	문자 및 빨간색 또는 노란색에 대한 보조색

09 용접부의 시험에서 비파괴 검사로만 짝지
어진 것은?

① 인장 시험 - 외관 시험

② 피로 시험 - 누설 시험

③ 형광 시험 - 충격 시험

④ 초음파 시험 - 방사선 투과시험

해 • 파괴시험 : 인장 시험, 피로시험, 충격시험
  • 비파괴시험 : 외관시험, 누설시험, 형광시험, 초음
    파 시험, 방사선 투과시험

10 용접 시공 시 발생하는 용접변형이나 잔
류응력 발생을 최소화하기 위하여 용접순서를
정할 때 유의사항으로 틀린 것은?

① 동일평면 내에 많은 이음이 있을 때 수축은
  가능한 자유단으로 보낸다.

② 중심선에 대하여 대칭으로 용접한다.

③ 수축이 적은 이음은 가능한 먼저 용접하고,
  수축이 큰 이음은 나중에 한다.

④ 리벳작업과 용접을 같이 할 때에는 용접을
  먼저 한다.

해 일반적으로 수축이 큰 맞대기 이음을 먼저 용접하
  고, 수축이 작은 필릿 이음은 나중에 한다.
  리벳작업과 용접작업이 인접한 경우 용접을 먼저
  실시하고 리벳팅을 한다.

11 다음 중 용접부 검사방법에 있어 비파괴
시험에 해당하는 것은?

① 피로 시험   ② 화학분석 시험

③ 용접균열 시험   ④ 침투 탐상 시험

해 침투탐상시험은 비파괴시험에 해당한다.

12 다음 중 불활성가스(inert gas)가 아닌 것
은?

① Ar   ② He

③ Ne   ④ CO_2

해 CO_2 가스의 경우 활성가스(Active Gas)에 속한다.
  나머지는 불활성 가스에 속한다.

ㅣ 📖 정답 ㅣ **09** ④ **10** ③ **11** ④ **12** ④

용접일반

용접 검사 및 시공

작업안전

용접 재료

기계제도

용접기능사 기출문제

특수용접기능사 기출문제

13 납땜에서 경납용 용제에 해당하는 것은?

① 염화아연   ② 인산
③ 염산   ④ 붕산

해 붕산은 경납(Brazing)의 용제(Flux)로 사용한다.

14 논 가스 아크 용접의 장점으로 틀린 것은?

① 보호 가스나 용제를 필요로 하지 않는다.
② 피복아크용접봉의 저수소계와 같이 수소의 발생이 적다.
③ 용접비드가 좋지만 슬래그 박리성은 나쁘다.
④ 용접장치가 간단하며 운반이 편리하다.

해 논 가스 아크용접은 플럭스 코어드 용접에서 가스를 사용하지 않는 용접법이라고 볼 수 있다.
따라서 일반적인 이산화탄소 아크 용접의 플럭스 코어드 용접에 비해 보호능력이 떨어지고 용접비드가 좋지 않으나, 슬래그의 박리성은 좋다.
보호가스나 별도의 용제가 필요하지 않으므로 운반이 편리하고 장치가 간단한 장점을 가지고 있다.

15 용접선과 하중의 방향이 평행하게 작용하는 필릿 용접은?

① 전면   ② 측면
③ 경사   ④ 변두리

해 위 그림을 보면 측면 필릿용접의 경우 하중의 방향이 용접선과 평행한 것을 볼 수 있다.

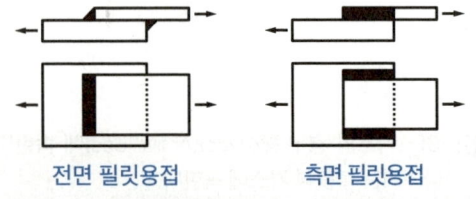

전면 필릿용접   측면 필릿용접

16 납땜 시 용제가 갖추어야 할 조건이 아닌 것은?

① 모재의 불순물 등을 제거하고 유동성이 좋을 것
② 청정한 금속면의 산화를 쉽게 할 것
③ 땜납의 표면장력에 맞추어 모재와의 친화도를 높일 것
④ 납땜 후 슬래그 제거가 용이할 것

해 청정한 금속면의 산화를 쉽게 하는 것이 아니라, 산화를 방지하는 역할을 해야만 한다.
납땜 용제의 구비 조건
① 모재의 산화피막 등 불순물을 제거할 수 있을 것
② 모재나 땜납에 대한 부식작용이 최소한일 것
③ 납땜 후 슬래그 제거가 용이할 것
④ 모재와의 친화력을 높일 수 있어야 하고 유동성이 좋을 것
⑤ 용제의 온도 범위와 납땜 온도가 일치 할 것

17 피복아크용접 시 전격을 방지하는 방법으로 틀린 것은?

① 전격방지기를 부착한다.
② 용접홀더에 맨손으로 용접봉을 갈아 끼운다.
③ 용접기 내부에 함부로 손을 대지 않는다.
④ 절연성이 좋은 장갑을 사용한다.

해 전격
강한 전류를 갑자기 몸에 느꼈을 때의 충격＝전기충격
용접홀더에 맨손으로 용접봉을 갈아 끼우지 않는다. 항상 절연성이 좋은 장갑을 착용하고 작업한다.

18 맞대기이음에서 판 두께 100mm, 용접 길이 300cm, 인장하중이 9000kgf일 때 인장응력은 몇 kgf/cm^2인가?

① 0.3
② 3
③ 30
④ 300

해 인장응력＝인장하중/단면적 이다.
인장응력의 단위가 kgf/cm^2으로 주어졌으므로 판 두께를 cm로 환산하면 10cm이다. 그러므로 단면적은 10cm×300cm＝$3000cm^2$이다.
따라서 인장응력＝9000kgf/$3000cm^2$＝$3kgf/cm^2$이다.

19 다음은 용접 이음부의 홈의 종류이다. 박판 용접에 가장 적합한 것은?

① K형
② H형
③ I형
④ V형

해 박판(보통 3.0mm 이하) 용접의 맞대기 용접은 주로 I형 맞대기 용접으로 실시한다. I형 맞대기용접의 경우 일반적으로 판 두께 6mm 이하에서 사용된다.

I형 맞대기 용접		‖
V형 맞대기 용접		V

20 주철의 보수용접방법에 해당되지 않는 것은?

① 스터드링
② 비녀장법
③ 버터링법
④ 백킹법

해 백킹법은 주철의 보수용접 방법에 해당하지 않는다.
• 주철의 보수용접방법 : 스터드법 비녀장법, 버터링법, 로킹법

21 MIG 용접이나 탄산가스 아크 용접과 같이 전류 밀도가 높은 자동이나 반자동 용접기가 갖는 특성은?

① 수하 특성과 정전압 특성
② 정전압 특성과 상승 특성
③ 수하 특성과 상승 특성
④ 맥동 전류 특성

해 용접 종류나 조건에 따라 용접기의 여러 전기적 특성이 있다.
① 정전류 특성 : 부하 전압 및 전류가 변하더라도, 단자 전류는 거의 변하지 않는 특성을 말한다.
② 정전압 특성 : 부하 전압 및 전류가 변하더라도, 단자 전압은 거의 변하지 않는 특성을 말한다. CP특성이라고도 한다.
③ 수하 특성 : 부하 전류의 증가에 따라, 단자 전압이 낮아지는 특성(아크의 안정)을 말한다.
④ 상승 특성 : 부하 전류의 증가에 따라, 단자 전압이 약간 높아지는 특성을 말한다.
⑤ MIG, CO_2 용접 : 전류 밀도가 높아 정전압 특성 또는 상승 특성이 있다.

22 CO_2가스 아크 용접에서 아크전압에 대한 설명으로 옳은 것은?

① 아크전압이 높으면 비드 폭이 넓어진다.
② 아크전압이 높으면 비드가 볼록해진다.
③ 아크전압이 높으면 용입이 깊어진다.
④ 아크전압이 높으면 아크길이가 짧다.

해 CO_2가스 아크 용접에서는 일반적으로 와이어송급 장치의 전류와 전압을 각각 조절한다.

용접 일반

용접 검사 및 시공

작업안전

용접 재료

기계제도

용접기능사 기출문제

특수용접기능사 기출문제

구분	전류	전압
높을 때	• 용착량이 많아진다. • 입열량이 높아진다. • 과도할 경우 볼록한 비드가 형성된다. • 과도할 경우 와이어가 찌르는 듯한 느낌이 난다.	• 아크길이가 길어진다. • 비드폭이 넓어진다. • 높이가 낮아진다. • 용입이 얕아진다. • 과도할 경우 와이어가 모재에 닿기 전에 녹는 느낌이 난다.
낮을 때	• 용착량이 적어진다. • 입열량이 적어진다.	• 아크길이가 짧아진다. • 비드폭이 좁아진다. • 높이가 높아진다. • 용입이 깊어 진다.

23 다음 중 가스 용접에서 산화불꽃으로 용접할 경우 가장 적합한 용접 재료는?

① 황동
② 모넬메탈
③ 알루미늄
④ 스테인리스

해 ① 아세틸렌 불꽃 : 최초 아세틸렌밸브만 열어 점화시킬 때 생성되는 불꽃으로 그을음이 많고, 밝은 빛을 낸다.
② 탄화불꽃 : 아세틸렌 과잉 불꽃으로 산소의 양이 아세틸렌양에 비해 현저하게 적다. 금속의 산화를 방지할 필요가 있는 금속(스테인리스 등)의 용접에 사용된다.
③ 중성불꽃(표준불꽃) : 산소, 아세틸렌가스 혼합비가 1:1 정도, 이론상은 2.5:1이나 공기 중에 산소가 존재하므로, 연강 용접에 주로 사용한다. 백심과 겉불꽃이 일치하는 지점이 중성불꽃
④ 산화불꽃 : 산소과잉 불꽃, 백심이 작게 나와있는 상태에서 겉불꽃의 크기가 점점 작아지며, 산소가 분출되는 소리가 매우 커짐. 구리, 황동 용접에 주로 사용된다.

24 용접기의 사용률이 40%인 경우 아크 시간과 휴식시간을 합한 전체시간은 10분을 기준으로 했을 때 발생시간은 몇 분인가?

① 4
② 6
③ 8
④ 10

해 사용률이란? 용접기를 얼마나 사용할 수 있는가?

$$\text{사용률}(\%) = \frac{\text{아크시간}}{\text{아크시간} + \text{휴식시간}} \times 100$$

아크시간과 휴식시간의 합이 10분이고, 사용률은 40%이므로, 아크시간 = 40/100 × 10분 = 4분

25 얇은 철판을 쌓아 포개어 놓고 한꺼번에 절단하는 방법으로 가장 적합한 것은?

① 분말절단
② 산소창절단
③ 포갬절단
④ 금속아크절단

해 포갬절단에 대한 설명으로, 포갬절단이란 작업능률 향상을 위해 얇은 철판(일반적으로 6mm 이하)을 쌓아 포개어 놓고 한꺼번에 절단하는 방법이다.

26 용접봉의 용융속도는 무엇으로 표시하는가?

① 단위 시간당 소비되는 용접봉의 길이
② 단위 시간당 형성되는 비드의 길이
③ 단위 시간당 용접 입열의 양
④ 단위 시간당 소모되는 용접전류

해 용접봉의 용융속도는 단위 시간당 소비되는 용접봉의 길이로 나타낸다.

27 전류조정을 전기적으로 하기 때문에 원격조정이 가능한 교류 용접기는?

① 가포화 리액터형　② 가동 코일형
③ 가동 철심형　　　④ 탭 전환형

해 교류용접기의 종류 4가지 중 원격조정이 가능한 것은 가변저항을 이용하여 전류값 조절이 가능한 가포화 리액터형이다.

28 35℃에서 15kgf/cm²으로 압축하여 내부 용적 40.7리터의 산소 용기에 충전하였을 때, 용기속의 산소량은 몇 리터인가?

① 4470　　　② 5291
③ 6105　　　④ 7000

해 용기 속의 산소량＝용기의 충전 압력×용기 내부의 용적이다.
따라서, 용기 속의 산소량＝150kgf/㎠×40.7리터
＝6,105리터

29 아크 전류가 일정할 때 아크 전압이 높아지면 용융 속도가 늦어지고, 아크 전압이 낮아지면 용융 속도는 빨라진다. 이와 같은 아크 특성은?

① 부저항 특성
② 절연회복 특성
③ 전압회복 특성
④ 아크길이 자기제어 특성

해 아크길이 자기제어 특성에 관한 설명이다.
자동용접기나 수동용접기에서 용접 중 아크길이가 달라질 수 있는데 이것을 보정해주는 기능이다.
와이어가 녹는 속도를 조절한다.

30 다음 중 산소-아세틸렌 용접법에서 전진법과 비교한 후진법의 설명으로 틀린 것은?

① 용접 속도가 느리다.
② 열 이용률이 좋다.
③ 용접변형이 작다.
④ 홈 각도가 작다.

해 대체적으로 후진법이 전진법에 비해 우수하다. 그러나, 비드 모양에 있어서 전진법이 우위에 있다.

구분	전진법	후진법
토치 진행방향	오른쪽→왼쪽	왼쪽→오른쪽
용접 속도	느리다	빠르다
비드 모양	보기 좋다	매끈하지 못하다
모재 두께	5mm 이하 박판	후판
홈 각도	크다(80°)	작다(60°)
용접 변형	크다	작다
열 이용률	나쁘다	좋다
기계적 성질	나쁘다	미세하다
산화정도	심하다	양호하다

31 다음 중 가스 절단에 있어 양호한 절단면을 얻기 위한 조건으로 옳은 것은?

① 드래그가 가능한 클 것
② 절단면 표면의 각이 예리할 것
③ 슬래그 이탈이 이루어지지 않을 것
④ 절단면이 평활하며 드래그의 홈이 깊을 것

| 정답 | 27 ① 28 ③ 29 ④ 30 ① 31 ②

해 양호한 절단면을 얻기 위한 조건
① 드래그가 될 수 있으면 작을 것
② 경제적인 절단이 이루어지도록 할 것
③ 절단면 표면의 각이 예리하고 슬래그의 박리성이 좋을 것
④ 절단면이 평활하며 드래그의 홈이 낮고 노치 등이 없을 것

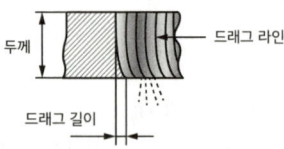

32 피복아크용접봉의 피복배합제 성분 중 가스발생제는?

① 산화티탄   ② 규산나트륨
③ 규산칼륨   ④ 탄산바륨

해

배합제	종류
고착제	규산나트륨, 규산칼륨, 아교 등
탈산제	규소철, 티탄철, 망간철, 알루미늄, 페로실리콘, 소맥분(밀가루), 톱밥 등
아크 안정제	산화타이타늄(산화티탄), 규산나트륨, 규산칼륨, 석회석 등
가스 발생제	전분(녹말), 석회석, 톱밥, 탄산바륨, 셀롤로오스 등
슬래그 생성제	규사, 석회석, 산화철, 이산화망간, 일미나이트 등
합금 첨가제	니켈, 구리, 페로망간, 페로실리콘, 페로크롬, 페로바나듐 등

33 가스절단에 대한 설명으로 옳은 것은?

① 강의 절단 원리는 예열 후 고압산소를 불어내면 강보다 용융점이 낮은 산화철이 생성되고 이때 산화철은 용융과 동시 절단된다.
② 양호한 절단면을 얻으려면 절단면이 평활하며 드래그의 홈이 높고 노치 등이 있을수록 좋다.
③ 절단산소의 순도는 절단속도와 절단면에 영향이 없다.
④ 가스절단 중에 모래를 뿌리면서 절단하는 방법을 가스분말절단이라 한다.

해 ①의 경우 옳은 내용이다.
② 양호한 절단면을 얻으려면 절단면이 평활하며 드래그의 홈이 낮고 노치 등이 없을수록 좋다.
③ 절단산소의 순도는 절단속도와 절단면에 영향이 매우 크다.
④ 분말절단은 절단부에 철분이나 용제를 뿌리면서 이들에 의한 연소열에 의해 절단재의 표면산화막을 제거하면서 절단하는 방법을 말한다.

34 가스용접에 사용되는 가스의 화학식을 잘못 나타낸 것은?

① 아세틸렌 : C_2H_2 ② 프로판 : C_3H_8
③ 에탄 : C_4H_7 ④ 부탄 : C_4H_{10}

해 탄화수소 명명법에 따라 접두사로 사용되는 것
탄소 1개 - 메타 / 탄소 2개 - 에타
탄소 3개 - 프로파 / 탄소 4개 - 부타
알칸족의 경우 타를 탄으로 바꿔 부르며 메탄가스의 경우 CH_4이고, C가 하나 늘어날 때마다 H는 2개씩 늘어난다. 따라서, 에탄의 경우 C_2H_6가 옳다.

35 다음 중 아크 발생 초기에 모재가 냉각되어 있어 용접 입열이 부족한 관계로 아크가 불안정하기 때문에 아크 초기에만 용접 전류를 특별히 크게 하는 장치를 무엇이라 하는가?

① 원격제어장치 　　　② 핫스타트장치

③ 고주파발생장치 　　　④ 전격방지장치

해 핫 스타트 장치에 관한 설명이다. 용접 초기에 모재와 용접봉이 차가운 상태이므로, 아크가 불안정하다. 전류를 크게 하여 입열이 많아지도록 만들어주면 아크의 안정에 용이하다.

36 납땜 용제가 갖추어야 할 조건으로 틀린 것은?

① 모재의 산화 피막과 같은 불순물을 제거하고 유동성이 좋을 것

② 청정한 금속면의 산화를 방지할 것

③ 납땜 후 슬래그의 제거가 용이할 것

④ 침지 땜에 사용되는 것은 젖은 수분을 함유할 것

해 수분은 부식을 일으키는 주요한 원인이다. 따라서, 수분을 함유하지 않는 것이 좋다.

37 직류 아크 용접 시 정극성으로 용접할 때의 특징이 아닌 것은?

① 박판, 주철, 합금강, 비철금속의 용접에 이용된다.

② 용접봉의 녹음이 느리다.

③ 비드 폭이 좁다.

④ 모재의 용입이 깊다.

해 정극성의 경우 용접할 때 모재에 열량이 많이 가해진다. 따라서 좁고 깊은 용접에 적합하며, 용접봉에 가해지는 열량이 작으므로 용접봉이 잘 녹지 않는다.

구분	직류 정극성(DCSP)	직류 역극성(DCRP)
연결 방법	모재(+):70%, 용접봉(-):30%	용접봉(+):70%, 모재(-):30%
비드 폭	좁음	넓음
용융 속도	용접봉의 용융속도가 느림	용접봉의 용융속도가 빠름
용입	깊음	낮음
사용 용도	후판 용접	얇은판 용접(박판, 합금강, 비철금속)

38 피복 아크 용접 결함 중 기공이 생기는 원인으로 틀린 것은?

① 용접 분위기 가운데 수소 또는 일산화탄소 과잉

② 용접부의 급속한 응고

③ 슬래그의 유동성이 좋고 냉각하기 쉬울 때

④ 과대 전류와 용접속도가 빠를 때

해 슬래그의 유동성이 좋고 냉각이 원활하다면 결함이 발생할 확률이 적어진다.
기공의 경우 발생되는 가스가 과대하거나, 용접속도 또는 냉각속도의 급격한 변화에 따라 가스가 미쳐 빠져나오지 않아 생기는 경우가 많다.

39 금속재료의 경량화와 강인화를 위하여 섬유 강화금속 복합재료가 많이 연구되고 있다. 강화섬유 중에서 비금속계로 짝지어진 것은?

① K, W 　　　② W, Ti

③ W, Be 　　　④ SiC, Al_2O_3

| 📖 정답 | 35 ② 36 ④ 37 ① 38 ③ 39 ④

해 섬유 강화금속 복합재료(FRM : Fiber Reinforce Metals)는 휘스커(Whisker) 등의 섬유를 Al, Ti, Mg 등의 연성과 인성이 높은 금속이나 합금에 균일하게 배열시켜 복합화한 재료를 말한다.
이때 사용되는 비금속계 물질은 아래와 같다.
- 비금속계 : C, B(붕소), SiC(탄화규소), Al2O3(산화알루미늄), ZrO2(산화지르코늄) 등이 있다.
- 금속계 : Be(베릴륨), W(텅스텐), Mo(몰리브덴), Fe, Ti 등
자주 볼 수 있는 W,와 Ti이 금속물질이므로 정답이 ④번임을 유추할 수 있다.

40 상자성체 금속에 해당되는 것은?

① Al   ② Fe
③ Ni   ④ Co

해
- 강자성체 : 자석에 붙으며 자석을 제거해도 계속 자성을 띄고, 잘 달라붙는 물질, Fe, Ni, Co
- 상자성체 : 자석에 붙는 힘을 느끼지 못할 정도로 약하며, 약하게 달라붙는 물질, Al, Pt, Mn
- 반자성체 : 자석에 의한 자화 현상이 전혀 없는 물체, Bi, Sb, Cu 등
Al(알루미늄)만이 상자성체에 속한다.

41 구리(Cu)합금 중에서 가장 큰 강도와 경도를 나타내며 내식성, 도전성, 내피로성 등이 우수하여 베어링, 스프링 및 전극재료 등으로 사용되는 재료는?

① 인(P) 청동   ② 규소(Si) 동
③ 니켈(Ni) 청동   ④ 베릴륨(Be) 동

해 베릴륨(Be) 동
2~3% Be(베릴륨)을 첨가, 시효 경화성, 구리 합금 중에서 강도와 경도가 가장 큼, 베어링, 고급스프링, 전기접점, 용접용 전극에 사용된다. 구리 합금 중 가장 강도가 크다.

42 고 Mn강으로 내마멸성과 내충격성이 우수하고, 특히 인성이 우수하기 때문에 파쇄 장치, 기차 레일, 굴착기 등의 재료로 사용되는 것은?

① 엘린바(elinvar)
② 디디뮴(didymium)
③ 스텔라이트(stellite)
④ 해드필드(hadfield)강

해 해드필드강에 관한 설명이다. 망간이 강에 첨가될 경우 마모에 강한 내마멸성이 증가 된다.

43 시험편의 지름이 15mm, 최대하중이 5200kgf일 때 인장강도는?

① 16.8kgf/mm²   ② 29.4kgf/mm²
③ 33.8kgf/mm²   ④ 55.8kgf/mm²

해 인장강도＝하중/면적이므로, 우선 시험편의 면적을 구해야 한다.
시험편이 지름으로 주어졌으므로, 원형이라고 보면 면적은 $\pi \times \left(\frac{15}{2}\right)^2$ 이다.
이에 따라 인장강도는
$$= \frac{5200 \text{kgf}}{\pi \times \left(\frac{15 \text{mm}}{2}\right)^2} = 29.44 \text{kgf/mm}^2$$

44 다음의 금속 중 경금속에 해당하는 것은?

① Cu   ② Be
③ Ni   ④ Sn

해 비중은 4℃의 순수한 물과 같은 체적의 중량비이다. **예** 물 1L＝1Kg
이때 비중이 4.5보다 클 경우를 중금속, 4,5보다 낮은 경우를 경금속이라고 한다.

- 경금속 : 비중이 4.5보다 작은 금속(알루미늄, 마그네슘, 베릴륨 등)
- 중금속 : 비중이 4.5보다 큰 금속(주석, 철, 니켈구리, 은, 납, 텅스텐 등)

45 순철의 자기변태(A_2)점 온도는 약 몇 ℃인가?

① 210℃　　　　　② 768℃
③ 910℃　　　　　④ 1400℃

해 순철의 자기변태
　① 자기변태란? : 온도가 변화됨에 따라 자성이 달라지는 것
　② 768℃, 순철의 큐리점(퀴리점)
　③ 강자성체→상자성체로 변함
　④ 쉽게 표현하면? : 자석에 잘 달라붙던 철이→768℃ 이상으로 가열되면→자석에 달라붙지 않는다.

46 주철의 일반적인 성질을 설명한 것 중 틀린 것은?

① 용탕이 된 주철은 유동성이 좋다.
② 공정 주철의 탄소량은 4.3% 정도이다.
③ 강보다 용융 온도가 높아 복잡한 형상이라도 주조하기 어렵다.
④ 주철에 함유하는 전탄소(total carbon)는 흑연+화합탄소로 나타낸다.

해 주철은 강에 비해 용융 온도가 낮아 복잡한 형상을 만들기에 용이하다.

47 포금(gun metal)에 대한 설명으로 틀린 것은?

① 내해수성이 우수하다.
② 성분은 8~12%Sn 청동에 1~2%Zn을 첨가한 합금이다.
③ 용해주조 시 탈산제로 사용되는 P의 첨가량을 많이 하여 합금 중에 P를 0.05~0.5% 정도 남게 한 것이다.
④ 수압, 수증기에 잘 견디므로 선박용 재료로 널리 사용된다.

해 P(인)이 아닌 Zn(아연)을 첨가하여 만든 것이다.

48 황동은 도가니로, 전기로 또는 반사로 중에서 용해하는데, Zn의 증발로 손실이 있기 때문에 이를 억제하기 위해서는 용탕 표면에 어떤 것을 덮어 주는가?

① 소금　　　　　② 석회석
③ 숯가루　　　　④ Al 분말가루

해 Zn의 증발 억제를 위해 숯가루를 덮어준다.

49 건축용 철골, 볼트, 리벳 등에 사용되는 것으로 연신율이 약 22%이고, 탄소함량이 약 0.15%인 강재는?

① 연강　　　　　② 경강
③ 최경강　　　　④ 탄소공구강

해 일반적으로 탄소 함유량이 0.2% 이하를 연강이라고 한다. 탄소의 함유량이 증가할수록 연강→경강→최경강으로 경도가 증가한다.

| ▥ 정답 |　45 ②　46 ③　47 ③　48 ③　49 ①

50 저용용점(fusible) 합금에 대한 설명으로 틀린 것은?

① Bi를 55% 이상 함유한 함금은 응고 수축을 한다.

② 용도로는 화재통보기, 압축공기용 탱크 안전밸브 등에 사용된다.

③ 33~66%Pb를 함유한 Bi 합금은 응고 후 시효 진행에 따라 팽창현상을 나타낸다.

④ 저용용점 합금은 약 250℃ 이하의 용융점을 갖는 것이며 Pb, Bi, Sn, In 등의 합금이다.

해 Bi(비스무트)의 경우 용융 후 응고시 약 3~3.5% 팽창한다.

51 치수 기입 방법이 틀린 것은?

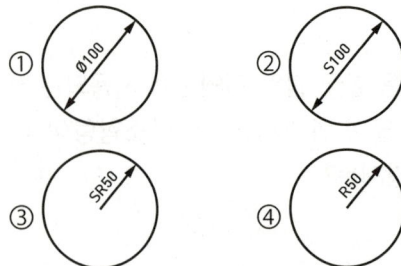

해 치수보조기호에서 S는 주로 구의 지름이나 반지름을 나타낼 때 사용되는데, S만을 사용하는 기호는 없다.
S100이 지름을 의미하는 것으로 보이므로 S100으로 나타내는 것이 옳다.

52 다음과 같은 배관의 등각 투상도(isometric drawing)를 평면도로 나타낸 것으로 맞는 것은?

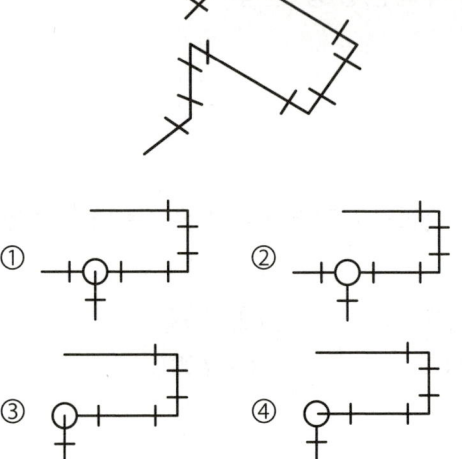

해 평면도는 물체를 위에서 바라본 것이므로, 우선 ①번과 ②번은 왼쪽으로 이어지는 부분이 없으므로 제외한다.
③, ④번의 차이는 아래에서 위로 올라가는 배관 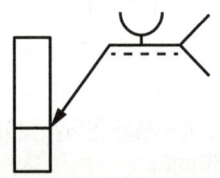 부분의 표현이다.
아래에서 위로 올라가는 경우는 4번과 같이 ♀┼으로 표현하는 것이 옳다.

53 표제란에 표시하는 내용이 아닌 것은?

① 재질   ② 척도
③ 각법   ④ 제품명

해 재질의 경우 부품란에 표시한다.

54 그림과 같은 용접기호의 설명으로 옳은 것은?

① U형 맞대기 용접, 화살표쪽 용접

② V형 맞대기 용접, 화살표쪽 용접

③ U형 맞대기 용접, 화살표 반대쪽 용접

④ V형 맞대기 용접, 화살표 반대쪽 용접

해 ⋃ 와 같은 기호가 사용되었으므로 U형 맞대기 용접을 의미한다. 또한 기준선 위에 기호가 있으므로 화살표 방향의 용접을 의미한다.

55 전기아연도금 강판 및 강대의 KS기호 중 일반용 기호는?

① SECD

② SECE

③ SEFC

④ SECC

해 전기아연도금 제품은 전기화학 방식으로 생산된 아연도금 강판이다. SECC은 일반용(경가공용), SECD는 가공용이다.

56 보기 도면은 정면도와 우측면도만이 올바르게 도시되어 있다. 평면도로 가장 적합한 것은?

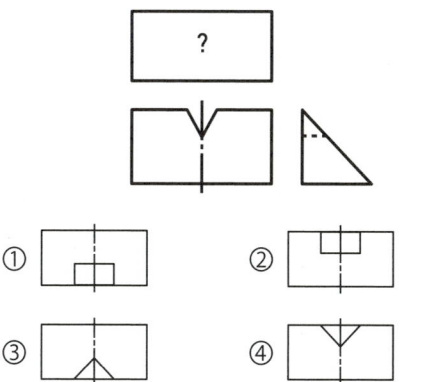

해 정면도 부분에서 V형 홈이 우측면도에서 보면 경사진 모습을 볼 수 있다. 따라서 3번이 정답이다.

57 선의 종류와 용도에 대한 설명의 연결이 틀린 것은?

① 가는 실선 : 짧은 중심을 나타내는 선

② 가는 파선 : 보이지 않는 물체의 모양을 나타내는 선

③ 가는 1점 쇄선 : 기어의 피치원을 나타내는 선

④ 가는 2점 쇄선 : 중심이 이동한 중심궤적을 표시하는 선

해 ④번 답의 의미가 중심선을 의미한다면, 중심선은 가는 1점 쇄선을 사용하여 표현한다.
①번의 경우 짧은 중심을 나타낼 때 가는 1점 쇄선으로 표시가 되지 않는 경우가 있다.

58 그림의 입체도를 제3각법으로 올바르게 투상한 투상도는?

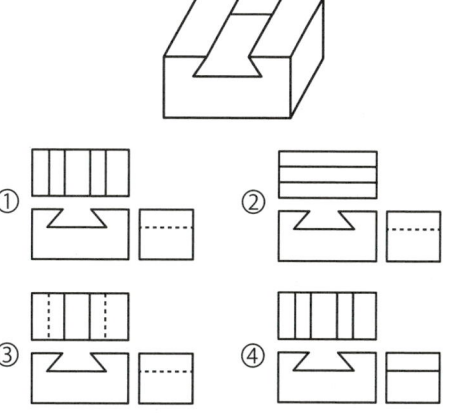

해 이와 같은 형상을 더브테일이라고 하는데 정면도에서 보이는 좌우로 파여져 있는 부분의 경우 평면도에서는 보이지 않으므로 파선으로 그려진 것을 찾으면 된다.

59 KS에서 규정하는 체결부품의 조립 간략 표시방법에서 구멍에 끼워 맞추기 위한 구멍, 볼트, 리벳의 기호 표시 중 공장에서 드릴 가공 및 끼워 맞춤을 하는 것은?

①    ②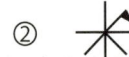

③ 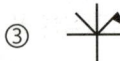   ④

🔷 +표시의 경우 드릴가공을 의미한다.
• 모양이 없을 경우, 공장에서 드릴가공 및 끼워맞춤을 모두 하라는 의미이다.
• 모양이 1개가 있을 경우, 공장에서 드릴 가공 후, 현장에서 끼워맞춤을 하는 것이다.
• 모양이 2개가 있을 경우, 현장에서 드릴 가공, 끼워맞춤을 모두 하라는 의미이다.
카운터 싱크의 경우 십자가 위쪽에 ∨ 가 있으면 가까운 면을 아래쪽에 ∧ 가 있으면 먼 면을, 양쪽에× 가 있으면 양쪽 면 모두를 카운터 싱크 가공해야 한다는 의미이다.
문제에서 공장에서 드릴 가공 및 끼워 맞춤을 한다고 하였고, 카운터 싱크에 관한 내용이 없으므로 ① 번이 정답이다.

60 그림과 같은 단면도에서 "A"가 나타내는 것은?

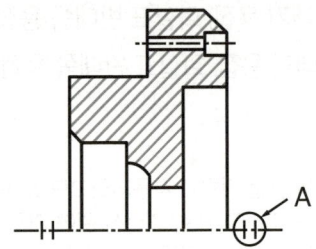

① 바닥 표시 기호
② 대칭 도시 기호
③ 반복 도형 생략 기호
④ 한쪽 단면도 표시 기호

🔷 그림과 같은 표현은 대칭 도시 기호를 의미한다.

CHAPTER 7-3

2015년도 기출문제 4회

01 다음 중 텅스텐과 몰리브덴 재료 등을 용접하기에 가장 적합한 용접은?

① 전자 빔 용접
② 일렉트로 슬래그 용접
③ 탄산가스 아크 용접
④ 서브머지드 아크 용접

해 전자 빔 용접은 고진공 속에서 고속의 전자빔을 모아서 그 에너지를 접합부에 조사하여 그 충격열을 이용하여 용접하는 방법이다. 텅스텐, 몰리브덴은 용융점이 높은 금속으로 전자 빔 용접을 통한 용접에 적합하다.
일렉트로 슬래그, 탄산가스 아크, 서브머지드 아크 용접의 경우 주로 철 재질의 용접에 적합하다.

02 서브머지드 아크 용접시, 받침쇠를 사용하지 않을 경우 루트 간격을 몇 mm 이하로 하여야 하는가?

① 0.2
② 0.4
③ 0.6
④ 0.8

해 맞대기 용접시 받침쇠의 사용하는 경우 이면비드에 용락등을 방지할 수 있다. 루트간격이 0.8mm 이하의 경우에는 받침쇠를 사용하지 않는다.

03 연납땜 중 내열성 땜납으로 주로 구리, 황동용에 사용되는 것은?

① 인동납
② 황동납
③ 납-은납
④ 은납

해 인동납, 황동납, 은납의 경우 경납땜용으로 사용되며 납-은납의 경우 연납땜용으로 사용된다.

종류	용융점	용제의 종류
경납땜	450℃ 이상	붕사, 붕산, 붕산염, 알칼리
연납땜	450℃ 이하	염화아연, 염산, 염화암모늄, 인산, 수지

04 용접부 검사법 중 기계적 시험법이 아닌 것은?

① 굽힘 시험
② 경도 시험
③ 인장 시험
④ 부식 시험

해 부식 시험의 경우 화학적 시험법에 해당한다.
굽힘, 경도, 인장 시험의 경우 외력(힘) 작용하여 재료를 시험을 하는 기계적 시험에 해당한다.

05 일렉트로 가스 아크 용접의 특징 설명 중 틀린 것은?

① 판두께에 관계없이 단층으로 상진 용접한다.
② 판두께가 얇을수록 경제적이다.
③ 용접속도는 자동으로 조절된다.
④ 정확한 조립이 요구되며, 이동용 냉각 동판에 급수 장치가 필요하다.

해 일렉트로 가스 아크 용접의 경우 일렉트로 슬래그 용접과 비슷하지만, 아크열을 이용하여 용접하고. 슬래그 용제 대신 보호가스가 주요하게 사용된다는 차이가 있다. 판두께에 관계 없이 단층으로 용접하므로, 판두께가 두꺼울수록 경제적이다.
자동용접에 하나이며, 자동용접이므로 정확한 조립, 이동용 냉각동판 등이 필요하다.

| 📖 정답 | 01 ① 02 ④ 03 ③ 04 ④ 05 ②

06 텅스텐 전극봉 중에서 전자 방사능력이 현저하게 뛰어난 장점이 있으며 불순물이 부착되어도 전자 방사가 잘되는 전극은?

① 순텅스텐 전극

② 토륨 텅스텐 전극

③ 지르코늄 텅스텐 전극

④ 마그네슘 텅스텐 전극

해 순수한 텅스텐 전극봉에 토륨을 1%~2% 첨가하여 만든 토륨 텅스텐 전극봉은 전자방사능력이 가장 우수하다.

07 다음 중 표면 피복 용접을 올바르게 설명한 것은?

① 연강과 고장력강의 맞대기 용접을 말한다.

② 연강과 스테인리스강의 맞대기 용접을 말한다.

③ 금속 표면에 다른 종류의 금속을 용착시키는 것을 말한다.

④ 스테인리스 강판과 연강판재를 접합시 스테인리스 강판에 구멍을 뚫어 용접하는 것을 말한다.

해 금속 표면에 다른 종류의 금속을 용착시키는 것이 표면 피복 용접에 관한 설명이다.

08 산업용 용접 로봇의 기능이 아닌 것은?

① 작업 기능   ② 제어 기능

③ 계측인식 기능   ④ 감정 기능

해 산업용 용접 로봇에는 감정 기능은 없다.

09 불활성 가스 금속 아크 용접(MIG)의 용착 효율은 얼마 정도인가?

① 58%   ② 78%

③ 88%   ④ 98%

해 용착 효율은 용접부의 무게를 사용된 총 용접재료의 무게로 나눈 것이다. 예를 들어 피복아크용접봉 100kg을 용접에 사용하고, 실제 용접부의 무게를 측정해보면 슬래그, 가스 등으로 사용된 무게가 감소되기 때문에 실제 용접부의 무게는 약 60kg 정도가 될 것으로 예상할 수 있다.

MIG 용접의 경우 슬래그가 생성되지 않고, 와이어 대부분이 용접부에 사용되므로, 용착효율은 약 98%로 상당히 높은 편이다.

10 다음 중 일렉트로 슬래그 용접의 특징으로 틀린 것은?

① 박판용접에는 적용할 수 없다.

② 장비 설치가 복잡하며 냉각장치가 요구된다.

③ 용접시간이 길고 장비가 저렴하다.

④ 용접 진행 중 용접부를 직접 관찰할 수 없다.

해 일렉트로 슬래그 용접은 용접부의 양면에 수냉동판을 부착하고 전극와이어를 연속적으로 공급하는데 이때 발생하는 용융 슬래그의 저항열에 의하여 용접봉과 모재를 연속적으로 용융 시키면서 용접하는 방법이다.

• 후판용접에 적합하지만, 박판 용접에 적용할 수 없는 것은 아니다.

• 장비 설치가 복잡하고 냉각장치가 요구된다는 조건이 있다.

• 용접시간이 짧고, 장비가 고가이다.

| 정답 | 06 ② 07 ③ 08 ④ 09 ④ 10 ③

11 용접에 있어 모든 열적요인 중 가장 영향을 많이 주는 요소는?

① 용접 입열 　② 용접 재료
③ 주위 온도 　④ 용접 복사열

해 용접에 가장 영향을 많이 주는 요소는 용접 입열이다. 용접입열은 용접에서 아크열, 가스 불꽃열, 저항열 등의 열에너지가 모재로 전이되는 것이다.

12 사고의 원인 중 인적 사고 원인에서 선천적 원인은?

① 신체의 결함 　② 무지
③ 과실 　④ 미숙련

해 선천적 원인과 후천적 원인을 비교 할 때, 신체적 결함은 선천적 원인에 해당한다. 나머지는 후천적 원인에 해당한다.

13 TIG 용접에서 직류 정극성을 사용하였을 때 용접효율을 올릴 수 있는 재료는?

① 알루미늄 　② 마그네슘
③ 마그네슘 주물 　④ 스테인리스강

해 TIG 용접에서는 주로 직류 정극성 또는 교류를 사용하는데, 스테인리스강의 경우 주로 직류 정극성을 사용하여 용접한다.
알루미늄의 경우 교류를 사용하여 용접한다.
• 직류정극성이란? : 모재(+), 용접봉(-)로 용접하는 것

구분	직류 정극성(DCSP)	직류 역극성(DCRP)
연결 방법	모재(+):70%, 용접봉(-):30%	용접봉(+):70%, 모재(-):30%
비드 폭	좁음	넓음
용융 속도	용접봉의 용융속도가 느림	용접봉의 용융속도가 빠름
용입	깊음	낮음
사용 용도	후판 용접	얇은판 용접(박판, 합금강, 비철금속)

14 재료의 인장 시험방법으로 알 수 없는 것은?

① 인장강도 　② 단면수축율
③ 피로강도 　④ 연신율

해 재료를 잡아당겨 시험하는 인장 시험법에서는 인장강도, 단면수축율, 연신율 등을 측정할 수 있다. 피로강도의 경우 피로시험으로 측정한다.

15 용접 변형 방지법의 종류에 속하지 않는 것은?

① 억제법 　② 역변형법
③ 도열법 　④ 취성 파괴법

해 취성 파괴법은 용접 변형 방지법에 해당하지 않는다.
• 억제법 : 재료를 고정하고 변형을 억제하여 변형을 방지하는 방법
• 역변형법 : 재료를 변형이 될 값을 예측하여 가접 전후로 반대편 방향으로 변형을 주는 방법
• 도열법 : 용접부의 주위에 석면 및 동판을 이용하여 용접열을 방출 시키는 것

| 📖 정답 | 11 ① 　12 ① 　13 ④ 　14 ③ 　15 ④

16 솔리드 와이어와 같이 단단한 와이어를 사용할 경우 적합한 용접 토치 형태로 옳은 것은?

① Y형   ② 커브형
③ 직선형   ④ 피스톨형

해 CO_2 용접과 같이 단단한 와이어의 경우 커브형이 적합하다. 피스톨 형의 경우 와이어가 비교적 연한 비철 금속 와이어에 적합하다.

17 안전·보건표지의 색채, 색도기준 및 용도에서 색채에 따른 용도를 올바르게 나타낸 것은?

① 빨간색 : 안내   ② 파란색 : 지시
③ 녹색 : 경고   ④ 노란색 : 금지

해

색상	용도	내용
빨간색	금지	정지신호, 소화설비 및 그 장소, 유해행위 금지
	경고	화학물질 취급장소에서의 유해·위험 경고
노란색	경고	화학물질 취급장소에서의 유해·위험 경고 이외의 위험경고, 주의표지 또는 기계방화물
파란색	지시	특정 행위의 지시 및 사실의 고지
녹색	안내	비상구 및 피난소, 사람 및 차량의 통행표지
흰색	–	파란색 또는 녹색에 대한 보조색
검은색	–	문자 및 빨간색 또는 노란색에 대한 보조색

18 용접금속의 구조상의 결함이 아닌 것은?

① 변형   ② 기공
③ 언더컷   ④ 균열

해 결함을 치수상 결함과 구조상 결함으로 나눌 때 기공, 언더컷, 균열 등은 용접 구조상 결함에 해당한다. 변형은 치수상 결함에 해당한다.

19 금속재료의 미세조직을 금속현미경을 사용하여 광학적으로 관찰하고 분석하는 현미경 시험의 진행순서로 맞는 것은?

① 시료 채취→연마→세척 및 건조→부식→현미경 관찰
② 시료 채취→연마→부식→세척 및 건조→현미경 관찰
③ 시료 채취→세척 및 건조→연마→부식→현미경 관찰
④ 시료 채취→세척 및 건조→부식→연마→현미경 관찰

해 현미경 시험에서 시료를 채취하고, 광택이 날 정도로 연마를 한 후, 세척 및 건조를 한다. 이후 부식제를 활용하여 서로 다른 조직이 구별되어 관찰할 수 있도록 한다.

20 강판의 두께가 12mm, 폭 100mm인 평판을 V형 홈으로 맞대기 용접 이음할 때, 이음효율 = 0.8로 하면 인장력 P는? (단, 재료의 최저인장강도는 40 N/㎟이고, 안전율은 4로 한다.)

① 960 N   ② 9600 N
③ 860 N   ④ 8600 N

해 인장응력=인장력(외력)/면적 이다.

주어진 조건을 보면 최저인장강도=40 N/㎟

안전율=4, 이음효율=0.8 이므로 인장력계산에 사용될 인장응력은 8 N/㎟이다.

인장력=인장응력×면적 이므로, 인장력=8 N/㎟ ×12mm×100mm 이다.

따라서, 인장력 P는 9600N 이다.

21 다음 중 목재, 섬유류, 종이 등에 의한 화재의 급수에 해당하는 것은?

① A급   ② B급
③ C급   ④ D급

해 A급 화재에 해당하는 문제이다.

등급	종류	색상	가연 물질
A급	일반화재	백색	종이, 나무, 섬유
B급	유류 및 가스화재	황색	기름, 윤활유, 페인트 등
C급	전기화재	청색	전기설비, 발전기, 변압기 등
D급	금속화재	무색	철분, 마그네슘, 금속분

22 용접부의 시험 중 용접성 시험에 해당하지 않는 시험법은?

① 노치 취성 시험
② 열특성 시험
③ 용접 연성 시험
④ 용접 균열 시험

해 용접성 시험에 있어서 열특성 시험은 해당하지 않는다. 노치 취성 시험이란 샤르피 충격시험과 같은 것으로 실시하는 시험법을 말한다.

23 다음 중 가스용접의 특징으로 옳은 것은?

① 아크 용접에 비해서 불꽃의 온도가 높다.
② 아크 용접에 비해 유해광선의 발생이 많다.
③ 전원 설비가 없는 곳에서는 쉽게 설치할 수 없다.
④ 폭발의 위험이 크고 금속이 탄화 및 산화될 가능성이 많다.

해 가스용접은 아크 용접에 비해 불꽃의 온도가 낮다.

유해광선은 가스용접이 적게 발생한다.

가스용접의 장점 중 하나는 전원설비가 없어도 설치가 가능하다는 것이다.

가연성, 조연성 가스를 사용하다 보니 폭발의 위험성이 있고, 금속이 탄화 및 산화될 가능성이 많다.

24 산소-아세틸렌 용접에서 표준불꽃으로 연강판 두께 2mm를 60분간 용접하였더니 200L의 아세틸렌가스가 소비되었다면, 다음 중 가장 적당한 가변압식 팁의 번호는?

① 100번   ② 200번
③ 300번   ④ 400번

해 가변압식 팁이 번호의 경우 표준불꽃으로 용접시 1시간에 소비된 아세틸렌가스의 양(L)으로 팁의 번호를 나타낸다.

문제에서 표준불꽃으로 60분간 200L의 아세틸렌가스(가연성가스)를 사용했으므로 200번이 정답이다.

25 연강용 가스 용접봉의 시험편 처리 표시 기호 중 NSR의 의미는?

① 625±25℃로써 용착금속의 응력을 제거한 것

② 용착금속의 인장강도를 나타낸 것

③ 용착금속의 응력을 제거하지 않은 것

④ 연신율을 나타낸 것

해 NSR(Not Stress Relieved)은 용착금속의 응력을 제거하지 않은 것을 의미한다.
SR(Stress Relieved)의 경우 625±25℃로써 용착 금속의 응력을 제거한 것이다. 예를 들어 국내 출시 되고 있는 연강용 용접봉의 규격을 표시할 때
• SR : 인장강도 450MPa, 연신율 20%
• NSR : 인장강도 500MPa, 연신율 17%
용접 후 응력을 제거한 경우 인장강도는 감소하나 연신율이 증가하는 것을 볼 수 있다.

26 피복 아크 용접에서 사용하는 아크 용접 용 기구가 아닌 것은?

① 용접 케이블 ② 접지 클램프
③ 용접 홀더   ④ 팁 클리너

해 팁 클리너의 경우 가스용접토치의 팁을 청소하는 용도로 사용된다.

27 피복아크 용접봉의 피복제의 주된 역할로 옳은 것은?

① 스패터의 발생을 많게 한다.

② 용착 금속에 필요한 합금원소를 제거한다.

③ 모재 표면에 산화물이 생기게 한다.

④ 용착 금속의 냉각속도를 느리게 하여 급랭을 방지한다.

해 피복제의 역할
• 스패터의 발생을 적게한다.
• 용착 금속에 필요한 합금원소를 첨가한다.
• 모재 표면에 산화물이 생기지 않도록 한다.
• 용착 금속의 냉각속도를 느리게 하여 급랭을 방지한다.

28 용접의 특징에 대한 설명으로 옳은 것은?

① 복잡한 구조물 제작이 어렵다.

② 기밀, 수밀, 유밀성이 나쁘다.

③ 변형의 우려가 없어 시공이 용이하다.

④ 용접사의 기량에 따라 용접부의 품질이 좌우된다.

해 용접의 특징
• 복잡한 구조물 제작이 쉽다.
• 기밀, 수밀, 유밀성이 우수하다.
• 용접으로 인한 변형의 우려가 있다.
• 용접사의 기량에 따라 용접부의 품질이 좌우된다.

29 가스 절단에서 팁(Tip)의 백심 끝과 강판 사이의 간격으로 가장 적당한 것은?

① 0.1~0.3mm ② 0.4~1mm
③ 1.5~2mm   ④ 4~5mm

해 가스 절단에서 팁의 백심 끝과 강판 사이의 간격은 1.5~2mm가 적당하다.

30 스카핑 작업에서 냉간재의 스카핑 속도로 가장 적합한 것은?

① 1~3m/min　② 5~7m/min

③ 10~15m/min　④ 20~25m/min

해 스카핑이란 강재 표면의 탈탄 층 또는 홈 등을 제거하기 위해 사용한다. 이때 냉간재와 열간재를 스카핑하는 속도가 달라진다.
　• 냉간재 : 5~7m/min　• 열간재 : 20m/min

31 AW-300, 무부하 전압 80V, 아크 전압 20V인 교류용접기를 사용할 때, 다음 중 역률과 효율을 올바르게 계산한 것은? (단, 내부손실을 4kW라 한다.)

① 역률 : 80.0%, 효율 : 20.6%

② 역률 : 20.6%, 효율 : 80.8%

③ 역률 : 60.0%, 효율 : 41.7%

④ 역률 : 41.7%, 효율 : 60.6%

해 1) 역률(Power Factor) : 전압과 전류가 얼마나 유효하게 일을 했는가?

$$역률(\%) = \frac{소비전력(kW)}{전원입력(kVA)} \times 10$$

소비전력＝아크출력＋내부손실
전원입력＝무부하전압×정격 2차 전류
아크출력＝아크전압×정격 2차 전류
주어진 조건을 보면, 무부하 전압＝80V
아크 전압＝20V
정격 2차 전류＝300A
내부손실＝4kW 이므로,

$$역률 = \frac{(20V \times 300A) + 4000W}{80V \times 300A} \times 100 = 41.666..\%$$

2) 효율＝아크출력(kw)/소비전력(kw)×100

$$효율 = \frac{20V \times 300A}{(20V \times 300A) + 4000kW} = 60\%$$

32 가스 용접에서 후진법에 대한 설명으로 틀린 것은?

① 전진법에 비해 용접변형이 작고 용접속도가 빠르다.

② 전진법에 비해 두꺼운 판의 용접에 적합하다.

③ 전진법에 비해 열 이용율이 좋다.

④ 전진법에 비해 산화의 정도가 심하고 용착금속 조직이 거칠다.

해 대체적으로 용접 특성이 후진법이 우수하다.
후진법은 전진법에 비해 산화의 정도가 양호하고, 용착금속의 조직이 우수하다.

구분	전진법	후진법
토치 진행방향	오른쪽→왼쪽	왼쪽→오른쪽
용접 속도	느리다	빠르다
비드 모양	보기 좋다	매끈하지 못하다
모재 두께	5mm 이하 박판	후판
홈 각도	크다(80°)	작다(60°)
용접 변형	크다	작다
열 이용률	나쁘다	좋다
기계적 성질	나쁘다	미세하다
산화정도	심하다	양호하다

33 피복아크용접에 관한 사항으로 아래 그림의 (　)에 들어가야 할 용어는?

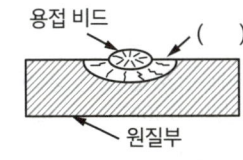

① 용락부　② 용융지

③ 용입부　④ 열영향부

해 용접 비드 주변에 모재가 용접열에 의해 기계적 성질이 변화된 곳을 '열영향부'라고 한다.

34 용접봉에서 모재로 용융금속이 옮겨가는 이행형식이 아닌 것은?

① 단락형　　　　　② 글로뷸러형
③ 스프레이형　　　④ 철심형

해 용접봉의 이행형식 3가지는 단락형, 글로뷸러형 (입상형), 스프레이형이 있다.

35 직류 아크용접에서 용접봉의 용융이 늦고, 모재의 용입이 깊어지는 극성은?

① 직류 정극성　　　② 직류 역극성
③ 용극성　　　　　　④ 비용극성

해 직류 정극성의 경우 모재에 열이 약 70% 작용하기 때문에 용접봉은 용융이 늦어지고, 모재의 용입은 깊어진다.

구분	직류 정극성(DCSP)	직류 역극성(DCRP)
연결 방법	모재(+):70%, 용접봉(-):30%	용접봉(+):70%, 모재(-):30%
비드 폭	좁음	넓음
용융 속도	용접봉의 용융속도가 느림	용접봉의 용융속도가 빠름
용입	깊음	낮음
사용 용도	후판 용접	얇은판 용접(박판, 합금강, 비철금속)

36 아세틸렌 가스의 성질로 틀린 것은?

① 순수한 아세틸렌 가스는 무색무취이다.
② 금, 백금, 수은 등을 포함한 모든 원소와 화합 시 산화물을 만든다.
③ 각종 액체에 잘 용해되며, 물에는 1배, 알코올에는 6배 용해된다.
④ 산소와 적당히 혼합하여 연소시키면 높은 열을 발생한다.

해 아세틸렌가스의 경우 구리, 은과 화합시 폭발성 물질을 만든다.

37 아크 용접기에서 부하전류가 증가하여도 단자전압이 거의 일정하게 되는 특성은?

① 절연특성　　　　　② 수하특성
③ 정전압특성　　　　④ 보존특성

해 아크 용접기의 특성은 다음과 같다.
　① 정전류 특성 : 부하 전압 및 전류가 변하더라도, 단자 전류는 거의 변하지 않는 특성을 말한다.
　② 정전압 특성 : 부하 전압 및 전류가 변하더라도, 단자 전압은 거의 변하지 않는 특성을 말한다. CP특성이라고도 한다.
　③ 수하 특성 : 부하 전류의 증가에 따라, 단자 전압이 낮아지는 특성(아크의 안정)을 말한다.
　④ 상승 특성 : 부하 전류의 증가에 따라, 단자 전압이 약간 높아지는 특성을 말한다.

38 피복제 중에 산화티탄올 약 35% 정도 포함하였고 슬래그의 박리성이 좋아 비드의 표면이 고우며 작업성이 우수한 특징을 지닌 연강용 피복 아크 용접봉은?

① E4301　　　　　② E4311
③ E4313　　　　　④ E4316

해 고산화티탄 용접봉에 대한 설명이다.
① E4301 : 일미나이트계
② E4311 : 고셀룰로오스계
③ E4313 : 고산화티탄계
④ E4316 : 저수소계

39 상율(Phase Rule)과 무관한 인자는?

① 자유도   ② 원소 종류
③ 상의 수   ④ 성분 수

해 여러 종류의 물질로 구성된 혼합물에서, 성분의 수 (n), 상(相)의 수(r), 그리고 자유도(f) 사이의 관계식. f=n-r+2로 주어진다.
단일 성분계(n=1)의 경우에 하나의 상(r=1)만 존 재하면 온도, 압력, 부피 가운데서 두 개를 독립적 으로 변화시킬 수 있기 때문에 자유도가 2가 된다 는 뜻이다.

40 공석조성을 0.80%C라고 하면, 0.2%C 강의 상온에서의 초석페라이트와 펄라이트의 비는 약 몇 % 인가?

① 초석페라이드 75% : 펄라이트 25%
② 초석페라이드 25% : 펄라이트 75%
③ 초석페라이드 80% : 펄라이트 20%
④ 초석페라이드 20% : 펄라이트 80%

해 지렛대 원리에 의해 초석페라이트의 경우
$(0.8-0.2)/0.8 \times 100\% = 75\%$
펄라이트의 경우
$(0.8-0.6)/0.8 \times 100\% = 25\%$ 이다.
즉, 0.2%C의 강은 초석페라이트와 펄라이트로 이 루어져있는 조직을 가진다.

41 금속의 물리적 성질에서 자성에 관한 설명 중 틀린 것은?

① 연철(鍊鐵)은 잔류자기는 작으나 보자력이 크 다.
② 영구자석재료는 쉽게 자기를 소실하지 않는 것이 좋다.
③ 금속을 자석에 접근시킬 때 금속에 자석의 극과 반대의 극이 생기는 금속을 상자성체라 한다.
④ 자기장의 강도가 증가하면 자화되는 강도도 증가하나 어느 정도 진행되면 포화점에 이르 는 이 점을 퀴리점이라 한다.

해 연철의 경우 잔류자기는 크고, 보자력은 작다.
• 잔류자기 : 자석의 구실을 하지 못하는 천연상태 의 강자성체에 외부에서 자기장을 걸어주어 자 기화를 포화시켰다가 자기장을 줄여 0으로 하였 더라도 남은 자기력선속밀도를 말한다.
• 보자력 : 강자성체에 자기장을 걸어서 포화 상태 가 될 때까지 자성(磁性)을 갖게 한 다음에, 자기 장을 줄여 0이 되게 하여도 남아 있는 잔류 자기 를 다시 0이 되게 하는 데에 드는 반대 방향의 자 기장의 크기. 일반적으로 영구 자석은 값이 크다.

42 다음 중 탄소강의 표준 조직이 아닌 것은?

① 페라이트   ② 펄라이트
③ 시멘타이트   ④ 마텐자이트

해 탄소강의 표준조직은 페라이트, 펄라이트, 시멘타 이트 이다.

| 정답 | 39 ② 40 ① 41 ① 42 ④

43 주요성분이 Ni-Fe 합금인 불변강의 종류가 아닌 것은?

① 인바 　　　　② 모넬메탈
③ 엘린바 　　　　④ 플래티나이트

불변강의 종류
- 인바 : Fe-Ni(35%)-CO(0.1~0.3%)-Mn(0.4%)이 함유된 불변강.
- 슈퍼인바 : Fe-Ni(30~32%)-CO(4~6%), 인바에 비해 열팽창계수가 작음.
- 엘린바 : Fe-Ni(36%)-Cr(12%), 온도변화에 따라 탄성률의 변화가 미세함. 시계태엽 등에 사용.
- 코엘린바 : Fe-Ni(10~16%)-CO(26~58%)-Cr(10~11%), 엘린바에 코발트(CO)를 첨가.
- 퍼멀로이 : Fe-Ni(35~80%), 자기장의 세기가 크게 만들어진 불변강.
- 플래티나이트 : 약 46%의 니켈, 나머지는 철로 조성되어 있음. 열팽창계수가 백금과 거의 동일함.
- 모넬메탈 : 60~75%의 니켈과 26~30%의 구리 및 소량의 철, 망가니즈, 규소 등이 들어 있는 자연 합금으로, 내식성과 높은 온도에서 강도가 높아 각종 화학 기계, 열기관 등에 쓰임.

44 탄소강 중에 함유된 규소의 일반적인 영향 중 틀린 것은?

① 경도의 상승 　　　② 연신율의 감소
③ 용접성의 저하 　　　④ 충격값의 증가

규소의 첨가에 따른 효과
- Si(규소) : 실리콘, 주조성, 인장강도, 경도 증가, 연신율, 충격치, 전성은 감소
- 일반적으로 강도, 경도가 증가하면, 연신율과 충격치는 감소한다.

45 다음 중 이온화 경향이 가장 큰 것은?

① Cr 　　　　② K
③ Sn 　　　　④ H

금속의 이온화 경향
- 이온화 경향 : 원자 또는 분자가 이온이 되려고 하는 경향으로, 쉽게 이온화되는 것을 이온화 경향이 크며 산화되기 쉽다고 말한다.
K(칼륨)>Ca(칼슘)>Na(나트륨)>Mg(마그네슘)>Al(알루미늄)>Zn(아연)>Fe(철)>Ni(니켈)>Sn(주석)>H(수소)>Cu(구리)>Ag(은)>Au(금)

46 실온까지 온도를 내려 다른 형상으로 변형시켰다가 다시 온도를 상승시키면 어느 일정한 온도 이상에서 원래의 형상으로 변화하는 합금은?

① 제진합금 　　　② 방진합금
③ 비정질합금 　　　④ 형상기억합금

기타 재료
형상기억 합금에 대한 설명이다.
①, ② 제진합금, 방진합금은 진동을 감쇠하는 능력이 큰 금속을 뜻한다.
③ 비정질합금은 금속이 일반적으로 규칙적인 원자배열을 가지지만, 비정질합금의 경우는 매우 불규칙한 성질을 가진다. 따라서 일반적인 합금이 가지지 않는 고강도의 재료이다.

47 금속에 대한 설명으로 틀린 것은?

① 리튬(Li)은 물보다 가볍다.
② 고체 상태에서 결정구조를 가진다.
③ 텅스텐(W)은 이리듐(Ir)보다 비중이 크다.
④ 일반적으로 용융점이 높은 금속은 비중도 큰 편이다.

| 📖 정답 |　43 ②　44 ④　45 ②　46 ④　47 ③

해 금속의 일반적인 성질
① 리튬은 모든 금속중에 가장 가벼운 금속(비중 0.53)으로 물보다 가볍다.
② 금속은 고체상태에서 결정구조를 가진다.
③ 이리듐(Ir)의 경우 비중이 22.5로 가장 크다.
④ 일반적으로 용융점이 높은 금속이 비중도 크다.

48 고강도 Al 합금으로 조성이 Al-Cu-Mg-Mn인 합금은?

① 라우탈
② Y-합금
③ 두랄루민
④ 하이드로날륨

해 Al 합금
① 라우탈 : Al-Cu-Si, 특수실루민, 열팽창이 극히 작음, 내연기관의 피스톤
② Y합금 : Al(알)-Cu(구)-Ni(니)-Mg(마), 고온강도름, 내연기관의 실린더
③ 두랄루민 : Al(알)-Cu(구)-Mg(마)-Mn(망), 가벼우면서 강도가 매우 높은 합금철에 비해 비강도 3배 높음, 항공기 소재로 사용
④ 하이드로날륨 : Al-Mg(~10%) 합금으로 내식성이 매우 우수함. 내식 알루미늄합금으로, 알루미늄이 바닷물에 약한 것을 개량하기 위하여 개발된 합금

49 7 : 3 황동에 1% 내외의 Sn을 첨가하여 열교환기, 증발기 등에 사용되는 합금은?

① 코슨 황동
② 네이벌 황동
③ 애드미럴티 황동
④ 에버듀어

해 황동의 종류
① 코슨 합금 : Cu, 3~4% Ni, 1% Si를 첨가한 구리 합금으로 강도와 전기 전도율이 좋음.
② 네이벌 황동 : 6-4황동＋1%Sn(주석) 첨가, 내식성과 강도가 증가하고, 기어, 플랜지, 볼트, 축 등에 사용.

③ 애드미럴티 황동 : 7-3황동＋1%Sn(주석) 첨가, 전연성 우수, 열교환기, 증발기에 사용.
④ 에버듀어 : American Brass Co.의 Cu-Si계 합금명

50 구리에 5~20% Zn을 첨가한 황동으로, 강도는 낮으나 전연성이 좋고 색깔이 금색에 가까워, 모조금이나 판 및 선 등에 사용되는 것은?

① 톰백
② 켈밋
③ 포금
④ 문쯔메탈

해 ① 톰백 : Cu(95~80%)-Zn(5~20%), 유려하며 광택이 있어 모조금으로 사용
② 켈밋 : Cu-Pb, 켈밋 메탈(Kelmet Metal)은 미끄럼 베어링 용도로 사용하는 합금으로서, 열전도율이 좋아 주로 고온 고하중을 받는 베어링에 사용. 베어링용 청동
③ 포금 : Cu-Sn(8~12%)-Zn(1~2%), 청동에 과거 포신 제작시 사용, 내해수성이 우수하고, 수압, 수증기에 잘 견딤
④ 문쯔메탈 : 6-4황동, Cu(60%), Zn(40%), 문쯔 메탈, 7-3황동에 비해 전연성이 낮고, 인장강도 큼

51 열간 성형 리벳의 종류별 호칭길이(L)를 표시한 것 중 잘못 표시된 것은?

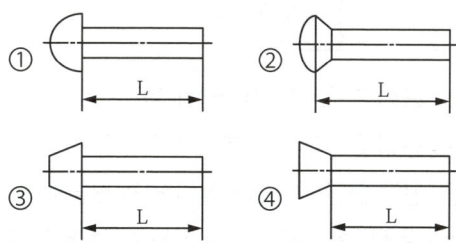

해 리벳
① 둥근머리 리벳
② 둥근접시머리 리벳
③ 납작머리 리벳
④ 접시머리 리벳 : 호칭길이(L)이 접시머리 끝부분까지 되어있어야 한다.

52 다음 중 배관용 탄소 강관의 재질기호는?

① SPA   ② STK
③ SPP   ④ STS

해 배관의 종류
　① SPA(Steel Pipe Alloy) : 배관용 합금강 강관
　② STK(＝SPS, Steel Pipe Structure) : 일반구조용 탄소 강관
　③ SPP(Steel Pipe Piping) : 배관용 탄소 강관
　④ STS(＝SPPH, Steel Pipe Pressure High) : 고압 배관용 탄소 강관

53 그림과 같은 KS 용접 보조기호의 설명으로 옳은 것은?

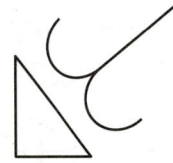

① 필릿 용접부 토우를 매끄럽게 함
② 필릿 용접 끝단부를 볼록하게 다듬질
③ 필릿 용접 끝단부에 영구적인 덮개 판을 사용
④ 필릿 용접 중앙부에 제거 가능한 덮개 판을 사용

해 용접 보조 기호
　그림은 필릿 용접부의 토우를 매끄럽게 한다는 것을 뜻한다.

54 그림과 같은 경 ㄷ 형강의 치수 기입 방법으로 옳은 것은? (단, L은 형강의 길이를 나타낸다.)

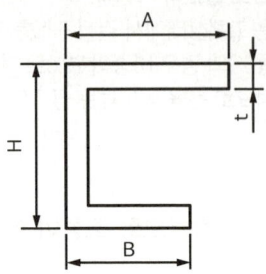

① ㄷ A×B×H×t-L
② ㄷ H×A×B×t-L
③ ㄷ B×A×H×t-L
④ ㄷ H×B×A×L- t

해 치수 기입
　ㄷ형강의 치수 기입은 'ㄷ H×A×B×t - L'로 표시한다.

55 도면에서 반드시 표제란에 기입해야 하는 항목으로 틀린 것은?

① 재질   ② 척도
③ 투상법   ④ 도명

해 표제란
　재질의 경우 부품란에 기입한다.
　표제란에는 척도, 투상법, 도명이 적힌다.

56 선의 종류와 명칭이 잘못된 것은?

① 가는 실선 - 해칭선
② 굵은 실선 - 숨은선
③ 가는 2점 쇄선 - 가상선
④ 가는 1점 쇄선 - 피치선

해 선의 종류
① 가는 실선 - 해칭선
② 가는 파선 - 숨은선
③ 가는 2점 쇄선 - 가상선
④ 가는 1점 쇄선 - 피치선

57 그림과 같은 입체도에서 화살표 방향을 정면으로 할 때 평면도로 가장 적합한 것은?

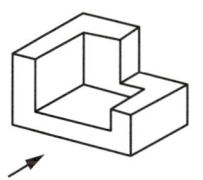

①  ②

③  ④

해 정투상법
화살표 방향이 정면이니, 평면도로 적합한 것은 ① 번이다.

58 도면의 밸브 표시방법에서 안전밸브에 해당하는 것은?

①  ②

③ 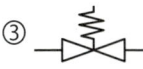 ④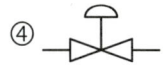

해 밸브 표시방법
① 체크밸브
② 밸브 일반
③ 안전밸브
④ 동력으로 작동하는 밸브

59 제 1각법과 제3각법에 대한 설명 중 틀린 것은?

① 제3각법은 평면도를 정면도의 위에 그린다.
② 제1각법은 저면도를 정면도의 아래에 그린다.
③ 제3각법의 원리는 눈→투상면→물체의 순서가 된다.
④ 제1각법에서 우측면도는 정면도를 기준으로 본 위치와는 반대쪽인 좌측에 그려진다.

해 투상법
② 제 1각법은 저면도를 정면도의 위에 그린다.
제1각법에서는 위 - 아래, 좌 - 우 투상도가 서로 바뀐다.

60 일반적으로 치수선을 표시할 때, 치수선 양 끝에 치수가 끝나는 부분임을 나타내는 형상으로 사용하는 것이 아닌 것은?

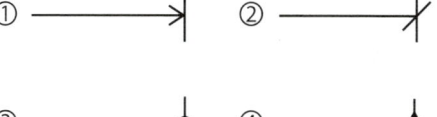

해 투상법
④과 같은 방식으로 치수를 기입하지 않는다.

ㅣ 📖 정답 ㅣ **57** ① **58** ③ **59** ② **60** ④

CHAPTER 7-4

2015년도 기출문제 5회

01 초음파 탐상법의 종류에 속하지 않는 것은?

① 투과법
② 펄스반사법
③ 공진법
④ 극간법

해 초음파 탐상법
① 투과법 : 투과한 초음파 펄스를 분석하여 검사하는 방법이다.
② 펄스반사법 : 초음파의 펄스를 시험체의 면으로 송신하여 반사되는 반사파의 형태로 결함을 검사하는 시험방법이다.
③ 공진법 : 시험체의 공진현상을 이용하여 시험하는 방법이다.
④ 극간법 : 자분탐상검사의 한 종류이다.

02 용접작업 중 지켜야 할 안전사항으로 틀린 것은?

① 보호 장구를 반드시 착용하고 작업한다.
② 훼손된 케이블은 사용 후에 보수한다.
③ 도장된 탱크 안에서의 용접은 충분히 환기시킨 후에 작업한다.
④ 전격 방지기가 설치된 용접기를 사용한다.

해 용접안전
② 훼손된 케이블은 사용 전에 보수한 후 사용한다.

03 자동화 용접장치의 구성요소가 아닌 것은?

① 고주파 발생장치
② 칼럼
③ 트랙
④ 갠트리

해 자동 용접

04 CO_2가스 아크 용접에서 기공의 발생 원인으로 틀린 것은?

① 노즐에 스패터가 부착되어 있다.
② 노즐과 모재사이의 거리가 짧다.
③ 모재가 오염(기름, 녹, 페인트)되어 있다.
④ CO_2가스의 유량이 부족하다.

해 CO_2가스 아크 용접
② 노즐과 모재사이의 거리가 짧을 경우 보호력이 강해진다.
거리가 너무 길 경우 보호력이 약해지기 때문에 기공이 발생할 가능성이 많아진다.

05 서브머지드 아크 용접의 특징으로 틀린 것은?

① 콘택트 팁에서 통전되므로 와이어 중에 저항열이 적게 발생되어 고전류 사용이 가능하다.
② 아크가 보이지 않으므로 용접부의 적부를 확인하기가 곤란하다.
③ 용접 길이가 짧을 때 능률적이며 수평 및 위보기 자세 용접에 주로 이용된다.
④ 일반적으로 비드 외관이 아름답다.

해 서브머지드 아크 용접
③ 용접 길이가 길 때 능률적이며 아래보기 자세 용접에 주로 이용된다.

| 정답 | 01 ④ 02 ② 03 ① 04 ② 05 ③

06 주철 용접 시 주의사항으로 옳은 것은?

① 용접 전류는 약간 높게 하고 운봉하여, 곡선비드 배치하며 용입을 깊게 한다.

② 가스 용접 시 중성불꽃 또는 산화불꽃을 사용하고 용제는 사용하지 않는다.

③ 냉각되어 있을 때 피닝작업을 하여 변형을 줄이는 것이 좋다.

④ 용접봉의 지름은 가는 것을 사용하고, 비드의 배치는 짧게 하는 것이 좋다.

해 주철의 용접
① 용접 전류는 약간 낮게 하고 직선으로 용접하여, 용입을 얕게 한다.
② 가스 용접 시 중성불꽃 또는 탄화불꽃을 사용하고 용제를 사용한다.
③ 용접 후에 피닝작업을 하여 변형을 줄이는 것이 좋다.

07 다음 중 CO_2가스 아크 용접의 장점으로 틀린 것은?

① 용착 금속의 기계적 성질이 우수하다.

② 슬래그 혼입이 없고, 용접 후 처리가 간단하다.

③ 전류밀도가 높아 용입이 깊고, 용접 속도가 빠르다.

④ 풍속 2m/s 이상의 바람에도 영향을 받지 않는다.

해 CO_2가스 아크 용접
④ 풍속 2m/s 이상의 바람에 영향을 받기 때문에 방풍대책이 필요하다.

08 용접 홈 이음 형태 중 U형은 루트 반지름을 가능한 크게 만드는데 그 이유로 가장 알맞은 것은?

① 큰 개선각도   ② 많은 용착량

③ 충분한 용입   ④ 큰 변형량

해 홈 이음의 형태
U형이음이 V형 이음에 비해 가지는 장점은 모재 두께가 두꺼워 질 때 루트 반지름이 커지기 때문에 충분한 용입을 얻을 수 있다는 것이다.

09 비용극식, 비소모식 아크 용접에 속하는 것은?

① 피복아크 용접

② TIG 용접

③ 서브머지드 아크 용접

④ CO_2 용접

해 소모식, 비소모식 아크 용접
피복아크용접, 서브머지드 아크용접, CO_2용접의 경우 용접 중 전극이 소모되는 용극시, 소모식 아크 용접이다.
TIG 용접의 경우 용접 중 전극이 소모되지 않으므로 비용극식, 비소모식 아크 용접이라고 한다.

10 TIG 용접에서 직류 역극성에 대한 설명이 아닌 것은?

① 용접기의 음극에 모재를 연결한다.

② 용접기의 양극에 토치를 연결한다.

③ 비드 폭이 좁고 용입이 깊다.

④ 산화 피막을 제거하는 청정작용이 있다.

해 정극성, 역극성
③ 비드 폭이 넓고 용입이 얕다.
④ 보호가스 양이온이 모재에 부딪혀 산화 피막을 제거하는 청정작용이 있다.

ㅣ 📖 정답 ㅣ 06 ④ 07 ④ 08 ③ 09 ② 10 ③

11 다음 중 용접 작업 전에 예열을 하는 목적으로 틀린 것은?

① 용접 작업성의 향상을 위하여
② 용접부의 수축 변형 및 잔류 응력을 경감시키기 위하여
③ 용접금속 및 열 영향부의연성 또는 인성을 향상시키기 위하여
④ 고탄소강이나 합금강의 열 영향부 경도를 높게 하기 위하여

해 **예열**
④ 고탄소강이나 합금강의 열 영향부 경도를 높게 하기 위하여가 아니라, 연성 또는 인성을 향상시키기 위해 예열을 실시한다.

12 전기저항용접 중 플래시 용접 과정의 3단계를 순서대로 바르게 나타낸 것은?

① 업셋→플래시→예열
② 예열→업셋→플래시
③ 예열→플래시→업셋
④ 플래시→업셋→예열

해 **플래시 용접**
플래시 용접의 3단계는 예열→플래시→업셋으로 이루어진다.

13 다음 중 다층용접 시 적용하는 용착법이 아닌 것은?

① 빌드업법　　② 캐스케이드법
③ 스킵법　　　④ 전진블록법

해 **다층용접방법**
③ 스킵법은 용접 변형을 줄이기 위한 운봉법의 한 종류로 용접부를 짧게 나눈 다음 띄엄띄엄 용접하는 방법으로 잔류응력을 줄이는 방법이다.

14 피복아크 용접 시 지켜야 할 유의사항으로 적합하지 않은 것은?

① 작업 시 전류는 적정하게 조절하고 정리 정돈을 잘하도록 한다.
② 작업을 시작하기 전에는 메인스위치를 작동시킨 후에 용접기 스위치를 작동시킨다.
③ 작업이 끝나면 항상 메인스위치를 먼저 끈 후에 용접기 스위치를 꺼야 한다.
④ 아크 발생 시 항상 안전에 신경을 쓰도록 한다.

해 **용접시 유의사항**
③ 작업이 끝나면 항상 용접기 스위치를 먼저 끈 후에 메인스위치를 꺼야 한다.

15 전격의 방지대책으로 적합하지 않는 것은?

① 용접기의 내부는 수시로 열어서 점검하거나 청소한다.
② 홀더나 용접봉은 절대로 맨손으로 취급하지 않는다.
③ 절연 홀더의 절연부분이 파손되면 즉시 보수하거나 교체한다.
④ 땀, 물 등에 의해 습기찬 작업복, 장갑, 구두 등은 착용하지 않는다.

해 **용접 안전**
① 용접기의 내부는 열어서 점검하거나 청소하는데 유의해야 한다.

| 📖 정답 | 11 ④　12 ③　13 ③　14 ③　15 ①

16 연납과 경납을 구분하는 온도는?

① 550℃   ② 450℃

③ 350℃   ④ 250℃

해 납땜

연납과 경납은 450℃를 기준으로 구분한다.
450℃ 이하에서 하는 납땜을 연납(soft solder)
450℃ 이상에서 하는 납땜을 경납(hard solder, brazing filter)

17 용접 진행 방향과 용착 방향이 서로 반대가 되는 방법으로 잔류 응력은 다소 적게 발생하나 작업의 능률이 떨어지는 용착법은?

① 전진법   ② 후진법

③ 대칭법   ④ 스킵법

해 용접 운봉법

용접 진행 방향과 용착 방향이 서로 반대가 되는 방법은 후진법이다.

18 다음 중 테르밋 용접의 특징에 관한 설명으로 틀린 것은?

① 용접 작업이 단순하다.

② 용접기구가 간단하고, 작업장소의 이동이 쉽다.

③ 용접 시간이 길고, 용접 후 변형이 크다.

④ 전기가 필요 없다.

해 테르밋 용접

③ 용접 시간이 짧은 시간에 이루어지고, 용접 후 변형이 작다.

19 다음 중 용접 후 잔류응력완화법에 해당하지 않는 것은?

① 기계적응력완화법   ② 저온응력완화법

③ 피닝법   ④ 화염경화법

해 잔류응력완화법

③ 피닝법 : 용접부를 특수 해머로 두드려서 응력을 완화하는 방법으로, 강철구술을 이용한 것을 쇼트 피닝(shot peening)이라고 한다.
④ 화염경화법 : 불꽃을 이용하여 가열-냉각시키고, 재료를 단단하게 하는 경화에 목적이 있다.

20 용접 지그나 고정구의 선택 기준 설명 중 틀린 것은?

① 용접하고자 하는 물체의 크기를 튼튼하게 고정시킬 수 있는 크기와 강성이 있어야 한다.

② 용접 응력을 최소화할 수 있도록 변형이 자유스럽게 일어날 수 있는 구조이어야 한다.

③ 피용접물의 고정과 분해가 쉬워야 한다.

④ 용접간극을 적당히 받쳐주는 구조이어야 한다.

해 용접 지그, 고정구

② 변형이 일어나지 않도록 튼튼하게 고정해야 한다. 용접 후 응력이 발생할 수 있다.

21 다음 중 용접자세 기호로 틀린 것은?

① F   ② V

③ H   ④ OS

해 용접자세

F : 아래보기 / H : 수평보기 / V : 수직보기 / O : 위보기

| 📖 정답 | 16 ② 17 ② 18 ③ 19 ④ 20 ② 21 ④

22 전기저항용접의 발열량을 구하는 공식으로 옳은 것은? (단, H : 발열량(cal), I : 전류(A), R : 저항(Ω), t : 시간(see)이다.)

① $H = 0.24\ IRt$ ② $H = 0.24\ IR2t$

③ $H = 0.24\ I2Rt$ ④ $H = 0.24\ IRt2$

🅷 전기저항용접

전기 저항에서 발열량은 $H = 0.24\ I2Rt$ 이다.
즉, 전류의 변화에 따라 제곱으로 증가하므로 가장 영향이 크고 저항, 통전시간을 조절하여 발열량을 조절할 수 있다.

23 가스용접 모재의 두께가 3.2mm일 때 가장 적당한 용접봉의 지름을 계산식으로 구하면 몇 mm인가?

① 1.6   ② 2.0

③ 2.6   ④ 3.2

🅷 가스용접봉 두께

모재의 두께에 적합한 용접봉의 두께를 구하는 공식은 D(용접봉의 지름) = T(모재의 두께)/2 + 1 이다. 따라서, D = 3.2/2 + 1이므로 용접봉의 지름은 2.6mm 이다.

24 가스 용접에 사용되는 가연성 가스의 종류가 아닌 것은?

① 프로판가스   ② 수소 가스

③ 아세틸렌가스   ④ 산소

🅷 가스용접 - 가스

프로판, 수소, 아세틸렌은 가연성 가스이고, 산소는 조연성 가스이다.

25 환원가스발생 작용을 하는 피복아크 용접봉의 피복제 성분은?

① 산화티탄   ② 규산나트륨

③ 탄산칼륨   ④ 당밀

🅷 피복아크 용접 - 피복제 성분

• 환원가스 : 용착금속의 산화를 방지해주는 가스를 말한다. 소맥분, 면사, 면포, 종이, 목재, 톱밥, 탄분, 해초풀, 아교, 카세인, 젤라틴, 아라비아 고무, 당밀 등이 사용된다.
• 산화티탄 : 아크 안정, 슬래그 생성, 유동성 증가에 사용된다.
• 규산나트륨 : 아크 안정제로 사용된다.

26 토치를 사용하여 용접 부분의 뒷면을 따내거나 U형, H형으로 용접 홈을 가공하는 것으로 일명 가스 파내기라고 부르는 가공법은?

① 산소창 절단   ② 선삭

③ 가스 가우징   ④ 천공

🅷 가공법

가스 가우징에 관한 설명이다.

27 피복 아크 용접에서 직류 역극성(DCRP) 용접의 특징으로 옳은 것은?

① 모재의 용입이 깊다.

② 비드 폭이 좁다.

③ 봉의 용융이 느리다.

④ 박판, 주철, 고탄소강의 용접 등에 쓰인다.

🅷 정극성, 역극성

① 모재의 용입이 얕다.
② 비드 폭이 넓다.
③ 봉의 용융이 빠르다.
④ 박판, 주철, 고탄소강의 용접 등에 쓰인다.

| 📖 정답 | **22** ③ **23** ③ **24** ④ **25** ④ **26** ③ **27** ④

28 다음 중 아세틸렌가스의 관으로 사용할 경우 폭발성 화합물을 생성하게 되는 것은?

① 순구리관 ② 스테인리스강관

③ 알루미늄합금관 ④ 탄소강관

해 아세틸렌가스

아세틸렌가스의 경우 구리, 수은 등과 접촉 시 화합물을 생성하며, 폭발성 물질이 생성된다.

29 가스절단 시 예열 불꽃이 약할 때 일어나는 현상으로 틀린 것은?

① 드래그가 증가한다.

② 절단면이 거칠어진다.

③ 역화를 일으키기 쉽다.

④ 절단속도가 느려지고, 절단이 중단되기 쉽다.

해 가스절단

② 예열 불꽃이 강하면 절단면이 거칠어진다. 약하거나 적당하면 절단면은 좋다.

30 직류아크 용접기와 비교하여 교류아크 용접기에 대한 설명으로 가장 올바른 것은?

① 무부하 전압이 높고 감전의 위험이 많다.

② 구조가 복잡하고 극성변화가 가능하다.

③ 자기쏠림 방지가 불가능하다.

④ 아크 안정성이 우수하다.

해 교류아크용접기

① 무부하 전압이 높고 감전의 위험이 많다.
   - 교류아크용접기
② 구조가 복잡하고 극성변화가 가능하다.
   - 직류아크용접기

③ 자기쏠림 방지가 불가능하다.
   - 직류아크용접기
④ 아크 안정성이 우수하다.
   - 직류아크용접기

31 재료의 접합방법은 기계적 접합과 야금적 접합으로 분류하는데 야금적 접합에 속하지 않는 것은?

① 리벳 ② 융접

③ 압접 ④ 납땜

해 접합

• 기계적 접합 : 나사, 리벳
• 야금적 접합 : 융접, 압접, 납땜

32 피복아크 용접기를 사용하여 아크 발생을 8분간 하고 2분간 쉬었다면, 용접기 사용률은 몇 %인가?

① 25 ② 40

③ 65 ④ 80

해 용접기 사용률

용접기 사용률은 아크발생시간/(아크발생시간＋휴식시간)으로 계산한다. 따라서, 8/10*100＝80% 이다.

33 다음 중 알루미늄을 가스 용접할 때 가장 적절한 용제는?

① 붕사 ② 탄산나트륨

③ 염화나트륨 ④ 중탄산나트륨

해 가스용접 - 알루미늄

가스용접으로 알루미늄용접을 할 때, 염화리튬, 염화칼륨, 염화나트륨, 플루오르화칼륨의 혼합물 용제를 사용한다.

34 아크 용접에서 아크쏠림 방지 대책으로 옳은 것은?

① 용접봉 끝을 아크쏠림 방향으로 기울인다.

② 접지점을 용접부에 가까이 한다.

③ 아크 길이를 길게 한다.

④ 직류용접 대신 교류용접을 사용한다.

아크쏠림 방지 대책
① 용접봉 끝을 아크쏠림 반대 방향으로 기울인다.
② 접지점을 용접부에서 멀리 한다.
③ 아크 길이를 짧게 한다.
④ 직류용접 대신 교류용접을 사용한다.

35 일반적인 용접의 장점으로 옳은 것은?

① 재질 변형이 생긴다.

② 작업 공정이 단축된다.

③ 잔류 응력이 발생한다.

④ 품질검사가 곤란하다.

용접의 장점
① 재질 변형이 생긴다. - 단점
② 작업 공정이 단축된다. - 장점
③ 잔류 응력이 발생한다. - 단점
④ 품질검사가 곤란하다. - 단점

36 용접작업을 하지 않을 때는 무부하 전압을 20~30V 이하로 유지하고 용접봉을 작업물에 접촉시키면 릴레이(relay)작동에 의해 전압이 높아져 용접작업이 가능하게 하는 장치는?

① 아크부스터　　　② 원격제어장치

③ 전격방지기　　　④ 용접봉 홀더

전격방지기
교류아크 용접기의 경우 무부하 전압이 높아 전기 충격에 위험이 있다. 따라서, 전격방지기를 달아 용접하기 전에는 무부하 전압을 낮게 유지하고, 용접 작업을 할 때는 높여준다.
• 핫 스타트 장치(=아크부스터) : 아크가 발생하는 초기에 용접봉과 모재가 냉각되어 입열이 부족하고, 아크가 불안정하므로 아크 초기에만 용접 전류를 특별히 크게 하도록 사용한다.

37 다음 중 연강용 가스용접봉의 종류인 "GA43"에서 "43"이 의미하는 것은?

① 가스 용접봉

② 용착금속의 연신율 구분

③ 용착금속의 최소 인장강도 수준

④ 용착금속의 최대 인장강도 수준

가스 용접봉
• G : 가스용접봉
• A : 용착금속의 연신율 구분
• 43 : 용착금속의 최소 인장강도 수준
용접봉을 나타내는 수치 중 인장강도는 대부분 최소 인장강도를 기준으로 쓰여 있다.

38 피복제 중에 산화티탄(Ti02)을 약 35% 정도 포함한 용접봉으로서 아크는 안정되고 스패터는 적으나, 고온 균열(hot crack)을 일으키기 쉬운 결점이 있는 용접봉은?

① E 4301　　　　② E 4313

③ E 4311　　　　④ E 4316

해 용접봉의 종류
① E 4301 : 일루미나이트계 용접봉
② E 4313 : 고산화티탄계 용접봉
③ E 4311 : 고셀룰로오스계 용접봉
④ E 4316 : 저수소계 용접봉
해당 문항은 고산화티탄계 용접봉에 관한 설명이다.

39 알루미늄과 마그네슘의 합금으로 바닷물과 알칼리에 대한 내식성이 강하고 용접성이 매우 우수하여 주로 선박용 부품, 화학 장치용 부품 등에 쓰이는 것은?

① 실루민
② 하이드로날륨
③ 알루미늄 청동
④ 애드미럴티 황동

해 Al−Mg 합금
① 실루민 : Al−Si, 개량처리를 통한 주조성 향상
② 하이드로날륨 : Al−Mg(∼10%) 합금으로 내식성이 매우 우수함. 내식 알루미늄합금으로, 알루미늄이 바닷물에 약한 것을 개량하기 위하여 개발된 합금
③ 알루미늄 청동 : 구리에 대략 15%까지 알루미늄을 가한 합금으로 담금질이 가능하고, 내식성, 내마모성이 우수하다.
④ 애드미럴티 황동 : 7−3황동＋1%Sn(주석) 첨가, 전연성 우수, 열교환기, 증발기에 사용

40 다음 금속 중 용융 상태에서 응고할 때 팽창하는 것은?

① Sn
② Zn
③ Mo
④ Bi

해 금속의 응고
대부분의 물질은 용융 상태에서 응고하게 되면 수축한다. 예외적으로 Bi(비스무트)는 응고할 때 부피가 팽창한다. 물 또한 물에서 얼음으로 응고될 때 부피가 팽창하는 물질이다.

41 60%Cu−40%Zn 황동으로 복수기용 판, 볼트, 너트 등에 사용되는 합금은?

① 톰백(Tombac)
② 길딩메탈(Gilding metal)
③ 문쯔메탈(Muntz metal)
④ 애드미럴티메탈(Admiralty metal)

해 황동의 종류
① 톰백(Tombac) : Cu(95∼80%)−Zn(5∼20%), 유려하며 광택이 있어 모조금으로 사용.
② 길딩메탈(Gilding metal) : 5%Zn 첨가. 순구리와 같이 연함 동전, 메달용으로 사용.
③ 문쯔메탈(Muntz metal) : 문쯔 메탈, 7−3황동에 비해 전연성이 낮고, 인장강도 큼. 복수기용 판, 볼트, 너트 등에 사용.
④ 애드미럴티메탈(Admiralty metal) : 7−3황동＋1%Sn(주석) 첨가, 전연성 우수, 열교환기, 증발기에 사용.

42 시편의 표점거리가 125mm, 늘어난 길이가 145mm이었다면 연신율은?

① 16%
② 20%
③ 26%
④ 30%

해 연신율
시편이 원래길이(표점거리)에서 늘어난 길이의 비율

$$연신율(\varepsilon) : \frac{연신된\ 거리}{표점\ 거리} \times 100 = \frac{L' - L_\circ}{L_\circ} \times 100\,[\%]$$

이므로, 20/125×100＝16%

| **정답** | **39** ② **40** ④ **41** ③ **42** ①

43 주철의 유동성을 나쁘게 하는 원소는?

① Mn ② C
③ P ④ S

해 주철의 원소
• 유동성이란? : 액체와 같이 흘러 움직이는 성질. 주철이 복잡한 형상을 만들기 위해 유동성이 좋아야 한다. 주철에 첨가 되는 원소 중 S(황)은 유동성을 나쁘게 한다.

44 주변 온도가 변화하더라도 재료가 가지고 있는 열팽창계수나 탄성계수 등의 특정한 성질이 변하지 않는 강은?

① 쾌삭강 ② 불변강
③ 강인강 ④ 스테인리스강

해 위 설명은 불변강에 해당한다.
합금강
주변 온도가 변화하더라도 열팽창계수나 탄성계수가 변하지 않아야 하는 제품들
→각종 측정기, 고급 시계, 중요 정밀 부품

45 열과 전기의 전도율이 가장 좋은 금속은?

① Cu ② Al
③ Ag ④ Au

해 열전도율, 전기전도율
주요 금속 전기전도율
Ag(은) > Cu(구리) > Au(금) > Al(알루미늄) > Ni(니켈) > Fe(철)

46 비파괴검사가 아닌 것은?

① 자기탐상시험 ② 침투탐상시험
③ 샤르피충격시험 ④ 초음파탐상시험

해 파괴시험과 비파괴시험
• 파괴시험 : 인장시험, 충격시험, 굽힘시험 등
• 비파괴시험 : 침투탐상시험, 자기(자분)탐상시험, 초음파탐상시험
• 샤르피충격시험 : 충격시험의 한 종류이므로 파괴시험이다.

47 구상흑연주철에서 그 바탕조직이 펄라이트이면서 구상흑연의 주위를 유리된 페라이트가 감싸고 있는 조직의 명칭은?

① 오스테나이트(austenite) 조직
② 시멘타이트(cementite) 조직
③ 레데뷰라이트(ledeburite) 조직
④ 불스 아이(bull's eye) 조직

해 주철의 종류

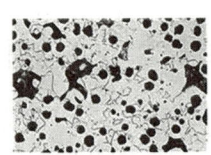

구상흑연 주철의 조직

구상흑연주철은 일반 주철에 비해 주조성, 가공성, 강도, 내마멸성이 우수하며 인성과 연성 또한 일반 주철보다 높은 주철로 Mg, Ce, Ca 등을 첨가하여 제작한다.
구상흑연주철의 종류 중 구상흑연 주위에 페라이트가 감싸고 있고, 그 외부 바탕조직이 펄라이트 조직을 가지는 것을 소의 뿔을 닮았다고 하여 불스 아이(bull's eye) 조직이라고 부른다.

48 섬유 강화 금속 복합 재료의 기지 금속으로 가장 많이 사용되는 것으로 비중이 약 2.7인 것은?

① Na
② FE
③ Al
④ Co

해 **섬유 강화 금속 복합 재료**
알루미늄(Al), 티탄(Ti), 마그네슘(Mg) 등과 같이 비교적 가벼운 금속 속에, 알루미나(Al2O3)나 탄화규소(SiC)와 같이 인장 강도가 높고 1000℃ 이상의 고온에서 견딜 수 있는 세라믹 섬유를 복합시킨 고온 고강도용 복합 재료이다.

49 강에서 상온 메짐(취성)의 원인이 되는 원소는?

① P
② S
③ Al
④ Co

해 **강의 상온 메짐**
  • 상온 취성 : 강에서 인화철(Fe3P)에 의하여 입도 조대화 촉진, 경도와 인장강도 증가 및 연신율이 감소되어 상온에서 충격 값이 저하되는 현상.
  ① P(인) : 강도, 경도 증가, 상온메짐(청열취성), 충격치 저하
  ② S(황) : 설퍼, 강도, 경도, 인성, 절삭성 증가, 적열취성의 원인, 고온에서 가공성이 나빠짐

50 강자성체 금속에 해당되는 것은?

① Bi, Sn, Au
② Fe, Pt, Mn
③ Ni, Fe, Co
④ Co, Sn, Cu

해 **강자성체**
  • 자성 : 자석에 얼마나 잘 붙는가?
  • 강자성체 : 자석에 붙으며 자석을 제거해도 계속 자성을 띄고, 잘 달라붙는 물질, Fe, Ni, Co
  • 상자성체 : 자석에 붙는 힘을 느끼지 못할 정도로 약하며, 약하게 달라붙는 물질, Al, Pt, Mn
  • 반자성체 : 자석에 의한 자화 현상이 전혀 없는 물체, Bi, Sb, Cu 등

51 그림과 같은 KS 용접기호의 해석으로 올바른 것은?

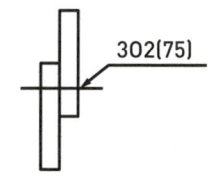

① 지름이 2mm이고, 피치가 75mm인 플러그 용접이다.
② 지름이 2mm이고, 피치가 75mm인 심 용접이다.
③ 용접 수는 2개이고, 피치가 75mm인 슬롯 용접이다.
④ 용접 수는 2개이고, 피치가 75mm인 스폿(점) 용접이다.

해 **용접기호**
3은 점용접에서 너깃의 지름이 3mm라는 의미이다.
0은 점용접을 뜻하는 기호이다.
2는 점용접의 개수가 2개라는 의미이다.
(75)는 점용접과 점용접 사이의 피치가 75mm라는 의미이다.

52 그림과 같은 도시기호가 나타내는 것은?

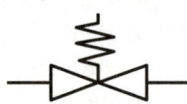

① 안전 밸브   ② 전동 밸브
③ 스톱 밸브   ④ 슬루스 밸브

해 밸브 기호
해당 기호는 안전밸브 기호이다.

종류	기호	종류	기호
밸브 일반		앵글 밸브	
게이트 밸브		3방향 밸브	
글로브 밸브		안전 밸브	
체크 밸브			
볼 밸브		콕 일반	
버터플라이 밸브			

53 도면의 척도 값 중 실제 형상을 확대하여 그리는 것은?

① 2 : 1   ② 1 : $\sqrt{2}$
③ 1 : 1   ④ 1 : 2

해 척도 : 척도에는 3가지 종류가 있다.
• 축척 : 실제 형성을 축소하여 도면에 그리는 것.
 예 1 : 2, 1 : 3
• 현척 : 실제 형상과 같은 크기로 도면에 그리는 것. **예** 1 : 1
• 배척 : 실제 형상을 확대하여 그리는 것.
 예 2 : 1

54 그림과 같은 입체도를 3각법으로 올바르게 도시한 것은?

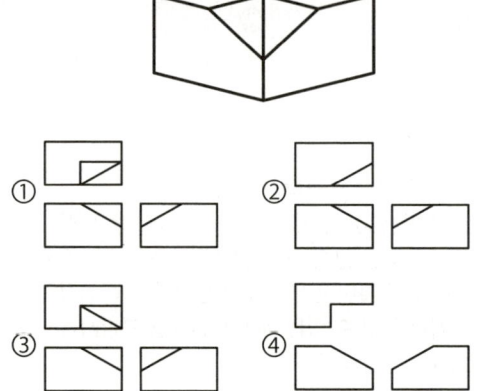

해 정투상법
정면도와 우측면도를 옳게 그린 것은 ①, ②, ③ 이다. 평면도를 옳게 그린 것은 ③ 이다.

55 도면에 물체를 표시하기 위한 투상에 관한 설명 중 잘못된 것은?

① 주 투상도는 대상물의 모양 및 기능을 가장 명확하게 표시하는 면을 그린다.
② 보다 명확한 설명을 위해 주 투상도를 보충하는 다른 투상도를 많이 나타낸다.
③ 특별한 이유가 없을 경우 대상물을 가로길이로 놓은 상태로 그린다.
④ 서로 관련되는 그림의 배치는 되도록 숨은선을 쓰지 않도록 한다.

해 투상법
② 투상도를 많이 나타내기 보다는 최소한으로 나타내는 것이 좋다.

56 KS 기계재료 표시기호 "SS 400"의 400은 무엇을 나타내는가?

① 경도　　　　② 연신율
③ 탄소 함유량　④ 최저 인장강도

해 기계재료 표시기호

SS400은 일반구조용강재(Rolled Steel for General Structure)로 주변에서 쉽게 접할 수 있는 재료이다.

SS는 Steel Structure의 약자이며 400은 최저 인장강도가 약 400(N/mm^2) 정도라는 것을 의미한다.

KS D 3503을 보면 SS400은 재료의 최저 인장강도로 나타냈었으나, 최근 개정된 것은 항복강도를 나타내는 것으로 변경되었다.

따라서, SS400은 KS 규격에서 SS275로 개정되었다.

57 그림과 같이 기계 도면 작성 시 가공에 사용하는 공구 등의 모양을 나타낼 필요가 있을 때 사용하는 선으로 올바른 것은?

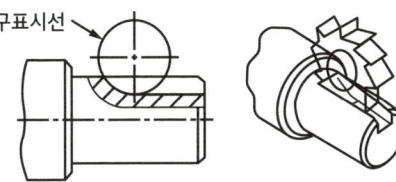

공구표시선

① 가는 실선　　　② 가는 1점 쇄선
③ 가는 2점 쇄선　④ 가는 파선

해 선의 용도

공구 등의 모양을 나타낼 필요가 있을 때 사용하는 선은 가는 2점 쇄선 '━━━━━━'으로 사용한다.

58 기호를 기입한 위치에서 먼 면에 카운터싱크가 있으며, 공장에서 드릴 가공 및 현장에서 끼워 맞춤을 나타내는 리벳의 기호 표시는?

① 　　②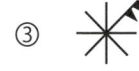

③　　　④

해 기호 표시(KS A ISO5845-1)

제도-체결품(파스너)의 부품 조립 간략표시-제1부:일반 원칙

구멍, 볼트, 리벳	카운터싱크 없음	가까운 면에 카운터싱크 있음
공장에서 드릴 가공 및 끼워 맞춤	+	
공장에서 드릴 가공, 현장에서 끼워 맞춤		
현장에서 드릴 가공 및 끼워 맞춤		

구멍, 볼트, 리벳	먼 면에 카운터싱크 있음	양쪽 면에 카운터싱크 있음
공장에서 드릴 가공 및 끼워 맞춤		
공장에서 드릴 가공, 현장에서 끼워 맞춤		
현장에서 드릴 가공 및 끼워 맞춤		

문제에서 주어진 조건은
1) 먼 면에 카운터 싱크가 있다.
2) 공장에서 드릴 가공을 한다.
3) 현장에서 끼워 맞춤을 한다.
위와 같다. 그 조건에 만족하는 것은 ② 이다.

59 그림과 같은 입체도의 화살표 방향 투시도로 가장 적합한 것은?

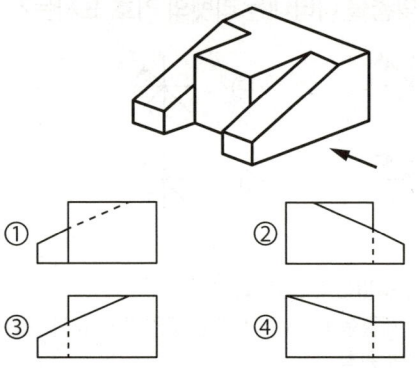

① ② ③ ④

🔲 **투상법**
화살표 방향에서 본 형상의 경우 ①, ③이 옳은 형상이다. 두 투시도의 차이는 숨은선의 표시인데 ③과 같이 숨은 선이 표시되는 것이 옳다.

60 치수기입의 원칙에 관한 설명 중 틀린 것은?

① 치수는 필요에 따라 기준으로 하는 점, 선 또는 면을 기준으로 하여 기입한다.
② 대상물의 기능, 제작, 조립 등을 고려하여 필요하다고 생각되는 치수를 명료하게 도면에 지시한다.
③ 치수 입력에 대해서는 중복 기입을 피한다.
④ 모든 치수에는 단위를 기입해야 한다.

🔲 **치수기입의 원칙**
일반적으로 치수에는 단위를 기입하지 않는다. KS에서는 주로 mm 단위를 사용하고 있다.

CHAPTER 8-1

2014년도 기출문제 1회

01 용접기 설치 및 보수할 때 지켜야 할 사항으로 옳은 것은?

① 셀렌 정류기형 직류아크 용접기에서는 습기나 먼지 등이 많은 곳에 설치해도 괜찮다.

② 조정핸들, 미끄럼 부분 등에는 주유해서는 안 된다.

③ 용접 케이블 등의 파손된 부분은 즉시 절연 테이프로 감아야 한다.

④ 냉각용 선풍기, 바퀴 등에도 주유해서는 안 된다.

해 용접기 설치 및 보수

① 셀렌 정류기형 직류아크 용접기에서는 습기나 먼지 등이 많은 곳에 설치하면 안된다.

② 조정핸들, 미끄럼 부분 등에는 주유해서 사용한다.

③ 용접 케이블 등의 파손된 부분은 즉시 절연 테이프로 감아야 한다.(옳음)

④ 냉각용 선풍기, 바퀴 등에도 주유해서 사용한다.

02 서브머지드 아크 용접에서 다전극 방식에 의한 분류가 아닌 것은?

① 텐덤식   ② 횡병렬식

③ 횡직렬식   ④ 이행형식

해 서브머지드 아크 용접 다전극 방식

다전극 방식을 사용하면 한번에 많은 양의 용접이 가능하다. 텐덤식, 횡병렬식, 횡직렬식 3가지 종류가 있다. 이행형식은 용접봉이 녹아서 모재로 옮겨가는 것을 말하며, 단락형, 글로뷸러형, 스프레이형이 있다.

03 TIG 용접에서 직류 정극성으로 용접할 때 전극 선단의 각도로 가장 적합한 것은?

① 5~10°   ② 10~20°

③ 30~50°   ④ 60~70°

해 TIG 용접 전극

전극 선단의 각도는 30~50°가 적합하다.

04 용접결함 중 구조상 결함이 아닌 것은?

① 슬래그 섞임

② 용입불량과 융합불량

③ 언더컷

④ 피로강도 부족

해 용접 결함

피로강도 부족의 경우 기계적 성질의 결함으로 볼 수 있다.

• 구조상 결함 : 슬래그 섞임, 용접불량, 융합불량, 언더컷, 오버랩, 균열, 선상조직, 은점 등

• 치수상 결함 : 완성된 제품의 변형, 치수 및 형상이 불량한 경우

05 화재 발생 시 사용하는 소화기에 대한 설명으로 틀린 것은?

① 전기로 인한 화재에는 포말소화기를 사용한다.

② 분말 소화기에는 기름 화재에 적합하다.

③ CO_2 가스 소화기는 소규모의 인화성 액체 화재나 전기 설비 화재의 초기 진화에 좋다.

④ 보통화재에는 포말, 분말, CO_2 소화기를 사용한다.

| 📖 정답 | 01 ③   02 ④   03 ③   04 ④   05 ①

해 소화기 사용

화재의 종류	소화기 종류
일반 화재	분말소화기, 물소화기, 이산화탄소소화기, 강화액소화기, 알칼리 소화기, 포말소화기
유류 및 가스 화재	분말소화기, 이산화탄소소화기, 포말소화기
전기화재	분말소화기, 이산화탄소소화기, 무상강화핵소화기, 할로겐화합물소화기
금속화재	건조된 모래(건조사), 탄산수소염류소화기

* 전기화재의 경우 포말소화기를 사용하지 않는다.

06 필릿 용접부의 보수방법에 대한 설명으로 옳지 않는 것은?

① 간격이 1.5mm 이하일 때에는 그대로 용접하여도 좋다.

② 간격이 1.5~4.5mm일 때에는 넓혀진 만큼 각장을 감소시킬 필요가 있다.

③ 간격이 4.5mm일 때에는 라이너를 넣는다.

④ 간격이 4.5mm 이상일 때에는 300mm 정도의 치수로 판을 잘라낸 후 새로운 판으로 용접한다.

해 필릿 용접부 보수방법

1) 1.5mm 이하일 경우는 규정된 각장으로 용접한다.
2) 1.5~4.5mm일 때에는 넓어진 만큼 각장을 증가시킬 필요가 있다.
3) 4.5mm 이상의 경우 라이너를 넣던지 부족한 판을 300mm 이상 잘라내고 대체한다.

보기 ②번을 보면 필릿의 간격이 넓음에도 각장을 감소시키면 용접부의 강도는 떨어질 것이다.

07 다음 그림과 같은 다층 용접법은?

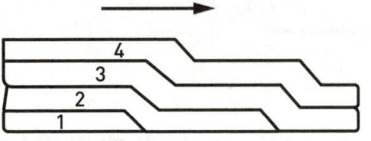

① 빌드업법   ② 케스케이드법

③ 전진 블록 법   ④ 스킵법

해 다층 용접법

다층 용접법에는 빌드업법, 전진블록법, 케스케이드법이 있으며, 위 그림은 계단식으로 용접을 해나가는 케스케이드법이다.

08 용접 작업 시 작업자의 부주의로 발생하는 안염, 각막염, 백내장 등을 일으키는 원인은?

① 용접 흄 가스   ② 아크 불빛

③ 전격 재해   ④ 용접 보호 가스

해 용접 안전

안염, 각막염, 백내장은 용접 작업시 발생하는 아크 불빛에 원인이 있다.

09 플라즈마 아크용접에 대한 설명으로 잘못된 것은?

① 아크 플라즈마의 온도는 10,000~30,000℃ 온도에 달한다.

② 핀치효과에 의해 전류밀도가 크므로 용입이 깊고 비드 폭이 좁다.

③ 무부하 전압이 일반 아크 용접기에 비하여 2~5배 정도 낮다.

④ 용접장치 중에 고주파 발생장치가 필요하다.

해 **플라즈마 아크 용접**
플라즈마 아크 용접기는 무부하 전압이 일반 아크 용접기에 비해 높다.

10 전기저항 점 용접법에 대한 설명으로 틀린 것은?

① 인터랙 점용접이란 용접점의 부분에 직접 2개의 전극을 물리지 않고 용접전류가 피용접물의 일부를 통하여 다른 곳으로 전달하는 방식이다.
② 단극식 점용접이란 적극이 1쌍으로 1개의 점용접부를 만드는 것이다.
③ 맥동 점용접은 사이클 단위를 몇 번이고 전류를 연속하여 통전하는 것으로 용접 속도 향상 및 용접변형방지에 좋다.
④ 직렬식 점용접이란 1개의 전류 회로에 2개 이상의 용접점을 만드는 방법으로 전류 손실이 많아 전류를 증가시켜야 한다.

해 **점 용접**
① 단극식 점 용접 : 기본적인 방법으로 1쌍의 전극으로 1개의 점 용접부를 만드는 용접법이다.
② 다전극 점 용접 : 2개 이상의 전극으로 2개 이상의 점 용접부를 만들어 용접 속도 향상 및 변형 방지에 효과적이다.
③ 직렬식 점 용접 : 1개의 전류 회로에 2개 이상의 용접점을 만드는 방법으로 전류 손실이 큰 단점이 있다.
④ 인터랙 점 용접 : 용접 전류가 피 용접물의 일부를 통해 다른 곳으로 전달하는 방법이다.
⑤ 맥동 점 용접 : 모재의 두께가 다른 경우 전극의 과열을 피하기 위해 전류를 단속하여 용접하는 방법이다.
보기 ④번에서 맥동 점 용접이 연속하여 용접하는 방법이라고 하였으나, 단속하여 용접하는 방법이 옳다.
• 단속이란? : 연속적으로 용접하지 않고 중간중간 끊어서 용접하는것

11 이산화탄소 아크용접의 솔리드와이어 용접봉에 대한 설명으로 YGA-50W-1.2-20에서 "50"이 뜻하는 것은?

① 용접봉의 무게
② 용착금속의 최소 인장강도
③ 용접와이어
④ 가스실드 아크용접

해 **이산화탄소 아크 용접 와이어**
50은 용착금속의 최소 인장강도를 의미한다.

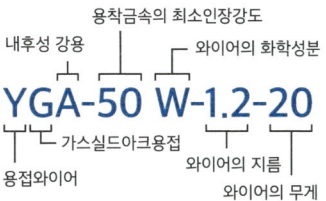

12 다음 중 스터드 용접법의 종류가 아닌 것은?

① 아크 스터드 용접법
② 텅스텐 스터드 용접법
③ 충격 스터드 용접법
④ 저항 스터드 용접법

해 **스터드 용접법**
볼트나 환봉, 핀 등을 직접 강판이나 형강에 용접하는 방법으로 피스톤 형의 홀더에 끼우고 모재와 볼트 사이에 순각적으로 아크를 발생시켜 용접하는 방법이다.
• 스터드 용접법의 종류 : 아크 스터드, 충격 스터드, 저항 스터드
• 텅스텐 스터드 용접법은 존재하지 않는다.

13 아크 용접부에 기공이 발생하는 원인과 가장 관련이 없는 것은?

① 이음 강도 설계가 부적당 할 때

② 용착부가 급랭될 때

③ 용접봉에 습기가 많을 때

④ 아크 길이, 전류 값 등이 부적당할 때

해 용접 결함

이음 강도 설계와 기공 발생은 관련성이 떨어진다. 용착부가 급랭되면 기공이 미쳐 빠져나오지 못하고 용착금속이 응고 될 수 있다. 용접봉에 습기가 많으면 기공이 발생할 수 있다. 따라서, 건조 후 용접하는 것이 좋다. 아크길이, 전류값에 따라 기공이 발생할 수 있다.

14 전자빔 용접의 종류 중 고전압 소전류형의 가속 전압은?

① 20~40KV

② 50~70KV

③ 70~150KV

④ 150~300KV

해 전자빔 용접
- 저전압 대전류형
→ 가속전압 10~60KV, 15~500mA
- 고전압 소전류형
→ 가속전압 70~150KV, 10~20mA

15 다음 중 TIG 용접기의 주요장치 및 기구가 아닌 것은?

① 보호가스 공급장치

② 와이어 공급장치

③ 냉각수 순환장치

④ 제어장치

해 TIG 용접기

와이어 공급장치의 경우 CO_2 용접, MIG 용접에서 주로 사용된다. 냉각수 순환장치는 수냉식 토치의 경우 사용된다. 보호가스 공급장치, 제어장치는 주요 장치에 속한다.

16 용접부에 X선을 투과하였을 경우 검출할 수 있는 결함이 아닌 것은?

① 선상조직

② 비금속 개재물

③ 언더컷

④ 용입불량

해 용접결함

선상조직의 경우 x선 투과에서 검출하지 못할 수 있다.

17 다층용접 방법 중 각 층마다 전체의 길이를 용접하면서 쌓아 올리는 용착법은?

① 전진 블록법

② 덧살 올림법

③ 케스케이드법

④ 스킵법

해 다층용접법

각 측마다 전체의 길이를 용접하는 것은 덧살 올림법이다.

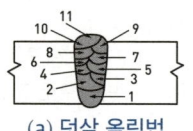

(a) 덧살 올림법

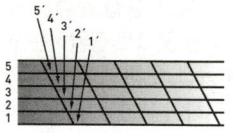

(b) 전진 블록법

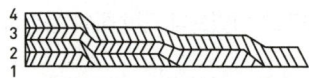

(c) 캐스케이드법

18 용접부의 시험검사에서 야금학적 시험 방법에 해당되지 않는 것은?

① 파면 시험 ② 육안 조직 시험

③ 노치 취성 시험 ④ 설퍼 프린트 시험

해 용접부 시험방법
- 야금학적 시험 방법 : 파면시험, 설퍼프린트시험, 육안조직시험, 현미경 조직시험
- 용접성 시험법 : 노치 취성 시험, 용접 경화성 시험, 용접 연성 시험, 용접 균열 시험

19 구리와 아연을 주성분으로 한 합금으로 철강이나 비철금속의 납땜에 사용되는 것은?

① 황동납 ② 인동납

③ 은납 ④ 주석납

해 납땜
황동은 구리와 아연의 합금이다. 구리와 아연을 포함하며, 철강, 비철금속의 납땜에 사용되는 것은 황동납이다.

20 탄산가스 아크용접에 대한 설명으로 맞지 않는 것은?

① 가스 아크이므로 시공이 편리하다.

② 철 및 비철류의 용접에 적합하다.

③ 전류밀도가 높고 용입이 깊다.

④ 바람의 영향을 받으므로 풍속 2m/s 이상 일 때에는 방풍장치가 필요하다.

해 탄산가스 아크 용접
탄산가스 아크용접(CO_2 용접, 이산화탄소 아크 용접)은 철강 재료의 용접에 적합하다. 비철재료의 용접에는 잘 활용되지 않는다.

21 MIG 용접 제어장치의 기능으로 크레이터 처리 기능에 의해 낮아진 전류가 서서히 줄어들면서 아크가 끊어지며 이면 용접부가 녹아내리는 것을 방지하는 것을 의미하는 것은?

① 예비 가스 유출시간

② 스타트 시간

③ 크레이터 충전 시간

④ 버언 백 시간

해 MIG 용접 제어장치
버언 백 시간에 관한 설명이다.

종류	기능
예비가스 유출시간	아크 발생 전 보호가스를 흐르게 하여 안정적인 아크와 결함 발생을 방지한다.
스타트 시간	아크가 발생하는 순간 전류와 전압을 크게 하여 아크발생과 모재와의 융합을 좋게 한다.
크레이터 충전 시간	크레이터의 결함을 방지한다.
번 백 시간	크레이터 처리에 의해 낮아진 전류가 서서히 줄어들면서 아크가 끊어지는 현상을 제어하여 용접부가 녹아내리는 것을 방지한다.
가스지연 유출시간	용접 후 5~25초 정도 가스를 흘려보내어 크레이터의 산화를 방지한다.

22 일반적으로 안전을 표시하는 색채 중 특정행위의 지시 및 사실의 고지 등을 나타내는 색은?

① 노란색 ② 녹색

③ 파란색 ④ 흰색

ㅣ 📖 정답 ㅣ **18** ③ **19** ① **20** ② **21** ④ **22** ③

안전 표시 색상

색상	용도	내용
빨간색	금지	정지신호, 소화설비 및 그 장소, 유해행위 금지
	경고	화학물질 취급장소에서의 유해·위험 경고
노란색	경고	화학물질 취급장소에서의 유해·위험 경고 이외의 위험경고, 주위표지 또는 기계방화물
파란색	지시	특정 행위의 지시 및 사실의 고지
녹색	안내	비상구 및 피난소, 사람 및 차량의 통행표지
흰색	-	파란색 또는 녹색에 대한 보조색
검은색	-	문자 및 빨간색 또는 노란색에 대한 보조색

23 산소 프로판 가스 절단에서 프로판 가스 1에 대하여 얼마 비율의 산소를 필요로 하는가?

① 8 ② 6
③ 4.5 ④ 2.5

해 가스 비율
액화석유가스(LPG)
- 무색이고 약간의 냄새가 난다.
- 일명 LPG라고 부르며 주로 프로판(C_3H_3), 부탄(C_4H_{10})이 주성분이다.
- 상온에서 기체상태이고 폭발 한계가 좁아 안전도가 높으며 관리가 쉽다.
- 상온에서 가압하면 쉽게 액화할 수 있어 용기에 충전 및 저장이 용이하다. (1/250 정도로 압축 시킬 수 있음)
- 용접 시 혼합비는 4.5(산소) : 1(프로판) 이다.

24 용접설계에 있어서 일반적인 주의사항 중 틀린 것은?

① 용접에 적합한 구조 설계를 할 것
② 용접 길이는 될 수 있는 대로 길게 할 것
③ 결함이 생기기 쉬운 용접 방법은 피할 것
④ 구조상의 노치부를 피할 것

해 용접설계
용접에 과도한 열의 영향이 모재에 악영향을 끼칠 수 있으므로 강도 설계상 문제가 없다면, 용접 길이는 될 수 있는 대로 짧게 하는 것이 좋다.

25 가스용접에서 양호한 용접부를 얻기 위한 조건으로 틀린 것은?

① 모재 표면에 기름, 녹 등을 용접 전에 제거하여 결함을 방지하여야 한다.
② 용착 금속의 용입 상태가 불균일해야 한다.
③ 과열의 흔적이 없어야 하며, 용접부에 첨가된 금속의 성질이 양호해야 한다.
④ 슬래그, 기공 등의 결함이 없어야 한다.

해 가스용접
용착 금속의 용입 상태가 불균일하면 양호한 용접부를 얻을 수 없다.

26 직류 아크 용접에서 역극성의 특징으로 맞는 것은?

① 용입이 깊어 후판 용접에 사용된다.
② 박판, 주철, 고탄소강, 합금강 등에 사용된다.
③ 봉의 녹음이 느리다.
④ 비드 폭이 좁다.

해 용접 극성

정극성 vs 역극성

구분	직류 정극성 (DCSP)	직류 역극성 (DCRP)
연결 방법	모재(+):70%, 용접봉(-):30%	용접봉(+):70%, 모재(-):30%
비드 폭	좁음	넓음
용융 속도	용접봉의 용융속도가 느림	용접봉의 용융속도가 빠름
용입	깊음	낮음
사용 용도	후판 용접	얇은판 용접(박판, 합금강, 비철금속)

27 직류아크 용접기와 비교한 교류아크 용접기의 설명에 해당되는 것은?

① 아크의 안정성이 우수하다.

② 자기쏠림 현상이 있다.

③ 역률이 매우 양호하다.

④ 무부하 전압이 높다.

해 직류, 교류 아크용접기 비교

구분	직류 용접기	교류 용접기
구조	복잡	간단
아크 쏠림 방지	불가능	가능
아크의 안정성	안정적	불안정
역률	양호	불량
무부하전압	낮다(40~60V)	높다(70~80V)
비피복 용접봉	사용가능	불가능
극성 변화	가능	불가능
전격의 위험	적음	많음
유지 보수	약간 어려움	쉬움
고장	많음	적음
가격	고가	저렴

28 피복 아크 용접봉에서 피복 배합제인 아교는 무슨 역할을 하는가?

① 아크 안정제　　② 합금제

③ 탈산제　　　　④ 환원가스 발생제

해 피복 아크 용접봉

배합제	종류
고착제	규산나트륨, 규산칼륨, 아교 등
탈산제	규소철, 티탄철, 망간철, 알루미늄, 페로실리콘, 소맥분(밀가루), 톱밥 등
아크 안정제	산화타이타늄(산화티탄), 규산나트륨, 규산칼륨, 석회석 등
가스 발생제	전분(녹말), 석회석, 톱밥, 탄산바륨, 셀롤로오스 등
슬래그 생성제	규사, 석회석, 산화철, 이산화망간, 일미나이트 등
합금 첨가제	니켈, 구리, 페로망간, 페로실리콘, 페로크롬, 페로바나듐 등

• 고착제란? : 피복제를 단단하게 심선에 고착시키는 것으로 규산나트륨($NaSi3$, 물유리), 규산칼륨($K2SiO3$) 등이 있다.

29 피복금속 아크 용접봉은 습기의 영향으로 기공(blow hole)과 균열(crack)의 원인이 된다. 보통 용접봉 (1)과 저수소계 용접봉(2)의 온도와 건조 시간은? (단, 보통 용접봉은 (1)로, 저수소계 용접봉은 (2)로 나타냈다)

① (1) 70~100℃ 30~60분,

　(2) 100~150℃ 1~2시간

② (1) 70~100℃ 2~3시간,

　(2) 100~150℃ 20~30분

③ (1) 70~100℃ 30~60분,

　(2) 300~350℃ 1~2시간

④ (1) 70~100℃ 2~3시간,

　(2) 300~350℃ 20~30분

ㅣ 📖 정답 ㅣ **27** ④ **28** ④ **29** ③

해 피복아크용접봉의 건조
보통 용접봉의 경우 흡습성이 크지 않으나, 저수소계 용접봉의 경우 흡습성이 크기 때문에 더 높은 온도에서, 더 오래 건조되어야 한다.
• 보통 용접봉 : 70~100℃, 30~60분
• 저수소계 용접봉 : 300~350℃, 1~2시간

해 가스용접 팁
가변압식(프랑스식) 팁의 능력은 표준불꽃으로 1시간에 소비하는 아세틸렌가스의 양으로 번호를 부여한다.
• 불변압식(독일식) : 해당 팁을 사용하여 용접했을 때 적합한 모재의 두께로 번호를 부여한다.

30 가스가공에서 강제 표면의 홈, 탈탄층 등의 결함을 제거하기 위해 얇게 그리고 타원형 모양으로 표면을 깎아내는 가공법은?

① 가스 가우징　　② 분말 절단
③ 산소창 절단　　④ 스카핑

해 절단 및 가공
• 스카핑 : 강재 표면의 탈탄 층 또는 홈 등을 제거하기 위해 사용
• 가스 가우징 : 가스 절단과 비슷한 토치를 사용하고 용접 부분의 뒷면을 따내거나 U형, H형의 용접홈을 가공하기 위하여 깊은 홈을 파내는 절단 방법
• 분말 절단 : 절단용 산소에 철분이나 용제를 혼합한 고압가스를 자동으로 공급하여, 이때 발생하는 철의 산화열과 용제에 의하여 금속을 용융 절단하는 절단법
• 산소창 절단 : 산소창 절단은 토치 대신에 가늘고 긴 강관(안지름 3.2mm, 길이 1.5~3mm)에 산소를 보내어 그 강관이 산화 연소할 때, 반응열로 금속을 절단하는 방법

31 가스용접에서 가변압식(프랑스식) 팁(TIP)의 능력을 나타내는 기준은?

① 1분에 소비하는 산소가스의 양
② 1분에 소비하는 아세틸렌가스의 양
③ 1시간에 소비하는 산소가스의 양
④ 1시간에 소비하는 아세틸렌가스의 양

32 아크 쏠림은 직류아크 용접 중에 아크가 한쪽으로 쏠리는 현상을 말하는데 아크 쏠림 방지법이 아닌 것은?

① 접지점을 용접부에서 멀리한다.
② 아크 길이를 짧게 유지한다.
③ 가용접을 한 후 후퇴 용접법으로 용접한다.
④ 가용접을 한 후 전진법으로 용접한다.

해 아크쏠림 방지법
① 용접봉 끝을 아크쏠림의 반대 방향으로 기울인다.
② 용접부 길이가 긴 경우 후진법(후퇴 용접법)으로 용접한다.
③ 아크 길이를 짧게 유지한다.
④ 교류 용접기를 사용한다.
⑤ 접지점을 용접부에서 멀리하거나 접지점을 2개 연결한다.
⑥ 시점과 끝점에 엔드 탭을 사용한다.

33 용접기의 가동 핸들로 1차 코일을 상하로 움직여 2차 코일의 간격을 변화시켜 전류를 조정하는 용접기로 맞는 것은?

① 가포화 리액터형
② 가동코어 리액터형
③ 가동 코일형
④ 가동 철심형

용접 일반

용접 검사 및 시공

작업안전

용접 재료

기계제도

용접기능사 기출문제

특수용접기능사 기출문제

해 **용접기 종류**

가동 코일형에 관한 설명이다.
- 가포화 리액터형 : 가변 저항의 변화로 용접전류를 조정한다.
- 가동 철심형 : 가동철심으로 누설자속의 양을 조절하여 전류를 조정한다.

---

34 프로판 가스가 완전연소 하였을 때 설명으로 맞는 것은?

① 완전 연소하면 이산화탄소로 된다.

② 완전 연소하면 이산화탄소와 물이 된다.

③ 완전 연소하면 일산화탄소와 물이 된다.

④ 완전 연소하면 수소가 된다.

해 **가스의 연소**

- 프로판 가스의 조성 : C_3H_8
- $C_3H_8 + 5O_2 = 3CO_2 + 4H_2O$

---

35 아세틸렌가스가 산소와 반응하여 완전 연소할 때 생성되는 물질은?

① CO, H_2O ② $2CO_2, H_2O$

③ CO, H_2 ④ CO_2, H_2

해 **가스의 연소**

- 아세틸렌가스의 조성 : C_2H_2
- $C_2H_2 + 2\frac{1}{2}O_2 = 2CO_2 + H_2O$

---

36 가스용접 시 사용하는 용제에 대한 설명으로 틀린 것은?

① 용제의 융점은 모재의 융점보다 낮은 것이 좋다.

② 용제는 용융금속의 표면에 떠올라 용착금속의 성질을 양호하게 한다.

③ 용제는 용접 중에 생기는 금속의 산화물 또는 비금속개재물을 용해하여 용융온도가 높은 슬래그를 만든다.

④ 연강에는 용제를 일반적으로 사용하지 않는다.

해 **가스용접 용제**

용제는 용접 중에 생기는 금속의 산화물 또는 비금속개재물을 용해하여 용융온도가 <u>낮은</u> 슬래그를 만든다. 용융온도가 높은 슬래그가 만들어지지 않는다.

---

37 용접법을 융접, 압접, 납땜으로 분류할 때 압접에 해당하는 것은?

① 피복아크 용접   ② 전자 빔 용접

③ 테르밋 용접   ④ 심 용접

해 **용접의 분류**

압접과 융접을 구분하는 기준은 '외력이 작용했는가?'이다. 심용접은 원판모양의 롤러 전극 사이에 2장의 재료를 두고 전기와 압력을 가하여 연속적으로 용접하는 방법이다.
나머지 용접법은 모두 융접에 해당한다.

---

38 A는 병 전체 무게(빈병+아세틸렌가스)이고, B는 빈병의 무게이며, 또한 15℃ 1기압에서의 아세틸렌 가스용적을 905 리터라고 할 때, 용해 아세틸렌가스의 양 C(리터)를 계산하는 식은?

① $C = 905 (B-A)$ ② $C = 905 + (B-A)$

③ $C = 905 (A-B)$ ④ $C = 905 + (A-B)$

ㅣ 정답 ㅣ **34** ② **35** ② **36** ③ **37** ④ **38** ③

해 아세틸렌가스의 양

아세틸린량(L) 구하는 식 : L = 905(A - B)
- 905 : 용해 아세틸렌 1kgf가 기화했을 때 15℃, 1'kgf/cm²에서 발생하는 아세틸렌 용적
- A : 빈병＋아세틸렌가스 무게(kgf)
- B : 빈 병의 무게(kgf)

39 내용적 40.7 리터의 산소병에 150kgf/cm²의 압력이 게이지에 표시되었다면 산소병에 들어있는 산소량은 몇 리터인가?

① 3400 ② 4055
③ 5055 ④ 6105

해 용기 속의 산소량

용기 속의 산소량＝내용적×기압
40.7 × 150 = 6105

40 저 용융점 합금이 아닌 것은?

① 아연과 그 합금 ② 금과 그 합금
③ 주석과 그 합금 ④ 납과 그 합금

해 저 용융점 합금

일반적으로 저용점 금속은 Sn(주석)의 용융점을 기준으로 하여 이 보다 낮은 금속을 뜻한다. 문제에서는 금에 비해 아연, 납, 주석의 용융점이 매우 낮으므로 금이 정답이다.

화학기호	용융점 (근사치)	화학기호	용융점 (근사치)
W(텅스텐) -가장 높음	3,410℃	Zn(아연)	419℃
Fe(철)	1,538℃	Pb(납)	325℃
Cu(구리)	1,083℃	Sn(주석)	231℃
Au(금)	1,064℃	H_2O(물)	0℃
Al (알루미늄)	660℃	Hg(수은) -가장 낮음	약 -38.4℃

41 다음 중 알루미늄 합금(alloy)의 종류가 아닌 것은?

① 실루민(silumin) ② Y 합금
③ 로엑스(Lo-Ex) ④ 인코넬(inconel)

해 알루미늄 합금의 종류

① 실루민 : Al-Si, 개량처리를 통한 주조성 향상
② 라우탈 : Al-Cu-Si, 특수실루민, 열팽창이 극히 작음, 내연기관의 피스톤
③ Y합금 : Al(알)-Cu(구)-Ni(니)-Mg(마), 고온강도 큼, 내연기관의 실린더
④ 로엑스 합금 : Y 합금에 Si 추가
⑤ 두랄루민 : Al(알)-Cu(구)-Mg(마)-Mn(망), 가벼우면서 강도가 매우 높은 합금철에 비해 비강도 3배 높음, 항공기 소재로 사용
⑥ 하이드로날륨 : Al-Mg(~10%) 합금으로 내식성이 매우 우수함. 내식 알루미늄합금으로, 알루미늄이 바닷물에 약한 것을 개량하기 위하여 개발된 합금
- 인코넬 : 니켈을 주체로 하여 15%의 크롬, 6~7%의 철, 2.5%의 티탄, 1% 이하의 알루미늄·망간·규소를 첨가한 내열합금이다.

42 철강에서 펄라이트 조직으로 구성되어 있는 강은?

① 경질강 ② 공석강
③ 강인강 ④ 고용체강

해 강의 조직

펄라이트는 Fe＋C(약 0.8%), 페라이트와 시멘타이트가 층층이 쌓여있고, 조개 껍질(펄, peal) 모양으로 되어있는 조직이다.
- 공석반응 : 하나의 고상이 두개의 고상으로 되는 현상을 공석반응이라고 한다. 철강에서는 약 0.8%C 부근에서 일어나며 공석강이라고 한다.

43 Ni-Cu계 합금에서 60~70% Ni 합금은?

① 모넬메탈(monel-metal)

② 어드밴스(advance)

③ 콘스탄탄(constantan)

④ 알민(almin)

해 Ni-Cu계 합금

- 모넬메탈 : 60~75%의 Ni(니켈)과 26~30%의 Cu(구리) 및 소량의 철, 망가니즈, 규소 등이 들어 있는 자연 합금으로, 내식성과 높은 온도에서 강도가 높아 각종 화학 기계, 열기관 등에 쓰임.
- 콘스탄탄 : 상품명 어드밴스라고도 불림. Ni(45%)+Cu(55%) 또는 Mn(1%)를 첨가. 열전대용 재료
- 알민 : Al+Mn(1~1.5%), 가공성, 용접성이 좋으며, 저장용 통에 사용됨.

44 가스 침탄법의 특징에 대한 설명으로 틀린 것은?

① 침탄온도, 기체혼합비 등의 조절로 균일한 침탄층을 얻을 수 있다.

② 열효율이 좋고 온도를 임의로 조절할 수 있다.

③ 대량 생산에 적합하다.

④ 침탄 후 직접 담금질이 불가능하다.

해 가스 침탄법

침탄성 가스(천연가스, 프로판가스, 부탄가스, 메탄가스 등)를 밀폐한 열처리로로 보내어 이 분위기에서 강재를 가열하여 침탄하는 처리법이다. 침탄 후 바로 담금질 열처리가 가능하다.

45 다음 중 풀림의 목적이 아닌 것은?

① 결정립을 조대화시켜 내부응력을 상승시킨다.

② 가공경화 현상을 해소시킨다.

③ 경도를 줄이고 조직을 연화시킨다.

④ 내부응력을 제거한다.

해 풀림 열처리

풀림을 하게 되면 결정립은 미세화되고 내부응력이 줄어든다.

46 18-8 스테인리스강의 조직으로 맞는 것은?

① 페라이트

② 오스테나이트

③ 펄라이트

④ 마텐자이트

해 스테인리스강

- 스테인리스강의 종류 : 오스테나이트계, 페라이트계, 마텐자이트계, 석출경화형 등
- 오스테나이트계 스테인리스강 : 18-8 스테인리스강, 내식, 내산성이 우수, 일반적으로 많이 사용됨. 열처리 불가함. STS304(일반적인 STS), 308(Cr, Ni 함량 증가), 316(Mo 성분 첨가), 316L(C량을 적게) 등

47 주철의 편상 흑연 결함을 개선하기 위하여 마그네슘, 세륨, 칼슘 등을 첨가한 것으로 기계적 성질이 우수하여 자동차 주물 및 특수 기계의 부품용 재료에 사용되는 것은?

① 미하나이트 주철

② 구상 흑연 주철

③ 칠드 주철

④ 가단 주철

l 📖 정답 l 43 ① 44 ④ 45 ① 46 ② 47 ②

주철의 종류

① 미하나이트 주철 : 회주철에 비해 인장강도가 큰, 펄라이트 주철.

② 구상흑연주철 : 보통 주철의 조직에 나타나는 흑연을 본래의 엽편상에서 구상으로 변화시켜 강인성을 향상시킨 주철.

- 주조성, 가공성, 내마멸성 우수, 강도 높고, 인성, 연성, 가공성 좋음.
- 불순물(P, S)이 적은 선철을 용해하여 주입 전에 Mg, Ce, Ca 등을 첨가하여 제조.
- 흑연이 원형(= 구상, Bull's eye) 모양으로 생겼다고 하여, 구상흑연주철이라 부름.

③ 칠드 주철 : 금형 또는 칠 메탈(냉금)이 붙어 있는 모래형에 쇳물을 주입하여 필요한 부분만 급랭시키는 것, 이러한 행위를 칠드라고함. 칠드된 부분의 경도가 높아 내마멸성, 내열성, 고온경도가 높음.

④ 가단 주철 : 단조가 가능한 주철, 백주철을 열처리로에 넣어 가열해서 탈탄 또는 흑연화 방법으로 제조. 2.0%~3.2%C, 0.6~1.5% Si, 강도, 인성 및 내식성이 우수, 흑심가단주철, 백심가단주철, 펄라이트 가단주철.

---

48 특수 주강 중 주로 롤러 등으로 사용되는 것은?

① Ni 주강 ② Ni-Cr 주강

③ Mn 주강 ④ Mo 주강

주강

- Mn(망간)-주강 : 특수 주강으로 내마멸성이 뛰어나 롤러 등으로 사용됨

---

49 탄소가 0.25%인 탄소강이 0~500℃의 온도 범위에서 일어나는 기계적 성질의 변화 중 온도가 상승함에 따라 증가되는 성질은?

① 항복점 ② 탄성한계

③ 탄성계수 ④ 연신율

탄소강

온도가 상승하게 되면 재료의 연신율이 증가한다.

- 연신율 : 인장 시험에서, 재료가 끊어지지 아니하고 늘어나는 비율. 최대로 늘어난 길이와 원래 길이의 차를 원래 길이로 나누어 그 값을 백분율로 나타낸다.

$$\text{연신율}(\varepsilon) : \frac{\text{연신된 거리}}{\text{표점 거리}} \times 100 = \frac{L' - L_\circ}{L_\circ} \times 100\,[\%]$$

---

50 용접할 때 예열과 후열이 필요한 재료는?

① 15mm 이하 연강판

② 중탄소강

③ 18℃ 일 때 18mm 연강판

④ 고용체강

용접 예열 및 후열

탄소의 양이 많아질수록 급가열, 급냉으로 인한 균열이 발생할 가능성이 많다.

---

51 단면도의 표시방법에 관한 설명 중 틀린 것은?

① 단면을 표시할 때에는 해칭 또는 스머징을 한다.

② 인접한 단면의 해칭은 선의 방향 또는 각도를 변경하든지 그 간격을 변경하여 구별한다.

③ 절단했기 때문에 이해를 방해하는 것이나 절단하여도 의미가 없는 것은 원칙적으로 긴 쪽 방향으로는 절단하여 단면도를 표시하지 않는다.

④ 가스킷 같이 얇은 제품의 단면은 투상선을 한 개의 가는 실선으로 표시한다.

단면도

가스킷 같이 얇은 제품의 단면은 투상선을 한 개의 매우 굵은 실선으로 표시한다.

| 정답 | 48 ③ 49 ④ 50 ② 51 ④

외형선은 일반적으로 굵은 실선으로 그려진다. 가스킷은 보통 부품과 부품 사이 즉, 외형선과 외형선 사이에 끼워지는 형태이기 때문에 도면에서 일반적인 굵은 실선으로 그리면 알기가 어렵다. 따라서 매우 굵은 실선으로 표시한다.

52 2종류 이상의 선이 같은 장소에서 중복될 경우 다음 중 가장 우선적으로 그려야 할 선은?

① 중심선 　　　　② 숨은선
③ 무게 중심선 　　④ 치수 보조선

해 선의 우선순위
외형선→숨은선→절단선→중심선→무게중심선→치수 보조선

53 배관도에 사용된 밸브표시가 올바른 것은?

① 밸브 일반 : ▷◁
② 게이트 밸브 : ▷●◁
③ 나비 밸브 : ◁
④ 체크 밸브 : ◁|

해 밸브의 표시
① 밸브 일반 : ▷◁
② 게이트 밸브 : ▷◁
③ 나비 밸브 : ▷◁ 또는 ◁|
④ 체크 밸브 : ▶◁ 또는 ◁|

54 다음 중 일반 구조용 탄소 강관의 KS 재료 기호는?

① SPP 　　　② SPS
③ SKH 　　　④ STK

해 배관 종류 기호
① SPP : 배관용 탄소 강관
② SPS : 스프링강
③ SKH : 고속도강, 하이스강
④ STK : 일반 구조용 탄소 강관

55 용접 보조기호 중 현장용접을 나타내는 기호는?

① 　　②
③ 　　④

해 용접 보조기호
현장용접의 경우 ┣ 로 표시한다. 즉, 공장에서 이루어지는 용접이 아닌 제품이 설치될 현장에서 해야 하는 작업이다.
②번의 경우 ◯ 은 온둘레 용접이다.

56 도면에 리벳의 호칭이 "KS B 1102 보일러용 둥근 머리 리벳 13×30 SV 400"로 표시된 경우 올바른 설명은?

① 리벳의 수량 13개
② 리벳의 길이 30mm
③ 최대 인장강도 400kPa
④ 리벳의 호칭 지름 30mm

해 리벳 기호
• 규격 : KS B 1102
• 종류 : 보일러용 둥근 머리 리벳
• 호칭지름 : 13mm
• 리벳길이 : 30mm
• 재료 : 리벳용 원형강
• 최저인장강도 : 400N/mm^2

┃ 정답 ┃ 52 ② 53 ④ 54 ④ 55 ① 56 ②

57 전개도는 대상물을 구성하는 면을 평면 위에 전개한 그림을 의미하는데, 원기둥이나 각 기둥의 전개에 가장 적합한 전개도법은?

① 평행선 전개도법　② 방사선 전개도법
③ 삼각형 전개도법　④ 사각형 전개도법

해 전개도
　① 평행선법 : 삼각기둥, 사각기둥과 같은 각기둥이나 원기둥을 평행하게 전개하여 그리는 방법이다.
　② 방사선법 : 삼각뿔, 사각뿔과 같은 각뿔이나 원뿔을 꼭지점을 기준으로 부채꼴로 펼쳐서 전개하여 그리는 방법이다.
　③ 삼각형법 : 꼭지점이 먼 각뿔이나 원뿔 등의 해당면을 삼각형으로 분활하여 전개도를 그리는 방법이다.

58 그림과 같은 정면도와 우측면도에 가장 적합한 평면도는? (문제 오류로 실제 시험에서는 3번으로 정답이 발표되었지만 확정답안 발표시 2, 3번이 정답 처리 되었습니다. 여기서는 3번을 정답 처리 합니다.)

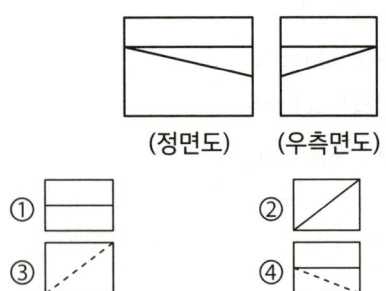

(정면도)　(우측면도)

해 정투상법
　해당 정면도와 우측면도의 삼각형 부분이 빈 공간으로 그려지면 평면도에서 보았을 때 대각선으로 된 점선이 생겨난다.

59 그림은 투상법의 기호이다. 몇 각법을 나타내는 기호인가?

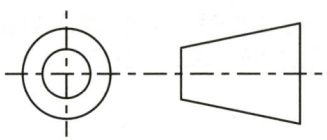

① 제1각법　　② 제2각법
③ 제3각법　　④ 제4각법

해 투상법의 기호

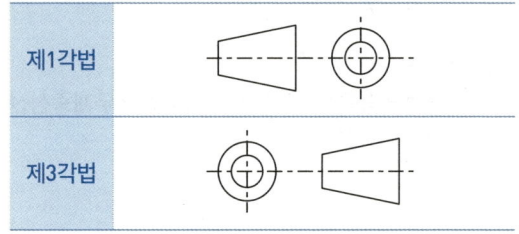

| 제1각법 | |
| 제3각법 | |

60 기계제도에서 도면에 치수를 기입하는 방법에 대한 설명으로 틀린 것은?

① 길이는 원칙으로 mm의 단위로 기입하고, 단위 기호는 붙이지 않는다.
② 치수의 자릿수가 많을 경우 세 자리마다 콤마를 붙인다.
③ 관련 치수는 되도록 한 곳에 모아서 기입한다.
④ 치수는 되도록 주 투상도에 집중하여 기입한다.

해 치수기입
　치수의 자릿수가 많을 경우 단위를 변경하거나 척도를 활용하여 간략하게 표현하는 것이 좋다.

CHAPTER 8-2 2014년도 기출문제 2회

01 다음 [보기]와 같은 용착법은?

> ① ④ ② ⑤ ③
> → → → → →

① 대칭법
② 전진법
③ 후진법
④ 스킵법

해 용착법
보기의 용착법은 ①, ②, ③번을 용접할 때 비드 사이사이를 띄엄띄엄 용접하는 스킵법에 해당한다.

02 가연성가스로 스파크 등에 의한 화재에 대하여 가장 주의해야 할 가스는?

① C_3H_8
② CO_2
③ He
④ O_2

해 가연성가스
위 보기에서 가연성가스에 해당하는 것은 C_3H_8(프로판가스)이다. 이 외에도 메탄가스, 수소가스, 아세틸렌가스 등이 있다.

03 서브머지드 아크 용접기에서 다전극 방식에 의한 분류에 속하지 않는 것은?

① 푸시 풀식
② 텐덤식
③ 횡병렬식
④ 횡직렬식

해 서브머지드 아크 용접 다전극 방식
횡병렬식, 횡직렬식, 텐덤식이 있다. 푸시 풀 식은 CO_2 용접, MIG 용접에서 와이어를 송급하는 방식이다.

04 용접기의 구비조건에 해당되는 사항으로 옳은 것은?

① 사용 중 용접기 온도 상승이 커야 한다.
② 용접 중 단락되었을 경우 대전류가 흘러야 된다.
③ 소비전력이 큰 역률이 좋은 용접기를 구비한다.
④ 무부하 전압을 최소로하여 전격기의 위험을 줄인다.

해 용접기 구비조건
① 사용 중 용접기 온도 상승이 작아야 한다.
② 용접 중 단락되었을 경우 저전류가 흘러야 된다.
③ 소비전력이 크면 역률이 크지만, 소비전력이 크면 효율이 낮기 때문에 좋은 용접기라고 할 수 없다.
④ 무부하 전압을 최소로 하여 전격기의 위험을 줄인다.

05 CO_2 가스 아크 용접장치 중 용접전원에서 박판 아크 전압을 구하는 식은? (단, I는 용접 전류의 값이다.)

① $V = 0.04 \times I + 15.5 \pm 1.5$
② $V = 0.004 \times I + 155.5 \pm 11.5$
③ $V = 0.05 \times I + 111.5 \pm 2$
④ $V = 0.005 \times I + 1111.5 \pm 2$

| 📖 정답 | 01 ④ 02 ① 03 ① 04 ④ 05 ①

해 박판 아크 용접
- 박판의 아크전압 : $V = 0.04 \times I + 15.5 \pm 1.5$
- 후판의 아크전압 : $V = 0.04 \times I + 20 \pm 2.0$

06 이산화탄소의 특징이 아닌 것은?

① 색, 냄새가 없다.

② 공기보다 가볍다.

③ 상온에서도 쉽게 액화한다.

④ 대지 중에서 기체로 존재한다.

해 이산화탄소 가스
이산화탄소 가스는 공기보다 약간 무겁다.

07 용접 전류가 낮거나, 운봉 및 유지 각도가 불량할 때 발생하는 용접 결함은?

① 용락   ② 언더컷

③ 오버랩   ④ 선상조직

해 용접 결함
전류가 낮거나, 운봉 및 유지 각도가 불량하면 주로 오버랩 결함이 발생할 가능성이 많다.

08 CO_2 가스 아크 용접에서 일반적으로 용접 전류를 높게 할 때의 사항을 열거한 것 중 옳은 것은?

① 용접입열이 작아진다.

② 와이어의 녹아내림이 빨라진다.

③ 용착율과 용입이 감소한다.

④ 우수한 비드 형상을 얻을 수 있다.

해 전류가 높은 경우
① 용접입열이 높아진다.
② 와이어의 녹아내림이 빨라진다.(전압이 높을 때 라고 생각할 수 있으나, 출제자의 의도는 와이어 송급이 빨라지고 와이어가 녹는양이 많아지기 때문에 '와이어의 녹아내림이 빨라진다.'라고 표현한 것으로 보인다. 명확한 정답은 '와이어의 용착량이 많아진다.'라고 표현하는 것이 좋을 듯 하다.
③ 용착율과 용입이 증가한다.
④ 우수한 비드 형상을 얻을 수 있다.
→ 전류, 전압의 조건이 서로 적당할 때 우수한 비 드 형상이 얻어진다.

09 용접부의 검사법 중 기계적 시험이 아닌 것은?

① 인장시험   ② 부식시험

③ 굽힘시험   ④ 피로시험

해 용접부 검사법
인장시험, 굽힘시험, 피로시험은 기계적 시험에 해 당하고, 부식시험의 경우 화학적 시험에 해당한다.

10 주성분이 은, 구리, 아연의 합금인 경납으로 인장강도, 전연성 등의 성질이 우수하여 구리, 구리합금, 철강, 스테인리스강 등에 사용되는 납재는?

① 양은납   ② 알루미늄납

③ 은납   ④ 내열납

해 납땜
은납에 관한 설명이다. 은납은 경납땜의 일종으로 인강강도, 전연성 등의 성질이 우수하다.

| 정답 | 06 ②   07 ③   08 ②   09 ②   10 ③

11 용접 이음을 설계할 때 주의 사항으로 틀린 것은?

① 구조상의 노치부를 피한다.

② 용접 구조물의 특성 문제를 고려한다.

③ 맞대기 용접보다 필릿 용접을 많이 하도록 한다.

④ 용접성을 고려한 사용 재료의 선정 및 열 영향 문제를 고려한다.

해 용접 이음 설계 주의사항
    필릿용접은 피하는 것이 좋다.

12 불활성 아크 용접에 관한 설명으로 틀린 것은?

① 아크가 안정되어 스패터가 적다.

② 피복제나 용제가 필요하다.

③ 열 집중성이 좋아 능률적이다.

④ 철 및 비철 금속의 용접이 가능하다.

해 불활성 아크 용접
    불활성 아크 용접의 경우 불활성 가스가 보호가스로 사용되어 피복제나 용제가 없이도 용접이 잘된다.

13 용접 후 인장 또는 굴곡시험으로 파단 시켰을 때 은점을 발견할 수 있는데 이 은점을 없애는 방법은?

① 수소 함유량이 많은 용접봉을 사용한다.

② 용접 후 실온으로 수개월 간 방치한다.

③ 용접부를 염산으로 세척한다.

④ 용접부를 망치로 두드린다.

해 용접 결함
    은점의 경우 수소(H)에 의해 발생할 확률이 높으므로 수소 함유량이 적은 저수소계 용접봉을 사용하면 은점을 줄일 수 있다.

14 가스 중에서 최소의 밀도로 가장 가볍고 확산속도가 빠르며, 열전도가 가장 큰 가스는?

① 수소   ② 메탄

③ 프로판   ④ 부탄

해 가스
    수소가스는 최소의 밀도로 가장 가볍고 확산속도가 매우 빠르다. 또한 열전도가 매우 큰 가스이다.

15 초음파 탐상법에서 널리 사용되며 초음파의 펄스를 시험체의 한쪽 면으로부터 송신하여 결함에코의 형태로 결함을 판정하는 방법은?

① 투과법   ② 공진법

③ 침투법   ④ 펄스 반사법

해 초음파 탐상법
    • 펄스 반사법 : 초음파의 펄스를 시험체의 면으로 송신하여 반사되는 반사파의 형태로 결함을 검사하는 시험방법이다.

16 전기 저항 점용접 작업 시 용접기에서 조정할 수 있는 3대 요소에 해당하지 않는 것은?

① 용접 전류   ② 전극 가압력

③ 용접 전압   ④ 통전 시간

해 전기 저항 점용접
    전기 저항 점용접의 3대 요소는 전극 가압력, 통전 시간, 용접 전류이다.

| 📖 정답 | 11 ③ 12 ② 13 ② 14 ① 15 ④ 16 ③

17 다음 중 비용극식 불활성 가스 아크 용접은?

① GMAW
② GTAW
③ MMAW
④ SMAW

해 비용극식 불활성 가스 아크 용접
- GMAW(Gas Metal Arc Welding) : 솔리드 와이어를 활용한 이산화탄소 아크용접
- GTAW(Gas Tungsten Arc Welding) : 가스텅스텐아크용접(비용극식)
- MMAW(Manual Metal Arc Welding) : 일반적으로 피복아크용접
- SMAW(Shielded Metal Arc Welding) : 일반적으로 피복아크용접
- 피복아크용접, 이산화탄소아크용접은 용접봉, 와이어가 전극으로 사용되는 용극식, 소모식 용접이다.
- 가스텅스텐아크용접에 사용되는 전극인 전극봉은 소모식이 아닌 비소모식, 비용극식이라고 한다.

18 알루미늄 분말과 산화철 분말을 1:3의 비율로 혼합하고, 점화제로 점화하면 일어나는 화학반응은?

① 테르밋반응
② 용융반응
③ 포정반응
④ 공석반응

해 테르밋 용접
위와 같은 반응을 테르밋 반응이라고 하며 이것을 응용한 용접법이 테르밋 용접이다. 주로 철도레일 용접 등에 활용한다.

19 불활성가스 금속 아크 용접에서 가스 공급계통의 확인 순서로 가장 적합한 것은?

① 용기→감압밸브→유량계→제어장치→용접토치
② 용기→유량계→감압밸브→제어장치→용접토치
③ 감압밸브→용기→유량계→제어장치→용접토치
④ 용기→제어장치→감압밸브→유량계→용접토치

해 가스 공급계통 순서
용기→감압밸브→유량계→제어장치→용접토치로 공급된다.

20 용접을 크게 분류할 때 압접에 해당 되지 않는 것은?

① 저항용접
② 초음파용접
③ 마찰용접
④ 전자빔용접

해 압접
압접의 경우 입열과 함께 외력이 작용해야 한다. 전자빔용접의 경우 따로 외력이 작용하지 않으므로 융접에 해당한다.

21 용접 현장에서 지켜야 할 안전 사항 중 잘못 설명한 것은?

① 탱크 내에서는 혼자 작업한다.
② 인화성 물체 부근에서는 작업을 하지 않는다.
③ 좁은 장소에서의 작업 시는 통풍을 실시한다.
④ 부득이 가연성 물체 가까이서 작업 시는 화재발생 예방조치를 한다.

해 안전 사항
탱크 내에서는 혼자 작업하지 않도록 한다.

| 📖 정답 | 17 ② 18 ① 19 ① 20 ④ 21 ①

22 용접 시 냉각속도에 관한 설명 중 틀린 것은?

① 예열을 하면 냉각속도가 완만하게 된다.
② 얇은 판보다는 두꺼운 판이 냉각속도가 크다.
③ 알루미늄이나 구리는 연강보다 냉각속도가 느리다.
④ 맞대기 이음보다는 T형 이음이 냉각속도가 크다.

해 용접 시 냉각속도
알루미늄이나 구리는 연강에 비해 열전도율이 높기 때문에 냉각속도가 빠르다.

23 수소함유량이 타 용접봉에 비해서 1/10 정도 현저하게 적고 특히 균열의 감소성이나 탄소, 황의 함유량이 많은 강의 용접에 적합한 용접봉은?

① E4301　　② E4313
③ E4316　　④ E4324

해 용접봉의 종류
수소 함유량이 타 용접봉에서 현저하게 적다.
→저수소계 용접봉(E4316)

24 다음 중 아크에어 가우징에 사용되지 않는 것은?

① 가우징 토치　　② 가우징봉
③ 압축공기　　④ 열교환기

해 아크에어 가우징
열교환기의 경우 아크에어 가우징과 관련이 없다.

25 다음 중 주철 용접 시 주의사항으로 틀린 것은?

① 용접봉은 가능한 한 지름이 굵은 용접봉을 사용한다.
② 보수 용접을 행하는 경우는 결함부분을 완전히 제거한 후 용접한다.
③ 균열의 보수는 균열의 성장을 방지하기 위해 균열의 양 끝에 정기 구멍을 뚫는다.
④ 용접 전류는 필요 이상 높이지 말고 직선비드를 배치하며, 지나치게 용입을 깊게 하지 않는다.

해 주철 용접
용접봉은 가능한 한 지름이 가는 용접봉을 사용한다.(작은 양으로 용접하여 용접에 의한 영향을 줄이기 위해)

26 가스용접용 토치의 팁 중 표준불꽃으로 1시간 용접 시 아세틸렌 소모량이 100L인 것은?

① 고압식 200번 팁
② 중압식 200번 팁
③ 가변압식 100번 팁
④ 불변압식 100번 팁

해 가스용접 팁
표준불꽃으로 1시간 용접 시 아세틸렌 소모량이 100L라는 것은 가변압식 100번 팁의 능력이다.
불변압식의 경우 1, 2, 3으로 표시하며 숫자는 팁에 적합한 모재의 두께를 의미한다.

| 정답 | 22 ③ 23 ③ 24 ④ 25 ① 26 ③

27 고체 상태에 있는 두 개의 금속 재료를 용접, 압접, 납땜으로 분류하여 접합하는 방법은?

① 기계적인 접합법 　② 화학적 접합법
③ 전기적 접합법 　④ 야금적 접합법

> 해 **접합**
> • 용접, 압접, 납땜을 통틀어 야금적 접합법이라고 한다.
> • 나사, 리벳 등을 통틀어 기계적인 접합법이라고 한다.

28 헬멧이나 핸드실드의 차광유리 앞에 보호 유리를 끼우는 가장 타당한 이유는?

① 시력을 보호하기 위하여
② 가시광선을 차단하기 위하여
③ 적외선을 차단하기 위하여
④ 차광유리를 보호하기 위하여

> 해 **용접 보호구**
> 헬멧이나 핸드실드에 차광유리 앞에 투명한 보호 유리를 사용하면 차광유리를 보호할 수 있다.

29 직류 아크용접기의 음(-)극에 용접봉을, 양(+)극에 모재를 연결한 상태의 극성을 무엇이라 하는가?

① 직류정극성 　② 직류역극성
③ 직류음극성 　④ 직류용극성

> 해 **용접 극성**
> • 직류정극성 : 모재(+), 용접봉(-)
> • 직류역극성 : 모재(-), 용접봉(+)

30 수동 가스절단 작업 중 절단면의 윗 모서리가 녹아 둥글게 되는 현상이 생기는 원인과 거리가 먼 것은?

① 팁과 강판사이의 거리가 가까울 때
② 절단가스의 순도가 높을 때
③ 예열불꽃이 너무 강할 때
④ 절단속도가 너무 느릴 때

> 해 **가스절단**
> 절단 시 윗 모서리가 녹아 둥글게 되었다는 것은 가스절단 과정이 과열되었거나, 가스의 순도가 좋지 않다는 것을 의미한다.
> 절단가스의 순도가 높은 경우에는 우수한 절단면이 만들어 진다.

31 교류아크 용접기의 종류 중 조작이 간단하고 원격 조정이 가능한 용접기는?

① 가포화 리액터형 용접기
② 가동 코일형 용접기
③ 가동 철심형 용접기
④ 탭 전환형 용접기

> 해 **교류아크 용접기**
> 원격조정이 가능한 용접기는 가포화 히액터형 용접기로 가변저항을 활용하여 전류값을 조정한다.

32 가연성 가스에 대한 설명 중 가장 옳은 것은?

① 가연성 가스는 CO_2와 혼합하면 더욱 잘 탄다.
② 가연성 가스는 혼합 공기가 적은 만큼 완전 연소한다.
③ 산소, 공기 등과 같이 스스로 연소하는 가스를 말한다.
④ 가연성 가스는 혼합한 공기와의 비율이 적절한 범위 안에서 잘 연소한다.

해 **가연성 가스**
① 가연성 가스는 O_2와 혼합하면 더욱 잘 탄다.
② 가연성 가스는 혼합 공기가 많은 만큼 완전 연소한다.
③ 아세틸렌, 프로판 등과 같이 연소하는 가스를 말한다.
④ 가연성 가스는 혼합한 공기와의 비율이 적절한 범위 안에서 잘 연소한다.

33 수중 절단 작업을 할 때에는 예열 가스의 양을 공기 중의 몇 배로 하는가?

① 0.5~1배
② 1.5~2배
③ 4~8배
④ 9~16배

해 **수중 절단 작업**
• 예열가스의 양 : 4~8배
• 절단산소압력 : 1.5~2배

34 아크 용접기의 구비조건으로 틀린 것은?

① 구조 및 취급이 간단해야 한다.
② 사용 중에 온도 상승이 커야 한다.
③ 전류 조정이 용이하고, 일정한 전류가 흘러야 한다.
④ 아크 발생 및 유지가 용이하고 아크가 안정되어야 한다.

해 **아크 용접기의 구비조건**
사용 중에 온도 상승이 작아야 한다.

35 철강을 가스절단 하려고 할 때 절단조건으로 틀린 것은?

① 슬래그의 이탈이 양호하여야 한다.
② 모재에 연소되지 않은 물질이 적어야 한다.
③ 생성된 산화물의 유동성이 좋아야 한다.
④ 생성된 금속 산화물의 용융온도는 모재의 용융점보다 높아야 한다.

해 **가스절단 조건**
가스 절단은 불꽃으로 가열 후 고압산소와 철의 반응열에 의해 절단이 된다. 이때 생성된 금속 산화물은 용융온도가 모재의 용융점보다 낮아야 한다.

36 아크용접에서 피복제의 역할이 아닌 것은?

① 전기 절연작용을 한다.
② 용착금속의 응고와 냉각속도를 빠르게 한다.
③ 용착금속에 적당한 합금원소를 첨가한다.
④ 용적(globule)을 미세화하고, 용착효율을 높인다.

해 **피복제의 역할**
피복제는 슬래그를 생성하며 용착금속의 응고와 냉각속도를 느리게 한다.

37 직류용접에서 발생되는 아크 쏠림의 방지 대책 중 틀린 것은?

① 큰 가접부 또는 이미 용접이 끝난 용착부를 향하여 용접할 것

② 용접부가 긴 경우 후퇴 용접법(back step welding)으로 할 것

③ 용접봉 끝을 아크가 쏠리는 방향으로 기울일 것

④ 되도록 아크를 짧게 하여 사용할 것

해 아크쏠림

아크쏠림이 발생했을 때 용접봉 끝을 아크가 쏠리는 반대 방향으로 기울인다.

38 산소-아세틸렌가스 불꽃 중 일반적인 가스용접에는 사용하지 않고 구리, 황동 등의 용접에 주로 이용되는 불꽃은?

① 탄화 불꽃

② 중성 불꽃

③ 산화 불꽃

④ 아세틸렌 불꽃

해 구리, 황동의 용접

구리, 황동 등의 용접에는 주로 산화 불꽃이 사용되며, 고온의 열이 가해지면 기화하기 때문에 이 불꽃을 사용할 때 금속 표면에 산화물이 생겨 기화를 방지한다.

39 두 개의 모재를 강하게 맞대어 놓고 서로 상대 운동을 주어 발생되는 열을 이용하는 방식은?

① 마찰 용접

② 냉간 압접

③ 가스 압접

④ 초음파 용접

해 압접

• 마찰용접 : 2개의 모재를 맞재어 놓고 그 접촉면에 압력을 주어 서로 간에 상대운동을 시켜 마찰열을 이용하여 압접하는 용접법이다.

40 18-8형 스테인리스강의 특징을 설명한 것 중 틀린 것은?

① 비자성체이다.

② 18-8에서 18은 Cr%, 8은 Ni%이다.

③ 결정구조는 면심입방격자를 갖는다.

④ 500~800℃로 가열하면 탄화물이 입계에 석출하지 않는다.

해 스테인리스강

500~800℃로 가열하면 탄화물이 입계에 석출되는데, 이 때문에 내식성이 저하되어 부식된다.

41 용접금속의 용융부에서 응고 과정의 순서로 옳은 것은?

① 결정핵 생성→결정경계→수지상정
② 결정핵 생성→수지상정→결정경계
③ 수지상정→결정핵 생성→결정경계
④ 수지상정→결정경계→결정핵 생성

해 용접 금속의 응고 과정
결정핵 생성→수지상정→결정경계의 순서로 응고한다.

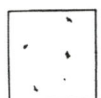 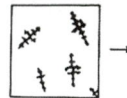 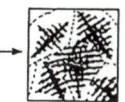 

• 수지상정 : 금속이나 합금 등의 용융액이 응고할 때 생기는 결정형태의 하나. 나뭇가지 모양으로 발달한 것을 말한다.

42 질량의 대소에 따라 담금질 효과가 다른 현상을 질량효과라고 한다. 탄소강에 니켈, 크롬, 망간 등을 첨가하면 질량효과는 어떻게 변하는가?

① 질량효과가 커진다.
② 질량효과가 작아진다.
③ 질량효과는 변하지 않는다.
④ 질량효과가 작아지다가 커진다.

해 질량효과
질량이 커지면 대체적으로 부피가 증가하며 담금질성이 나빠진다. 이때 탄소강에 니켈, 크롬, 망간 등을 첨가하면 질량효과가 작아져 담금질 효과가 증가한다.

43 Mg(마그네슘)의 융점은 약 몇 ℃인가?

① 650℃ ② 1,538℃
③ 1,670℃ ④ 3,600℃

해 마그네슘
마그네슘의 융점은 650℃이다.

화학기호	용융점(근사치)	특징
W(텅스텐) -가장 높음	3,410℃	Tig 용접에 전극봉으로 사용
Fe(철)	1,538℃	용접에 주요 모재
Cu(구리)	1,083℃	청동, 황동 등의 원료
Al(알루미늄)	660℃	철보다 약 3배 가벼워 최근 광범위하게 사용
H_2O(물)	0℃	금속 중 유일하게 상온에서 액체
Hg(수은) -가장 낮음	약 -38.4℃	금속 중 유일하게 상온에서 액체

44 주철에 관한 설명으로 틀린 것은?

① 인장강도가 압축강도보다 크다.
② 주철은 백주철, 반주철, 회주철 등으로 나눈다.
③ 주철은 메짐(취성)이 연강보다 크다.
④ 흑연은 인장강도를 약하게 한다.

해 주철
주철은 인장강도보다 압축강도가 더 크다.

| 정답 | 41 ② 42 ② 43 ① 44 ①

45 강재 부품에 내마모성이 좋은 금속을 용착시켜 경질의 표면층을 얻는 방법은?

① 브레이징(brazing)

② 숏 피닝(shot peening)

③ 하드 페이싱(hard facing)

④ 질화법(nitriding)

해 표면처리
하드페이싱에 대한 설명이다.
① 브레이징은 경납땜의 종류로 은납 등이 여기에 해당한다.
② 숏 피닝은 재료의 표면에 작은 구슬을 분사시켜 표면을 경화시키는 방법이다.
④ 질화법은 표면에 단단한 질화물(Fe4N, Fe2N) 등을 만들어 질화층을 형성한다.

46 용해 시 흡수한 산소를 인(P)으로 탈산하여 산소를 0.01% 이하로 한 것이며, 고온에서 수소 취성이 없고 용접성이 좋아 가스관, 열교환관 등으로 사용되는 구리는?

① 탈산구리　　　② 정련구리

③ 전기구리　　　④ 무산소구리

해 구리
산소를 0.01% 이하로 탈산했다는 것은 탈산구리를 의미한다. 무산소구리의 경우 산소량이 0.001~0.002%인 구리이다.

47 저합금강 중에서 연강에 비하여 고장력강의 사용 목적으로 틀린 것은?

① 재료가 절약된다.

② 구조물이 무거워진다.

③ 용접공수가 절감된다.

④ 내식성이 향상된다.

해 고장력강
고장력강은 연강에 비해 같은 질량, 형상일 때 인장강도가 크다. 따라서, 재료가 절약되고 구조물을 가볍고 강하게 만들 수 있다. 또한 용접공수가 절감되고, 첨가 원소에 따라 내식성 또한 향상될 수 있다.

48 다음 중 주조상태의 주강품 조직이 거칠고 취약하기 때문에 반드시 실시해야 하는 열처리는?

① 침탄　　　　　② 풀림

③ 질화　　　　　④ 금속침투

해 주강의 열처리
일반열처리 - 풀림(Annealing, 어닐링)
① 목적 : 단단해진강을 연하게 하여 기계 가공성을 향상, 내부의 응력 제거, 기계적 성질 개선
② 풀림의 종류 : 완전풀림, 응력제거풀림, 구상화풀림 등
③ 외우는 법(키워드) : 기계적 성질 개선, 응력 제거
④ 불림과의 차이 : 목적의 차이, 가열온도가 불림에 비해 약간 낮은편
⑤ 활용 예 : 재료→조관으로 인한 열경화→인발 가공 전 연화를 위한 풀림→가공성 향상

49 합금강이 탄소강에 비하여 좋은 성질이 아닌 것은?

① 기계적 성질 향상

② 결정입자의 조대화

③ 내식성, 내마멸성 향상

④ 고온에서 기계적 성질 저하방지

해 합금강
합금강은 탄소강에 비하여 결정입자가 미세화된 경우가 많다. 결정입자가 조대한 경우 기계적 성질이 저하된다.

50 산소나 탈산제를 품지 않으며, 유리에 대한 봉착성이 좋고 수소취성이 없는 시판동은?

① 무산소동　　　② 전기동

③ 전련동　　　　④ 탈산동

해 구리

산소나 탈산제가 전혀 포함되지 않은 구리를 무산소동이라고 한다.

51 도면에 "ks b 1101 둥근 머리 리벳 25×36 SWRM 10"와 같이 리벳이 표시되었을 경우 올바른 설명은?

① 호칭 지름은 25mm이다.

② 리벳이음의 피치는 400mm이다.

③ 리벳의 재직은 황동이다.

④ 둥근머리부의 바깥지름은 36mm이다.

해 리벳 표시법

규격번호, 종류, 호칭지름, 길이, 재료로 표시한다.
- 규격번호 : ks b 1101
- 종류 : 둥근 머리 리벳
- 호칭지름 : 25mm
- 길이 : 36mm
- 재료 : SWRM 10 (연강선재)

*피치, 바깥지름은 주어진 표시로는 알 수 없다.

52 기계제도 도면에서 "t120"이라는 치수가 있을 경우 "t"가 의미하는 것은?

① 모떼기　　　　② 재료의 두께

③ 구의 지름　　　④ 정사각형의 변

해 치수 기입

t는 thickness의 약자로 재료의 두께를 의미한다.

53 도면에서의 지시한 용접법으로 바르게 짝지어진 것은?

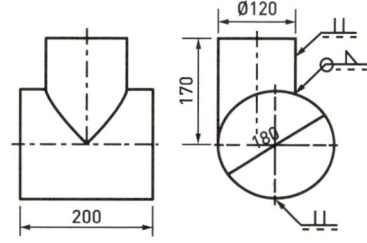

① 이면 용접, 필릿 용접

② 겹치기 용접, 플러그 용접

③ 평형 맞대기 용접, 필릿 용접

④ 심 용접, 겹치기 용접

해 용접 기호

‖ 의 경우 개선가공을 하지 않은 평형 맞대기 용접이다.

◺ 의 경우 필릿 용접이다.

54 그림은 배관용 밸브의 도시 기호이다. 어떤 밸브의 도시 기호인가?

① 앵글 밸브　　　② 체크 밸브

③ 게이트 밸브　　④ 안전 밸브

해 배관용 밸브 도시 기호

위 그림은 흐름의 방향을 한쪽으로만 보내주는 체크 밸브에 해당한다.

| 정답 | **50** ① **51** ① **52** ② **53** ③ **54** ②

55 배관용 아크 용접 탄소강 강관의 KS 기호는?

① PW   ② WM

③ SCW   ④ SPW

해 배관 재료 기호
- PW : 피아노선
- WM : 화이트 메탈
- SCW : 주강품의 용접구조용 강
- SPW : 배관용 아크 용접 탄소강 강관, Arc Welded Carbon Steel Pipes, 사용 압력이 비교적 낮은 증기, 물, 가스, 공기 등의 배관에 사용

56 기계 제작 부품 도면에서 도면의 윤곽선 오른쪽 아래 구석에 위치하는 표제란을 가장 올바르게 설명한 것은?

① 품번, 품명, 재질, 주서 등을 기재한다.

② 제작에 필요한 기술적인 사항을 기재한다.

③ 제조 공정별 처리방법, 사용공구 등을 기재한다.

④ 도번, 도명, 제도 및 검도 등 관련자 서명, 척도 등을 기재한다.

해 표제란
표제란에는 도번, 도면, 제도 및 검도 등 관련자 서명, 척도, 투상법 등을 기재한다.

57 그림과 같이 제3각법으로 정면도와 우측면도를 작도할 때 누락된 평면도로 적합한 것은?

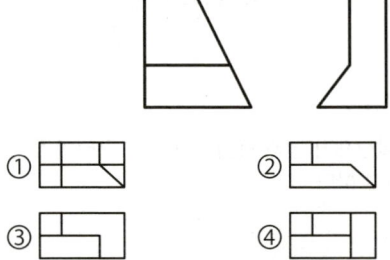

해 제3각법
- 우측면도를 바라보았을 때, 우측면도에 그려진 형상이 평면도에서 하나로 이어져야 한다. (②, ③번에 해당)
- 정면도를 바라보았을 때, 정면도의 끝부분이 경사지게 되어 있는데 평면도에서도 경사지게 되어있어야 한다. (③번에 해당)

58 그림과 같은 원추를 전개하였을 경우 전개면의 꼭지각이 180°가 되려면 D의 치수는 얼마가 되어야 하는가?

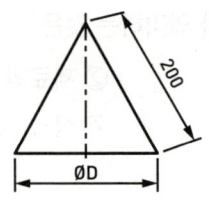

① ø100   ② ø120

③ ø180   ④ ø200

해 전개도

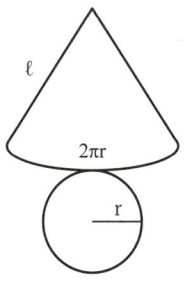

원뿔을 전개하면 위와 같다.
부채꼴의 호의 길이는 아래에 있는 원의 둘레와 같다.
호의 길이 = 아래 원의 둘레
아래 원의 둘레는 $2\pi r(\pi D)$이다.
호의 길이는 $2\pi\ell \times$ 호의 각도(전개각)/360도이다.
이것을 정리하면
$2 \times \pi \times 200 \times 180도/360도 = \pi \times D$
따라서, $D = 400/2 = 200w$

60 기계제도에서 사용하는 선의 굵기 기준이 아닌 것은?

① 0.9mm   ② 0.25mm

③ 0.18mm   ④ 0.7mm

해 선의 굵기
일반적으로 1.0, 0.7, 0.5, 0.35, 0.25, 0.18로 선의 굵기를 사용한다.

59 단면을 나타내는 해칭선의 방향이 가장 적합하지 않은 것은?

①   ②

③   ④

해 해칭
해칭선의 방향은 외형선과 평행하지 않은 45° 경사선으로 나타낸다.
①, ②, ④번의 경우 외형선과 평행하지 않는다.

ㅣ 📖 정답 ㅣ **59** ③ **60** ①

CHAPTER 8-3 2014년도 기출문제 4회

01 납땜시 강한 접합을 위한 틈새는 어느 정도가 가장 적당한가?

① 0.02~0.10mm　　② 0.20~0.30mm

③ 0.30~0.40mm　　④ 0.40~0.50mm

해 납땜

남땜의 강한 접합을 위해서 틈새가 좁을수록 좋다.

02 다음 중 맞대기 저항 용접의 종류가 아닌 것은?

① 업셋 용접　　② 프로젝션 용접

③ 퍼커션 용접　　④ 플래시 버트 용접

해 저항용접

저항용접은 맞대기 이음과 겹치기 이음으로 구분할 수 있다. 문제의 업셋, 퍼커션, 플래시 버트 용접은 맞대기 저항 용접이고, 프로젝션 용접은 겹치기 저항 용접이다.

03 MIG 용접에서 가장 많이 사용되는 용적 이행 형태는?

① 단락 이행　　② 스프레이 이행

③ 입상 이행　　④ 글로뷸러 이행

해 용적 이행 형태

용적의 이행 형태에는 단락, 스프레이, 글로뷸러(입상) 이행이 있다. 이중 MIG 용접에서는 스프레이 이행이 가장 많이 사용되고 있다.

04 다음 중 용접부의 검사방법에 있어 비파괴 검사법이 아닌 것은?

① X선 투과 시험　　② 형광침투 시험

③ 피로시험　　④ 초음파 시험

해 용접부 검사방법

문제에서 제시된 시험법 중 피로시험은 파괴시험에 해당한다. X선 투과 시험, 형광침투 시험, 초음파 시험은 비파괴 시험에 해당한다.

05 CO_2 가스 아크 용접에서 솔리드 와이어에 비교한 복합 와이어의 특징을 설명한 것으로 틀린 것은?

① 양호한 용착금속을 얻을 수 있다.

② 스패터가 많다.

③ 아크가 안정된다.

④ 비드 외관이 깨끗하며 아름답다.

해 CO_2 가스 아크 용접 와이어

CO_2 가스 아크 용접 와이어의 종류 중 복합 와이어는 솔리드 와이어와 피복제(플럭스)가 함께 있는 것으로 말할 수 있다. 솔리드와이어에 비해스패터가 적다.

06 다음 용접법 중 저항용접이 아닌 것은?

① 스폿용접　　② 심용접

③ 프로젝션용접　　④ 스터드 용접

해 저항용접

스터드 용접의 경우 아크용접에 해당한다.

| 정답 | 01 ① 02 ② 03 ② 04 ③ 05 ② 06 ④

07 아크 용접의 재해라 볼 수 없는 것은?

① 아크 광선에 의한 전안염

② 스패터 비산으로 인한 화상

③ 역화로 인한 화재

④ 전격에 의한 감전

해 아크 용접의 재해
역화로 인한 화재는 가스 용접에서 일어나는 재해이다.

08 다음 중 전자 빔 용접의 장점과 거리가 먼 것은?

① 고진공 속에서 용접을 하므로 대기와 반응하기 쉬운 활성 재료도 용이하게 용접된다.

② 두꺼운 판의 용접이 불가능하다.

③ 용접을 정밀하고 정확하게 할 수 있다.

④ 에너지 집중이 가능하기 때문에 고속으로 용접이 된다.

해 전자 빔 용접
전자빔 용접은 얇은 판 및 두꺼운 판까지 용접 할 수 있다.

09 대상물에 감사선, 엑스선을 투과시켜 필름에 나타나는 상으로 결함을 판변하는 비파괴 검사법은?

① 초음파 탐상 검사   ② 침투 탐상 검사

③ 와전류 탐상 검사   ④ 방사선 투과 검사

해 비파괴 검사법
감마선, 엑스선 등의 방사선을 투과시키는 비파괴 시험은 방사선 투과 검사이다.

10 다음 그림중에서 용접 열량의 냉각속도가 가장 큰 것은?

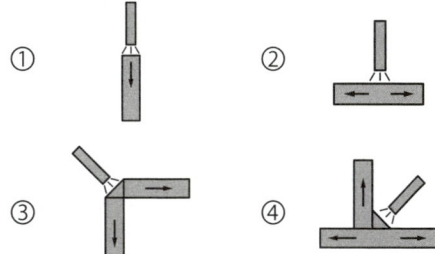

해 냉각속도
냉각속도는 열이 퍼지는 방향이 많을수록, 공기와의 접촉면적이 넓을수록 크다. ④번의 필릿용접은 열이 퍼지는 방향이 3방향으로 냉각속도가 가장 크다.

11 MIG 용접의 용적이행 중 단락 아크용접에 관한 설명으로 맞는 것은?

① 용적이 안정된 스프레이형태로 용접된다.

② 고주파 및 저전류 펄스를 활용한 용접이다.

③ 임계전류이상의 용접 전류에서 많이 적용된다.

④ 저전류, 저전압에서 나타나며 박판용접에 사용된다.

해 MIG 용접의 용적이행
단락이행의 경우 저전류, 저전압에서 나타나며, 박판용접에 사용된다.

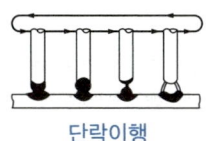

단락이행

12 용접결함 중 내부에 생기는 결함은?

① 언더컷   ② 오버랩

③ 크레이터 균열   ④ 기공

해 용접결함

언더컷, 오버랩, 크레이터 균열의 경우 외부에 생겨나는 결함이고, 기공의 경우 외부와 내부 모두 생기는 결함이다.

13 다음 중 불활성 가스 텅스텐 아크 용접에서 중간 형태의 용입과 비드 폭을 얻을 수 있으며, 청정 효과가 있어 알루미늄이나 마그네슘 등의 용접에 사용되는 전원은?

① 직류 정극성   ② 직류 역극성

③ 고주파 교류   ④ 교류 전원

해 불활성 가스 텅스텐 아크 용접(TIG 용접) 극성

• 직류정극성 : 모재(+), 전극봉(-), 용입이 깊고, 좁은 비드

• 직류역극성 : 모재(-), 전극봉(+), 용입이 얕고, 넓은 비드, 아크 청정효과 있음.

• 고주파교류 : 양극과 음극의 구분이 없음. 용접이 중간 형태, 아크 청정효과 있음.

아크 청정효과

보호가스이 양이온이 모재와 충돌하며 모재의 산화피막을 제거하는 작용을 하는 것으로, 알루미늄 마그네슘 용접에 활용됨.

14 용접용 용제는 성분에 의해 용접 작업성, 용착 금속의 성질이 크게 변화하므로 다음 중 원료와 제조방법에 따른 서브머지드 아크 용접의 용접용 용제에 속하지 않는 것은?

① 고온 소결형 용제   ② 저온 소결형 용제

③ 용융형 용제   ④ 스프레이형 용제

해 서브머지드 아크 용접 용제

문제에서 제시한 원료와 제조방법에 따른 용제의 분류를 하면 ①, ②, ③으로 분류할 수 있다.

15 용접시 발생하는 변형을 적게 하기 위하여 구속하고 용접하였다면 잔류응력은 어떻게 되는가?

① 잔류응력이 작게 발생한다.

② 잔류응력이 크게 발생한다.

③ 잔류응력은 변함없다.

④ 잔류응력과 구속용접과는 관계없다.

해 용접 변형

용접을 하게 되면 열에 의해 변형이 발생한다. 변형을 적게 하기 위해 구속을 하는 것은, 본래 변형해야 하는 모재를 억지로 구속하는 것이므로 내부에 잔류응력이 있게 된다.

16 용접결함 중 균열의 보수방법으로 가장 옳은 방법은?

① 작은 지름의 용접봉으로 재용접한다.

② 굵은 지름의 용접봉으로 재용접한다.

③ 전류를 높게 하여 재용접한다.

④ 정지구멍을 뚫어 균열부분은 홈을 판 후 재용접한다.

해 용접 균열 보수방법

정지구멍을 뚫는 이유는 균열이 더 이상 진행하지 않도록 구멍이 막아주는 역할을 한다.

정지구멍을 뚫어 혹시 모를 균열의 진행을 막아주고, 균열부분은 홈을 파낸 후 재용접한다.

17 안전·보건 표지의 색채, 색도기준 및 용도에서 문자 및 빨간색 또는 노란색에 대한 보조색으로 사용되는 색채는?

① 파란색 　② 녹색
③ 흰색 　④ 검은색

🔲 안전·보건 표지
문자, 빨간색 또는 노란색에 대한 보조색으로 사용되는 색채는 검은색이다.

18 감전의 위험으로부터 용접 작업자를 보호하기 위해 교류 용접기에 설치하는 것은?

① 고주파 발생 장치 　② 전격 방지 장치
③ 원격 제어 장치 　④ 시간 제어 장치

🔲 용접 안전장치
전격 방지 장치는 감전의 위험으로부터 용접 작업자를 보호하는 장치이다.

19 산화하기 쉬운 알루미늄을 용접할 경우에 가장 적합한 용접법은?

① 서브머지드 아크용접
② 불활성가스 아크용접
③ CO_2 아크용접
④ 피복아크 용접

🔲 알루미늄의 용접
불활성가스 아크용접에서 아크 청정작용의 특성을 활용하면 알루미늄의 산화피막을 제거하면서 용접을 할 수 있다.
서브머지드 아크용접, CO_2 아크용접, 피복아크 용접은 주로 철강재료의 용접에 활용된다.

20 용접 홈의 형식 중 두꺼운 판의 양면 용접을 할 수 없는 경우에 가공하는 방법으로 한쪽 용접에 의해 충분한 용입을 얻으려고 할 때 사용되는 홈은?

① I형 홈 　② V형 홈
③ U형 홈 　④ H형 홈

🔲 용접 이음 형상
• I형 : 판 두께 6mm 이하에 사용. 두께가 두꺼워질수록 완전용입이 어려움.
• V형 : 판 두께 20mm 이하에서 사용. 한쪽 용접으로 완전한 용입을 얻고자 할 때 쓰임. 두께가 두꺼워짐에 따라 한쪽 방향으로 변형이 발생할 위험이 있음.
• X형 : 판두께 15~40mm 정도에 사용. 양면용접으로 완전한 용입을 얻는 방법. V형에 비해 용접봉의 소비량이 적으며, 용접변형이 매우 적다.
• U형 : 두꺼운 판의 양면 용접을 할 수 없는 경우에 가공하는 방법으로 한쪽 용접에 의해 충분한 용입을 얻으려고 할 때 사용하는 방법이다.

21 금속산화물이 알루미늄에 의하여 산소를 빼앗기는 반응에 의해 생성되는 열을 이용하여 금속을 접합시키는 용접법은?

① 스터드 용접
② 테르밋 용접
③ 원자수소 용접
④ 일렉트로슬래그 용접

🔲 기타 용접
금속산화물(보통 산화철)이 알루미늄에 의하여 산소를 빼앗기는 반응을 테르밋 반응이라고 하며, 이때의 반응열로 금속을 접합하는 용접법이 테르밋 용접이다. 주로 철도레일의 용접에 활용된다.

Ⅰ 📖 정답 Ⅰ 17 ④ 18 ② 19 ② 20 ③ 21 ②

22 아래 [그림]과 같이 각 층마다 전체의 길이을 용접하면서 쌓아 올리는 가장 일반적인 방법으로 주로 사용하는 용착법은?

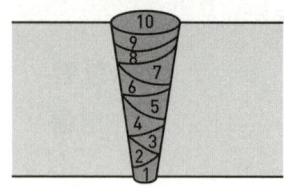

① 교호법　　　　② 덧살 올림법
③ 캐스케이드법　　④ 전진 블록법

23 용접에 의한 이음을 리벳이음과 비교했을 때, 용접이음의 장점이 아닌 것은?

① 이음구조가 간단하다.
② 판 두께에 제한을 거의 받지 않는다.
③ 용접 모재의 재질에 대한 영향이 작다.
④ 기밀성과 수밀성을 얻을 수 있다.

24 피복 아크 용접 회로의 순서가 올바르게 연결된 것은?

① 용접기-전극케이블-용접봉 홀더-피복 아크 용접봉-아크-모재-접지케이블
② 용접기-용접봉 홀더-전극케이블-모재-아크-피복아크 용접봉-접지케이블
③ 용접기-피복아크 용접봉-아크-모재-접지케이블-전극케이블-용접봉 홀더
④ 용접기-전극 케이블-접지케이블-용접봉 홀더-피복아크 용접봉-아크-모재

25 연강용 가스 용접봉의 용착금속의 기계적 성질 중 시험편의 처리에서 "용접한 그대로 응력을 제거하지 않은 것"을 나타내는 기호는?

① NSR　　　　　② SR
③ GA　　　　　　④ GB

26 용접 중에 아크가 전류의 자기작용에 의해서 한쪽으로 쏠리는 현상을 아크 쏠림(Arc Blow)이라 한다. 다음 중 아크 쏠림의 방지법이 아닌 것은?

① 직류 용접기를 사용한다.

② 아크의 길이를 짧게 한다.

③ 보조판(엔드탭)을 사용한다.

④ 후퇴법을 사용한다.

해 아크 쏠림 방지법

아크 쏠림의 근본적인 원인은 전자의 흐름이 한 방향으로 정해져 있다는 것에 있다. 즉, 직류는 (+)와 (-)극이 정해져 있어 한 방향으로 흐르므로 아크 쏠림이 발생할 수 있다. 이런 경우 교류아크용접기를 쓰면 아크 쏠림을 방지할 수 있다.
또한, 아크길이를 짧게, 엔드탭을 사용하거나, 후퇴법을 사용하면 아크쏠림을 방지할 수 있다.

27 발전(모터, 엔진형)형 직류 아크 용접기와 비교하여 정류기형 직류 아크 용접기를 설명한 것 중 틀린 것은?

① 고장이 적고 유지보수가 용이하다.

② 취급이 간단하고 가격이 싸다.

③ 초소형 경량화 및 안정된 아크를 얻을 수 있다.

④ 완전한 직류를 얻을 수 있다.

해 정류기형 직류 아크 용접기

• 정류기 : 교류를 직류로 변환해주는 장치를 말한다.
• 단점 : 정류는 교류를 직류로 변환해주는 장치이기 때문에 완전한 직류를 얻을 수 없다.
• 장점 : 발전형의 경우 복잡한 형태를 가지고 있기 때문에, 고장이 많고, 유지보수가 어렵고, 부피가 큰 단점이 있지만, 완전한 직류를 얻을 수 있다.

28 가스 절단에서 양호한 절단면을 얻기 위한 조건으로 맞지 않는 것은?

① 드래그가 가능한 한 클 것

② 절단면 표면의 각이 예리할 것

③ 슬래그 이탈이 양호할 것

④ 경제적인 절단이 이루어질 것

해 가스절단에서 양호한 절단면 얻기

• 드래그 : 가스절단으로 절단면에 보이는 곡선을 말한다.
• 드래그 길이 : 드래그와 드래그 사이의 떨어진 거리를 말한다.
드래그는 가능한 한 작아야 양호한 절단면을 얻을 수 있다.

29 용접봉의 용융금속이 표면장력의 작용으로 모재에 옮겨 가는 용적이행으로 맞는 것은?

① 스프레이형   ② 핀치효과형

③ 단락형   ④ 용적형

해 용정봉의 이행형태

표면장력의 작용을 이용하는 것은 단락형에 해당한다.

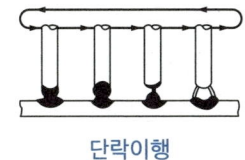

단락이행

• 용적이 용융지에 접촉하여 단락이 되고, 표면장력의 작용으로 모재에 옮겨가 용착되는 것을 반복한다.
• 비교적 저전류(약 200A 이하)로 용접하는 경우 발생한다.
• 입열량이 적고 용입이 얕아 박판용접에 적합하다.
• 저전류 CO_2 시 솔리드 와이어 사용할 때 발생한다.

30 피복 아크 용접봉에서 피복제의 가장 중요한 역할은?

① 변형 방지   ② 인장력 증대

③ 모재 강도 증가   ④ 아크 안정

해 피복제의 역할

피복제의 가장 중요한 역할은 아크를 안정시키는 것이다. 정리하면 다음과 같다.
① 아크를 안정시킨다.
② 용착금속의 탈산, 정련 작용을 한다.
③ 슬래그 제거를 쉽게 하고 외관 비드를 좋게 한다.
④ 중성 또는 환원성 분위기로 용융금속을 보호한다.
⑤ 전기절연 작용을 한다.
⑥ 용융금속에 필요한 합금 원소를 첨가한다.
⑦ 용착금속의 냉각속도를 느리게 한다.(급랭 방지)

31 저수소계 용접봉의 특징이 아닌 것은?

① 용착금속 중 수소량이 다른 용접봉에 비해서 현저하게 적다.

② 용착금속의 취성이 크며 화학적 성질도 좋다.

③ 균열에 대한 감수성이 특히 좋아서 두꺼운 판 용접에 사용된다.

④ 고탄소강 및 황의 함유량이 많은 쾌삭강 등의 용접에 사용되고 있다.

해 저수소계 용접봉

저수소계 용접봉은 용착금속의 내균열성, 기계적 성질이 우수하다. 비드도 아름답고 특히 충격치가 높다.
• 취성 : 취성이 높은 재료는 잘 깨지는 성질을 가진다.

32 폭발 위험성이 가장 큰 산소와 아세틸렌의 혼합비(%)는?

① 40 : 60   ② 15 : 85

③ 60 : 40   ④ 85 : 15

해 아세틸렌가스

아세틸렌가스는 산소 85%, 아세틸렌 15%가 있을 때 가장 폭발의 위험성이 크다.

33 연강용 피복금속 아크 용접봉에서 다음 중 피복제의 염기성이 가장 높은 것은?

① 저수소계   ② 고산화철계

③ 고셀루로스계   ④ 티탄계

해 연강용 피복아크용접봉

용접봉의 염기성은 저수소계가 가장 높다.

34 35℃에서 150kgf/cm²으로 압축하여 내부 용적 45.7리터의 산소 용기에 충전하였을 때, 용기속의 산소량은 몇 리터인가?

① 6855   ② 5250

③ 6150   ④ 7005

해 용기 속의 산소량 계산

용기 속의 산소량 = 용기의 충전 압력 × 용기 내부의 용적으로 계산할 수 있다.
따라서, $150kgf/cm^2 \times 45.7$리터 = 6,855L

| 정답 | **30** ④   **31** ②   **32** ④   **33** ①   **34** ①

35 산소 프로판 가스용접 시 산소:프로판 가스의 혼합비로 가장 적당한 것은?

① 1:1　　　　② 2:1
③ 2.5:1　　　④ 4.5:1

🔲 가스 혼합비
산소-프로판 가스용접 시
산소 4.5:프로판 1의 비율로 용접하는 것이 가장 적당하다.

36 교류피복 아크 용접기에서 아크발생 초기에 용접전류를 강하게 흘려보내는 장치를 무엇이라고 하는가?

① 원격 제어장치　　② 핫 스타트 장치
③ 전격 방지기　　　④ 고주파 발생장치

🔲 교류 아크 용접기
아크 발생 초기에 열량이 부족하면 아크 발생이 어렵고, 기공 등의 결함이 발생할 확률이 높다.
따라서, 아크 발생 초기에 용접전류를 강하게 흘려보내는데 그 장치를 핫 스타트 장치라고 한다.

37 아크 절단법의 종류가 아닌 것은?

① 플라즈마제트절단　② 탄소아크절단
③ 스카핑　　　　　④ 티그절단

🔲 아크 절단법
플라즈마제트절단, 탄소아크절단, 티그절단의 경우 전기를 사용한 아크 절단법에 해당한다.
스카핑
• 강재 표면의 탈탄 층 또는 홈 등을 제거하기 위해 사용한다.
• 표면 얕고 넓은 범위를 깎아 내기 위해 사용한다.

38 부탄가스의 화학 기호로 맞는 것은?

① C_4H_{10}　　　② C_3H_8
③ C_5H_{12}　　　④ C_2H_6

🔲 가스 화학 기호
① C_4H_{10}:부탄　③ C_5H_{12}:펜탄
② C_3H_8:프로판　④ C_2H_6:에탄

39 아크 에어 가우징에 가장 적합한 홀더 전원은?

① DCRP
② DCSP
③ DCRP, DCSP 모두 좋다.
④ 대전류의 DCSP가 가장 좋다.

🔲 아크 에어 가우징
탄소봉을 전극으로 하여 아크를 발생시키고 압축공기를 이용하여 공기를 분출하여 홈가공, 용접 결함부 제거, 절단 및 구멍 뚫기 등의 작업을 하는 방법이다. 가스 가우징에 비해 작업능률이 좋다.
DCSP는 Direct Current Strait Polarity의 약자로 정극성을 뜻한다. Direct Current Electrode Positive, DCEP로 쓰이기도 한다.
DCRP는 Direct Current Reverse Polarity의 약자로 역극성을 의미한다. 아크 에어 가우징의 경우 DCRP 즉, 역극성 전류를 많이 사용한다.

40 열간가공이 쉽고 다듬질 표면이 아름다우며 용접성이 우수한 강으로 몰리브덴 첨가로 담금질성이 높아 각종 축, 강력볼트, 아암, 레버 등에 많이 사용되는 강은?

① 크롬-몰리브덴강
② 크롬-바나듐강
③ 규소-망간강
④ 니켈-구리-코발트강

| 📖 정답 | 35 ④　36 ②　37 ③　38 ①　39 ①　40 ①

크롬 - 몰리브덴강

크롬과 몰리브덴(Mo)를 합금한 강철 소재, SCM000 등의 규격이 있다.

강도와 내마모성이 우수하고 고온가공이 용이하며, 다듬질 면이 양호하고, 단점이나 용접에 적합하다.

41 고장력강(HT)의 용접성을 가급적 좋게 하기 위해 줄여야 할 합금원소는?

① C   ② Mn
③ Si   ④ CR

해 **합금원소**

고장력강(高張力鋼 ; high tensile steel)은 인장강도 50kg/mm² 이상의 강을 말하며, 인장강도를 높이기 위하여 Mn, Si, Ni, Cr, Mo, V, Ti 등를 첨가한 것이다. 인장강도가 100kg/mm² 이상인 것도 있다. C량은 많아지면 많아질수록 용접성이 떨어지고, 균열의 위험이 있기 때문에, C량은 적게 해주는 것이 좋다.

42 내식강 중에서 가장 대표적인 특수 용도용 합금강은?

① 주강   ② 탄소강
③ 스테인리스강   ④ 알루미늄강

해 **내식강**

내식강 중에서 가장 대표적인 것은 스테인리스강이다.

43 아공석강의 기계적 성질 중 탄소함유량이 증가함에 따라 감소하는 성질은?

① 연신율   ② 경도
③ 인장강도   ④ 항복강도

해 **탄소함유량에 따른 변화**

공석강을 기준으로 탄소량이 증가하면 페라이트는 줄어들고, 펄라이트의 양은 증가하며 인장강도와 경도, 항복강도는 증가한다. 그러나 연신율은 감소한다.

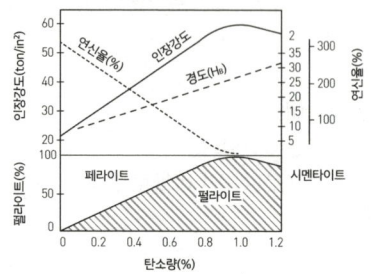

1) 강의 분류
• 공석강 : 0.77%C, 펄라이트(P)
• 아공석강 : 0.02~0.77%C, 페라이트(F)+펄라이트(P)
• 과공석강 : 0.77~2.11%C, 펄라이트(P)+시멘타이트(C)

44 금속침투법에서 칼로라이징이란 어떤 원소로 사용하는 것인가?

① 니켈   ② 크롬
③ 붕소   ④ 알루미늄

해 **금속침투법**

하나의 금속 표면에 다른 금속을 확산 침투시키고 피복층을 만들게 하는 방법
• Al : 칼로라이징   • Si : 실리코라이징
• Zn : 세라다이징   • Cr : 크로마이징

45 주조시 주형에 냉금을 삽입하여 주물표면을 급랭시키는 방법으로 제조되며 금속 압연용 롤 등으로 사용되는 주철은?

① 가단주철   ② 칠드주철
③ 고급주철   ④ 페라이트주철

해 주철
- 칠드주철 : 금형 또는 칠 메탈(냉금)이 붙어 있는 모래형에 쇳물을 주입하여 필요한 부분만 급랭 시키는 것, 이러한 행위를 칠드라고 함. 칠드된 부분의 경도가 높아 내마멸성, 내열성, 고온경도 가 높음.

46 알루마이트법이라 하며, Al 제품을 2% 수 산 용액에서 전류를 흘려 표면에 단순하고 치밀 한 산화막을 만드는 방법은?

① 통산법   ② 황산법
③ 수산법   ④ 크롬산법

해 알루마이트법, 수산법
아노다이징의 범주에 속하는 것으로 알루마이트 법, 수산법이라고 하는 방법이다. 알루미늄 표면에 치밀한 산화막(Al2O3)를 생성하는 것이다.
아노다이징은 알루미늄을 양극산화해서 피막을 만 들며 이때 직교류를 이용한 수산법으로 행해지는 것을 알루마이트, 수산법이라고 부른다.

47 주위의 온도에 의하여 선팽창 계수나 탄 성률 등의 특정한 성질이 변하지 않는 불변강이 아닌 것은?

① 인바   ② 엘린바
③ 슈퍼인바   ④ 베빗메탈

해 불변강
Fe+Ni, Cr, CO 등을 첨가하여, 온도에 따른 열팽창 계수가 낮아, 크기의 변화가 적음. 측정도구, 계측 기, 등에 사용
- 인바 : Fe-Ni(35%)-CO(0.1~0.3%)-Mn (0.4%) 이 함유된 불변강.
- 슈퍼인바 : Fe-Ni(30~32%)-CO(4~6%), 인바 에 비해 열팽창계수가 작음.
- 엘린바 : Fe-Ni(36%)-Cr(12%), 온도변화에 따 라 탄성률의 변화가 미세함. 시계태엽 등에 사용.

- 코엘린바 : Fe-Ni(10~16%)-CO(26~58%)- Cr(10~11%), 엘린바에 코발트(CO)를 첨가
- 퍼멀로이 : Fe-Ni(35~80%), 자기장의 세기가 크 게 만들어진 불변강.
- 플래티나이트 : 약 46%의 니켈, 나머지는 철로 조 성되어 있음. 열팽창계수가 백금과 거의 동일함.

배빗 메탈(Babbitt metal)
미끄럼 베어링용의 합금이다. 화이트 메탈이라고 도 불린다. 1839년 아이잭 배빗이 발명했다. 일반 적인 배빗메탈의 조성은 이하와 같다.
- 90% 주석-10% 구리
- 89% 주석-7% 안티몬-4% 구리
- 80% 납-15% 안티몬-5% 주석

48 다음 가공법 중 소성가공법이 아닌 것은?

① 주조   ② 압연
③ 단조   ④ 인발

해 소성가공
물체의 소성을 이용해서 변형시켜 갖가지 모양을 만드는 가공법이다. 압연, 단조, 인발, 압출 등이 있 다.
주조는 소성가공에 해당하지 않는다.

49 다음 중 담금질에서 나타나는 조직으로 경도와 강도가 가장 높은 조직은?

① 시멘타이트   ② 오스테나이트
③ 소르바이트   ④ 마텐자이트

해 담금질
강을 담금질 하게 되면 경도와 강도가 매우 강한 마텐자이트가 형성된다.

50 일반적으로 강에 S, Pb, P 등을 첨가하여 절삭성을 향상시킨 강은?

① 구조용강 ② 쾌삭강
③ 스프링강 ④ 탄소공구강

해 쾌삭강
S, Pb, P, Mn(S, P의 유해한 성질 저하의 목적) 등을 첨가하여 절삭성이 향상시키고, 이때 만들어진 강을 쾌삭강이라고 부른다.

51 그림과 같이 파단선을 경계로 필요로 하는 요소의 일부만을 단면으로 표시하는 단면도는?

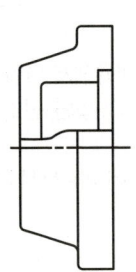

① 온 단면도 ② 부분 단면도
③ 한쪽 단면도 ④ 회전 도시 단면도

해 단면도
파단선을 그리고 일부를 단면한 것을 부분 단면도라고 부른다.
• 온단면도 : 전체 단면
• 한쪽 단면도 : 중심선을 기준으로 상하 또는 좌우 단면
• 회전 도시 단면도 : 물체를 단면 후 90도로 회전하여 표시

52 그림과 같은 치수 기입 방법은?

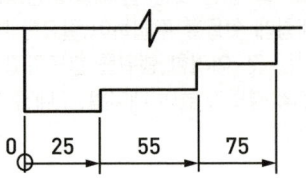

① 직렬 치수 기입법 ② 병렬 치수 기입법
③ 조합 치수 기입법 ④ 누진 치수 기입법

해 치수 기입 방법
치수 기입을 할 때 원점을 기준으로 연속해서 기입하는 것을 누진치수 기입법이라고 한다.

53 관의 구배를 표시하는 방법 중 틀린 것은?

①   1/200 ②   0.2%
③   5° ④   0.5

해 관의 구배 표시
1/N, 0.2%, 5°와 같이 관의 구배를 표시해야 한다.

54 도면에서 표제란과 부품란으로 구분할 때 다음 중 일반적으로 표제란에만 기입하는 것은?

① 부품번호 ② 부품기호
③ 수량 ④ 척도

해 표제란
부품번호, 부품기호, 수량 등은 표제란 위에 부품란에 주로 기입한다.
척도, 도명, 각법, 날짜 등은 표제란에 기입한다.

55 그림과 같은 용접이음 방법의 명칭으로 가장 적합한 것은?

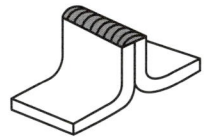

① 연속 필릿 용접
② 플랜지형 겹치기 용접
③ 연속 모서리 용접
④ 플랜지형 맞대기 용접

해 **용접이음 명칭**
위 그림은 플랜지형 맞대기 용접이다.

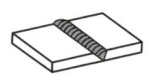 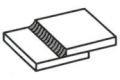 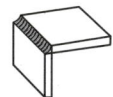

(a) 맞대기 이음　(b) 겹치기 이음　(c) 모서리 이음

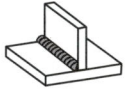 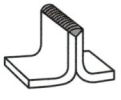 

(d) T이음　(e) 플랜지형 맞대기 이음　(f) 양면 덮개판 이음

56 KS 재료 기호에서 고압 배관용 탄소강관을 의미하는 것은?

① SPP　　② SPS
③ SPPA　　④ SPPH

해 KS 재료 기호 배관
① SPP : 배관용 탄소강관
② SPS : 일반 구조용 탄소강관
③ SPPA : 일반 배관용 탄소 강관
④ SPPH : 고압 배관용 탄소 강관

57 용도에 의한 명칭에서 선의 종류가 모두 가는 실선인 것은?

① 치수선, 치수보조선, 지시선
② 중심선, 지시선, 숨은선
③ 외형선, 치수보조선, 해칭선
④ 기준선, 피치선, 수준면선

해 선의 종류
치수선, 치수보조선, 지시선의 경우 가는 실선을 사용한다.
• 외형선은 굵은 실선
• 숨은선은 파선
• 기준선, 중심선은 가는 1점쇄선
• 가상선, 무게중심선은 가는 2점쇄선을 사용한다.

58 그림과 같은 원뿔을 전개하였을 경우 나타난 부채꼴의 전개각(전개된 물체의 꼭지각)이 150°가 되려면 ℓ의 치수는?

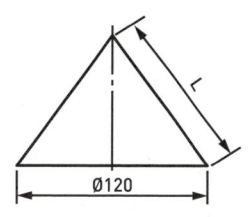

① 100　　② 122
③ 144　　④ 150

해 전개도

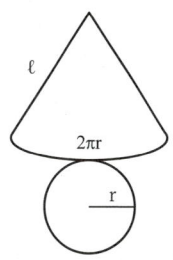

원뿔을 전개하면 위와 같다.

| 정답 | 55 ④　56 ④　57 ①　58 ③

부채꼴의 호의 길이는 아래에 있는 원의 둘레와 같다.
호의 길이 = 아래 원의 둘레
아래 원의 둘레는 2πr이다.
호의 길이는 2πℓ × 호의 각도(전개각)/360도이다.
이것을 정리하면
$2 \times \pi \times \ell \times 150/360 = 2 \times \pi \times 120/2$
$\ell = 60 \times 360/150 = 144$

59 리벳의 호칭 방법으로 옳은 것은?

① 규격 번호, 종류, 호칭지름×길이, 재료

② 명칭, 등급, 호칭지름×길이, 재료

③ 규격번호, 종류, 부품 등급, 호칭, 재료

④ 명칭, 다음질 경도, 호칭, 등급, 강도

해 리벳의 호칭 방법
'규격번호/종류/호칭지름×길이/재료'로 표시한다.
예 ks b 1101 둥근 머리 리벳 25×36 SWRM 10

60 그림과 같은 제3각법 정투상도의 3면도를 기초로 한 입체도로 가장 적합한 것은?

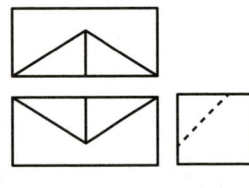

①    ②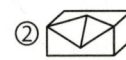

③    ④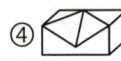

해 제3각법
정면도를 보았을 때 옳은 형상은 ②, ④번이다.
평면도를 보았을 때 옳은 형상은 ①, ②번이다.

CHAPTER 8-4

2014년도 기출문제 5회

01 차축, 레일의 접합, 선박의 프레임 등 비교적 큰 단면을 가진 주조나 단조품의 맞대기 용접과 보수용접에 주로 사용되는 용접법은?

① 서브머지드 아크 용접

② 테르밋 용접

③ 원자 수소 아크 용접

④ 오토콘 용접

해 용접의 종류

해당 문제는 테르밋 용접을 의미하고 있다.
테르밋 용접은 미세한 알루미늄 분말과 산화철 분말을 도가니에 넣고 첨가제인 과산화바륨, 마그네슘 등의 혼합물을 점화제로 넣고 연소시켜 그 반응열로 용접하는 방법이다.
큰 단면을 빠르게 용접할 수 있으므로 주로 차축, 레일의 접합, 선박의 프레임 용접에 활용한다.

02 용접부 시험 중 비파괴 시험 방법이 아닌 것은?

① 피로 시험   ② 누설 시험

③ 자기적 시험   ④ 초음파 시험

해 비파괴 시험

비파괴 시험에서는 시험에 사용되는 재료가 손상되거나 파괴되어서는 안 된다.
피로 시험은 피로시험기를 이용하여 재료에 반복 하중을 가하여 파괴될 때까지의 반복 횟수를 구하는 시험법으로, 파괴시험에 해당한다.

03 불활성 가스 금속 아크 용접의 제어장치로써 크레이터 처리 기능에 의해 낮아진 전류가 서서히 줄어들면서 아크가 끊어지는 기능으로 이면용접 부위가 녹아내리는 것을 방지하는 것은?

① 예비가스 유출시간

② 스타트 시간

③ 크레이터 충전시간

④ 버언 백 시간

해 불활성 가스 금속 아크 용접의 기능

버언 백 시간에 관한 설명이다.

종류	기능
예비가스 유출시간	아크 발생 전 보호가스를 흐르게 하여 안정적인 아크와 결함 발생을 방지한다.
스타트 시간	아크가 발생하는 순간 전류와 전압을 크게 하여 아크발생과 모재와의 융합을 좋게 한다.
크레이터 충전 시간	크레이터의 결함을 방지한다.
번 백 시간	크레이터 처리에 의해 낮아진 전류가 서서히 줄어들면서 아크가 끊어지는 현상을 제어하여 용접부가 녹아내리는 것을 방지한다.
가스지연 유출시간	용접 후 5~25초 정도 가스를 흘려보내어 크레이터의 산화를 방지한다.

| 📖 정답 | **01** ② **02** ① **03** ④

04 다음 중 용접 결함의 보수 용접에 관한 사항으로 가장 적절하지 않은 것은?

① 재료의 표면에 얕은 결함은 덧붙임 용접으로 보수한다.

② 언더컷이나 오버랩 등은 그대로 보수 용접을 하거나 정으로 따내기 작업을 한다.

③ 결함이 제거된 모재 두께가 필요한 치수보다 얕게 되었을 때에는 덧붙임 용접으로 보수한다.

④ 덧붙임 용접으로 보수할 수 있는 한도를 초과할 때에는 결함부분을 잘라내어 맞대기 용접으로 보수한다.

해 결함의 보수 용접

재료의 표면에 얕은 결함이 있음에도 덧붙임 용접을 하게 되면 결함이 내부에 그대로 존재할 가능성이 있기 때문에, 결함을 제거하고 용접을 하는 것이 좋다.

05 불활성가스 금속아크 용접의 용적이행 방식 중 용융이행 상태는 아크기류 중에서 용가재가 고속으로 용융, 미입자의 용적으로 분사되어 모재에 용착되는 용적이행은?

① 용락 이행   ② 단락 이행

③ 스프레이 이행   ④ 글로뷸러 이행

해 용적이행 방식

• 용적이행 : 소모성 전극을 이용한 아크 용접(피복아크용접, MIG, CO_2 용접 등)에서 금속이 용융된 와이어로부터 모재로 이동하는 현상이다.

• 용적이행 방식에는 단락 이행, 스프레이 이행, 글로뷸러(입상) 이행이 있다.

• 미입자의 용적이 분사되어 모재에 용착되는 용적이행은 스프레이형 이행이다.

06 경납용 용가재에 대한 각각의 설명이 틀린 것은?

① 은납 : 구리, 은, 아연이 주성분으로 구성된 합금으로 인장강도, 전연성 등의 성질이 우수하다.

② 황동납 : 구리와 니켈의 합금으로, 값이 저렴하여 공업용으로 많이 쓰인다.

③ 인동납 : 구리가 주 성분이며 소량의 은, 인을 포함한 합금으로 되어있다. 일반적으로 구리 및 구리 합금의 땜납으로 쓰인다.

④ 알루미늄납 : 일반적으로 알루미늄에 규소, 구리를 첨가하여 사용하며 융점은 660℃ 정도이다.

해 경납용 용가재

황동납의 경우 구리(Cu)와 아연(Zn)의 합금이다. 은납에 비해 값이 저렴하며 공업용으로 많이 쓰인다.

07 토륨 텅스텐 전극봉에 대한 설명으로 맞는 것은?

① 전자 방사능력이 떨어진다.

② 아크 발생이 어렵고 불순물 부착이 많다.

③ 직류 정극성에는 좋으나 교류에는 좋지 않다.

④ 전극의 소모가 많다.

해 토륨 텅스텐 전극봉의 특징
① 전자 방사능력이 우수하다.
② 아크 발생이 쉽고 불순물 부착이 적다.
③ 직류 정극성에는 좋으나 교류에는 좋지 않다. 교류에서는 전극봉이 쉽게 녹아내린다.
④ 전극의 소모가 적다.

08 일렉트로 슬래그 용접의 단점에 해당되는 것은?

① 용접능률과 용접품질이 우수하므로 후판용접 등에 적당하다.
② 용접진행 중에 용접부를 직접 관찰 할 수 없다.
③ 최소한의 변형과 최단시간의 용접법이다.
④ 다전극을 이용하면 더욱 능률을 높일 수 있다.

해 일렉트로 슬래그 용접의 장점과 단점
① 용접능률과 용접품질이 우수하므로 후판용접 등에 적당하다.(장점)
② 용접진행 중에 용접부를 직접 관찰 할 수 없다.(단점)
③ 최소한의 변형과 최단시간의 용접법이다.(장점)
④ 다전극을 이용하면 더욱 능률을 높일 수 있다.(장점)

09 다음 전기 저항 용접 중 맞대기 용접이 아닌 것은?

① 업셋 용접　　② 버트 심용접
③ 프로젝션 용접　　④ 퍼커션 용접

해 전기 저항 용접
전기 저항 용접은 주로 맞대기 용접과 겹치기 용접으로 분류 한다.

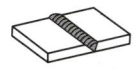 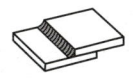
맞대기 이음　　겹치기 이음

• 맞대기 이음 : 업셋, 플래시, 버트심 포일심, 퍼커션 용접
• 겹치기 이음 : 점 용접, 심 용접, 프로젝션 용접

10 CO_2 가스 아크 용접시 저전류 영역에서 가스유량은 약 몇 ℓ/min 정도가 가장 적당한가?

① 1~5　　② 6~10
③ 10~15　　④ 16~20

해 CO_2 가스 유량
전류값이 커지면 보호력이 커져야 하므로, 저전류 영역에서는 10~15ℓ/min 고전류 영역에서는 16~20ℓ/min을 사용한다. 압력조정기에서 조절 한다.

11 상온에서 강하게 압축함으로써 경계면을 국부적으로 소성 변형시켜 접합하는 것은?

① 냉간 압점　　② 플래시 버트 용접
③ 업셋 용접　　④ 가스 압접

해 용접의 종류
상온에서 이루어지고, 강한 압축력, 국부적 소성 변형이 일어나는 접한은 냉간 압접에 관한 설명이다.
② 플래시 버트 용접 : 전극에 끼인 맞대기면에 전류를 통전한 후 약간 떨어지면 아크가 발생하고 약간의 압력을 가하여 용접하는 용접법이다.
③ 업셋 용접 : 접촉부의 전기 저항열을 이용하여 압력을 가하면서 용접이 되는 용접법이다.
④ 가스 압접 : 가스열로 모재를 가열하고 압력을 가해 접합하는 방법이다.

12 서브머지드 아크 용접에서 다전극 방식에 의한 분류가 아닌 것은?

① 유니언식　　② 횡 병렬식
③ 횡 직렬식　　④ 탠덤식

해 **서브머지드 아크 용접의 다전극 방식**
- 다전극 방식 : 한번에 많은 부분을 용접하기 위해 여러 개의 전극을 사용하여 용접하는 것이다.
- 종류로는 횡 병렬식, 횡 직렬식, 탠덤식 3가지가 있다.

13 용착금속의 극한 강도가 30kgf/mm² 안전율이 6이면 허용 응력은?

① 3kgf/mm²   ② 4kgf/mm²
③ 5kgf/mm²   ④ 6kgf/mm²

해 **안전율**
안전율 = 극한강도/허용응력
허용응력 = 극한강도/안전율 = 30kgf/mm²/6 = 5kgf/mm²이다.
즉, 이것을 해석하면 용착금속은 30kgf/mm²까지 버틸 수 있게 설계되었으나 실제 허용 응력은 안전을 위해 5kgf/mm²까지 허용한다는 것을 알 수 있다.

14 하중의 방향에 따른 필릿 용접의 종류가 아닌 것은?

① 전면 필릿   ② 측면 필릿
③ 연속 필릿   ④ 경사 필릿

해 **하중의 방향에 따른 필릿 용접의 종류**

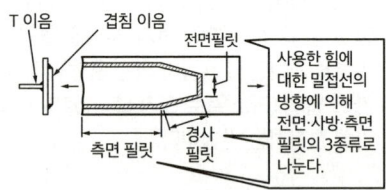

T 이음   겹침 이음
전면필릿
사용한 힘에 대한 밀접선의 방향에 의해 전면·사방·측면 필릿의 3종류로 나눈다.
측면 필릿   경사 필릿

위 그림에서 화살표로 하중이 작용할 때 하중이 작용하는 방향에 따라 전면, 측면, 경사 필릿으로 나눈다.
연속 필릿의 경우 1개의 비드를 연속해서 용접하면, 연속 필릿이고, 중간중간 용접을 하지 않는 부분을 남기면 단속필릿으로 구분한다.

15 모재 두께 9mm, 용접 길이 150mm인 맞대기 용접의 최대 인장 하중(kgf)은 얼마인가?

(단, 용착금속의 인장 강도는 43kgf/mm²이다.)

① 716kgf   ② 4,450kgf
③ 40,635kgf   ④ 58,050kgf

해 **용접 설계 - 최대 인장 하중(kgf)**
인장강도 = 인장하중/작용면적으로 계산한다.
따라서, 인장하중 = 인장강도×작용면적이 되고
인장하중 = 43kgf/mm²×9mm×150mm = 58,050kgf가 된다.

16 화재의 폭발 및 방지조치 중 틀린 것은?

① 필요한 곳에 화재를 진화하기 위한 발화 설비를 설치 할 것
② 배관 또는 기기에서 가연성 증기가 누출되지 않도록 할 것
③ 대기 중에 가연성 가스를 누설 또는 방출시키지 말 것
④ 용접 작업 부근에 점화원을 두지 않도록 할 것

해 **화재 폭발 방지 조치**
발화설비가 아닌 방화설비를 설치해야 한다.
- 발화 : 불이 일어나거나 타기 시작하는 것

17 용접 변형에 대한 교정 방법이 아닌 것은?

① 가열법
② 가압법
③ 절단에 의한 정형과 재 용접
④ 역변형법

해 용접 변형 교정 방법

변형교정과 변형방지는 다르다. 변형교정은 용접 후 변형이 발생하였을 때 수정하는 작업이고, 변형 방지는 용접 작업 전, 작업 중, 작업 후에 변형을 방 지하도록 조치하는 것을 의미한다.

역변형법의 경우 용접 후 변형을 예측하여 용접 후 발생하는 변형의 반대방향으로 미리 변형을 주어 용접하는 것이다.

18 용접시 두통이나 뇌빈혈을 일으키는 이산 화탄소 가스의 농도는?

① 1~2%   ② 3~4%

③ 10~15%   ④ 20~30%

해 이산화탄소 가스

공기 중에 이산화탄소 가스의 양이 많아지면 인체 에 심각한 영향을 끼칠 수 있다.

이산화탄소 함량이 3~4%가 되면 두통이나 뇌빈 혈을 일으키고 15% 이상 시 위험 상태가 되며, 30% 이상이면 중독되면 생명이 위험하다.

19 용접에서 예열에 관한 설명 중 틀린 것은?

① 용접 작업에 의한 수축 변형을 감소시킨다.

② 용접부의 냉각 속도를 느리게 하여 결함을 방지한다.

③ 고급 내열합금도 용접 균열을 방지하기 위하 여 예열을 한다.

④ 알루미늄합금, 구리합금은 50~70℃의 예열 이 필요하다.

해 예열

알루미늄합금과 구리합금은 열전도율이 좋기 때문 에, 쉽게 달아 오르지만, 쉽게 식기도 한다. 따라서, 200~400℃의 예열이 필요하다.

20 현미경 조직시험 순서 중 가장 알맞은 것 은?

① 시험편 채취 – 마운팅 – 샌드 페이퍼 연마 – 폴 리싱 – 부식 – 현미경 검사

② 시험편 채취 – 폴리싱 – 마운팅 – 샌드 페이퍼 연마 – 부식 – 현미경 검사

③ 시험편 채취 – 마운팅 – 폴리싱 – 샌드 페이퍼 연마 – 부식 – 현미경 검사

④ 시험편 채취 – 마운팅 – 부식 – 샌드 페이퍼 연 마 – 폴리싱 – 현미경 검사

해 현미경 조직시험의 순서

금속의 조직을 현미경으로 시험하는 순서이다.

시험편 채취 – 마운팅 – 샌드 페이퍼 연마 – 폴리싱 – 부식 – 현미경 검사

위와 같은 순서로 시험한다.

• 시험편 채취 : 금속의 일부분을 채취한다.

• 마운팅 : 채취한 금속을 현미경으로 관찰하기 위 해 관찰에 사용되는 기구에 고정하고 설치한다.

• 샌드 페이퍼 연마 : 마운팅된 금속의 표면을 샌드 페이퍼(사포)로 거친 것부터 부드러운 것으로 연 마한다.

• 폴리싱 : 샌드 페이퍼보다 더욱 미세하게 연마하 기 위해 폴리싱 한다. 광택이 많이 난다.

• 부식 : 연마된 금속을 부식액을 사용하여 부식시 킨다.(금속의 성분별로 구분하기 위해)

• 현미경 검사 : 이후 최종적으로 현미경으로 검사 한다.

21 용접부의 연성결함의 유무를 조사하기 위 하여 실시하는 시험법은?

① 경도 시험   ② 인장 시험

③ 초음파 시험   ④ 굽힘 시험

해 용접 시험법

용접 시험법 중 연성결함의 유무를 조사하기 위해서는 굽힘 시험을 실시한다.
• 연성 : 물질이 늘어나는 성질
용접부에 결함이 있거나, 용접부의 성질이 변화 되었을 경우 굽힘시험을 하게 되면 용접부가 구부려져 연성결함을 조사할 수 있다.

22 TIG 용접 및 MIG 용접에 사용되는 불활성 가스로 가장 적합한 것은?

① 수소 가스
② 아르곤 가스
③ 산소 가스
④ 질소 가스

해 불활성 가스

TIG 용접 및 MIG 용접에 사용되는 불활성 가스는 주로 아르곤 가스(Ar)가 사용된다. 이외에 헬륨(He), 네온(Ne)가스가 사용된다.

23 가스 용접시 양호한 용접부를 얻기 위한 조건에 대한 설명 중 틀린 것은?

① 용착금속의 용입 상태가 균일해야 한다.
② 슬래그, 기공 등의 결함이 없어야 한다.
③ 용접부에 첨가된 금속의 성질이 양호하지 않아도 된다.
④ 용접부에는 기름, 먼지, 녹 등을 완전히 제거하여야 한다.

해 가스용접

양호한 용접부를 얻기 위해 용접부에 첨가된 금속(용가재)의 성질이 양호해야 한다.

24 교류 아크 용접기 종류 중 AW-500의 정격 부하 전압은 몇 V인가?

① 28V
② 32V
③ 36V
④ 40V

해 교류 아크 용접기의 규격

KS 규격에서는 교류 아크 용접기의 규격을 정해두고 있으며 그 규격을 요약하면 다음과 같다.

종류	정격 출력 전류A	정격 사용률 %	정격 부하 전압A	최고 무부하 전압V	출력 전류A 최대값	출력 전류A 최소값	사용 가능한 피복아크 용접봉의 지름mm
AWL-130	130	30	25.2	80 이하	정격 출력 전류의 100% 이상 110% 이하	40 이하	2.0~3.2
AWL-150	150		26.0			45 이하	2.0~4.0
AWL-180	180		27.2			55 이하	2.6~4.0
AWL-250	250		30.0			75 이하	3.2~5.0
AW-200	200	40	28	85 이하		정격 출력 전류의 20% 이하	2.0~4.0
AW-300	300		32				2.6~6.0
AW-400	400		36				3.2~8.0
AW-500	500	60	40	95 이하			4.0~8.0

비고 종류에 사용된 기호 및 수치는 다음과 같은 뜻을 나타낸다.
AW, AWL : 교류 아크 용접기
AW, AWL 다음의 숫자 : 정격 출력 전류

따라서, AW-500의 정격 부하 전압은 40V 이다.

25 연강 피복 아크 용접봉인 E4316의 계열은 어느 계열인가?

① 저수소계
② 고산화티탄계
③ 철분 저수소계
④ 일미나이트계

해 연강 피복 아크 용접봉

① 저수소계 : E4316
② 고산화티탄계 : E4313
③ 철분 저수소계 : E4326
④ 일미나이트계 : E4301
• 43 : 용착금속의 최소 인장강도

26 용해 아세틸렌 가스는 각각 몇 ℃, 몇 kgf/cm²로 충전하는 것이 가장 적합한가?

① 40℃, 160kgf/cm²

② 35℃, 150kgf/cm²

③ 20℃, 30kgf/cm²

④ 15℃, 15kgf/cm²

해 용해 아세틸렌 가스
① 아세틸렌 용기 속에는 아세톤을 흡수시킨 목탄 또는 규조토와 같은 다공질 물질을 용기 속에 균등하게 충전하고 여기에 아세틸렌가스를 용해한 것을 용해 아세틸렌이라 한다.
② 15℃ 1기압에서 1L의 아세톤은 25L의 아세틸렌 가스를 용해하며 15℃, 15기압에서 375L의 아세틸렌 가스가 용해된다.
③ 용해 아세틸렌 용기는 15℃에서 15기압으로 충전되며, 용기의 용량도 보통 30L의 것을 쓴다.
④ 용해 아세틸렌가스는 순도(98% 이상)와 안전성이 높다.
⑤ 운반이 용이하고 발생하기나 부속장치가 필요치 않다.
⑥ 용해 아세틸렌의 양
C = 905(A - B) | ⇐ (A : 용기전체무게 B : 빈병무게)

27 다음 (   )안에 알맞은 용어는?

> 용접의 원리는 금속과 금속을 서로 충분히 접근시키면 금속원자 간에 (   )이 작용하여 스스로 결합하게 된다.

① 인력   ② 기력

③ 자력   ④ 응력

해 용접의 원리
금속과 금속을 서로 충분히 접근시키면 금속원자 간 인력이 작용하여 스스로 결합하게 된다.
• 인력 : 두 물체가 서로 끌어당기는 힘

28 산소 아크 절단을 설명한 것 중 틀린 것은?

① 가스절단에 비해 절단면이 거칠다.

② 직류 정극성이나 교류를 사용한다.

③ 중실(속이 찬) 원형봉의 단면을 가진 강(steel) 전극을 사용한다.

④ 절단 속도가 빨라 철강 구조물 해체, 수중 해체 작업에 이용된다.

해 산소 아크 절단
③ 속이 비어 있는 중공 피복 강전극으로 아크를 발생시키고, 산소를 분출하여 반응열에 의해 절단한다.

29 피복 아크 용접봉의 피복 배합제의 성분 중에서 탈산제에 해당하는 것은?

① 산화티탄(TiO_2)

② 규소철(Fe - Si)

③ 셀룰로오스(Cellulose)

④ 일미나이트($TiO_2 \cdot FeO$)

해 피복 아크 용접봉 - 피복제 구성
피복제 중에 포함되어 있는 주요 성분은 아크 안정제, 가스 발생제, 슬래그 생성제, 탈산제, 고착제 등이 있다.
그중 탈산제의 역할은 용착 금속 중에 침입한 산소를 제거하는 것이다.

배합제	종류
고착제	규산나트륨, 규산칼륨, 아교 등
탈산제	규소철, 티탄철, 망간철, 알루미늄, 페로실리콘, 소맥분(밀가루), 톱밥 등
아크 안정제	산화타이타늄(산화티탄), 규산나트륨, 규산칼륨, 석회석 등
가스 발생제	전분(녹말), 석회석, 톱밥, 탄산바륨, 셀룰로오스 등

슬래그 생성제	규사, 석회석, 산화철, 이산화망간, 일미나이트 등
합금 첨가제	니켈, 구리, 페로망간, 페로실리콘, 페로크롬, 페로바나듐 등

30 다음 가스 중 가연성 가스로만 되어있는 것은?

① 아세틸렌, 헬륨
② 수소, 프로판
③ 아세틸렌, 아르곤
④ 산소, 이산화탄소

해 **가스의 종류**
- 가연성 가스 : 아세틸렌, 수소, 프로판 등
- 조연성 가스 : 산소
- 불활성 가스 : 헬륨, 아르곤

31 용접법을 크게 융접, 압접, 납땜으로 분류할 때 압접에 해당되는 것은?

① 전자 빔 용접
② 초음파 용접
③ 원자 수소 용접
④ 일렉트로 슬래그 용접

해 **용접의 종류 - 압접**
압접이 이루어지는 조건은 마찰, 저항, 아크, 초음파 등의 열원과 함께 외력이 작용해야 한다.
초음파 용접은 용접물을 겹쳐 용접 팁과 하부 앤빌 사이에 끼워놓고 기계적인 진동을 주어 그 진동 에너지에 의해 마찰열로 압접하는 방법이다.
- 융접 : 피복아크, CO_2, TIG, 서브머지드, 테르밋, 전자 빔, 일렉트로 슬래그, 원자 수소 용접 등의 용접법
- 압접 : 점 용접, 심 용접, 전기저항 용접, 마찰용접, 초음파 용접등
- 납땜 : 경납땜, 연납땜

32 정격 2차 전류 200A, 정격 사용률 40%, 아크 용접기로 150A의 용접전류 사용시 허용 사용률은 약 얼마인가?

① 51%
② 61%
③ 71%
④ 81%

해 **용접 사용률**
조건 : 정격 2차 전류 200A, 정격사용률 40%, 용접전류 150A

$$\frac{(200A)^2}{(150A)^2} \times 40\% = \frac{40,000}{22,500} \times 40 = 약 \ 71.1\%$$

33 가스 용접에 대한 설명 중 옳은 것은?

① 아크 용접에 비해 불꽃의 온도가 높다.
② 열집중성이 좋아 효율적인 용접이 가능하다.
③ 전원 설비가 있는 곳에서만 설치가 가능하다.
④ 가열할 때 열량 조절이 비교적 자유롭기 때문에 박판 용접에 적합하다.

해 **가스용접의 특징**
① 아크 용접에 비해 불꽃의 온도가 낮다.
② 열집중성이 좋지 않아 아크용접에 비해 비효율적이다.
③ 전원 설비가 없는 곳에서도 설치가 가능하다.
④ 가열할 때 열량 조절이 비교적 자유롭기 때문에 박판 용접에 적합하다.

34 연강용 피복 아크 용접봉의 피복 배합제 중 아크 안정제 역할을 하는 종류로 묶여 놓은 것 중 옳은 것은?

① 적철강, 알루미나, 붕산
② 붕산, 구리, 마그네슘
③ 알루미나, 마그네슘, 탄산나트륨
④ 산화티탄, 규산나트륨, 석회석, 탄산나트륨

용접일반

용접장치 및 시공

작업안전

용접 재료

기계제도

용접기능사 기출문제

특수용접기능사 기출문제

해 피복 아크 용접봉 - 피복제 구성

피복제 중에 포함되어 있는 주요 성분은 아크 안정제, 가스 발생제, 슬래그 생성제, 탈산제, 고착제 등이 있다. 그중 아크 안정제는 아크에 부드러운 느낌을 주고 잘 꺼지지 않도록 하는 배합제이다.

배합제	종류
고착제	규산나트륨, 규산칼륨, 아교 등
탈산제	규소철, 티탄철, 망간철, 알루미늄, 페로실리콘, 소맥분(밀가루), 톱밥 등
아크 안정제	산화타이타늄(산화티탄), 규산나트륨, 규산칼륨, 석회석 등
가스 발생제	전분(녹말), 석회석, 톱밥, 탄산바륨, 셀롤로오스 등
슬래그 생성제	규사, 석회석, 산화철, 이산화망간, 일미나이트 등
합금 첨가제	니켈, 구리, 페로망간, 페로실리콘, 페로크롬, 페로바나듐 등

35 가스 가우징용 토치의 본체는 프랑스식 토치와 비슷하나 팁은 비교적 저압으로 대용량의 산소를 방출할 수 있도록 설계되어 있는데 이는 어떤 설계 구조인가?

① 초코
② 인젝트
③ 오리피스
④ 슬로우 다이버전트

해 가우징 노즐

팁은 비교적 저압으로 대용량의 산소를 방출할 수 있도록 슬로우 다이버전트 노즐로 되어있다.

가우징 스카핑
등에서 사용

저속 다이버전트 노즐

36 가스용접 작업에서 후진법의 특징이 아닌 것은?

① 열 이용률이 좋다.
② 용접속도가 빠르다.
③ 용접 변형이 작다.
④ 얇은 판의 용접에 적당하다.

해 가스용접 - 전진법, 후진법

① 열 이용률이 좋다.(후진법)
② 용접속도가 빠르다.(후진법)
③ 용접 변형이 작다.(후진법)
④ 얇은 판의 용접에 적당하다.(전진법)

37 가스 절단시 양호한 절단면을 얻기 위한 품질 기준이 아닌 것은?

① 슬래그 이탈이 양호할 것
② 절단면의 표면각이 예리할 것
③ 절단면이 평활하며 노치 등이 없을 것
④ 드래그의 홈이 높고 가능한 클 것

해 가스절단 - 양호한 절단면의 조건

양호한 절단면을 얻기 위한 조건은 다음과 같다.
- 드래그가 될 수 있으면 작을 것
- 경제적인 절단이 이루어지도록 할 것
- 절단면 표면의 각이 예리하고 슬래그의 박리성이 좋을 것
- 절단면이 평활하며 드래그의 홈이 낮고 노치 등이 없을 것

38 피복 아크 용접봉은 피복제가 연소한 후 생성된 물질이 용접부를 보호한다. 용접부의 보호방식에 따른 분류가 아닌 것은?

① 가스 발생식
② 스프레이형
③ 반가스 발생식
④ 슬래그 생성식

┃ 📖 정답 ┃ 35 ④ 36 ④ 37 ④ 38 ②

해 피복 아크 용접봉의 분류
- 용접부의 보호방식에 따른 분류 : 가스발생식, 반가스 발생식, 슬래그 생성식
- 용적이행 방식에 따른 분류 : 단락형, 스프레이형, 글로뷸러형

39 직류 아크 용접에서 정극성의 특징 설명으로 맞는 것은?

① 비드 폭이 넓다.

② 주로 박판용접에 쓰인다.

③ 모재의 용입이 깊다.

④ 용접봉의 녹음이 빠르다.

해 정극성, 역극성
- 정극성 : 모재(+), 용접봉(-)
- 역극성 : 모재(-), 용접봉(+)

상대적으로 (+)극에는 열량이 많고, (-)극에는 열량이 적다. 따라서, 아래와 같이 구분할 수 있다.
① 비드 폭이 넓다.(역극성)
② 주로 박판용접에 쓰인다.(역극성)
③ 모재의 용입이 깊다.(정극성)
④ 용접봉의 녹음이 빠르다.(역극성)

40 스테인리스강의 종류에 해당되지 않는 것은?

① 페라이트계 스테인리스강

② 레데뷰라이트계 스테인리스강

③ 석출경화형 스테인리스강

④ 마텐자이트계 스테인리스강

해 스테인리스강의 종류
페라이트계, 오스테나이트계, 마텐자이트계, 석출경화형 스테인리스강이 있다.

41 금속 침투법 중 칼로라이징은 어떤 금속을 침투시킨 것인가?

① B

② Cr

③ Al

④ Zn

해 금속침투법
하나의 금속 표면에 다른 금속을 확산 침투시키고 피복층을 만들게 하는 방법
- Al : 칼로라이징
- Si : 실리코라이징
- Zn : 세라다이징
- Cr : 크로마이징

42 마그네슘(Mg)의 특성을 설명한 것 중 틀린 것은?

① 비강도가 Al 합금보다 떨어진다.

② 구상흑연 주철의 첨가제로 사용된다.

③ 비중이 약 1.74 정도로 실용금속 중 가볍다.

④ 항공기, 자동차 부품, 전기기기, 선박, 광학기계, 인쇄제판 등에 사용된다.

해 마그네슘의 특성
- 비강도 : 단위질량당 또는 단위무게당 강도를 의미한다. 즉 비강도가 좋으면 가벼운 무게에 비해서 좋은 강도를 가진다.

마그네슘 합금의 비강도는 Al 합금에 비해 우수하다. 최근 무게가 가벼우면서 강도가 필요한 곳에 마그네슘 합금이 사용되고 있다.

43 Al - Si계 합금의 조대한 공정조직을 미세화하기 위하여 나트륨(Na), 수산화나트륨(NaOH), 알칼리염류 등을 합금 용탕에 첨가하여 10~15분간 유지하는 처리는?

① 시효 처리

② 폴링 처리

③ 개량 처리

④ 응력제거 풀림처리

| 정답 | **39** ③ **40** ② **41** ③ **42** ① **43** ③

해 Al 합금 처리

개량 처리에 관한 설명이다. 조대한 조직을 미세화 하면 기계적 성질이 좋아진다.

44 조성이 2.0~3.0%C, 0.6~1.5% Si 범위의 것으로 백주철을 열처리로에 넣어 가열해서 탈탄 또는 흑연화 방법으로 제조한 주철은?

① 가단 주철   ② 칠드 주철
③ 구상 흑연 주철   ④ 고력 합금 주철

해 주철의 종류

① 가단 주철 : 단조가 가능한 주철, 백주철을 열처 리로에 넣어 가열해서 탈탄 또는 흑연화 방법으 로 제조한다.
• 2.0%~3.2%C, 0.6~1.5% Si, 강도, 인성 및 내식 성이 우수함.
• 흑심가단주철, 백심가단주철, 펄라이트 가단주 철 등이 있음.
② 칠드 주철 : 주조할 때, 모래 주형에 필요한 부분 만 열전도성이 좋은 금형(칠드)을 이용하여 용 융 금속을 금형에 주입하면, 금형에 접촉한 부분 만이 급랭되어 흑연의 석출을 저지함으로써 주 물 표면이 단단하고, 내부는 보통 주철의 연한 조직이 되는 주철
③ 구상 흑연 주철 : 보통 주철의 조직에 나타나는 흑연을 본래의 엽편상에서 구상으로 변화시켜 강인성을 향상시킨 주철.
• 주조성, 가공성, 내마멸성 우수, 강도 높고, 인성, 연성, 가공성 좋음.
• 불순물(P, S)이 적은 선철을 용해하여 주입 전에 Mg, Ce, Ca 등을 첨가하여 제조.
• 흑연이 원형(= 구상, Bull's eye) 모양으로 생겼다 고 하여, 구상흑연주철이라 부름.

45 구리(Cu)에 대한 설명으로 옳은 것은?

① 구리는 체심입방격자이며, 변태점이 있다.
② 전기 구리는 O_2나 탈산제를 품지 않는 구리 이다.
③ 구리의 전기 전도율은 금속 중에서 은(Ag)보 다 높다.
④ 구리는 CO_2가 들어 있는 공기 중에서 염기성 탄산 구리가 생겨 녹청색이 된다.

해 구리

① 구리는 면심입방격자이며, 변태점이 없다.
② 무산소동은 O_2나 탈산제를 품지 않는 구리이다.
③ 구리의 전기 전도율은 금속 중에서 은(Ag)보다 낮다.
④ 구리는 CO_2가 들어 있는 공기 중에서 염기성 탄 산 구리가 생겨 녹청색이 된다.

46 담금질에 대한 설명 중 옳은 것은?

① 위험구역에서는 급냉한다.
② 임계구역에서는 서냉한다.
③ 강을 경화시킬 목적으로 실시한다.
④ 정지된 물속에서 냉각시 대류단계에서 냉각 속도가 최대가 된다.

해 담금질 열처리

담금질 열처리는 강을 경화시킬 목적으로 일정온 도로 가열 후 급랭, 서랭 하는 과정을 거친다.
① 위험구역에서는 서냉한다.
② 임계구역에서는 급냉한다.
③ 강을 경화시킬 목적으로 실시한다.
④ 정지된 물속에서 냉각 시 비등단계에서 냉각속 도가 최대가 된다.(증기막→비등→대류)

ㅣ 📖 정답 ㅣ **44** ① **45** ④ **46** ③

47 열간가공과 냉간가공을 구분하는 온도로 옳은 것은?

① 재결정 온도

② 재료가 녹는 온도

③ 물의 어는 온도

④ 고온취성 발생온도

해 열간, 냉간 가공

- 열간가공 : 재결정온도 이상에서 소성가공을 한다.
- 냉간가공 : 재결정온도 이하에서 소성가공을 한다.
- 재결정 온도 : 소성가공된 금속을 가열하였을 때 재결정되기 시작하는 온도를 뜻한다. 관습적으로 1시간 이내에 재결정이 99% 완료되는 온도를 재결정 온도라 한다.

48 강의 표준 조직이 아닌 것은?

① 페라이트(ferrite)

② 펄라이트(pearlite)

③ 시멘타이트(cementite)

④ 소르바이트(sorbite)

해 강의 표준조직

강의 표준조직은 페라이트, 펄라이트, 시멘타이트이다.
소르바이트는 일반적으로 마텐자이트 조직을 500~600℃ 정도로 뜨임 할 때 나타나는 조직이다. 펄라이트에 비해 경도, 강도, 탄성이 크다.

49 보통 주강에 3% 이하의 Cr을 첨가하여 강도와 내마멸성을 증가시켜 분쇄기계, 석유화학 공업용 기계부품 등에 사용되는 합금 주강은?

① Ni 주강

② Cr 주강

③ Mn 주강

④ Ni-Cr 주강

해 주강의 종류

내마멸성을 향상시키기 위해 첨가하는 대표적인 합금원소가 Mn(망간)과 Cr(크롬)이다. 그중 문제에서 Cr을 첨가한다고 하였으므로 Cr 주강이 옳다.

50 다음 중 탄소량이 가장 적은 강은?

① 연강

② 반경강

③ 최경강

④ 탄소공구강

해 강의 탄소량

강에 함유된 탄소의 양이 증가할수록 경도가 증가한다.

- 경도 : 연강 < 반경강 < 최경강 < 탄소공구강
- 탄소량 : 연강 < 반경강 < 최경강 < 탄소공구강

51 기계제도에서의 척도에 대한 설명으로 잘못된 것은?

① 척도는 표제란에 기입하는 것이 원칙이다.

② 축척의 표시는 2:1, 5:1, 10:1 등과 같이 나타낸다.

③ 척도란 도면에서의 길이와 대상물의 실제길이의 비이다.

④ 도면을 정해진 척도값으로 그리지 못하거나 비례하지 않을 때에는 척도를 'NS'로 표시할 수 있다.

해 척도

축척의 표시는 1 : 2, 1 : 5, 1 : 10과 같이 나타낸다.
배척의 표시는 2 : 1, 5 : 1, 10 : 1과 같이 나타낸다.
현척이 표시는 1 : 1로 나타낸다.
'도면에서의 길이 : 실제길이'로 나타낸다.

52 다음 배관 도면에 포함되어 있는 요소로 볼 수 없는 것은?

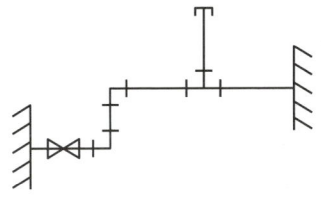

① 엘보
② 티
③ 캡
④ 체크밸브

해 배관도면

- 엘보 : ⊥ · 티 : ⊥
- 캡 : ⊓ · 밸브일반 : ⋈
- 체크밸브 : ◀| 또는 ⋈

53 리벳 구멍에 카운터 싱크가 없고 공장에서 드릴 가공 및 끼워 맞추기 할 때의 간략 표시 기호는?

① ＊
② ✶
③ ＋
④ ⊕

해 카운터 싱크, 드릴가공 기호 표시

- 카운터 싱크란? : 상단에 모따기가 되어있는 홀이며 접시머리 볼트, 리벳과 같은 체결 요소를 결합하고자 할 때 가공하는 것

+ 에 V가 있다는 것은 표시된 쪽에 카운터 싱크가 있다는 것을 의미한다.

- ↿ 깃발 표시가 0개 있으면, 공장에서 드릴가공 및 끼워 맞춤을 하는 것이다.
- ↿ 깃발 표시가 1개 있으면, 공장에서 드릴가공을 하여 현장에서 끼워 맞춤을 하는 것이다.
- ↿ 깃발 표시가 2개 있으면, 현장에서 드릴가공과 끼워 맞춤을 모두 하는 것이다.

54 그림과 같이 지름이 같은 원기둥과 원기둥이 직각으로 만날 때의 상관선은 어떻게 나타나는가?

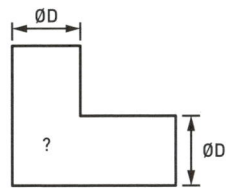

① 점선 형태의 직선
② 실선 형태의 직선
③ 실선 형태의 포물선
④ 실선 형태의 하이포이드 곡선

해 배관의 상관선

지름이 같은 원기둥과 원기둥이 직각으로 만날 때, 상관선은 실선 형태의 직선으로 표시된다.

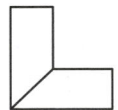

55 리벳 이음(Rivet Joint) 단면의 표시법으로 가장 올바르게 투상된 것은?

①  ②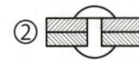

③ 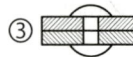 ④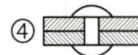

해 **리벳의 단면 표시법**

리벳의 단면은 그림 ④와 같은 형태로 표시한다.

56 KS 재료기호 중 기계 구조용 탄소강재의 기호는?

① SM 35C   ② SS 490B

③ SF 340A   ④ STKM 20A

해 **KS 재료기호**

① SM 35C : 탄소함유량이 약 0.35%인 기계 구조용 탄소강재
② SS 490B : 일반구조용 탄소강재
③ SF 340A : 탄소강 단강품
④ STKM 20A : 기계 구조용 탄소강관

57 다음 중 치수기입의 원칙에 대한 설명으로 가장 적절한 것은?

① 중요한 치수는 중복하여 기입한다.

② 치수는 되도록 주 투상도에 집중하여 기입한다.

③ 계산하여 구한 치수는 되도록 식을 같이 기입한다.

④ 치수 중 참고 치수에 대하여는 네모 상자 안에 치수 수치를 기입한다.

해 **치수기입의 원칙**

① 치수의 중복 기입은 피한다.
② 치수는 되도록 주 투상도에 집중하여 기입한다.
③ 치수는 되도록 계산하여 구할 필요가 없도록 한다.
④ 치수 중 참고 치수에 대하여는 괄호 안에 치수 수치를 기입한다.

58 다음 용접기호에서 "3"의 의미로 올바른 것은?

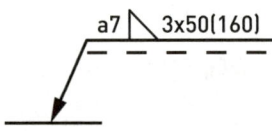

① 용접부 수   ② 용접부 간격

③ 용접의 길이   ④ 필릿 용접 목 두께

해 **용접기호**

• a7 : 목두께 7mm
• ⊿ : 필릿용접
• 3 : 용접부의 수
• 50 : 용접의 길이
• (160) : 용접부 간격

59 다음 중 지시선 및 인출선을 잘못 나타낸 것은?

①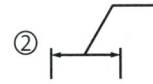
②

③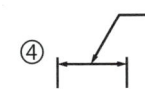
④

해 **지시선 및 인출선**

①, ②는 인출선

③은 지시선이다. 제대로 표기되어 있다.

④의 경우 치수선에서 인출선으로 인출하고자 할 때에는 끝에 화살표를 표기하지 않는다.

60 제3각 정투상법으로 투상한 그림과 같은 투상도의 우측면도로 가장 적합한 것은?

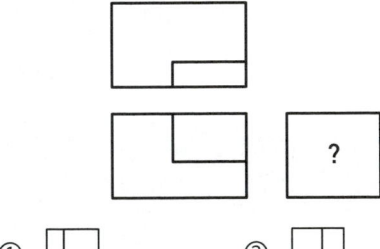

①   ②

③   ④

해 **투상법**

정면도와 평면도에 있는 사각형 안에 있는 작은 사각형은 우측면도를 기준으로는 좌측에 위치하는게 맞으므로, ②, ④은 잘못되었다. ①, ③을 보았을 때 우측면도 좌측의 작은 사각형은 숨겨진 것이 아니므로, ①이 정답이 된다.

용접 일반

용접 검사 및 시공

작업안전

용접 재료

기계제도

용접기능사 기출문제

특수용접기능사 기출문제

제7장

....

특수용접
기능사
기출문제

2016년도 기출문제 1회

01 용접이음 설계 시 충격하중을 받는 연강의 안전율은?

① 12　　　　　　　② 8
③ 5　　　　　　　　④ 3

해 안전율(S) : 외부의 힘을 견딜 수 있을 정도를 수치로 나타낸 값이다.

$$S = \frac{극한강도\,(\sigma_u)}{허용능력\,(\sigma_a)}$$

연강재의 안전하중
- 정하중 : 3
- 동하중(주기적) : 8
- 동하중(일반) : 5
- 충격하중 : 12

02 다음 중 기본 용접 이음 형식에 속하지 않는 것은?

① 맞대기 이음　　　② 모서리 이음
③ 마찰 이음　　　　④ T자 이음

해 용접 이음 형식
마찰 이음은 용접 이음 형식에 속하지 않는다.

03 화재의 분류는 소화시 매우 중요한 역할을 한다. 서로 바르게 연결된 것은?

① A급화재 - 유류화재
② B급화재 - 일반화재
③ C급화재 - 가스화재
④ D급화재 - 금속화재

해 화재의 분류

등급	종류
A급	일반화재
B급	유류 및 가스화재
C급	전기화재
D급	금속화재

04 불활성 가스가 아닌 것은?

① C_2H_2　　　　　② Ar
③ Ne　　　　　　　④ He

해 아세틸렌가스(C_2H_2)
- 순수 아세틸렌가스는 무색, 무취의 기체이다.
- 아세틸렌가스에는 인화수소, 황화수소, 암모니아 등 불순물이 포함되어 있어 악취가 난다.
- 아세틸렌가스의 비중은 0.906으로 공기보다 가볍다.
- 아세틸렌가스의 1L의 무게는 약 1,176g 이다.
- 각종 액체에 용해가 잘되며, 물은 같은 양, 석유 2배, 벤젠 4배, 알코올 6배, 아세톤 25배가 용해된다.

05 서브머지드 아크 용접장치 중 전극형상에 의한 분류에 속하지 않는 것은?

① 와이어(wire) 전극　　② 테이프(tape) 전극
③ 대상(hoop) 전극　　　④ 대차(carriage) 전극

해 서브머지드 아크 용접 - 전극형상에 의한 분류
대차 전극이라는 분류는 전극형상에 의한 분류에 속하지 않는다.

| 📖 정답 | 01 ①　02 ③　03 ④　04 ①　05 ④

06 용접 시공 계획에서 용접 이음 준비에 해당되지 않는 것은?

① 용접 홈의 가공　　② 부재의 조립
③ 변형 교정　　④ 모재의 가용접

해 변형 교정은 용접 완료 후 실시하는 것으로 용접 이음 준비에 해당되지 않는다.

07 다음 중 서브머지드 아크 용접(Submerged ArcWelding)에서 용제의 역할과 가장 거리가 먼 것은?

① 아크 안정
② 용락 방지
③ 용접부의 보호
④ 용착금속의 재질 개선

해 서브머지드 아크 용접 시 용제는 아크 안정, 용접부 보호, 용착금속의 재질을 개선하지만 용락을 방지하지 않는다.

08 다음 중 전기저항의 용접의 종류가 아닌 것은?

① 점 용접　　② MIG 용접
③ 프로젝션 용접　　④ 플래시 용접

해 MIG 용접(불활성 가스 아크 용접)은 용접에 속하는 용접법이다.

09 다음 중 용접 금속에 기공을 형성하는 가스에 대한 설명으로 틀린 것은?

① 응고 온도에서의 액체와 고체의 용해도 차에 의한 가스 방출
② 용접금속 중에서의 화학반응에 의한 가스 방출
③ 아크 분위기에서의 기체의 물리적 혼입
④ 용접 중 가스 압력의 부적당

해 용접 작업 시 기공이 발생하는 원인 중 가스 압력보단 가스 유량의 의해 기공이 생길 수 있다.

10 가스용접 시 안전조치로 적절하지 않은 것은?

① 가스의 누설검사는 필요할 때만 체크하고 점검은 수돗물로 한다.
② 가스용접 장치는 화기로부터 5m 이상 떨어진 곳에 설치해야 한다.
③ 작업 종료시 메인 밸브 및 콕 등을 완전히 잠가준다.
④ 인화성 액체 용기의 용접을 할 때는 증기 열탕물로 완전히 세척 후 통풍구멍을 개방하고 작업한다.

해 가스의 누설검사는 수시로 체크해야 하며 점검할 때는 비눗물을 이용한다.

| 📖 정답 | 06 ③　07 ②　08 ②　09 ④　10 ①

용접 일반
용접 검사 및 시공
작업안전
용접 재료
기계제도
용접기능사 기출문제
특수용접기능사 기출문제

11 TIG 용접에서 가스이온이 모재에 충돌하여 모재 표면에 산화물을 제거하는 현상은?

① 제거효과　　　　　② 청정효과
③ 용융효과　　　　　④ 고주파효과

해 아크 청정작용

가스의 양이온이 모재 표면에 충돌하여 녹, 이물질, 산화막 등을 제거하는 작용이다.

12 연강의 인장시험에서 인장시험편의 지름이 10mm이고 최대하중이 5500kgf일 때 인장강도는 약 몇 kgf/mm²인가?

① 60　　　　　　　② 70
③ 80　　　　　　　④ 90

해

$$인장강도 = \frac{인장하중}{단면적} = \frac{5500\text{kgf}}{\frac{\pi(10\text{mm})^2}{4}} = \frac{5500 \times 4}{\pi 100} = 70.06$$

13 용접부의 표면에 사용되는 검사법으로 비교적 간단하고 비용이 싸며, 특히 자기 탐상 검사가 되지 않는 금속 재료에 주로 사용되는 검사법은?

① 방사선비파괴 검사
② 누수 검사
③ 침투 비파괴 검사
④ 초음파 비파괴 검사

해 • 침투탐상시험 : 제품 표면에 나타나는 결함을 검사하기 위한 시험 방법으로 제품에 침투액을 표면장력의 작용으로 침입시킨 후 세척액, 현상액의 과정을 거쳐 결함의 위치 또는 모양을 검사하는 방법이다.

- 사용되는 침투액의 종류에 따라서 형광 침투 검사와 염료 침투 검사로 나뉜다.
• 방사선투과시험 : x선과 y선은 물체를 투과하는 성질을 가지며 이것을 재로에 투과시켜 투과된 빛의 강도에 따라 필름에 감광시켜 결함을 검사하는 방법이다.
• 누설탐상시험 : 수밀, 기밀, 유밀을 필요로 하는 제품에 사용되는 검사법으로 일반적으로 정수압 또는 공기압을 이용하여 검사하는 방법이다.
• 초음파탐상시험 : 초음파를 시험체 내부로 보내 반사되어 되돌아오는 성질을 이용하여 시험체에 존재하는 불연속을 검출하는 시험 방법이다. 반사파의 시간과 크기를 스크린으로 관찰하여 결함의 유무와 크기, 종류 등을 검사할 수 있다.

14 용접에 의한 변형을 미리 예측하여 용접하기 전에 용접 반대 방향으로 변형을 주고 용접하는 방법은?

① 억제법　　　　　② 역변형법
③ 후퇴법　　　　　④ 비석법

해 역변형법

가접 후 본용접 전에 용접으로 인한 변형을 미리 예상하여 반대로 변형을 주고 용접하는 방법이다.

15 다음 중 플라즈마 아크 용접에 적합한 모재가 아닌 것은?

① 텅스텐, 백금
② 티탄, 니켈 합금
③ 티탄, 구리
④ 스테인리스강, 탄소강

해 플라스마 아크 용접의 사용 용도는 티탄, 구리, 니켈 합금, 탄소강, 스테인리스강 등이 있다.

| 정답 | 11 ② 12 ② 13 ③ 14 ② 15 ①

16 용접 지그를 사용했을 때의 장점이 아닌 것은?

① 구속력을 크게 하여 잔류응력 발생을 방지한다.

② 동일 제품을 다량 생산할 수 있다.

③ 제품의 정밀도를 높인다.

④ 작업을 용이하게 하고 용접능률을 높인다.

[해] 용접 지그 사용 시 구속력을 크게 하면, 열의 의한 변형에 의해 잔류 응력이 발생할 수 있으므로 이는 단점에 해당한다.

17 일종의 피복아크 용접법으로 피더(feeder)에 철분계 용접봉을 장착하여 수평 필릿용접을 전용으로 하는 일종의 반자동 용접장치로서 모재와 일정한 경사를 갖는 금속지주를 용접홀더가 하강하면서 용접되는 용접법은?

① 그래비트 용접   ② 용사

③ 스터드 용접   ④ 테르밋 용접

[해] 용접의 종류

그래비트 용접(Gravity 용접)에 관한 설명이다. 용접봉을 비스듬하게 세워 용융시킴으로써 용융된 용접봉이 중력에 의하여 일정한 각도로 하강하면서 용접되도록 하는 방법이다.

18 피복아크용접에 의한 맞대기 용접에서 개선홈과 판 두께에 관한 설명으로 틀린 것은?

① I형 : 판 두께 6mm 이하 양쪽용접에 적용

② V형 : 판 두께 20mm 이하 한쪽용접에 적용

③ U형 : 판 두께 40~60mm 양쪽용접에 적용

④ X형 : 판 두께 15~40mm 양쪽용접에 적용

[해] 맞대기 용접

양쪽 용접은 표면과 이면 모두 용접하는 용접법이고, 한쪽용접은 표면만 용접하는 용접법이다.
U형의 경우 판두께 16~50mm 정도의 모재를 한쪽용접하는 경우 적용한다.

19 이산화탄소 아크 용접 방법에서 전진법의 특징으로 옳은 것은?

① 스패터의 발생이 적다.

② 깊은 용입을 얻을 수 있다.

③ 비드 높이가 낮고 평탄한 비드가 형성된다.

④ 용접선이 잘 보이지 않아 운봉을 정확하게 하기 어렵다.

[해] CO_2 용접의 전진법과 후진법의 차이점

전진법	• 용접선이 잘 보여 위빙이 정확하다. • 용입 깊이가 얕다. • 비드 높이가 낮고 평탄한 비드가 형성된다. • 스패터가 많고 진행방향으로 흩어진다.
후진법	• 용접선이 노즐에 가려 운봉이 정확하지 않다. • 깊은 용입을 얻을 수 있다. • 비드 높이가 높고 폭이 좁은 비드를 형성한다.

20 일렉트로 슬래그 용접에서 주로 사용되는 전극와이어의 지름은 보통 몇 mm 정도 인가?

① 1.2~1.5   ② 1.7~2.3

③ 2.5~3.2   ④ 3.5~4.0

[해] 주로 사용되는 전극 와이어는 2.5Ø~3.2Ø 이다.

21 볼트나 환봉을 피스톤형의 홀더에 끼우고 모재와 볼트 사이에 순간적으로 아크를 발생시켜 용접하는 방법은?

① 서브머지드 아크 용접

② 스터드 용접

③ 테르밋 용접

④ 불활성가스 아크 용접

해 스터드 용접의 특징

　　① 아크를 집중시키기 위하여 스터드 주변에 페룰을 사용한다.

　　② 단기간 용접부를 가열 및 용융하여 용접하므로 변형이 적다.

　　③ 청강재료와 구리, 황동, 알루미늄, 스테인리스 강도 가능하다.

　　④ 주로 철골, 건축, 자동차의 볼트 용접에 적용 된다.

　　• 서브머지드 아크 용접 : 용접부에 미세한 입상 용제를 공급하여, 그 용제 속에서 연속적으로 공급되는 전극와이어에 용접봉 끝과 모재 사이에 아크가 발생하여 용접하는 용접법으로 불가시 아크 용접, 잠호용접 유니언 멜트 용접이라고도 한다.

　　• 테르밋용접 : 미세한 알루미늄 분말과 산화철 분말을 도가니에 넣고 첨가제인 과산화바륨, 마그네슘 등의 혼합물을 점화제로 넣고 연소시켜 그 반응열로 용접하는 방법이다.

　　• 불활성가스 아크 용접 : 텅스텐 전극봉을 사용하여 아크를 발생시켜 용가재를 녹여가며 용접하는 방법으로 비용극식 또는 비소모성 전극 용접법이라고 한다.

22 용접 결함과 그 원인에 대한 설명 중 잘못 짝지어진 것은?

① 언더컷 - 전류가 너무 높을 때

② 기공 - 용접봉이 흡습 되었을 때

③ 오버랩 - 전류가 너무 낮을 때

④ 슬래그 섞임 - 전류가 과대 되었을 때

해 슬래그 혼입(slag inclusion)

원인	• 슬래그 제거가 불완전 할 때 • 전류가 낮을 때 • 운봉 속도가 빠를 때 • 용접 이음이 부적당 할 때
대책	• 용접 전 슬래그를 깨끗하게 제거 • 전류를 약간 높게 함 • 적절한 용접 속도로 슬래그가 용융풀을 앞지르지 않도록 함 • 용접 이음부 간격을 넓게 함

23 피복아크용접에서 피복제의 성분에 포함되지 않는 것은?

① 아크 안정제　　　　② 가스 발생제

③ 피복 이탈제　　　　④ 슬래그 생성제

해 피복 배합제의 종류

배합제	종류
고착제	규산나트륨, 규산칼륨, 아교 등
탈산제	규소철, 티탄철, 망간철, 알루미늄, 페로실리콘, 소맥분(밀가루), 톱밥 등
아크 안정제	산화타이타늄(산화티탄), 규산나트륨, 규산칼륨, 석회석 등
가스 발생제	전분(녹말), 석회석, 톱밥, 탄산바륨, 셀롤로오스 등
슬래그 생성제	규사, 석회석, 산화철, 이산화망간, 일미나이트 등
합금 첨가제	니켈, 구리, 페로망간, 페로실리콘, 페로크롬, 페로바나듐 등

24 피복 아크 용접봉의 용융속도를 결정하는 식은?

① 용융속도 = 아크전류 × 용접봉 쪽 전압강하

② 용융속도 = 아크전류 × 모재 쪽 전압강하

③ 용융속도 = 아크전압 × 용접봉 쪽 전압강하

④ 용융속도 = 아크전압 × 모재 쪽 전압강하

해 피복아크 용접봉의 용융속도 구하는 식

용접봉 용융속도 = 아크전류 × 용접봉 쪽 전압강하

25 용접법의 분류에서 아크용접에 해당되지 않는 것은?

① 유도가열 용접　　　② TIG 용접

③ 스터드 용접　　　　④ MIG 용접

해 유도가열 용접은 압접에 속한다.

26 피복아크용접시 용접선 상에서 용접봉을 이동시키는 조작을 말하며 아크의 발생, 중단, 재아크, 위빙 등이 포함된 작업을 무엇이라 하는가?

① 용입　　　　　　　② 운봉

③ 키홀　　　　　　　④ 용융지

해 피복아크 용접 용어 정리

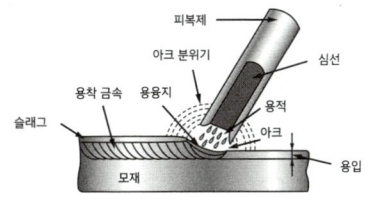

① 모재 : 용접 재료

② 심선 : 용접 시 사용하는 용가재로 용접봉의 중앙에 있는 금속선

③ 피복제 : 용접봉의 심선을 둘러 쌓여있는 성분

④ 용착금속 : 용접봉(심선)이 녹아 용착된 부분의 금속

⑤ 슬래그 : 용접 후 나타나는 비금속 물질

⑥ 용융지 : 용접 시 아크열에 의하여 용융된 모재 부분이 오목하게 들어간 부분

⑦ 용입 : 모재가 녹은 깊이

⑧ 용착 : 용접봉(심선)이 용융지에 녹아 들어간 것

⑨ 용적 : 용접봉이 녹아 용융지에 떨어지는 용융방울

※ 키홀 : 루트면이 용융되면서 생기는 구멍모양으로 키홀 크기에 따라 용입량이 결정된다.

27 다음 중 산소 및 아세틸렌 용기의 취급방법으로 틀린 것은?

① 산소용기의 밸브, 조정기, 도관, 취부구는 반드시 기름이 묻은 천으로 깨끗이 닦아야 한다.

② 산소용기의 운반 시에는 충돌, 충격을 주어서는 안 된다.

③ 사용이 끝난 용기는 실병과 구분하여 보관한다.

④ 아세틸렌 용기는 세워서 사용하며 용기에 충격을 주어서는 안 된다.

해 용기의 밸브, 조정기, 도관, 취부구에는 그리스나 기름 등을 묻혀서는 안된다.

｜ 📖 정답 ｜　**24** ①　**25** ①　**26** ②　**27** ①

28 가스용접이나 절단에 사용되는 가연성가스의 구비조건으로 틀린 것은?

① 발열량이 클 것
② 연소속도가 느릴 것
③ 불꽃의 온도가 높을 것
④ 용융금속과 화학반응이 일어나지 않을 것

해 가스용접이나 절단에 사용되는 가연성가스는 연소속도가 빨라야 깨끗한 절단면을 얻을 수 있다.

29 다음 중 가변저항의 변화를 이용하여 용접전류를 조정하는 교류 아크 용접기는?

① 탭 전환형
② 가동 코일형
③ 가동 철심형
④ 가포화 리액터형

해 가포화 리액터형
- 조작이 간단하고 원격제어가 된다.
- 전기적 전류 조정으로 소음이 거의 없다.
- 가변 저항의 변화로 용접전류를 조정한다.

탭 전환형
- 코일의 감긴 수에 따라 전류를 조정한다.
- 미세 전류 조정 시 무부하전압이 높아 전격 위험이 크다.
- 넓은 범위의 전류 조정이 어렵다.

가동 코일형
- 가격이 비싸며 현재는 거의 사용하지 않는다.
- 2차 코일은 고정된 상태로 1차 코일을 움직여 두 코일간의 간격을 변화시켜 전류를 조정한다.
- 아크가 안정적이고 소음이 거의 없다.

가동 철심형
- 현재 가장 많이 사용하는 교류 아크 용접기이다.
- 가동철심으로 누설자속의 양을 조절하여 전류를 조정한다.
- 미세한 전류 조절이 가능하다.

30 AW-250, 무부하전압 80V, 아크전압 20V인 교류 용접기를 사용할 때 역률과 효율은 각각 약 얼마인가? (단, 내부손실은 4kW이다.)

① 역률 : 45%, 효율 : 56%
② 역률 : 48%, 효율 : 69%
③ 역률 : 54%, 효율 : 80%
④ 역률 : 69%, 효율 : 72%

해 역률과 효율
- 역률(%) = 소비전력/전원입력 × 100
= (20V × 250A + 4000W)/80V × 250A
- 효율(%) = 아크출력/소비전력 × 100
= 20 × 250/(20 × 250 + 4000) × 100 = 56%

31 혼합가스 연소에서 불꽃 온도가 가장 높은 것은?

① 산소 – 수소 불꽃
② 산소 – 프로판 불꽃
③ 산소 – 아세틸렌 불꽃
④ 산소 – 부탄 불꽃

해 가스별 불꽃 온도 및 발열량

종류	화학기호	불꽃온도 (℃)	발열량 (kcal/㎥)
수소	H_2	2,960	2,400
아세틸렌	C_2H_2	3,430	12,500
메탄	CH_4	2,700	8,500
프로판	C_3H_8	2,820	21,000
부탄	C_4H_{10}	2,926	26,000

32 연강용 피복 아크 용접봉의 종류와 피복 제계통으로 틀린 것은?

① E4303 : 라임티타니아계

② E4311 : 고산화티탄계

③ E4316 : 저수소계

④ E4327 : 철분산화철계

🔵해 E4311 피복계통은 고셀롤로오스계이다.

33 산소-아세틸렌 가스 절단과 비교한 산소-프로판 가스절단의 특징으로 옳은 것은?

① 절단면이 미세하며 깨끗하다.

② 절단 개시 시간이 빠르다.

③ 슬래그 제거가 어렵다.

④ 중성불꽃을 만들기가 쉽다.

🔵해 산소-프로판가스가 발열량이 더 크기 때문에 미세하고 깨끗하게 절단할 수 있다.

34 피복 아크 용접에서 "모재의 일부가 녹은 쇳물 부분"을 의미하는 것은?

① 슬래그   ② 용융지

③ 피복부   ④ 용착부

🔵해 26번 문제 참고

35 가스 압력 조정기 취급 사항으로 틀린 것은?

① 압력 용기의 설치구 방향에는 장애물이 없어야 한다.

② 압력 지시계가 잘 보이도록 설치하며 유리가 파손되지 않도록 주의한다.

③ 조정기를 견고하게 설치한 다음 조정 나사를 잠그고 밸브를 빠르게 열어야 한다.

④ 압력 조정기 설치구에 있는 먼지를 털어내고 연결부에 정확하게 연결한다.

🔵해 조정기를 견고하게 설치하고 다음 조정 나사를 풀고 밸브를 천천히 열어야 한다.
압력 조정기 사용 시 주의사항
① 압력조정기 설치 시 먼지를 불어내고 설치한다.
② 압력조정기 설치 시 나사부나 조정기의 부분에 기름이나 그리스를 바르지 않는다.
③ 압력조정기 설치 후 반드시 비눗물로 점검 후 사용한다.
④ 압력조정기 설치 후 감압밸브를 풀고 용기의 밸브를 천천히 연다.
⑤ 취급 시 기름 묻은 장갑 등을 사용하지 않는다.
⑥ 압력 지시계가 잘 보이도록 설치하고 유리가 파손되지 않도록 주의하여 설치한다.

36 연강용 가스 용접봉에서 "625±25℃에서 1시간 동안 응력을 제거한 것"을 뜻하는 영문자 표시에 해당되는 것은?

① NSR   ② GB

③ SR   ④ GA

🔵해 • SR : 625±25℃에서 응력제거 풀림을 한 시험편
  • NSR : 용접한 그대로의 응력제거를 하지 않은 것

| 📖 정답 | 32 ② 33 ① 34 ② 35 ③ 36 ③

용접 일반

용접 검사 및 시공

작업안전

용접 재료

기계제도

용접기능사 기출문제

특수용접기능사 기출문제

37 피복아크용접에서 위빙(weaving) 폭은 심선 지름의 몇 배로 하는 것이 가장 적당한가?

① 1배
② 2~3배
③ 5~6배
④ 7~8배

해 피복아크 용접 위빙 폭은 심선 지름의 약 2~3배가 적당하다.

38 전격방지기는 아크를 끊음과 동시에 자동적으로 릴레이가 차단되어 용접기의 2차 무부하 전압을 몇 V 이하로 유지시키는가?

① 20~30
② 35~45
③ 50~60
④ 65~75

해 전격방지기
전격방지기는 일반적으로 2차 무부하 전압을 20~30 이하로 유지한다.

39 30% Zn을 포함한 황동으로 연신율이 비교적 크고, 인장 강도가 매우 높아 판, 막대, 관, 선 등으로 널리 사용되는 것은?

① 톰백(tombac)
② 네이벌 황동(naval brass)
③ 6-4 황동(muntz metal)
④ 7-3 황동(cartridge brass)

해 7-3황동 : Cu(70%), Zn(30%), 카트리지 블라스, 연신율, 냉간가공성 좋음. 탄피 재료.
황동의 종류
• 톰백 : Cu(95~80%)-Zn(5~20%), 유려하며 광택이 있어 모조금으로 사용.
• 네이벌 황동 : 6-4황동+1%Sn(주석) 첨가
• 6-4 황동 : Cu(60%), Zn(40%), 문쯔 메탈, 7-3황동에 비해 전연성이 낮고, 인장강도 큼.

40 Au의 순도를 나타내는 단위는?

① K(carat)
② P(pound)
③ %(percent)
④ μm(micron)

해 Au(금)의 순도를 나타내는 단위는 k(karat)이다. 일반적으로 14K, 18K, 24K(순금)로 표기한다.

41 다음 상태도에서 액상선을 나타내는 것은?

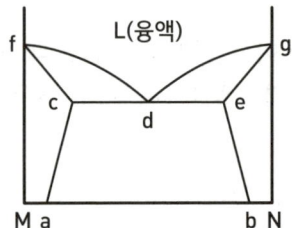

① acf
② cde
③ fdg
④ beg

해 상태도
그래프를 볼 때 f-d-g로 이어지는 선이 액상선에 해당한다.
• 액상선 : 액체에서 고체가 응고되어 나오기 시작하는 선을 의미하다.

42 금속 표면에 스텔라이트, 초경합금 등의 금속을 용착시켜 표면경화 층을 만드는 것은?

① 금속 용사법
② 하드페이싱
③ 쇼트 피이닝
④ 금속 침투법

해 표면경화

① 금속 용사법 : 물체의 표면에 금속을 분사하여 도장하는 방법
② 하드페이싱 : 표면에 스텔라이트, 초경합금 등의 경도가 강한 금속을 용착시키는 것
③ 쇼트 피이닝 : 숏피닝, 표면에 작은 입자 구슬 (Shot)을 고속 분사시켜 표면층을 가공 경화하는 것
④ 금속 침투법 : 나의 금속 표면에 다른 금속을 확산 침투시키고 피복층을 만들게 하는 방법

43 철강 인장시험결과 시험편이 파괴되기 직전 표점거리 62mm, 원표점거리 50mm일 때 연신율은?

① 12%
② 24%
③ 31%
④ 36%

해 인장시험 - 연신율

연신율 = (파괴되기 직전 표점거리-원표점거리)/원표점거리x100 = (62-50)/50x100 = 24%

44 주철의 조직은 C와 Si의 양과 냉각속도에 의해 좌우된다. 이들의 요소와 조직의 관계를 나타내는 것은?

① C.C.T 곡선
② 탄소 당량도
③ 주철의 상태도
④ 마우러 조직도

해 주철

주철의 조직은 C와 Si의 양, 냉각속도가 가장 중요한 요소이고, 이 요소의 관계를 그래프로 나타낸 것이 마우러 조직도이다.

45 Al - Cu - Si계 합금의 명칭으로 옳은 것은?

① 알민
② 라우탈
③ 알드리
④ 코오슨합금

해 라우탈

Al - Cu - Si, 특수실루민, 열팽창이 극히 작음, 내연기관의 피스톤

46 Al 표면에 방식성이 우수하고 치밀한 산화 피막이 만들어지도록 하는 방식 방법이 아닌 것은?

① 산화법
② 수산법
③ 황산법
④ 크롬산법

해 Al 부식 방지법

Al은 기본적으로 방식성이 우수하고, 산화피막으로 덮여져 있지만, 방식성 강화를 위해 수산법, 황산법, 크롬산법의 부식방지 처리를 추가로 할 수 있다.

47 다음 중 재결정온도가 가장 낮은 것은?

① Sn
② Mg
③ Cu
④ Ni

해 재결정 온도

① Sn(주석) : 0℃
② Mg(마그네슘) : - 150℃
③ Cu(구리) : 220~230℃
④ Ni(니켈) : 530~600℃

• 재결정 온도 : 재결정하는데 필요한 온도. 통상 압연 등으로 소성가공을 한 후 한 시간의 풀림(Annealing)으로 재결정이 완료하는 온도를 가리킬 때가 많다.

| 📖 정답 | 43 ② 44 ④ 45 ② 46 ① 47 ①

용접 일반

용접 검사 및 시공

작업안전

용접 재료

기계제도

용접기능사 기출문제

특수용접기능사 기출문제

48 다음 중 해드필드(Hadfield)강에 대한 설명으로 틀린 것은?

① 오스테나이트조직은 Mn 강이다.

② 성분은 10~14Mn%, 0.9~1.3C% 정도이다.

③ 이 강은 고온에서 취성이 생기므로 600~800℃에서 공랭한다.

④ 내마멸성과 내충격성이 우수하고, 인성이 우수하기 때문에 파쇄장치, 임펠러 플레이트 등에 사용된다.

해 해드필드 강
해드필드 강은 고온에서 취성이 생기기 때문에, 1000~1100℃에서 수중 담금질하는 수인법(water toughing)으로 인성을 부여한다.

49 Fe-C 상태도에서 A3와 A4변태점 사이에서의 결정구조는?

① 체심정방격자　　② 체심입방격자

③ 조밀육방격자　　④ 면심입방격자

해 순철의 동소 변태
• A1~A3 : 체심입방격자(BCC)
• A3~A4 : 면심입방격자(FCC)
• A4~ : 체심입방격자(BCC)
이와 같이 같은 성분에서 온도에 따라 결정구조가 변화하는 것을 동소변태라고 한다.

50 열팽창계수가 다른 두 종류의 판을 붙여서 하나의 판으로 만든 것으로 온도 변화에 따라 휘거나 그 변형을 구속하는 힘을 발생하며 온도감응소자 등에 이용되는 것은?

① 서멧 재료　　　② 바이메탈 재료

③ 형상기억합금　　④ 수소저장합금

해 기타 금속
바이메탈 재료에 관한 설명이다.

51 기계제도에서 가는 2점 쇄선을 사용하는 것은?

① 중심선　　　　　② 지시선

③ 피치선　　　　　④ 가상선

해 가상선
가는 2점 쇄선 : —‥—‥—‥—

52 나사의 종류에 따라 표시기호가 옳은 것은?

① M - 미터 사다리꼴 나사

② UNC - 미니추어 나사

③ Rc - 관용 테이퍼 암나사

④ G - 전구 나사

해 나사의 종류
① M - 미터 보통 나사
② UNC - 유니파이 보통 나사
③ Rc - 관용 테이퍼 암나사
④ G - 관용 평행 나사

53 배관용 탄소 강관의 종류를 나타내는 기호가 아닌 것은?

① SPPS 380　　　② SPPH 380

③ SPCD 390　　　④ SPLT 390

해 • 압력 배관용 탄소 강관 : SPPS
• 고압 배관용 탄소 강관 : SPPH
• 저온 배관용 탄소 강관 : SPLT

| 정답 | 48 ③ 49 ④ 50 ② 51 ④ 52 ③ 53 ③

54 기계제도에서 도형의 생략에 관환 설명으로 틀린 것은?

① 도형이 대칭 형식인 경우에는 대칭 중심선의 한쪽 도형만을 그리고, 그 대칭 중심선의 양 끝 부분에 대칭그림기호를 그려서 대칭임을 나타낸다.

② 대칭 중심선의 한쪽 도형을 대칭 중심선을 조금 넘는 부분까지 그려서 나타낼 수도 있으며, 이때 중심선 양 끝에 대칭그림기호를 반드시 나타내야 한다.

③ 같은 종류, 같은 모양의 것이 다수 줄지어 있는 경우에는 실형 대신 그림기호를 피치선과 중심선과의 교점에 기입하여 나타낼 수 있다.

④ 축, 막대, 관과 같은 동일 단면형의 부분은 지면을 생략하기 위하여 중간 부분을 파단선으로 잘라내서 그 긴요한 부분만을 가까이 하여 도시할 수 있다.

해 도형의 생략

도면의 가독성을 높이기 위한 목적으로 도형을 생략하는 경우이다.
대칭 중심선의 한쪽 도형을 대칭 중심선을 조금 넘는 부분까지 그려서 나타낼 수도 있다. 이 경우 중심선 양 끝에 그리는 대칭그림기호를 생각할 수 있다.

55 모떼기의 치수가 2mm이고 각도가 45°일 때 올바른 치수 기입 방법은?

① C2   ② 2C
③ 2 - 45°   ④ 45°×2

해 모따기 기호는 "C"로 쓰며 치수기입은 기호 뒤에 기입하여 "C2" 이렇게 표기한다.

56 도형의 도시 방법에 관환 설명으로 틀린 것은?

① 소성가공 때문에 부품의 초기 윤곽선을 도시해야 할 필요가 있을 때는 가는 2점 쇄선으로 도시한다.

② 필릿이나 둥근 모퉁이와 같은 가상의 교차선은 윤곽선과 서로 만나지 않은 가는 실선으로 투상도에 도시할 수 있다.

③ 널링 부는 굵은 실선으로 전체 또는 부분적으로 도시한다.

④ 투명한 재료로 된 모든 물체는 기본적으로 투명한 것처럼 도시한다.

해 도형 도시 방법

투명한 재료로 된 물체는 기본적으로 실선으로 나타낸다.

57 그림과 같은 제3각 정투상도에 가장 적합한 입체도는?

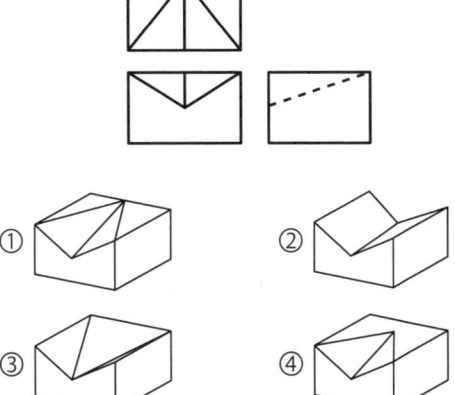

해 정투상도 - 입체도

정면도를 보면 ①, ④처럼 되어야 옳다.
평면도를 보면 삼각형의 꼭지점이 외형선의 윗선과 연결되어 있으므로, ①과 같이 되어야 옳다.

| 정답 | 54 ② 55 ① 56 ④ 57 ① |

58 제3각법으로 정투상한 그림에서 누락된 정면도로 가장 적합한 것은?

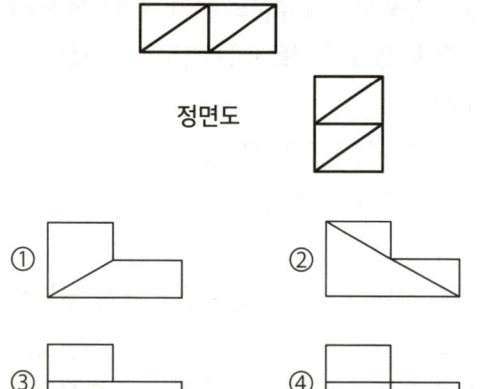

정면도

① ② ③ ④

59 다음 중 게이트 밸브에 해당하는 것은?

① ② ③ ④

밸브의 종류 및 기호

종류	기호	종류	기호
밸브 (일반)		앵글 밸브	
게이트 밸브		3방향 밸브	
글로브 밸브		안전 밸브	
체크 밸브			
볼 밸브			
버터플라이 밸브		유니언 이음	

60 그림과 같은 용접 기호는 무슨 용접을 나타내는가?

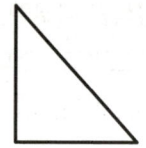

① 심 용접　　　　② 비드 용접
③ 필릿 용접　　　④ 점 용접

필릿 용접

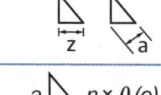

- a : 목높이(목두께)
- z : 목길이
- n : 용접부의 수
- ℓ : 용접부의 길이 (크레이터 제외)
- (e) : 인접한 용접부의 간격

CHAPTER 1-2

2016년도 기출문제 2회

01 용접봉의 습기가 원인이 되어 발생하는 결함으로 가장 적절한 것은?

① 기공
② 선상조직
③ 용입불량
④ 슬래그 섞임

해 기공의 발생 원인
- 아크길이가 길 때
- 용접 전류가 과다 할 때
- 용접봉 또는 이음부에 습기가 많을 때
- 이음부에 기름, 페인트, 녹 등이 있을 때
- 모재에 유황량이 많을 때

02 은납땜이나 황동납땜에 사용되는 용제(Flux)는?

① 붕사
② 송진
③ 염산
④ 염화암모늄

해 은납땜이나 황동납땜은 붕사를 사용한다.

종류	용융점	용제의 종류
경납땜	450℃ 이상	붕사, 붕산, 붕산염, 알칼리
연납땜	450℃ 이하	염화아연, 염산, 염화암모늄, 인산, 수지

03 다음 금속 중 냉각속도가 가장 빠른 금속은?

① 구리
② 연강
③ 알루미늄
④ 스테인레스강

해 냉각속도 빠른 순서
구리 > 알루미늄 > 연강 > 스테인리스강
열 및 전기 전도율 순서
Ag(은) > Cu(구리) > Au(금) > Al(알루미늄) > Ni(니켈) > Fe(철)

04 아크용접기의 사용에 대한 설명으로 틀린 것은?

① 사용률을 초과하여 사용하지 않는다.
② 무부하 전압이 높은 용접기를 사용한다.
③ 전격방지기가 부착된 용접기를 사용한다.
④ 용접기 케이스는 접지(earth)를 확실히 해둔다.

해 아크 용접기는 전격 방지를 위해 무부하 전압이 낮은 용접기를 사용해야 한다.

05 서브머지드 아크 용접에서 와이어 돌출 길이는 보통 와이어 지름을 기준으로 정한다. 적당한 와이어 돌출길이는 와이어 지름의 몇 배가 가장 적합한가?

① 2배
② 4배
③ 6배
④ 8배

해 서브머지드 아크 용접 시 와이어 돌출 길이는 와이어의 8배 정도가 적당하다.

| 📖 정답 | 01 ① 02 ① 03 ① 04 ② 05 ④

06 다음 중 지그나 고정구의 설계 시 유의사항으로 틀린 것은?

① 구조가 간단하고 효과적인 결과를 가져와야 한다.

② 부품의 고정과 이완은 신속히 이루어져야 한다.

③ 모든 부품의 조립은 어렵고 눈으로 볼 수 없어야 한다.

④ 한번 부품을 고정시키면 차후 수정 없이 정화하게 고정되어 있어야 한다.

🔲 지그나 고정구는 모든 부품이 눈으로 쉽게 불 수 있어야 한다.

07 다음 중 일반적으로 모재의 용융선 근처의 열영향부에서 발생되는 균열이며 고탄소강이나 저합금강을 용접할 때 용접열에 의한 열영향부의 경화와 변태응력 및 용착금속 속의 확산성 수소에 의해 발생되는 균열은?

① 루트 균열   ② 설퍼 균열

③ 비드 밑 균열   ④ 크레이터 균열

🔲 용접 결함
  열영향부에서 발생하는 균열으로 비드 밑 균열에 관한 설명이다.

08 플라즈마 아크 용접의 특징으로 틀린 것은?

① 비드 폭이 좁고 용접속도가 빠르다.

② 1층으로 용접할 수 있으므로 능률적이다.

③ 용접부의 기계적 성질이 좋으며 용접변형이 작다.

④ 핀치효과에 의해 전류밀도가 작고 용입이 얕다.

🔲 플라즈마 아크 용접은 전류 밀도가 크고 용입이 깊고 비드 폭이 좁다.
  플라즈마 아크 용접의 특징
  ① 전류 밀도가 크고 기계적 성질이 좋다.
  ② 용접 변형이 적다.
  ③ 용입이 깊고 비드폭이 좋다.
  ④ 냉각 가스로는 아르곤과 수소의 혼합가스를 사용한다.
  ⑤ 무부하 전압이 일반 아크 용접기보다 2~5배 정도 높다.
  ⑥ 용접속도가 빨라 가스 보호가 잘 안 될 수 있다.
  ⑦ 설비 비용이 많이 들고 무부하 전압이 높다.

09 가스 용접 시 안전사항으로 적당하지 않는 것은?

① 호스는 길지 않게 하며 용접이 끝났을 때는 용기밸브를 잠근다.

② 작업자 눈을 보호하기 위해 적당한 차광유리를 사용한다.

③ 산소병은 60℃ 이상 온도에서 보관하고 직사광선을 피하여 보관한다.

④ 호스 접속부는 호스밴드로 조이고 비눗물 등으로 누설여부를 검사한다.

용접일반

용접 검사 및 시공

작업안전

용접 재료

기계제도

용접기능사 기출문제

특수용접기능사 기출문제

해 산소 용기는 40℃ 이하 온도에서 보관하고 통풍이 잘되며 직사광선이 없는 곳에 보관해야 한다.

산소용지 취급시 주의사항
① 운반 시 용기를 눕혀 굴리거나 충격을 주지 말아야 한다.
② 운반 밸브를 닫고 안전캡을 씌워서 이동한다.
③ 통풍이 잘되고 직사광선이 없는 곳에 보관하며, 외기온도는 항상 40℃ 이하로 유지해야 한다.
④ 사용 및 저장 시에는 반드시 세워두어야 하고 고정시에는 쇠사슬로 고정시킨다.
⑤ 밸브에는 그리스(grease)나 기름 등을 묻혀서는 안된다.
⑥ 누설검사는 비눗물을 사용하여 누설 여부를 확인 한다.

10 다음 중 연소의 3요소에 해당하지 않는 것은?

① 가연물 　② 부촉매
③ 산소공급원 　④ 점화원

해 **연소의 3요소**
가연물, 산소공급원, 점화면

11 다음 중 불활성 가스인 것은?

① 산소 　② 헬륨
③ 탄소 　④ 이산화탄소

해 불활성 가스는 Ar(아르곤), He(헬륨), Ne(네온) 등이 있다.

12 다음 중 유도방식에 의한 광의 증폭을 이용하여 용융하는 용접법은?

① 맥동 용접 　② 스터드 용접
③ 레이저 용접 　④ 피복 아크 용접

해 **레이저 용접**
유도방사에 의한 빛의 증폭이란 뜻으로 광선 출력을 이용하여 용접하는 방법이다.

13 저항 용접의 특징으로 틀린 것은?

① 산화 및 변질부분이 적다.
② 용접봉, 용제 등이 불필요하다.
③ 작업속도가 빠르고 대량생산에 적합하다.
④ 열손실이 많고, 용접후에 집중열을 가할 수 없다.

해 **저항용접 특징**
저항용접은 순간적으로 이루어지기 때문에, 열손실이 적고, 용접 후에 집중열을 가할 수 있다.

14 제품을 용접한 후 일부분에 언더컷이 발생하였을 때 보수 방법으로 가장 적당한 것은?

① 홈을 만들어 용접한다.
② 결함부분을 절단하고 재 용접한다.
③ 가는 용접봉을 사용하여 재 용접한다.
④ 용접부 전체부분을 가우징으로 따낸 후 재 용접한다.

해 **용접결함, 언더컷**
언더컷의 경우 가는 용접봉을 사용하여 재 용접하면 된다.

ㅣ 📖 **정답** ㅣ **10** ② **11** ② **12** ③ **13** ④ **14** ③

15 서브머지드 아크 용접법에서 두 전극 사이의 복사열에 의한 용접은?

① 텐덤식

② 횡 직렬식

③ 횡 병렬식

④ 종 병렬식

해 서브머지드 아크 용접

두 전극 사이의 복사열에 의한 용접은 횡 직렬식에 관한 내용이다.

16 다음 중 TIG 용접 시 주로 사용되는 가스는?

① CO_2

② H_2

③ O_2

④ Ar

해 TIG 용접은 주로 사용하는 불활성 가스는 Ar(아르곤)가스이다.

17 심용접의 종류가 아닌 것은?

① 횡 심 용접(circular seam welding)

② 매시 심 용접(mash seam welding)

③ 포일 심 용접(foil seam welding)

④ 맞대기 심 용접(butt seam welding)

해 심용접의 종류

① 맞대기 심 용접

② 머시 심 용접

③ 포일 심 용접

• 심 용접 : 원판모양의 롤러 전극 사이에 2장의 재료를 두고 전기와 압력을 가하여 연속적으로 용접하는 방법이다.

18 용접 순서에 관한 설명으로 틀린 것은?

① 중심선에 대하여 대칭으로 용접한다.

② 수축이 적은 이음을 먼저하고 수축이 큰 이음은 후에 용접한다.

③ 용접선의 직각 단면 중심축에 대하여 용접의 수축력의 합이 0이 되도록 한다.

④ 동일 평면 내에 많은 이음이 있을 때는 수축은 가능한 자유단으로 보낸다.

해 수축이 큰 이음을 먼저 용접하고 수축이 작은 이음을 나중에 용접해야 한다.

19 맞대기 용접이음에서 판 두께가 6mm, 용접선 길이가 120mm, 인장응력이 9.5N/mm²일 때 모재가 받는 하중은 몇 N 인가?

① 5680

② 5860

③ 6480

④ 6840

해

$$인장강도 = \frac{인장하중}{단면적}$$

$$= \frac{5500kgf}{\frac{\pi(10mm)^2}{4}} = \frac{5500 \times 4}{\pi 100} = 70.06$$

20 다음 중 인장시험에서 알 수 없는 것은?

① 항복점

② 연신율

③ 비틀림 강도

④ 단면수축률

해 인장시험의 정의

여러 가지 모양(판, 봉, 관, 원호, 선 등)의 고른 단면을 가진 시험편을 인장 파단시켜 항복점(내력), 인장강도, 연신율, 단면수축률 등을 측정하는 시험법이다.

| 정답 | 15 ② 16 ④ 17 ① 18 ② 19 ④ 20 ③

21 다음 용접 결함 중 구조상의 결함이 아닌 것은?

① 기공   ② 변형
③ 용입 불량   ④ 슬래그 섞임

해 변형은 치수상 결함에 속한다.
용접 결함의 종류
① 치수상 결함 : 완성된 제품의 변형, 치수 및 형상이 불량한 경우
  • 변형, 치수불량, 형상 불량
② 성질상 결함 : 재료 및 용착금속의 기계적, 화학적 성질이 불량한 경우
  • 기계적 불량, 화학적 불량
③ 구조상 결함 : 여러 원인으로 인해 용접부 및 용착금속의 구조가 불량한 경우
  • 기공, 언더컷, 오버랩, 용입 불량, 균열, 슬래그 혼입 등

22 다음 중 일렉트로 가스 아크 용접의 특징으로 옳은 것은?

① 용접속도는 자동으로 조절된다.
② 판 두께가 얇을수록 경제적이다.
③ 용접장치가 복잡하여, 취급이 어렵고 고도의 숙련을 요한다.
④ 스패터 및 가스의 발생이 적고, 용접 작업 시 바람의 영향을 받지 않는다.

해 일렉트로 가스 아크 용접은 용접 속도가 자동으로 조절된다.
일렉트로 가스 아크 용접의 특징
① 일렉트로 슬래그 용접보다 얇은 두께인 중후판(40~50mm) 용접에 효과적이다.
② 용접 변형이 거의 없고 작업성이 좋다.
③ 용접 장치가 간단하고 고 기량이 필요없다.
④ 수직 상진으로 단층 용접하는 방식이다.
⑤ 용접 속도는 자동으로 조절된다.

23 피복 아크 용접에서 아크의 특성 중 정극성에 비교하여 역극성의 특징으로 틀린 것은?

① 용입이 얕다.
② 비드 폭이 좁다.
③ 용접봉의 용융이 빠르다.
④ 박판, 주철 등 비철금속의 용접에 쓰인다.

해 직류 역극성은 용접봉이 (+)전극으로 70%의 열이 발생되어 용접봉이 빨리 용융되므로 비드 폭이 넓다.

24 가스 용접봉 선택조건으로 틀린 것은?

① 모재와 같은 재질일 것
② 용융 온도가 모재보다 낮을 것
③ 불순물이 포함되어 있지 않을 것
④ 기계적 성질에 나쁜 영향을 주지 않을 것

해 용융 온도는 모재와 동일해야 한다.
가스 용접봉의 선택조건
① 모재와 같은 재질이어야 하고 충분한 강도를 줄 수 있어야 한다.
② 용융온도는 모재와 동일해야 한다.
③ 용접봉의 재질 중 불순물을 포함하지 않아야 한다.
④ 용접봉은 유해성분이 적은 저탄소강을 사용한다.

25 아크 용접에 속하지 않는 것은?

① 스터드 용접
② 프로젝션 용접
③ 불활성가스 아크 용접
④ 서브 머지드 아크 용접

해 프로젝션 용접은 겹치기 저항용접법에 속한다.

26 아세틸렌(C_2H_2) 가스의 성질로 틀린 것은?

① 비중이 1,906으로 공기보다 무겁다.

② 순수한 것은 무색, 무취의 기체이다.

③ 구리, 은, 수은과 접촉하면 폭발성 화합물을 만든다.

④ 매우 불안전한 기체이므로 공기 중에서 폭발 위험성이 크다.

🔵해 아세틸렌가스의 비중은 0.906으로 공기보다 가볍다.

아세틸렌가스(C_2H_2)의 특징
- 순수 아세틸렌가스는 무색, 무취의 기체이다.
- 아세틸렌가스에는 인화수소, 황화수소, 암모니아 등 불순물이 포함되어 있어 악취가 난다.
- 아세틸렌가스의 비중은 0.906으로 공기보다 가볍다.
- 아세틸렌가스의 1L 의 무게는 약 1,176g 이다.
- 각종 액체에 용해가 잘되며, 물은 같은 양, 석유 2배, 벤젠 4배, 알코올 6배, 아세톤 25배가 용해된다.

27 용접용 2차측 케이블의 유연성을 확보하기 위하여 주로 사용하는 캡 타이어 전선에 대한 설명으로 옳은 것은?

① 가는 구리선을 여러 개로 꼬아 얇은 종이로 싸고 그 위에 니켈 피폭을 한 것

② 가는 구리선을 여러 개로 꼬아 튼튼한 종이로 싸고 그 위에 고무 피복을 한 것

③ 가는 알루미늄선을 여러 개로 꼬아 튼튼한 종이로 싸고 그 위에 니켈 피복을 한 것

④ 가는 알루미늄선을 여러 개로 꼬아 얇은 종이로 싸고 그 위에 고무 피복을 한 것

🔵해 홀더용 2차측 케이블은 지금이 0.2~0.5mm의 가는 구리 선을 여러 개로 꼬아 튼튼한 종이로 감고 그 위엔 고무 피복을 한 것이다.

28 산소 용기를 취급할 때 주의사항으로 가장 적합한 것은?

① 산소밸브의 개폐는 빨리해야 한다.

② 운반 중에 충격을 주지 말아야 한다.

③ 직사광선이 쬐이는 곳에 두어야 한다.

④ 산소 용기의 누설시험에는 순수한 물을 사용해야 한다.

🔵해 산소 용기를 포함하여 모든 압력용기는 운반 중에 충격을 주어서는 안된다.

29 프로판 가스의 성질에 대한 설명으로 틀린 것은?

① 기화가 어렵고 발열량이 낮다.

② 액화하기 쉽고 용기에 넣어 수송이 편리하다.

③ 온도 변화에 따른 팽창률이 크고 물에 잘 녹지 않는다.

④ 상온에서는 기체 상태이고 무색, 투명하고 약간의 냄새가 난다.

🔵해 프로판 가스는 쉽게 기화하며 발열량이 높다.

종류	화학기호	불꽃온도(℃)	발열량 (kcal/m³)
수소	H_2	2,960	2,400
아세틸렌	C_2H_2	3,430	12,500
메탄	CH_4	2,700	8,500
프로판	C_3H_8	2,820	21,000
부탄	C_4H_{10}	2,926	26,000

30 아크가 발생될 때 모재에서 심선까지의 거리를 아크 길이라 한다. 아크 길이가 짧을 때 일어나는 현상은?

① 발열량이 작다.
② 스패터가 많아진다.
③ 기공 균열이 생긴다.
④ 아크가 불안정해진다.

해 아크 길이가 길 때보다 짧을 때 발열량은 더 작다. 그 외는 아크 길이가 길 때 나타나는 현상이다.

31 피복 아크 용접 중 용접봉의 용융속도에 관한 설명으로 옳은 것은?

① 아크전압x용접봉쪽 전압강하로 결정된다.
② 단위시간당 소비되는 전류 값으로 결정된다.
③ 동일종류 용접봉인 경우 전압에만 비례하여 결정된다.
④ 용접봉 지름이 달라도 동일종류 용접봉인 경우 용접봉 지름에는 관계가 없다.

해 용접봉의 용융속도
① 아크전류x용접봉쪽 전압강하로 결정된다.
② 단위시간당 소비되는 용접봉의 양으로 결정된다.
③ 동일종류 용접봉인 경우 전류에만 비례하여 결정된다.
④ 용접봉 지름이 달라도 동일종류 용접봉인 경우 용접봉 지름에는 관계가 없다.
• 피복아크용접에서는 주로 전류값에 따라 용접봉의 용융속도가 결정된다.

32 산소 - 아세틸렌가스 용접기로 두께가 3.2mm인 연강 판을 V형 맞대기 이음을 하려면 이에 적합한 연강용 가스 용접봉의 지름(mm)을 계산서에 의해 구하면 얼마인가?

① 2.6　　② 3.2
③ 3.6　　④ 4.6

해

$$가스\ 용접봉\ 지름(D) = \frac{판두께(T)}{2} + 1$$
$$= \frac{3.2mm}{2} + 1 = 2.6mm$$

33 산소 프로판 가스 절단에서, 프로판 가스 1에 대하여 얼마의 비율로 산소를 필요로 하는가?

① 1.5　　② 2.5
③ 4.5　　④ 6

해 용접 시 혼합비는 4.5(산소) : 1(프로판)이다.

34 가스 절단작업에서 절단속도에 영향을 주는 요인과 가장 관계가 먼 것은?

① 모재의 온도　　② 산소의 압력
③ 산소의 순도　　④ 아세틸렌 압력

해 가스 절단 작업 시 모재의 온도, 산소의 순도 및 압력은 중요한 요소로 작용하나 아세틸렌 가스의 압력은 절단 속도와 관련이 적다.

ㅣ 📖 정답 ㅣ　30 ①　31 ④　32 ①　33 ③　34 ④

35 일미나이트계 용접봉을 비롯하여 대부분의 피복 아크 용접봉을 사용할 때 많이 볼 수 있으며 미세한 용적이 날려서 옮겨가는 용접이행 방식은?

① 단락형　　　　② 누적형
③ 스프레이형　　④ 글로뷸러형

해 용접 이행 방식
　　미세한 용적이 날려서 옮겨가는 용접이행은 스프레이형 이행이다.

36 아크 용접기의 구비조건으로 틀린 것은?

① 효율이 좋아야 한다.
② 아크가 안정되어야 한다.
③ 용접 중 온도상승이 커야 한다.
④ 구조 및 취급이 간단해야 한다.

해 아크 용접기는 용접 중 온도 상승이 작아야 한다.
　　피복아크 용접기의 구비조건
　　① 구조 및 취급이 간단해야 한다.
　　② 용접 중 온도 상승이 작아야 한다.
　　③ 전류 조절이 용이하고 전류가 일정하게 흘러야 한다.
　　④ 역률 및 효율이 좋아야 한다.
　　⑤ 적당한 무부하전압이 유지되어야 한다.
　　　(DC : 40~60V, AC : 70~80V)
　　⑥ 아크 발생이 쉽고 아크가 안정되어야 한다.

37 피복 아크 용접봉에서 피복제의 역할로 틀린 것은?

① 용착금속의 급랭을 방지한다.
② 모재 표면의 산화물을 제거한다.
③ 용착금속의 탈산 정련 작용을 방지한다.
④ 중성 또는 환원성 분위기로 용착금속을 보호한다.

해 피복 아크 용접봉의 피복제는 용착금속의 탈산, 정련 작용을 한다.
　　피복제의 역할
　　① 아크를 안정시킨다.
　　② 용착금속의 탈산, 정련 작용을 한다.
　　③ 슬래그 제거를 쉽게 하고 외관 비드를 좋게 한다.
　　④ 중성 또는 환원성 분위기로 용융금속을 보호한다.
　　⑤ 전기절연 작용을 한다.
　　⑥ 용융금속에 필요한 합금 원소를 첨가한다.
　　⑦ 용착금속의 냉각속도를 느리게 한다.(급랭 방지)

38 가스용접에서 용제(flux)를 사용하는 가장 큰 이유는?

① 모재의 용융온도를 낮게 하여 가스 소비량을 적게 하기 위해
② 산화작용 및 질화작용을 도와 용착금속의 조직을 미세화하기 위해
③ 용접봉의 용융속도를 느리게 하여 용접봉 소모를 적게 하기 위해
④ 용접 중에 생기는 금속의 산화물 또는 비금속 개재물을 용해하여 용착금속의 성질을 양호하게 하기 위해

해 가스 용접에서 용제는 용접 중에 발생하는 산화물 및 비금속 개재물을 용해한다.
　　가스 용접용 용제의 특징
　　① 연강 용접 할때는 용제를 사용하지 않는다.
　　② 용제의 융점은 모재의 융점보다 낮은 것을 사용하는 것이 좋다.
　　③ 용제는 금속의 산화물과 비금속 개재물을 용해하여 용융 온도가 낮은 슬래그를 만들고 용착금속의 성질을 좋게 만든다.
　　④ 용융금속의 산화 및 질화를 감소시킨다.

39 인장시험편의 단면적이 50mm²이고 최대 하중이 500kgf일 때 인장강도는 얼마인가?

① 10kgf/mm² ② 50kgf/mm²
③ 100kgf/mm² ④ 250kgf/mm²

해

$$인장강도 = \frac{인장하중}{단면적} = \frac{500kgf}{50mm^2} = 10kgf/mm^2$$

40 4% Cu, 2% Ni, 1.5% Mg 등을 알루미늄에 첨가한 Al 합금으로 고온에서 기계적 성질이 매우 우수하고, 금형 줄물 및 단조용으로 이용될 뿐만 아니라 자동차 피스톤용에 많이 사용되는 합금은?

① Y 합금 ② 슈퍼인바
③ 코슨합금 ④ 두랄루민

해 Y 합금
Al-Cu-Ni-Mg 내연기관의 실린더 재료에 사용된다.

41 Al-Si계 합금을 개량처리하기 위해 사용되는 접종처리제가 아닌 것은?

① 금속나트륨 ② 염화나트륨
③ 불화알칼리 ④ 수산화나트륨

해 개량 처리
Al-Si 합금에서 접종처리제를 통해 침상조직을 구상화하여 미세 조직을 개량화 하는 방법이다.
주로 금속나트륨, 불화 알칼리, 수산화나트륨이 사용된다.

42 [그림]과 같은 결정격자는?

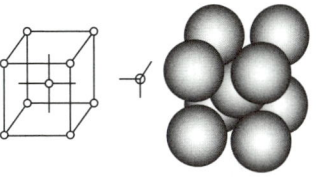

① 면심입방격자 ② 조밀육방격자
③ 저심면방격자 ④ 체심입방격자

해 결정격자
직육면체의 중심에 입자가 위치하므로 체심입방격자(BCC)이다.

43 Mg의 비중과 용융점(℃)은 약 얼마인가?

① 0.8, 350℃ ② 1.2, 550℃
③ 1.74, 650℃ ④ 2.7, 780℃

해 마그네슘(Mg) 특징
① 비중 : 1.74, 철(7.8)에 비해 가벼움
② 용융점 : 650℃
③ 실용 금속 중 비중이 가장 낮음
④ 고급 카메라 바디, 전자기기, 노트북, 자동차 휠 등에 이용

44 다음 중 FeC 평형 상태도에서 가장 낮은 온도에서 일어나는 반응은?

① 공석반응 ② 공정반응
③ 포석반응 ④ 포정반응

해 Fe-C평형 상태도
① 공석반응 : 0.8%C, 723℃에서 발생
② 공정반응 : 4.3%C, 1148℃에서 발생
③ 포석반응 : 발생하지 않음
④ 포정반응 : 0.18%C, 1405℃에서 발생

ㅣ 📖 정답 ㅣ **39** ① **40** ① **41** ② **42** ④ **43** ③ **44** ①

45 금속의 공통적 특성으로 틀린 것은?

① 열과 전기의 양도체이다.

② 금속 고유의 광택을 갖는다.

③ 이온화하면 음(-)이온이 된다.

④ 소성변형성이 있어 가공하기 쉽다.

해 금속이 이온화 하면 양(+)이온이 된다.

46 담금질한 강을 뜨임 열처리하는 이유는?

① 강도를 증가시키기 위하여

② 경도를 증가시키기 위하여

③ 취성을 증가시키기 위하여

④ 연성을 증가시키기 위하여

해 담금질로 경도가 커졌으나, 불안정하여 인성, 연성 증대 등 기계적 성질 개선을 위한 열처리 작업이다.

47 다음 중 소결 탄화물 공구강이 아닌 것은?

① 듀콜(Duecole)강

② 미디아(Midia)

③ 카블로이(Carboloy)

④ 텅갈로이(Tungalloy)

해 소결 공구강

미디아, 카블로이, 텅갈로이는 소결 과정을 거친 공구강이다.

듀콜강은 저망간강으로 인장강도 크고 펄라이트 조직을 나타내는 구조용 합금강이다.

• 소결이란? : 소결은 분말 입자들이 열적 활성화 과정을 거쳐 하나의 덩어리로 되는 과정을 말한다.

48 미세한 결정립을 가지고 있으며, 어느 응력하에서 파단에 이르기까지 수백 % 이상의 연신율을 나타내는 합금은?

① 제진합금　　　　② 초소성합금

③ 미경질합금　　　④ 형상기억합금

해 초소성합금

수백 % 이상의 연신율을 나타내는 합금이 초소성 합금이라고 부른다.

49 합금 공구강 중 게이지용강이 갖추어야 할 조건으로 틀린 것은?

① 경도는 HRC 45 이하를 가져야 한다.

② 팽창계수가 보통강보다 작아야 한다.

③ 담금질에 의한 변형 및 균열이 없어야 한다.

④ 시간이 지남에 따라 치수의 변화가 없어야 한다.

해 게이지용강

게이지용강은 경도가 HRC(로크웰경도) 55 이상을 가져야 한다.

50 상온에서 방치된 황동 가공재나, 저온 풀림 경화로 얻은 스프링재가 시간이 지남에 따라 경도 등 여러 가지 성질이 악화되는 현상은?

① 자연 균열　　　　② 경년 변화

③ 탈아연 부식　　　④ 고온 탈아연

해 경년 변화

황동 가공재를 상온에서 방치하거나 저온 풀림 경화로 얻은 스프링재가 사용 중 시간의 경과에 따라 경도 등 성질이 악화되는 현상을 뜻한다.

| 정답 |　45 ③　46 ④　47 ①　48 ②　49 ①　50 ②

51 그림과 같이 기점 기호를 기준으로 하여 연속된 치수선으로 치수를 기입하는 방법은?

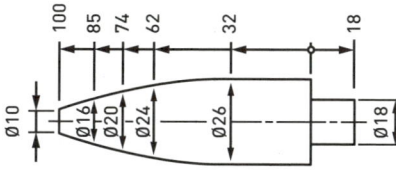

① 직렬 치수 기입법
② 병렬 치수 기입법
③ 좌표 치수 기입법
④ 누진 치수 기입법

해 치수 기입법

위 그림과 같이 기점을 기준으로 연속된 치수선으로 기입하는 것을 누진 치수 기입법이라고 부른다.

52 아주 굵은 실선의 용도로 가장 적합한 것은?

① 특수 가공하는 부분의 범위를 나타내는데 사용
② 얇은 부분의 단면도시를 명시하는데 사용
③ 도시된 단면의 앞쪽을 표현하는데 사용
④ 이동한계의 위치를 표시하는데 사용

해 아주 굵은 실선은 얇은 부분의 단선 도시를 명시하는데 사용한다.

53 나사의 표시방법에 대한 설명으로 옳은 것은?

① 수나사의 골지름은 가는 실선으로 표시한다.
② 수나사의 바깥지름은 가는 실선으로 표시한다.
③ 암나사의 골지름은 아주 굵은 실선으로 표시한다.
④ 완전 나사부와 불완전 나사부의 경계선은 가는 실선으로 표시한다.

해 나사 표시 방법

① 수나사의 골지름은 가는 실선으로 표시한다.
② 수나사의 바깥지름은 굵는 실선으로 표시한다.
③ 암나사의 골지름은 가는 실선으로 표시한다.
④ 완전 나사부와 불완전 나사부의 경계선은 굵은 실선으로 표시한다.

54 다음 입체도의 화살표 방향을 정면으로 한다면 좌측면도로 적합한 투상도는?

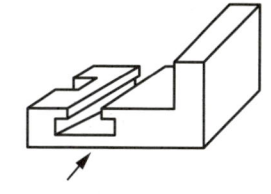

① 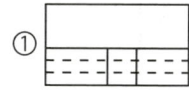 ②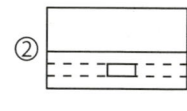

③ 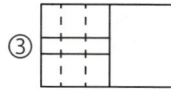 ④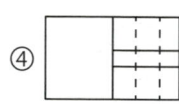

해 투상법

좌측면도는 ①과 같이 숨은선이 수평으로 있고 좌측 중앙에 있는 홈이 전체적으로 파져있는 형상이다.

55 판을 접어서 만든 물체를 펼친 모양으로 표시할 필요가 있는 경우 그리는 도면을 무엇이라 하는가?

① 투상도   ② 개략도

③ 입체도   ④ 전개도

해 전개도는 입체의 표면을 평면 위에 펼쳐서 그리는 도면이다.

56 배관도서기호에서 유량계를 나타내는 기호는?

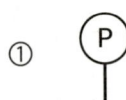   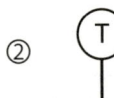

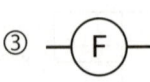   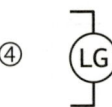

해 계기의 종류 및 기호
① 온도계 : T(Temperature)
② 유량계 : F(Flow Rate)
③ 진공계 : V(Vacuum)
④ 압력계 : P(Pressure)

57 그림과 같은 입체도의 정면도로 적합한 것은?

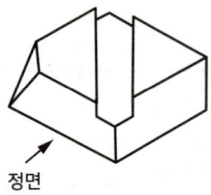
정면

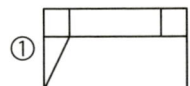   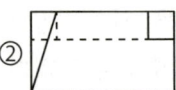

   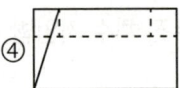

해 정면도
정면도에서 보았을 때 좌측의 삼각형은 윗선 끝까지 이어져야 한다.
우측 상단의 작은 사각형은 정면에서 보았을 때 숨겨진 곳이 없으므로 실선으로 그려지는 것이 옳다.

58 재료 기호 중 SPHC의 명칭은?

① 배관용 탄소 강관
② 열간 압연 연강판 및 강대
③ 용접구조용 압연 강재
④ 냉간 압연 강판 및 강대

해 재료 기호
SPHC는 열간 압연 연강판 및 강대를 의미한다.
SPCC는 냉간 압연 강판 및 강대이다.
SPP는 배관용 탄소 강관이다.
SM000A, SM000B, SM000C는 용접구조용 압연 강재이다.

59 용접 보조기호 중 "제거 가능한 이면 관계 사용" 기호는?

① ⌐MR⌐   ② ——

③ 〰   ④ ⌐M⌐

해 ⌐M⌐ : 영구적 덮개판(이면판재)
　⌐MR⌐ : 제거 가능한 덮개판(이면판재)

60 기계제도에서 사용하는 척도에 대한 설명으로 틀린 것은?

① 척도의 표시방법에는 현척, 배척, 축척이 있다.

② 도면에 사용한 척도는 일반적으로 표제란에 기입한다.

③ 한 장의 도면에 서로 다른 척도를 사용할 필요가 있는 경우에는 해당되는 척도를 모두 표제란에 기입한다.

④ 척도는 대상물과 도면의 크기로 정해진다.

해 척도
한 장의 도면에 서로 다른 척도를 사용하는 경우 주로 사용하는 척도는 표제란에 기입하고, 그 외 척도는 부품번호 근처에 기입하거나, 표제란의 척도에 괄호를 사용하여 기입한다.
NS(Not to Scale)을 사용하여 정해진 척도로 기입하지 않았다고 할 수 있다.

ㅣ 📖 정답 ㅣ 59 ① 60 ③

CHAPTER 1-3

2016년도 기출문제 3회

01 다음 중 MIG 용접에서 사용하는 와이어 송급 방식이 아닌 것은?

① 풀(pull) 방식
② 푸시(push) 방식
③ 푸시 풀(push-pull) 방식
④ 푸시 언더(push-under) 방식

해 MIG 용접기의 와이어 송급방식
① Push 방식 : 반자동으로 와이어를 밀어주는 방식.
② Pull 방식 : 전자동으로 와이어를 잡아 당기는 방식.
③ Push-Pull 방식 : 와이어와 토치 측의 송급 장치를 부착하여 밀고 당기는 방식.
④ Double-Push 방식 : Push 방식의 송급장치와 토치 중간에 보조 Push 장치를 부착하는 방식.

02 용접결함과 그 원인의 연결이 틀린 것은?

① 언더컷 - 용접전류가 너무 낮을 경우
② 슬래그 섞임 - 운봉속도가 느릴 경우
③ 기공 - 용접부가 급속하게 응고될 경우
④ 오버랩 - 부적절한 운봉법을 사용했을 경우

해 용접 결함 중 언더컷은 용접 전류가 높을 경우 나타나는 결함이다.

03 일반적으로 용접순서를 결정할 때 유의해야 할 사항으로 틀린 것은?

① 용접물의 중심에 대하여 항상 대칭으로 용접한다.
② 수축이 작은 이음을 먼저 용접하고 수축이 큰 이음은 나중에 용접한다.
③ 용접 구조물이 조립되어감에 따라 용접작업이 불가능한 곳이나 곤란한 경우가 생기지 않도록 한다.
④ 용접 구조물의 중립축에 대하여 용접 수축력의 모멘트 합이 0이 되게 하면 용접선 방향에 대한 굽힘을 줄일 수 있다.

해 용접 시 변형이나 잔류응력을 최소화 하기 위해선 수축이 큰 이음 먼저 용접하고 수축이 작은 이음은 나중에 해야 한다.

04 용접부에 생기는 결함 중 구조상의 결함이 아닌 것은?

① 기공　　　　② 균열
③ 변형　　　　④ 용입 불량

해 변형은 치수상의 결함에 속한다.

| 정답 | 01 ④　02 ①　03 ②　04 ③

05 스터드 용접에서 내열성의 도기로 용융금속의 산화 및 유출을 막아주고 아크열을 집중시키는 역할을 하는 것은?

① 페룰　　　　　　② 스터드
③ 용접토치　　　　④ 제어장치

🔷 **페룰의 역할**
　① 융융금속의 유출 방지
　② 용융금속의 산화 방지
　③ 용착부의 오염 방지
　④ 아크열로 용접사의 눈을 보호

06 다음 중 저항 용접의 3요소가 아닌 것은?

① 가압력　　　　　② 통전 시간
③ 용접 토치　　　　④ 전류의 세기

🔷 **저항용접의 3요소**
　• 가압력　• 용접전류　• 통전시간

07 다음 중 용접이음의 종류가 아닌 것은?

① 십자 이음　　　　② 맞대기 이음
③ 변두리 이음　　　④ 모따기 이음

🔷 용접의 이음 종류 중 모따기 이음은 없다.

08 일렉트로 슬래그 용접의 장점으로 틀린 것은?

① 용접 능률과 용접 품질이 우수하다.
② 최소한의 변형과 최단시간의 용접법이다.
③ 후판을 단일층으로 한 번에 용접할 수 있다.
④ 스패터가 많으며 80%에 가까운 용착 효율을 나타낸다.

🔷 용착량은 거의 100%에 가깝다.
　일렉트로 슬래그 용접의 특징
　① 용접 작업 시간이 짧아 용접 후 변형이 작다.
　② 전기 저항열을 이용한 용접이다.
　③ 용접 능률 및 품질이 우수하므로 선박, 보일러 등 후판 용접에 적합하다.
　④ 수직 상진으로 단층 용접하는 방식이다.
　⑤ 용착량은 거의 100%에 가깝다.

09 선박, 보일러 등 두꺼운 판의 용접 시 용융 슬래그와 와이어의 저항 열을 이용하여 연속적으로 상진하는 용접법은?

① 테르밋 용접
② 넌실드 아크 용접
③ 일렉트로 슬래그 용접
④ 서브머지드 아크 용접

🔷 **일렉트로 슬래그 용접의 특징**
　① 용접 작업 시간이 짧아 용접 후 변형이 작다.
　② 전기 저항열을 이용한 용접이다.
　③ 용접 능률 및 품질이 우수하므로 선박, 보일러 등 후판 용접에 적합하다.
　④ 수직 상진으로 단층 용접하는 방식이다.
　⑤ 용착량은 거의 100%에 가깝다.

10 다음 중 스터드 용접법의 종류가 아닌 것은?

① 아크 스터드 용접법
② 저항 스터드 용접법
③ 충격 스터드 용접법
④ 텅스텐 스터드 용접법

🔷 **스터드 용접의 종류**
　• 아크 스터드 용접
　• 저항 스터드 용접
　• 충격 스터드 용접

스터드 용접의 정의
볼트나 환봉, 핀 등을 직접 강판이나 형강에 용접하는 방법으로 피스톤 형의 홀더에 끼우고 모재와 볼트 사이에 순각적으로 아크를 발생시켜 용접하는 방법이다.

11 탄산가스 아크 용접에서 용착속도에 관한 내용으로 틀린 것은?

① 용접속도가 빠르면 모재의 입열이 감소한다.
② 용착률은 일반적으로 아크전압이 높은 쪽이 좋다.
③ 와이어 용융속도는 와이어의 지름과는 거의 관계가 없다.
④ 와이어 용융속도는 아크 전류에 거의 정비례하며 증가한다.

해 탄산가스 아크 용접
용착률은 일반적으로 아크전류가 높은 쪽이 좋다.

12 플래시 버트 용접 과정의 3단계는?

① 업셋, 예열, 후열
② 예열, 검사, 플래시
③ 예열, 플래시, 업셋
④ 업셋, 플래시, 후열

해 플래시 버트 용접
예열 → 플래시 → 업셋 과정으로 용접 된다.

13 용접결함 중 은점의 원인이 되는 주된 원소는?

① 헬륨
② 수소
③ 아르곤
④ 이산화탄소

해 용접 결함
은점은 수소 때문에 발생한다.

14 다음 중 제품별 노내 및 국부풀림의 유지 온도와 시간이 올바르게 연결된 것은?

① 탄소강 주강품 : 625±25℃, 판두께 25mm에 대하여 1시간
② 기계구조용 연강재 : 725±25℃, 판두께 25mm에 대하여 1시간
③ 보일러용 압연강재 : 625±25℃, 판두께 25mm에 대하여 4시간
④ 용접구조용 연강재 : 725±25℃, 판두께 25mm에 대하여 2시간

15 용접 시공에서 다층 쌓기로 작업하는 용착법이 아닌 것은?

① 스킵법
② 빌드업법
③ 전진 블록법
④ 캐스케이드법

해 스킵법은 용접부를 짧게 나눈 다음 띄엄띄엄 용접하는 방법으로 잔류 응력을 줄이는 방법이다.
운봉에 대한 종류
① 덧살올림법 : 각 층마다 전체 길이를 용접하면서 쌓아 올리는 방법으로 가장 많이 사용하는 방법이다.
② 전진블록법 : 한 개의 용접봉으로 살을 붙일만한 길이로 구분해서 홈을 한층 완료 후 다른 층을 용접하는 방법이다.
③ 캐스케이드법 : 한 부분의 몇 층을 용접하다가 이것을 다른 부분의 층으로 연속시켜 전체가 계단 형태의 단계를 이루도록 용접하는 방법이다.

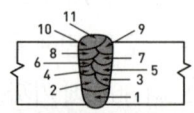

(a) 덧살 올림법

| 🔖 정답 | 11 ② 12 ③ 13 ② 14 ① 15 ①

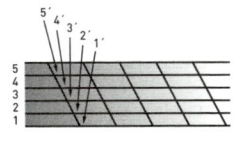

(b) 전진 블록법

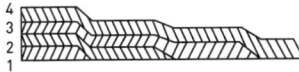

(c) 캐스케이드법

16 예열의 목적에 대한 설명으로 틀린 것은?

① 수소의 방출을 용이하게 하여 저온 균열을 방지한다.
② 열영향부와 용착 금속의 경화를 방지하고 연성을 증가시킨다.
③ 용접부의 기계적 성질을 향상시키고 경화조직의 석출을 촉진시킨다.
④ 온도 분포가 완만하게 되어 열응력의 감소로 변형과 잔류 응력의 발생을 적게 한다.

🔧 예열의 목적
용접부의 냉각속도를 서서히 할 수 있도록 만들어주고, 경화조직의 생성을 억제한다.

17 용접 작업에서 전격의 방지대책으로 틀린 것은?

① 땀, 물 등에 의해 젖은 작업복, 장갑 등은 착용하지 않는다.
② 텅스텐봉을 교체할 때 항상 전원 스위치를 차단하고 작업한다.
③ 절연홀더의 절연부분이 노출, 파손되면 즉시 보수하거나 교체한다.
④ 가죽 장갑, 앞치마, 발 덮게 등 보호구를 반드시 착용하지 않아도 된다.

🔧 전격 방지대책
가죽장갑, 앞치마, 발 덮게 등 보호구를 반드시 착용한다.

18 서브머지드 아크용접에서 용제의 구비조건에 대한 설명으로 틀린 것은?

① 용접 후 슬래그(Slag)의 박리가 어려울 것
② 적당한 입도를 갖고 아크 보호성이 우수할 것
③ 아크 발생을 안정시켜 안정된 용접을 할 수 있을 것
④ 적당한 합금성분을 첨가하여 탈황, 탈산 등의 정련작용을 할 것

🔧 서브머지드 아크용접 용제
용접 후 슬래그의 박리가 쉬워야 한다.

19 MIG 용접의 전류밀도는 TIG 용접의 약 몇 배 정도인가?

① 2 　　　　② 4
③ 6 　　　　④ 8

🔧 MIG 용접은 TIG 용접에 비해 전류밀도가 2배 정도로 높아 용융속도가 빠르다.

20 다음 중 파괴시험에서 기계적 시험에 속하지 않는 것은?

① 경도 시험 　　　② 굽힘 시험
③ 부식 시험 　　　④ 충격 시험

🔧 부식 시험은 화학적 시험법에 속한다.

| 📖 정답 | 16 ③　17 ④　18 ①　19 ①　20 ③

21 다음 중 초음파 탐상법에 속하지 않는 것은?

① 공진법
② 투과법
③ 프로드법
④ 펄스 반사법

해 투과법의 종류
① 투과법 : 투과한 초음파 펄스를 분석하여 검사하는 방법이다.
② 펄스 반사법 : 초음파의 펄스를 시험체의 면으로 송신하여 반사되는 반사파의 형태로 결함을 검사하는 시험방법이다.
③ 공진법 : 시험체의 공진현상을 이용하여 시험하는 방법이다.

22 화재 및 소화기에 관한 내용으로 틀린 것은?

① A급 화재란 일반화재를 뜻한다.
② C급 화재란 유류화재를 뜻한다.
③ A급 화재에는 포말소화기가 적합하다.
④ C급 화재에는 CO_2 소화기가 적합하다.

해 화재의 분류

등급	종류	색상	가연 물질
A급	일반화재	백색	종이, 나무, 섬유
B급	유류 및 가스화재	황색	기름, 윤활유, 페인트 등
C급	전기화재	청색	전기설비, 발전기, 변압기 등
D급	금속화재	무색	철분, 마그네슘, 금속분

23 TIG 절단에 관한 설명으로 틀린 것은?

① 전원은 직류 역극성을 사용한다.
② 절단면이 매끈하고 열효율이 좋으며 능률이 대단히 높다.
③ 아크 냉각용 가스에는 아르곤과 수소의 혼합 가스를 사용한다.
④ 알루미늄, 마그네슘, 구리와 구리합금, 스테인리스강 등 비철금속의 절단에 이용한다.

해 TIG 절단은 전원을 직류 정극성을 사용한다.

24 다음 중 기계적 접합법에 속하지 않는 것은?

① 리벳
② 용접
③ 접어 잇기
④ 볼트 이음

해 용접은 접합부를 용융시켜 결합시키는 방법으로 야금적 접합법에 속한다.

25 다음 중 아크절단에 속하지 않는 것은?

① MIG 절단
② 분말 절단
③ TIG 절단
④ 플라즈마 제트 절단

해 분말 절단
철분 또는 용제를 연속적으로 절단용 산소 속에 혼합시켜 그 반응열을 이용한 절단 방법이다.

| 정답 | 21 ③ 22 ② 23 ① 24 ② 25 ②

26 가스 절단 작업 시 표준 드래그 길이는 일반적으로 모재 두께의 몇 % 정도인가?

① 5 　　　　　　　　② 10
③ 20 　　　　　　　　④ 30

해

> $$\text{표준 드래그 길이}\,(mm) = \text{판 두께}\,(mm) \times \frac{1}{5}$$
> $$= \text{판 두께의}\,20\%$$

27 용접 중에 아크를 중단시키면 중단된 부분이 오목하거나 납작하게 파진 모습으로 남게 되는 것은?

① 피트 　　　　　　　② 언더컷
③ 오버랩 　　　　　　④ 크레이터

해 용접 결함
- 피트 : 기공 같은 모양으로 비드 표면에 나타나는 결함을 말한다.
- 언더컷 : 용접 중 용착 금속이 패인 것처럼 되어 있는 모습으로 주로 비드의 양 옆에서 발생하는 결함이다.
- 오버랩 : 용착 금속이 완전히 융합되지 못하고 덮여져 있는 상태를 말한다.

28 10000~30000℃의 높은 열에너지를 가진 열원을 이용하여 금속을 절단하는 절단법은?

① TIG 절단법
② 탄소 아크 절단법
③ 금속 아크 절단법
④ 플라즈마 제트 절단법

해 플라스마 아크 절단
전극과 모재 사이에 플라스마 기둥을 가진 아크를 발생시켜, 이때 발생한 열(10,000℃~30,000℃)로 금속을 녹이고, 고압의 공기를 이용하여 녹은 금속을 불어내는 절단 방법이다.

29 일반적인 용접의 특징으로 틀린 것은?

① 재료의 두께에 제한이 없다.
② 작업공정이 단축되며 경제적이다.
③ 보수와 수리가 어렵고 제작비가 많이 든다.
④ 제품의 성능과 수명이 향상되며 이종 재료도 용접이 가능하다.

해 용접은 보수와 수리가 쉽고 제작비가 적게 든다.
용접의 장점
① 이음구조가 간단하고 이음효율이 높다.
② 기밀, 수밀, 유밀성이 우수하다.
③ 재료의 두께에 관계없이 접합 할 수 있다.
④ 재료가 절약되고 작업 공정이 줄어 경제적이다.
⑤ 이종 재료 접합이 가능하다.
⑥ 보수 및 수리가 용이하다.
⑦ 자동화가 용이하다.

용접의 단점
① 저온취성이 발생할 우려가 있다.
② 작업자의 기량에 따라 품질이 좌우된다.
③ 용접에 의한 변형과 수축이 발생한다.
④ 용접부의 결함 확인이 어렵다. (기공, 균열, 융합 불량 등)
⑤ 용접에 의한 재질의 변형 및 잔류 응력이 발생한다.

| 📖 정답 |　26 ③　27 ④　28 ④　29 ③

용접 일반 / 용접 검사 및 시공 / 작업안전 / 용접 재료 / 기계제도 / 용접기능사 기출문제 / **특수용접기능사기출문제**

30 일반적으로 두께가 **3mm**인 연강판을 가스 용접하기에 가장 적합한 용접봉의 직경은?

① 약 2.6mm ② 약 4.0mm

③ 약 5.0mm ④ 약 6.0mm

해

$$가스 용접봉 지름(D) = \frac{판두께(T)}{2} + 1$$

$$= \frac{3\text{mm}}{2} + 1 = 2.5\text{mm}$$

31 연강용 피복 아크 용접봉의 종류에 따른 피복제 계통이 틀린 것은?

① E 4340 : 특수계

② E 4316 : 저수소계

③ E 4327 : 철분산화철계

④ E 4313 : 철분산화티탄계

해 피복아크 용접봉의 종류

① E4301 : 일미나이트계
② E4303 : 라임타이타늄계
③ E4311 : 고셀룰로오스계
④ E4313 : 고산화티탄계
⑤ E4316 : 저수소계
⑥ E4324 : 철분산화타이타늄계
⑦ E4326 : 철분저수소계
⑧ E4327 : 철분산화철계

32 다음 중 아크 쏠림 방지대책으로 틀린 것은?

① 접지점 2개를 연결할 것

② 용접봉 끝은 아크 쏠림 반대 방향으로 기울일 것

③ 접지점을 될 수 있는 대로 용접부에서 가까이 할 것

④ 큰 가접부 또는 이미 용접이 끝난 용착부를 향하여 용접할 것

해 아크 쏠림을 방지하려면 접지부를 최대한 용접부에서 멀리해야 한다.
아크 쏠림의 방지대책
① 용접봉 끝을 아크쏠림의 반대 방향으로 기울인다.
② 용접부 길이가 긴 경우 후진법(후퇴 용접법)으로 용접한다.
③ 아크 길이를 짧게 유지한다.
④ 교류 용접기를 사용한다.
⑤ 접지점을 용접부에서 멀리하거나 접지점을 2개 연결한다.
⑥ 시점과 끝점에 엔드 탭을 사용한다.

33 양호한 절단면을 얻기 위한 조건으로 틀린 것은?

① 드래그가 가능한 클 것

② 슬래그 이탈이 양호할 것

③ 절단면 표면의 각이 예리할 것

④ 절단면이 평활하다 드래그의 홈이 낮을 것

해 양호한 절단면을 얻기 위해선 드래그가 가능한 작아야 한다.
• 드래그 : 가스절단으로 절단면에 보이는 곡선을 말한다.

34 산소-아세틸렌가스 절단과 비교한, 산소-프로판가스 절단의 특징으로 틀린 것은?

① 슬래그 제거가 쉽다.

② 절단면 윗 모서리가 잘 녹지 않는다.

③ 후판 절단 시에는 아세틸렌보다 절단속도가 느리다.

④ 포갬 절단 시에는 아세틸렌보다 절단속도가 빠르다.

해 산소-프로판 가스 절단은 포갬 절단 및 후판 절단 속도가 빠르다.
산소-프로판 가스 절단의 특징
• 절단면이 깨끗하고, 슬래그가 잘 떨어진다.
• 포갬 절단 및 후판 절단 속도가 빠르다.
• 산소의 소비량이 아세틸렌에 비해 많다.

35 용접기의 사용률(duty cycle)을 구하는 공식으로 옳은 것은?

① 사용률(%) = 휴식시간 / (휴식시간 + 아크발생시간) × 100

② 사용률(%) = 아크발생시간 / (아크발생시간 + 휴식시간) × 100

③ 사용률(%) = 아크발생시간 / (아크발생시간 - 휴식시간) × 100

④ 사용률(%) = 휴식시간 / (아크발생시간 - 휴식시간) × 100

해

$$사용률(\%) = \frac{아크시간}{아크시간 + 휴식시간} \times 100$$

36 가스절단에서 예열불꽃의 역할에 대한 설명으로 틀린 것은?

① 절단산소 운동량 유지

② 절단산소 순도 저하 방지

③ 절단개시 발화점 온도 가열

④ 절단재의 표면 스케일 등의 박리성 저하

해 절단재의 표면 스케일 등의 박리성이 높아진다.
• 박리성 : 용접 후 생긴 슬래그가 얼마나 잘 떨어지는가에 관한 성질.

37 가스 용접 작업에서 양호한 용접부를 얻기 위해 갖추어야 할 조건으로 틀린 것은?

① 용착 금속의 용집 상태가 균일해야 한다.

② 용접부에 첨가된 금속의 성질이 양호해야 한다.

③ 기름, 녹 등을 용접 전에 제거하여 결함을 방지한다.

④ 과열의 흔적이 있어야 하고 슬래그나 기공 등도 있어야 한다.

해 양호한 용접부를 얻기 위해선 과열의 흔적이 없고 슬래그나 기공 등의 결함도 없어야 한다.

38 용접기 설치 시 1차 입력이 10kVA이고 전원전압이 200V이면 퓨즈 용량은?

① 50A   ② 100A

③ 150A   ④ 200A

해 퓨즈 용량
퓨즈용량 = 1차입력/입력전압으로 계산한다.
10KVA/200V = 10,000VA/200V = 50A

| 정답 | **34** ③ **35** ② **36** ④ **37** ④ **38** ①

39 다음의 희토류 금속원소 중 비중이 약 16.6, 용융점은 약 2996℃이고, 150℃ 이하에서 불활성 물질로서 내식성이 우수한 것은?

① Se
② Te
③ In
④ Ta

해 희토류
Ta(탄탈럼, 탄탈룸, 탄탈)에 관한 설명이다.
• Se(셀레늄) • Te(텔루륨) • In(인듐)

40 압입체의 대면각이 136°인 다이아몬드 피라미드에 하중 1~120kg을 사용하여 특히 얇은 물건이나 표면 경화된 재료의 경도를 측정하는 시험법은 무엇인가?

① 로크웰 경도 시험법
② 비커스 경도 시험법
③ 쇼어 경도 시험법
④ 브리넬 경도 시험법

해 브리넬 경도 시험
압입자인 강구(강철 볼)에 일정한 하중으로 시험편 표면에 압입한 후 이때 생긴 압입자국의 표면적 크기와 하중의 비로 경도를 측정한다. (얇은 판, 침탄강, 질화강에는 적당하지 않음)

41 T.T.T 곡선에서 하부 임계냉각 속도란?

① 50% 마텐자이트를 생성하는데 요하는 최대의 냉각속도
② 100% 오스테나이트를 생성하는데 요하는 최소의 냉각속도
③ 최초의 소르바이트가 나타나는 냉각속도
④ 최초의 마텐자이트가 나타나는 냉각속도

해 T.T.T곡선

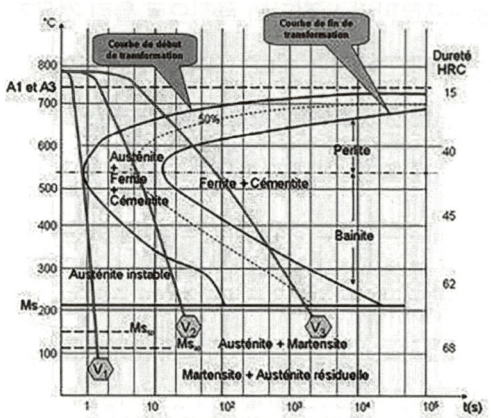

T.T.T곡선은(Time-Temperature-Transform) 항온 변태곡선으로 냉각속도를 조절하여 마텐자이트, 베이나이트, 펄라이트 등이 만들어지는 것을 기록한 그래프이다.
이때, 하부 임계냉각속도란 최초의 마텐자이트가 나타나는 냉각속도를 의미한다.

42 1000~1100℃에서 수중냉각 함으로써 오스테나이트 조직으로 되고, 인성 및 내마멸성 등이 우수하여 광석 파쇄기, 기차 레일, 굴삭기 등의 재료로 사용되는 것은?

① 고 Mn강
② Ni-Cr강
③ Cr-Mo강
④ Mo계 고속도강

해 고망간강
고 Mn강에 관한 설명으로 일명 해드필드강이라고 부른다. 완전한 오스테나이트를 얻기 위해 1000~1100℃에서 수중 냉각하며, 이것을 수인법이라고 한다. 내마멸성이 매우 우수하여 레일, 굴삭기 등의 재료로 사용된다.

| 📖 정답 | 39 ④ 40 ② 41 ④ 42 ①

43 게이지용 강이 갖추어야 할 성질로 틀린 것은?

① 담금질에 의해 변형이나 균열이 없을 것
② 시간이 지남에 따라 치수변화가 없을 것
③ HRC55 이상의 경도를 가질 것
④ 팽창계수가 보통 강보다 클 것

해 게이지용 강
게이지용 강의 팽창계수는 보통 강보다 작아야 한다.
• 팽창계수 : 일반적으로 열팽창계수는 물체의 온도가 1℃ 증가하였을 때 특정한 방향으로 늘어난 길이로 정의한다.

44 알루미늄을 주성분으로 하는 합금이 아닌 것은?

① Y합금　　　② 라우탈
③ 인코넬　　　④ 두랄루민

해 알루미늄 합금
인코넬의 경우 Ni-Cr계 합금이다.

45 두 종류 이상의 금속 특성을 복합적으로 얻을 수 있고 바이메탈 재료 등에 사용되는 합금은?

① 제진 합금　　　② 비정질 합금
③ 클래드 합금　　　④ 형상 기억 합금

해 바이메탈 재료
• 클래드란 모재 금속에 새로운 기능을 부여하기 위해 모재 금속판재 표면에 다른 금속판재를 금속학적으로 붙이는 접합기술을 말한다.

• 클래드강판은 연강후판을 모재로 해 그 단면 또는 양면에 니켈, 니켈합금, 스테인리스강, 황동, 강, 고탄소강, 알루미늄, 아연합금 등 다른 종류의 강 또는 금속을 압착한 것으로 접합 강판이라고도 한다.

46 황동 중 60%Cu + 40%Zn 합금으로 조직이 ＋ 이므로 상온에서 전연성이 낮으나 강도가 큰 합금은?

① 길딩 메탈(gilding metel)
② 문쯔 메탈(Muntz metel)
③ 두라나 메탈(durana metel)
④ 애드미럴티 메탈(Admiralty metel)

해 문쯔메탈
• 6-4 황동 : Cu(60%), Zn(40%), 문쯔 메탈, 7-3황동에 비해 전연성이 낮고, 인장 강도 큼.

47 가단주철의 일반적인 특징이 아닌 것은?

① 담금질 경화성이 있다.
② 주조성이 우수하다.
③ 내식성, 내충격성이 우수하다.
④ 경도는 Si량이 적을수록 좋다.

해 가단 주철
주철에서 Si는 주철에서 강력한 흑연화 촉진제로써 흑연의 생성을 조장함으로 유동성을 증가시키고 주조성을 개선하나, Si의 함유량이 3%를 넘으면 오히려 주철의 강도, 인성, 연성이 저하된다.

48 금속에 대한 성질을 설명한 것으로 틀린 것은?

① 모든 금속은 상온에서 고체 상태로 존재한다.
② 텅스텐(W)의 용융점은 약 3410℃이다.
③ 이리듐(Ir)의 비중은 약 22.5이다.
④ 열 및 전기의 양도체이다.

해 금속의 성질
금속 중 수은의 경우 상온에서 액체 상태로 존재한다.

49 순철이 910℃에서 Ac3 변태를 할 때 결정 격자의 변화로 옳은 것은?

① BCT → FCC
② BCC → FCC
③ FCC → BCC
④ FCC → BCT

해 순철의 동소변태
순철은 910℃에서 BCC구조가 FCC구조로 바뀐다. 이것을 순철의 동소변태라고 한다.

50 압력이 일정한 Fc-C 평형상태도에서 공정점의 자유도는?

① 0
② 1
③ 2
④ 3

해 공정점에서의 자유도는 0이다.

51 다음 중 도면의 일반적인 구비조건으로 관계가 가장 먼 것은?

① 대상물의 크기, 모양, 자세, 위치의 정보가 있어야 한다.
② 대상물을 명확하고 이해하기 쉬운 방법으로 표현해야 한다.
③ 도면의 보존, 검색 이용이 확실히 되도록 내용과 양식을 구비해야 한다.
④ 무역과 기술의 국제 교류가 활발하므로 대상물의 특징을 알 수 없도록 보안성을 유지해야 한다.

해 도면의 일반적인 구비 조건
무역과 기술의 국제 교류가 활발하므로 국제규격 (ISO, ASME, AWS) 등을 준수하여 알아보기 쉽도록 해야 한다.

52 보기 입체도를 제3각법으로 올바르게 투상한 것은?

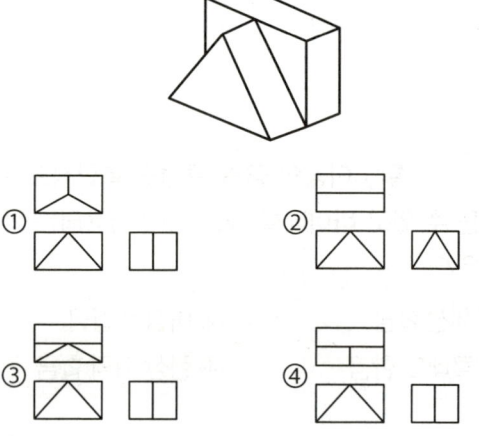

해 투상법
정면도의 경우 ①, ②, ③, ④ 모두 옳다.
평면도의 경우 ④과 같이 정면의 삼각형 윗부분이 사각형으로 그려져야 옳다.

| 📖 정답 | 48 ① 49 ② 50 ① 51 ④ 52 ④

53 배관도에서 유체의 종류와 문자 기호를 나타내는 것 중 틀린 것은?

① 공기 : A

② 연료 가스 : G

③ 증기 : W

④ 연료유 또는 냉동기유 : O

해 유체의 종류 및 기호

유체의 종류	문자 기호	유체의 종류	문자 기호
공기	A	물(일반)	W
연료가스	G	온수	H
연료유 또는 냉동기유	O	냉수	C
증기	S	냉매	R

54 리벳의 호칭 표기법을 순서대로 나열한 것은?

① 규격번호, 종류, 호칭지름×길이, 재료

② 종류, 호칭지름×길이, 규격번호, 재료

③ 규격번호, 종류, 재료, 호칭지름×길이

④ 규격번호, 호칭지름×길이, 종류, 재료

해 리벳
리벳의 표시는 규격번호, 종류, 호칭지름×길이, 재료로 표시한다.

55 다음 중 일반적으로 긴 쪽 방향으로 절단하여 도시할 수 있는 것은?

① 리브 ② 기어의 이

③ 바퀴의 암 ④ 하우징

해 단면도
하우징의 경우 긴 쪽 방향으로 절단하여 도시할 수 있다.
• 하우징 : 기계의 부품이나 기구를 싸서 보호하는 상자형 부분.

56 단면의 무게 중심을 연결한 선을 표시하는데 사용하는 선의 종류는?

① 가는 1점 쇄선 ② 가는 2점 쇄선

③ 가는 실선 ④ 굵은 파선

해 단면의 무게 중심을 연결한 선은 가는 2점 쇄선 —‐‐‐‐‐‐ 으로 표기한다.

57 다음 용접 보조기호에 현장 용접기호는?

① ②

③ ④

해 현장 용접

용접 일반

용접 검사 및 시공

작업안전

용접 재료

기계제도

용접기능사 기출문제

특수용접기능사 기출문제

58 보기 입체도의 화살표 방향 투상 도면으로 가장 적합한 것은?

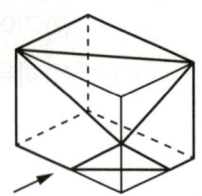

① 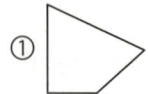 ②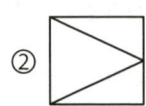

③ 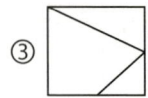 ④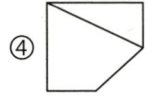

해 **투상법**
문제에서는 정면도를 의미하는 것으로 보이며, 입체도의 우측 하단에 파져있는 부분은 작은 삼각형으로 표시된다.

59 탄소강 단강품의 재료 표시기호 "SF 490A"에서 "490"이 나타내는 것은?

① 최저 인장강도

② 강재 종류 번호

③ 최대 항복강도

④ 강재 분류 번호

해 **재료기호**
490은 최저 인장강도를 의미한다.

60 다음 중 호의 길이 치수를 나타내는 것은?

① 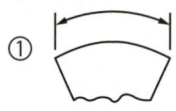 ②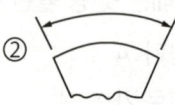

③ 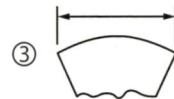 ④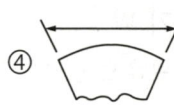

해 **호의 길이 치수**
① 번의 경우 호의 길이를 나타낸다.
② 번의 경우 각도를 나타낸다.
③ 번의 경우 현의 길이를 나타낸다.

| 📖 정답 | **58** ③ **59** ① **60** ①

CHAPTER 2-1

2015년도 기출문제 1회

01 용접봉에서 모재로 용융금속이 옮겨가는 용적이행 상태가 아닌 것은?

① 글로뷸러형   ② 스프레이형

③ 단락형   ④ 핀치효과형

해 핀치 효과형은 용적이행 형태에 속하지 않는다.

용적이행의 종류

- 단락 이행
  - 비교적 저전류(약 200A 이하)로 용접하는 경우 발생한다.
  - 입열량이 적고 용입이 얕아 박판용접에 적합하다.
  - 저전류 CO_2 시 솔리드 와이어 사용할 때 발생한다.
- 입상 이행(글로뷸러형)
  - 와이어보다 큰 용적으로 용융되어 이행한다. (옮겨간다.)
  - 비교적 큰 용적이 단락되지 않고 옮겨 가는 현상이다.
  - 용융 방울(용적)의 크기가 와이어의 지름보다 클 때.
  - 깊은 용입을 얻을 수 있어 능률적이나 스패터 발생이 많다.
- 스프레이 이행
  - 와이어보다 작은 용적으로 용융되어 이행한다. (옮겨간다.)
  - 용적이행으로 가장 많이 사용되며 용가재가 고속으로 용융되어 미입자의 용적으로 분사되어 모재로 옮겨가면서 용착되는 방식이다.
  - 고전압, 고전류에서 발생하고 아르곤 가스나 헬륨 가스를 사용하는 경합금 용접에 주로 나타난다.
  - 용적이 작은 입자로 스패터 발생이 적고 용입이 깊으며, 완전한 스프레이 이행이 된다.
  - MIG 용접에서 주로 사용된다.
- 펄스 이행
  - 낮은 전류에서 스프레이 이행이 이루어지며 박판 용접 시 이용한다.

02 일반적으로 사람의 몸에 얼마 이상의 전류가 흐르면 순간적으로 사망할 위험이 있는가?

① 5 [mA]   ② 15 [mA]

③ 25 [mA]   ④ 50 [mA]

해 전류가 인체의 미치는 영향

허용전류(mA)	영향
8~15	고통을 수반한 쇼크를 느낌
15~20	고통을 느끼고 가까운 근육 경련을 일으킴
20~50	고통을 느끼고 강한 근육 수축이 일어나며 호흡이 곤란해짐
50~100	순간적으로 사망할 위험이 있음

03 피복 아크 용접시 일반적으로 언더컷을 발생시키는 원인으로 가장 거리가 먼 것은?

① 용접 전류가 너무 높을 때

② 아크 길이가 너무 길 때

③ 부적당한 용접봉을 사용했을 때

④ 홈 각도 및 루트 간격이 좁을 때

해 홈 각도 및 루트 간격이 좁을 때는 언더컷 결함 보다 용입불량 결함이 발생한다.

| 정답 | 01 ④   02 ④   03 ④

04 〈보기〉에서 용극식 용접 방법을 모두 고른 것은?

> ㉠ 서브머지드 아크 용접
> ㉡ 불활성 가스 금속 아크 용접
> ㉢ 불활성 가스 텅스텐 아크 용접
> ㉣ 솔리드 와이어 이산화탄소 아크 용접

① (ㄱ), (ㄴ) ② (ㄷ), (ㄹ)
③ (ㄱ), (ㄴ), (ㄷ) ④ (ㄱ), (ㄴ), (ㄹ)

해 불활성 가스 텅스텐 아크 용접은 비용극식(비소모식) 용접법에 속한다.
  • 용극식(소모식) : 아크열에 의해 전극이 녹아 용접이 되는 것.
  예 피복아크용접, CO_2 용접, 서브머지드 아크 용접, 불활성 가스 금속 아크 용접
  • 비용극식(비소모식) : 전극은 아크열만 일으켜 주고 용가재는 따로 공급하는 것.
  예 불활성 가스 텅스텐 아크용접

05 납땜을 연납땜과 경납땜으로 구분할 때 구분 온도는?

① 350℃ ② 450℃
③ 550℃ ④ 650℃

해 연납땜과 경납땜의 구분하는 온도는 450℃이다.
  납땜의 분류

종류	용융점	용제의 종류
경납땜	450℃ 이상	붕사, 붕산,붕산염, 알칼리
연납땜	450℃ 이하	염화아연, 염산, 염화암모늄, 인산, 수지

06 전기저항 용접의 특징에 대한 설명으로 틀린 것은?

① 산화 및 변질 부분이 적다
② 다른 금속 간의 접합이 쉽다.
③ 용제나 용접봉이 필요없다.
④ 접합 강도가 비교적 크다.

해 전기저항 용접의 특징
  ② 전기저항 용접의 경우 다른 금속 간의 접합이 어렵다.

07 직류 정극성(DCSP)에 대한 설명으로 옳은 것은?

① 모재의 용입이 얕다.
② 비드 폭이 넓다.
③ 용접봉의 녹음이 느리다.
④ 용접봉에 (+)극을 연결한다.

해 직류 정극성(DCSP)은 용접봉이 (-)전극으로 30%의 열이 발생되기 때문에 용접봉이 느리게 용융된다.

08 다음 용접법 중 압접에 해당되는 것은?

① MIG 용접
② 서브머지드 아크 용접
③ 점용접
④ TIG 용접

해 점 용접의 정의
  2개의 금속면을 맞대어 놓고 적절한 기계적 압력을 주면서 전류를 흐르게 하면 접촉면에 존재하는 접촉 저항 및 금속 자체의 저항으로 그 부분이 온도가 오르게 되고, 이때 전류를 끊게 되면서 용접하는 방법이다.

| 정답 | **04** ④ **05** ② **06** ② **07** ③ **08** ③

09 로크웰 경도시험에서 C스케일의 다이아몬드의 압입자 꼭지각 각도는?

① 100° ② 115°
③ 120° ④ 150°

해 로크웰 경도 시험

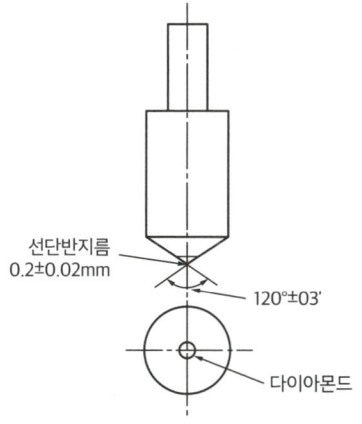

선단반지름
0.2±0.02mm

120°±03'

다이아몬드

10 아크 타임을 설명한 것 중 옳은 것은?

① 단위 기간 내의 작업여유 시간이다.
② 단위 시간 내의 용도여유 시간이다.
③ 단위 시간 내의 아크 발생 시간을 백분율로 나타낸 것이다.
④ 단위 시간 내의 시공한 용접길이를 백분율로 나타낸 것이다.

해 아크 타임
단위 시간 내의 아크 발생 시간을 백분율로 나타낸 것이 아크 타임이다.

11 용접부에 오버랩의 결함이 발생했을 때 가장 올바른 보수 방법은?

① 작은 지름의 용접봉을 사용하여 용접한다.
② 결함 부분을 깎아내고 재용접한다.
③ 드릴로 정지 구멍을 뚫고 재용접한다.
④ 결함 부분을 절단한 후 덧붙임 용접을 한다.

해 오버랩 결함은 결함 부분을 깎아내고 재용접해야 한다.

12 용접 설계상 주의점으로 틀린 것은?

① 용접하기 쉽도록 설계할 것
② 결함이 생기기 쉬운 용접 방법은 피할 것
③ 용접 이음이 한 곳으로 집중되도록 할 것
④ 강도가 약한 필릿 용접은 가급적 피할 것

해 용접 이음을 한곳으로 집중하게 되면 과도한 변형과 집중응력이 발생하므로 용접 이음부는 응력이 잘 분산되도록 설계하는 것이 좋다.

13 저온 균열이 일어나기 쉬운 재료에 용접 전에 균열을 방지할 목적으로 피용접물의 전체 또는 이음부 부근의 온도를 올리는 것을 무엇이라고 하는가?

① 잠열 ② 예열
③ 후열 ④ 발열

| 📖 정답 | 09 ③ 10 ③ 11 ② 12 ③ 13 ②

용접 일반

용접 검사 및 시공

작업안전

용접 재료

기계제도

용접기능사 기출문제

특수용접기능사 기출문제

① 의미 : 용접 작업전 모재를 일정 온도로 가열하는 것
② 목적 : 재료의 수축응력, 취성발생 등으로 인한 균열(저온균열 등)을 방지하기 위해 이음부의 온도를 올림
③ 주철의 경우 경도와 취성이 강하므로, 500~550℃로 예열하는 것이 좋음

14 TIG 용접에 사용되는 전극의 재질은?

① 탄소　　　　　　② 망간
③ 몰리브덴　　　　④ 텅스텐

해 TIG 용접의 정의
텅스텐 전극봉을 사용하여 아크를 발생시켜 용가재를 녹여가며 용접하는 방법으로 비용극식 또는 비소모성 전극 용접법이라고 한다.
　• GTAW(GAS Tungsten Arc Welding)

15 용접의 장점으로 틀린 것은?

① 작업 공정이 단축되어 경제적이다.
② 기밀, 수밀, 유밀성이 우수하며, 이음 효율이 높다.
③ 용접사의 기량에 따라 용접부의 품질이 좌우된다.
④ 재료의 두께에 제한이 없다.

해 용접사의 기량에 따른 용접부의 품질 문제는 단점에 속하는 내용이다.
용접의 장·단점
1) 용접의 장점
① 이음구조가 간단하고 이음효율이 높다.
② 기밀, 수밀, 유밀성이 우수하다.
③ 재료의 두께에 관계없이 접합 할 수 있다.
④ 재료가 절약되고 작업 공정이 줄어 경제적이다.
⑤ 이종 재료도 접합이 가능하다.
⑥ 보수 및 수리가 용이하다.

⑦ 자동화가 용이하다.

2) 용접의 단점
① 저온취성이 발생할 우려가 있다.
② 작업자의 기량에 따라 품질이 좌우된다.
③ 용접에 의한 변형과 수축이 발생한다.
④ 용접부의 결함 확인이 어렵다.(기공, 균열, 융합불량 등)
⑤ 용접에 의한 재질의 변형 및 잔류 응력이 발생한다.

16 이산화탄소 아크 용접의 솔리드 와이어 용접봉의 종류 표시는 YGA-50W-1.2-20 형식이다. 이때 Y가 뜻하는 것은?

① 가스 실드 아크 용접
② 와이어 화학 성분
③ 용접 와이어
④ 내후성강용

해 솔리드 와이어 용접봉 표시 형식
　• Y : 용접와이어
　• G : 가스실드아크용접
　• A : 내후성 강용
　• 50 : 용착금속의 최소인장강도
　• W : 와이어의 화학 성분
　• 1.2 : 와이어의 지름
　• 20 : 와이어의 무게

17 용접선 양측을 일정 속도로 이동하는 가스 불꽃에 의하여 나비 약 150mm를 150~200℃로 가열한 다음 곧 수냉하는 방법으로 주로 용접선 방향의 응력을 완화시키는 잔류 응력 제거법은?

① 저온 응력 완화법
② 기계적 응력 완화법
③ 노 내 풀림법
④ 국부 풀림법

| 정답 |　**14** ④　**15** ③　**16** ③　**17** ①

용접일반

용접검사 및 시공

작업안전

용접재료

기계제도

용접기능사 기출문제

특수용접기능사 기출문제

🔛 용접 후 열처리 - 잔류 응력 제거법

• 저온 응력 완화법 : 용접선의 좌우를 가스 불꽃으로 약 150~200℃ 가열 후 수냉하여 응력을 완화하는 방법
• 기계적 응력 완화법 : 용접부에 소성변형을 주어 응력을 완화하는 방법
• 노내 풀림법 : 가열로 속에서 풀림 열처리를 하는 방법
• 국부 풀림법 : 큰제품이나 구조물 등을 용접선 좌우 일부분만을 열처리하는 방법

18 용접 자동화 방법에서 정성적 자동제어의 종류가 아닌 것은?

① 피드백 제어
② 유접점 시퀀스 제어
③ 무접점 시퀀스 제어
④ PLC 제어

🔛 용접 자동화

자동화에는 정성적 제어와 정량적 제어가 있는데 정성적 제어는 스위치의 ON/OFF에 따라 제어가 되는 방법이고, 유접점 시퀀스, 무접점 시퀀스, PLC 제어가 있다.
정량적 제어는 제어가 될 때 온도, 압력, 속도, 위치 등의 정보를 파악하여 제어하는 방법으로 피드백 제어가 있다.

19 지름 13mm, 표점거리 150mm인 연강재 시험편을 인장시험한 후의 거리가 154mm가 되었다면 연신율은?

① 3.89%
② 4.56%
③ 2.67%
④ 8.45%

🔛 연신률

$$\epsilon(\text{연신률}) = \frac{\text{늘어난 길이} - \text{원래길이}}{\text{원래길이}}$$
$$= \frac{154 - 150}{150} \times 100\% = 2.666\%$$

20 용접균열에서 저온균열은 일반적으로 몇 ℃ 이하에서 발생하는 균열을 말하는가?

① 200~300℃ 이하
② 301~400℃ 이하
③ 401~500℃ 이하
④ 501~600℃ 이하

🔛 저온균열은 일반적으로 200℃ 이하의 온도에서 발생되지만 200~300℃에서도 발생한다.

21 스테인리스강을 TIG 용접할 때 적합한 극성은?

① DCSP
② DCRP
③ AC
④ ACRP

🔛 스테인리스강을 TIG 용접으로 할 땐 DCSP(직류정극성)으로 용접한다.

22 피복 아크 용접 작업시 전격에 대한 주의 사항으로 틀린 것은?

① 무부하 전압이 필요 이상으로 높은 용접기는 사용하지 않는다.
② 전격을 받은 사람을 발견했을 때는 즉시 스위치를 꺼야 한다.
③ 작업 종료시 또는 장시간 작업을 중지할 때는 반드시 용접기의 스위치를 끄도록 한다.
④ 낮은 전압에서는 주의하지 않아도 되며, 습기찬 구두는 착용해도 된다.

🔛 용접 작업 시 낮은 전압에서도 주의해야 하고 습기찬 구두는 전격 위험이 있어 주의해야 한다.

┃ 📖 **정답** ┃ **18** ① **19** ③ **20** ① **21** ① **22** ④

23 직류 아크 용접의 설명 중 옳은 것은?

① 용접봉을 양극, 모재를 음극에 연결하는 경우를 정극성이라고 한다.
② 역극성은 용입이 깊다.
③ 역극성은 두꺼운 판의 용접에 적합하다.
④ 정극성은 용접 비드의 폭이 좁다.

해 직류 정극성은 모재(+)가 70% 용접봉(-)은 30%이기 때문에 용접봉 용융속도가 느리고 비드 폭도 좁게 된다.
극성에 따른 비교

구분	직류 정극성(DCSP)	직류 역극성(DCRP)
연결 방법	모재(+):70%, 용접봉(-):30%	용접봉(+):70%, 모재(-):30%
비드 폭	좁음	넓음
용융 속도	용접봉의 용융속도가 느림	용접봉의 용융속도가 빠름
용입	깊음	낮음
사용 용도	후판 용접	얇은판 용접(박판, 합금강, 비철금속)

24 다음 중 수중 절단에 가장 적합한 가스로 짝지어진 것은?

① 산소 - 수소 가스
② 산소 - 이산화탄소 가스
③ 산소 - 암모니아 가스
④ 산소 - 헬륨 가스

해 산소-수소가스는 고압으로 사용이 가능하며 연소 시 탄소가 존재하지 않아 수중절단용 가스로 사용한다.

25 피복 아크 용접봉 중에서 피복제 중에 석회석이나 형석을 주성분으로 하고 피복제에서 발생하는 수소량이 적어 인성이 좋은 용착금속을 얻을 수 있는 용접봉은?

① 일미나이트계(E 4301)
② 고셀룰로스계(E 4311)
③ 고산화티탄계(E 4313)
④ 저수소계(E 4316)

해 E4316 저수소계
• 주성분은 석회석이나 형석이다.
• 아크 시작 시 기공이 발생 할 수 있다.
• 용착금속에 수소 함량이 적다.
• 용착금속의 내균열성, 기계적 성질이 우수하다.
• 아크가 조금 불안정하고 슬래그 유동성 및 작업성이 나쁘다.
• 고장력강 및 탄소나 황의 함유량이 많은 강에 적합하다.
• 용접봉 사용 전 300~350℃에서 1~2시간 정도 건조 후 사용해야 한다.

① E4301 일미나이트계(CS-용접봉)
• 일루미나이트가 약 30% 이상 포함되어 있으며, 슬래그 생성계 용접봉이다.
• 전자세용 용접봉이다.
• 기계적 성질이 양호하다.
• 작업성과 용접성이 우수하여 중요 구조물용으로 사용한다.
② E4311 고셀룰로오스계
• 셀룰로오스가 약 20~30% 정도 포함되어 있다.
• 용접 전류를 슬래그 실드계 용접봉에 비해 10~15% 낮게 사용한다.
• 용접 전 70~100℃에서 30분~1시간 정도 건조 후 사용해야 한다.
• 슬래그가 적어 좁은 홈의 용접성이 좋다.
• 수직 상진·하진 및 위보기 자세에 용접성이 좋다.
• 기공이 발생하기 쉽다.
• 스프레이형의 아크를 발생하므로 용입이 깊고 스패터가 많으며 비드 표면이 거칠다.
• 가스실드에 의한 환원성 아크분위기로 용착금속의 기계적 성질이 좋다.

③ E4313 고산화티탄계(CR13 - 용접봉)
- 산화티탄이 약 35% 정도 포함되어 있다.
- 용입이 낮아 박판 용접에 적합하다.
- 아크가 안정적이며 비드 외관 및 작업성이 좋다.
- 기계적 성질은 다른 용접봉에 비해 약하고 고온 균열이 생길 수 있다.

② 단점
- 가스 폭발 위험이 있다.
- 열의 효율이 낮아 용접속도가 느리다.
- 열의 집중성이 나빠 효율적인 용접이 어렵다.
- 열 받는 부위가 넓어 변형이 심하게 생긴다.

26 피복 아크 용접봉의 간접 작업성에 해당되는 것은?

① 부착 슬래그의 박리성
② 용접봉 용융 상태
③ 아크 상태
④ 스패터

28 피복 아크 용접봉의 심선의 재질로서 적당한 것은?

① 고탄소 림드강 　　② 고속도강
③ 저탄소 림드강 　　④ 반 연강

해 피복 아크 용접봉 심선은 저탄소 림드강 재질을 사용한다.

해 부착 슬래그의 박리성은 간접 작업성에 해당되는 것이다.

27 가스 용접의 특징에 대한 설명으로 틀린 것은?

① 가열시 열량 조절이 비교적 자유롭다.
② 피복 아크 용접에 비해 후판 용접에 적당하다.
③ 전원 설비가 없는 곳에서도 쉽게 설치할 수 있다.
④ 피복 아크 용접에 비해 유해 광선의 발생이 적다.

29 가스 절단에서 양호한 절단면을 얻기 위한 조건으로 틀린 것은?

① 드래그(drag)가 가능한 클 것
② 드래그(drag)의 홈이 낮고 노치가 없을 것
③ 슬래그 이탈이 양호할 것
④ 절단면 표면의 각이 예리할 것

해 양호한 절단면을 얻기 위해서 드래그가 가능한 작아야 한다.
- 드래그 : 가스절단으로 절단면에 보이는 곡선을 말한다.

해 가열시 열량 조절이 자유롭게 되어 박판 용접에 적합하다.
가스 용접의 장·단점
　① 장점
- 전원이 없는 곳에서도 쉽게 설치할 수 있다.
- 설비비가 저렴하고 용접기의 운반이 편리하다.
- 아크 용접에 비해 유해 광선 발생이 적다.
- 가열 시 열량 조절이 자유롭게 되어 박판 용접에 적합하다.

30 용접기의 2차 무부하 전압을 20 ~ 30V로 유지하고, 용접 중 전격 재해를 방지하기 위해 설치하는 용접기의 부속 장치는?

① 과부하방지 장치 　　② 전격 방지 장치
③ 원격 제어 장치 　　④ 고주파 발생 장치

ㅣ 📖 정답 ㅣ **26** ① **27** ② **28** ③ **29** ① **30** ②

해 전격 방지기

비교적 높은 무부하 전압(85~90V)으로 교류아크 용접기에 감전위험을 보호하기 위해 설치하는 것으로 용접 작업을 하지 않을 때는 2차 무부하 전압이 항상 20~30V로 유지되도록 하여 감전 위험을 방지할 수 있다.(용접기 내부 또는 뒷면에 설치)

31 피복 아크 용접기로서 구비해야 할 조건 중 잘못된 것은?

① 구조 및 취급이 간편해야 한다.
② 전류 조정이 용이하고 일정하게 전류가 흘러야 한다.
③ 아크 발생과 유지가 용이하고 아크가 안정되어야 한다.
④ 용접기가 빨리 가열되어 아크 안정을 유지해야 한다.

해 피복아크 용접기를 오래 사용하기 위해서 용접기는 늦게 가열되어야 한다.

32 피복 아크 용접에서 용접봉의 용융속도와 관련이 가장 큰 것은?

① 아크 전압
② 용접봉 지름
③ 용접기의 종류
④ 용접봉 쪽 전압강하

해 용접봉의 용융속도

용접봉의 용융 속도는 단위 시간당 소비되는 용접봉의 길이 또는 무게로서 표시된다.
용접봉의 용융속도 = 아크전류×용접봉 쪽 전압강하로 계산되며, 아크 전압, 용접봉의 지름, 용접기의 종류와는 관계가 적다.

33 가스 가우징이나 치핑에 비교한 아크 에어 가우징의 장점이 아닌 것은?

① 작업 능률이 2~3배 높다.
② 장비 조작이 용이하다.
③ 소음이 심하다.
④ 활용 범위가 넓다.

해 아크 에어 가우징

탄소봉을 전극으로 하여 아크를 발생시키고 압축공기를 이용하여 공기를 분출하여 홈가공, 용접 결함부 제거, 절단 및 구멍 뚫기 등의 작업을 하는 방법이다.
소음이 심한 것은 장점이 아닌 단점에 속한다.

34 피복 아크 용접에서 아크 전압이 30V, 아크 전류가 150A, 용접 속도가 20cm/min일 때 용접입열은 몇 joule/cm인가?

① 27000
② 22500
③ 15000
④ 13500

해 용접 입열

계산 공식

$$H = \frac{60EI}{V}[J/cm]$$

H : 용접 입열, E : 아크 전압[V], I : 아크전류[A], V : 용접 속도[cm/min]

$$H = \frac{60 \times 30[V] \times 150[A]}{20[cm/min]}[J/cm]$$

| 정답 | 31 ④　32 ④　33 ③　34 ④

35 다음 가연성 가스 중 산소와 혼합하여 연소할 때 불꽃 온도가 가장 높은 가스는?

① 수소   ② 메탄
③ 프로판   ④ 아세틸렌

해 가스별 불꽃 온도 및 발열량

종류	화학기호	불꽃온도(℃)	발열량(kcal/㎥)
수소	H_2	2,960	2,400
아세틸렌	C_2H_2	3,430	12,500
메탄	CH_4	2,700	8,500
프로판	C_3H_8	2,820	21,000
부탄	C_4H_{10}	2,926	26,000

36 피복 아크 용접봉의 피복제의 작용에 대한 설명으로 틀린 것은?

① 산화 및 질화를 방지한다.
② 스패터가 많이 발생한다.
③ 탈산 정련 작용을 한다.
④ 합금 원소를 첨가한다.

해 피복제의 작용
피복제는 스패터의 발생을 적게 한다.

37 부하 전류가 변화하여도 단자 전압은 거의 변하지 않는 특성은?

① 수하 특성   ② 정전류 특성
③ 정전압 특성   ④ 전기 저항 특성

해 용접기의 전기적 특성
• 정전류 특성 : 부하 전압 및 전류가 변하더라도, 단자 전류는 거의 변하지 않는 특성을 말한다.
• 정전압 특성 : 부하 전압 및 전류가 변하더라도, 단자 전압은 거의 변하지 않는 특성을 말한다. CP 특성이라고도 한다.
• 수하 특성 : 부하 전류의 증가에 따라, 단자 전압이 낮아지는 특성(아크의 안정)을 말한다.
• 상승 특성 : 부하 전류의 증가에 따라, 단자 전압이 약간 높아지는 특성을 말한다.
• MIG, CO_2용접 : 전류 밀도가 높아 정전압 특성 또는 상승 특성이 있다.
• 아크길이 자기제어 특성 : 아크 전류가 일정할 때 아크 전압이 높아지면 용접봉의 용융속도가 늦어지고 아크 전압이 낮아지면 용융속도가 빨라지는 특성이다.
전류 밀도가 클 때 가장 잘 나타나고, 자동 용접에서 와이어를 자동 송급할 경우 용접중에 아크 길이가 다소 변하더라도 아크는 자동적으로 자기 제어 특성에 의해 항상 일정한 길이를 유지한다.

38 용접기의 명판에 사용율이 40%로 표시되어 있을 때 다음 설명으로 옳은 것은?

① 아크 발생 시간이 40% 이다.
② 휴지 시간이 40% 이다.
③ 아크 발생 시간이 60% 이다.
④ 휴지 시간이 4분이다.

해 용접 사용율
사용율이 40%라는 의미는 정격 2차 전류로 용접 시 총 용접 시간 중 아크 발생시간이 4분이면 6분은 휴지 시간을 가져야 한다는 의미이다.
대부분 용접기에서 정격 2차 전류보다 매우 낮은 전류를 사용하므로, 실제 휴지시간은 작다.

ㅣ 📖 **정답** ㅣ 35 ④ 36 ② 37 ③ 38 ①

39 포금의 주성분에 대한 설명으로 옳은 것은?

① 구리에 8~12% Zn을 함유한 합금이다.

② 구리에 8~12% Sn을 함유한 합금이다.

③ 6:4 황동에 1% Pb을 함유한 합금이다.

④ 7:3 황동에 1% Mg을 함유한 합금이다.

해 **구리 합금**
- 포금(gun metal):Cu-Sn(8~12%)-Zn (1~2%), 청동에 과거 포신 제작시 사용, 내해수성이 우수하고, 수압, 수증기에 잘 견딘다.

40 다음 중 완전 탈산시켜 제조한 강은?

① 킬드강　　　　② 림드강

③ 고망간강　　　④ 세미 킬드강

해 **강괴의 종류**
강괴는 탈산도에 따라 킬드강 〉세미킬드강 〉림드강으로 분류한다.

41 Al-Cu-Si 합금으로 실리콘(Si)을 넣어 주조성을 개선하고 Cu를 첨가하여 절삭성을 좋게 한 알루미늄 합금으로 시효 경화성이 있는 합금은?

① Y합금　　　　② 라우탈

③ 코비탈륨　　　④ 로-엑스 합금

해 **알루미늄 합금**
① 실루민:Al-Si, 개량처리를 통한 주조성 향상
② 라우탈:Al-Cu-Si, 특수실루민, 실리콘(Si)을 넣어 주조성을 개선하고 Cu를 첨가하여 절삭성을 좋게 한 알루미늄 합금으로 시효 경화성이 있는 합금, 열팽창이 극히 작음, 내연기관의 피스톤으로 활용

③ Y합금:Al(알)-Cu(구)-Ni(니)-Mg(마), 고온강도 큼, 내연기관의 실린더
④ 로엑스 합금:Y 합금에 Si 추가
⑤ 두랄루민:Al(알)-Cu(구)-Mg(마)-Mn(망), 가벼우면서 강도가 매우 높은 합금철에 비해 비강도 3배 높음, 항공기 소재로 사용
⑥ 하이드로날륨:Al-Mg(~10%) 합금으로 내식성이 매우 우수함. 내식 알루미늄합금으로, 알루미늄이 바닷물에 약한 것을 개량하기 위하여 개발된 합금
⑦ 알민:Al+Mn(1~1.5%), 가공성, 용접성이 좋으며, 저장용 통에 사용됨

42 주철 중 구상 흑연과 편상 흑연의 중간 형태의 흑연으로 형성된 조직을 갖는 주철은?

① CV 주철

② 에시큘라 주철

③ 니크로 실라 주철

④ 미하나이트 주철

해 **주철**
C.V.흑연주철[Compacted Vermicular(C.V.) Graphite Cast Iron]에 관한 설명이다.

43 연질 자성 재료에 해당하는 것은?

① 페라이트 자석　　② 알니크 자석

③ 네오디뮴 자석　　④ 퍼멀로이

해 **자성 재료**
- 퍼멀로이:Fe-Ni(35~80%), 자기장의 세기가 크게 만들어진 연질 자성 재료이다.

44 다음 중 황동과 청동의 주성분으로 옳은 것은?

① 황동 : Cu + Pb, 청동 : Cu + Sb

② 황동 : Cu + Sn, 청동 : Cu + Zn

③ 황동 : Cu + Sb, 청동 : Cu + Pb

④ 황동 : Cu + Zn, 청동 : Cu + Sn

해 구리 합금

황동은 구리와 아연, 청동은 구리와 주석의 합금이다.

45 다음 중 담금질에 의해 나타난 조직 중에서 경도와 강도가 가장 높은 것은?

① 오스테나이트 ② 소르바이트

③ 마텐자이트 ④ 크루스타이트

해 담금질 조직

강의 열처리에서 담금질에 의해 나타나는 조직은 마텐자이트이다. 이 조직은 경도와 강도가 가장 높다.

46 다음 중 재결정 온도가 가장 낮은 금속은?

① Al ② Cu

③ Ni ④ Zn

해 재결정 온도(recrystrallization temperature)

소성가공된 금속을 가열하였을 때 재결정되기 시작하는 온도를 뜻한다. 관습적으로 1시간 이내에 재결정이 99% 완료되는 온도를 재결정온도라 한다.

• Al : 150~240℃

• Cu : 220~230℃

• Ni : 530~600℃

• Zn : 7~75℃

47 다음 중 상온에서 구리(Cu)의 결정 격자 형태는?

① HCT ② BCC

③ FCC ④ CPH

해 구리

구리의 결정 격자는 FCC 면심입방격자를 가진다.

48 Ni - Fe 합금으로서 불변강이라 불리우는 합금이 아닌 것은?

① 인바 ② 모넬메탈

③ 엘린바 ④ 슈퍼인바

해 불변강

Fe + Ni, Cr, CO 등을 첨가하여, 온도에 따른 열팽창계수가 낮아, 크기의 변화가 적음. 측정도구, 계측기, 등에 사용

• 인바 : Fe - Ni(35%) - CO(0.1~0.3%) - Mn(0.4%)이 함유된 불변강.

• 슈퍼인바 : Fe - Ni(30~32%) - CO(4~6%), 인바에 비해 열팽창계수가 작음.

• 엘린바 : Fe - Ni(36%) - Cr(12%), 온도변화에 따라 탄성률의 변화가 미세함. 시계태엽 등에 사용.

• 코엘린바 : Fe - Ni(10~16%) - CO(26~58%) - Cr(10~11%), 엘린바에 코발트(CO)를 첨가.

• 플래티나이트 : 약 46%의 니켈, 나머지는 철로 조성되어 있음. 열팽창계수가 백금과 거의 동일함.

ㅣ 📖 정답 ㅣ **44** ④ **45** ③ **46** ④ **47** ③ **48** ②

49 다음 중 Fe-C 평형 상태도에 대한 설명으로 옳은 것은?

① 공정점의 온도는 약 723℃ 이다.

② 포정점은 약 4.30%C를 함유한 점이다.

③ 공석점은 약 0.8%C를 함유한 점이다.

④ 순철의 자기 변태 온도는 210℃ 이다.

해 Fe-C 평형 상태도
① 공정점의 온도는 약 1,148℃ 이다.
② 포정점은 약 0.53%C를 함유한 점이다.
③ 공석점은 약 0.8%C를 함유한 점이다.
④ 순철의 자기 변태 온도는 약 768℃ 이다.

50 고주파 담금질의 특징을 설명한 것 중 옳은 것은?

① 직접 가열하므로 열효율이 높다.

② 열처리 불량은 적으나 변형 보정이 항상 필요하다.

③ 열처리 후의 연삭 과정을 생략 또는 단축시킬 수 없다.

④ 간접 부분 담금질으로 원하는 깊이만큼 경화하기 힘들다.

해 고주파 담금질
고주파 전류(유도가열 담금질이라고도 한다.)에 의해 표면만 급속히 가열하고 물을 분사하여 표면경화하는 방법이다.
① 직접 가열하므로 열효율이 높다.
② 열처리 불량이 적고, 변형 보정이 항상 필요없다.
③ 열처리 후의 연삭 과정을 생략 또는 단축시킬 수 있다.
④ 직접 담금질로 원하는 깊이만큼 경화하기 쉽다.

51 다음 입체도의 화살표 방향 투상도로 가장 적합한 것은?

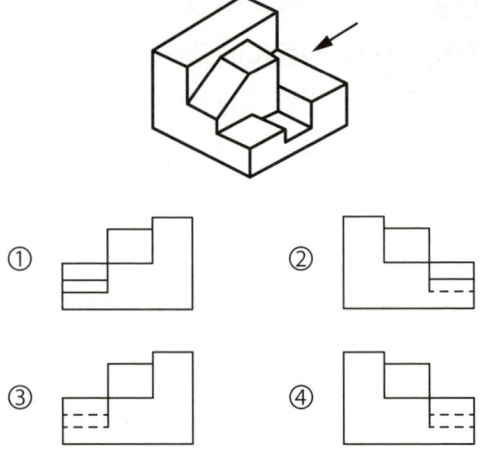

해 투상도
입체도를 화살표 방향에서 투상하면 ①, ③과 같은 형태로 만들어진다. 입체도 중간에 약간 파져있는 부분은 화살표 방향에서 보았을 때 보이지 않는 부분이므로 숨은선으로 그려져야 한다. 따라서, ③이 정답이다.

52 다음 그림과 같은 용접방법 표시로 맞는 것은?

① 삼각 용접　　　　② 현장 용접
③ 공장 용접　　　　④ 수직 용접

해 다음 그림은 현장 용접을 표시하는 기호이다.

구분	기호
현장용접	⚑
온 둘레 용접	○
온 둘레 현장용접	⚑

53 다음 밸브 기호는 어떤 밸브를 나타낸 것인가?

① 풋 밸브   ② 볼 밸브
③ 체크 밸브   ④ 버터플라이 밸브

해 밸브 기호
위 그림의 경우 발을 사용하여 밸브를 조작하는 풋 밸브이다.

54 다음 중 리벳용 원형강의 KS 기호는?
① SV   ② SC
③ SB   ④ PW

해 KS 기호
리벳용 원형강은 SV330, SV400 등으로 표시하며, 뒤에 있는 숫자는 최저 인장강도(N/mm^2)을 의미한다.
 • SC : 주강
 • SB : 블라스트 다듬질
 • PW : 피아노선

55 대상물의 일부를 떼어낸 경계를 표시하는 데 사용하는 선의 굵기는?
① 굵은 실선   ② 가는 실선
③ 아주 굵은 실선   ④ 아주 가는 실선

해 대상물의 일부를 떼어낸 경계나 파단한 경계는 가는 실선으로 표시한다.

명칭	선의 종류		내용
파 단 선	불규칙한 가는 실선	〰	대상물의 일부를 파단한 경계 또는 일부를 떼어 낸 경계를 표시하는 선
	지그재그 선	⌁	

56 그림과 같은 배관도시 기호가 있는 관에는 어떤 종류의 유체가 흐르는가?

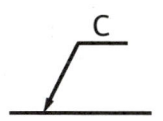

① 온수   ② 냉수
③ 냉온수   ④ 증기

해 다음 그림은 냉수를 표시하는 기호이다.

유체의 종류	문자 기호	유체의 종류	문자 기호
공기	A	물(일반)	W
연료가스	G	온수	H
연료유 또는 냉동기유	O	냉수	C
증기	S	냉매	R

57 제3각법에 대하여 설명한 것으로 틀린 것은?
① 저면도는 정면도 밑에 도시한다.
② 평면도는 정면도의 상부에 도시한다.
③ 좌측면도는 정면도의 좌측에 도시한다.
④ 우측면도는 평면도의 우측에 도시한다.

해 우측면도는 정면도의 우측에 도시해야 한다.

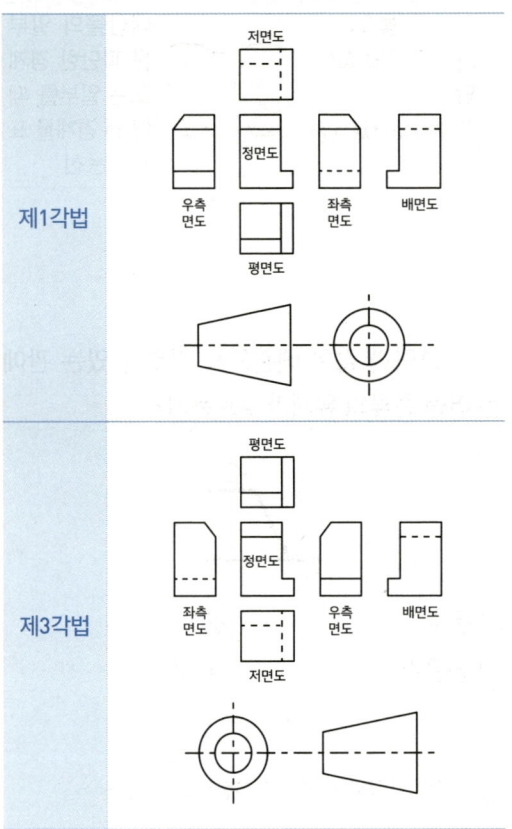

정사각형의 변	□-치수 앞에	□10
판의 두께	t	t10
원호의 길이	⌒	⌒10
45° 모따기	C	C10
비례척도가 아닌 치수	—	10
이론적으로 정확한 치수	□-사각형 안에	⯀10
참고치수	( )	(10)

58 다음 치수 표현 중에서 참고 치수를 의미하는 것은?

① Sø24
② t = 24
③ (24)
④ □24

해 (24)는 참고 치수로 도면에 표시한다.

치수 보조기호의 종류

구분	기호	예
지름	ø	ø10
반지름	R	R5
구의 지름	Sø	Sø10
구의 반지름	SR	SR5

59 구멍에 끼워 맞추기 위한 구멍, 볼트, 리벳의 기호 표시에서 현장에서 드릴가공 및 끼워맞춤을 하고 양쪽면에 카운터 싱크가 있는 기호는?

①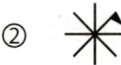
②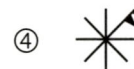
③
④

해 드릴가공 기호
현장에서 드릴가공, 끼워맞춤을 둘 다 하는 경우는 깃발을 두 개 표시한다. 따라서, ③, ④에 해당한다. 양쪽 면에 카운터 싱크가 있는 경우 ∨, ∧ 를 양쪽으로 표시한다. 따라서, ④이 정답이다.

60 도면을 용도에 따른 분류와 내용에 따른 분류로 구분할 때 다음 중 내용에 따라 분류한 도면인 것은?

① 제작도
② 주문도
③ 견적도
④ 부품도

해 도면의 분류
부품도는 내용에 따른 분류에 속하며, 제작도, 주문도, 견적도는 용도에 따른 분류에 속한다.

CHAPTER
2-2

2015년도 기출문제 2회

01 피복아크 용접 후 실시하는 비파괴 검사 방법이 아닌 것은?

① 자분 탐상법

② 피로 시험법

③ 침투 탐상법

④ 방사선 투과 검사법

피로시험의 정의

피로시험기를 이용하여 재료에 반복하중을 가하여 파괴 될 때까지의 반복 횟수를 구하는 시험법이다.
• 피로파괴 : 안전하중 상태에서도 작은 힘이 계속적으로 반복하여 작용하면 파괴를 일으키는 것

02 다음 중 용접이음에 대한 설명으로 틀린 것은?

① 필릿 용접에서는 형상이 일정하고, 미용착부가 없어 응력분포상태가 단순하다.

② 맞대기 용접이음에서 시점과 크레이터 부분에서는 비드가 급랭하여 결함을 일으키기 쉽다.

③ 전면 필릿 용접이란 용접선의 방향이 하중의 방향과 거의 직각인 필릿 용접을 말한다.

④ 겹치기 필릿 용접에서는 루트부에 응력이 집중되기 때문에 보통 맞대기 이음에 비하여 피로강도가 낮다.

해 용접이음

필릿 용접에서는 형상이 일정하지 않고, 미용착부가 있기 때문에 응력의 분포상태가 복잡하다.

03 변형과 잔류응력을 최소로 해야 할 경우 사용되는 용착법으로 가장 적합한 것은?

① 후진법   ② 전진법

③ 스킵법   ④ 덧살 올림법

해 변형과 잔류응력을 최소로 하는 용착법은 스킵법 (비석법)이 가장 적합하다.

운봉에 대한 종류

① 전진법 : 한쪽 끝에서 다른 쪽으로 용접하는 방법으로 용접장이 짧으면 변형, 잔류응력이 문제가 되지 않지만 용접장이 길면 잔류응력과 수축이 발생한다.

② 후진법 : 용접을 단계적으로 후퇴하면서 용접하는 방법으로 수축과 잔류응력을 줄이는 방법이다.

③ 대칭법 : 용접부의 중심에서 좌, 우로 대칭적으로 용접하는 방법으로, 변형과 수축응력의 경감법이다.

④ 스킵법(비석법) : 용접부를 짧게 나눈 다음 띄엄 띄엄 용접하는 방법으로 잔류응력을 줄이는 방법이다.

04 이산화탄소 용접에 사용되는 복합 와이어 (flux cored wire)의 구조에 따른 종류가 아닌 것은?

① 아코스 와이어   ② T관상 와이어

③ Y관상 와이어   ④ S관상 와이어

해 이산화탄소용접 복합 와이어

이산화탄소용접에서 사용하는 복합와이어는 와이어 단면 구조에 따라 아크스, NGC, Y관상, S관상으로 나뉜다.

05 불활성 가스 아크용접에 주로 사용되는 가스는?

① CO_2 ② CH_4
③ Ar   ④ C_2H_2

[해] 불활성 가스 아크 용접은 아르곤(Ar) 가스를 사용한다.

06 다음 중 용접 결함에서 구조상 결함에 속하는 것은?

① 기공   ② 인장강도의 부족
③ 변형   ④ 화학적 성질 부족

[해] 용접 결함
 • 치수상 결함 : 완성된 제품의 변형, 치수 및 형상이 불량한 경우, 변형
 • 성질상 결함 : 재료 및 용착금속의 기계적, 화학적 성질이 불량한 경우, 인장강도의 부족, 화학적 성질 부족
 • 구조상 결함 : 여러 원인으로 인해 용접부 및 용착금속의 구조가 불량한 경우, 기공, 언더컷 등

07 다음 TIG 용접에 대한 설명 중 틀린 것은?

① 박판 용접에 적합한 용접법이다.
② 교류나 직류가 사용된다.
③ 비소모식 불활성 가스 아크 용접법이다.
④ 전극봉은 연강봉이다.

[해] TIG 용접의 정의
 • 텅스텐 전극봉을 사용하여 아크를 발생시켜 용가재를 녹여가며 용접하는 방법으로 비용극식 또는 비소모성 전극 용접법이라고 한다.
 • GTAW (GAS Tungsten Arc Welding)

08 아르곤(Ar)가스는 1기압 하에서 6500(L) 용기에 몇 기압으로 충전하는가?

① 100기압   ② 120기압
③ 140기압   ④ 160기압

[해] 아르곤(Ar) 가스는 140kgf/cm^{2}으로 충전한다.
 • 산소가스 : 150kgf/cm^2
 • 아세틸렌 : 15kgf/cm^2

09 불활성 가스 텅스텐(TIG) 아크 용접에서 용착금속의 용락을 방지하고 용착부 뒷면의 용착금속을 보호하는 것은?

① 포지셔너(psitioner)   ② 지그(zig)
③ 뒷받침(backing)   ④ 앤드탭(end tap)

[해] TIG용접
뒷받침재는 이면의 용락을 방지하는 역할을 해주는 도구이며, 용접전 뒷면에 붙여 사용한다.

10 구리 합금 용접 시험편을 현미경 시험할 경우 시험용 부식재로 주로 사용되는 것은? (문제 오류로 실제 시험장에서는 모두 정답 처리 되었습니다. 여기서는 1번을 누르면 정답 처리 됩니다.)

① 왕수   ② 피크린산
③ 수산화나트륨   ④ 연화철액

[해] 현미경 시험
현미경 시험을 할 때 부식액을 사용하여 조성에 따른 부식정도의 차이를 두게 되고, 이를 통해 구분이 가능하다.
구리 합금의 경우 연화제2철 용액을 사용한다.

| 📖 정답 | 05 ③   06 ①   07 ④   08 ③   09 ③   10 ①

11 용접 결함 중 치수상의 결함에 대한 방지 대책과 가장 거리가 먼 것은?

① 역변형법 적용이나 지그를 사용한다.

② 습기, 이물질 제거 등 용접부를 깨끗이 한다.

③ 용접 전이나 시공 중에 올바른 시공법을 적용한다.

④ 용접조건과 자세, 운봉법을 적정하게 한다.

해 용접 결함 중 습기, 이물질 제거는 구조상 결함에 속한 내용으로 치수상의 결함과는 관계가 없다.
용접 결함 종류
① 치수상 결함 : 완성된 제품의 변형, 치수 및 형상이 불량한 경우
 • 변형, 치수 불량, 형상 불량
② 성질상 결함 : 재료 및 용착금속의 기계적, 화학적 성질이 불량한 경우
 • 기계적 불량, 화학적 불량
③ 구조상 결함 : 여러 원인으로 인해 용접부 및 용착금속의 구조가 불량한 경우
 • 기공, 언더컷, 오버랩, 용입불량, 균열, 슬래그 혼입 등

12 TIG 용접에 사용되는 전극봉의 조건으로 틀린 것은?

① 고융용점의 금속

② 전자방출이 잘되는 금속

③ 전기 저항률이 많은 금속

④ 열 전도성이 좋은 금속

해 TIG 용접에 사용되는 전극봉은 전기 저항률이 낮아야 전자 방출에 효과적이다.

13 철도 레일 이음 용접에 적합한 용접법은?

① 테르밋 용접

② 서브머지드 용접

③ 스터드 용접

④ 그래비티 및 오토콘 용접

해 테르밋 용접의 특징
① 용접 시 전기가 필요 없다.
② 용접기구가 간단하고 설비 비용이 저렴하다.
③ 차축, 레일, 선박의 프레임 등의 용접에 주로 사용된다.
④ 용접 시간이 짧고 변형이 크지 않다.
⑤ 작업 장소 이동이 용이하여 현장 작업에 많이 사용된다.
⑥ 알루미늄 분말 : 산화철 분말의 중량비 3~4 : 1

14 통행과 운반관련 안전조치로 가장 거리가 먼 것은?

① 뛰지 말 것이며 한 눈을 팔거나 주머니에 손을 넣고 걷지 말 것

② 기계와 다른 시설물과의 사이의 통행로 폭은 30cm 이상으로 할 것

③ 운반차는 규정 속도를 지키고 운반 시 시야를 가리지 않게 할 것

④ 통행로와 운반차, 기타 시설물에는 안전 표지색을 이용한 안전표지를 할 것

해 안전
기계와 다른 시설물과의 사이의 통행로 폭은 80cm 이상으로 확보하는 것이 좋다.

ㅣ 정답 ㅣ **11** ② **12** ③ **13** ① **14** ②

15 플라즈마 아크의 종류 중 모재가 전도성 물질이어야 하며, 열효율이 높은 아크는?

① 이행형 아크　　　② 비이행형 아크
③ 중간형 아크　　　④ 피복 아크

해 플라즈마 아크
플라즈마 아크에는 이행형, 비이행형, 중간형 아크가 있다.
- 이행형 : 전기 전도체인 모재를 (+)극으로 접속하고 텅스텐 전극을 (-)극으로 한 직류 정극성 방식 에너지가 높아 주로 용접에 많이 사용. 전도체 용접 및 절단에 사용.
- 비이행형 아크 : 수냉합금 노즐의 선단을 (+)극으로 하고, 텅스텐 전극을 (-)극으로 한 용접방식 비이행형은 모재쪽에 전기접속이 필요치 않아 비금속물질. 즉 내화물, 암석, 콘크리트나 주철, 비철, 스테인레스강 등의 절단 및 용사에 주로 사용한다.
중간형은 이행형과 비이행형의 중간형태이다.

16 TIG 용접에서 전극봉은 세라믹 노즐의 끝에서부터 몇 mm 정도 돌출시키는 것이 가장 적당한가?

① 1~2mm　　　② 3~6mm
③ 7~9mm　　　④ 10~12mm

해 TIG 용접 시 전극봉은 세라믹 노즐 끝에서 약 3~6mm 정도 돌출시키는 것이 적당하다.

17 다음 파괴시험 방법 중 충격시험 방법은?

① 전단시험
② 샤르피시험
③ 크리프시험
④ 응력부식 균열시험

해 충격시험
충격시험의 종류에는 샤르피식, 아이조드식 시험이 있다.

18 초음파 탐상 검사 방법이 아닌 것은?

① 공진법　　　② 투과법
③ 극간법　　　④ 펄스반사법

해 초음파 탐상시험의 종류
- 투과법 : 투과한 초음파 펄스를 분석하여 검사하는 방법이다.
- 펄스 반사법 : 초음파의 펄스를 시험체의 면으로 송신하여 반사되는 반사파의 형태로 결함을 검사하는 시험방법이다.
- 공진법 : 시험체의 공진현상을 이용하여 시험하는 방법이다.

19 레이저 빔 용접에 사용되는 레이저의 종류가 아닌 것은?

① 고체 레이저　　　② 액체 레이저
③ 기체 레이저　　　④ 도체 레이저

해 레이저 빔 용접
레이저 광선의 출력을 응용한 용접이다. 레이저 재료에는 고체, 기체, 액체 등이 있다. 현재로는 발진하기 쉽고, 출력이 큰 루비가 탄산가스 레이저 등에 주로 사용된다.

20 다음 중 저탄소강의 용접에 관한 설명으로 틀린 것은?

① 용접균열의 발생 위험이 크기 때문에 용접이 비교적 어렵고, 용접법의 적용에 제한이 있다.

② 피복 아크 용접의 경우 피복아크 용접봉은 모재와 강도 수준이 비슷한 것을 선정하는 것이 바람직하다.

③ 판의 두께가 두껍고 구속이 큰 경우에는 저수소계 계통의 용접봉이 사용된다.

④ 두께가 두꺼운 강재일 경우 적절한 예열을 할 필요가 있다.

해 저탄소강의 용접
저탄소강은 고탄소강에 비하여 용접 균열의 발생 위험이 적다. 따라서, 용접이 비교적 쉽고, 용접법의 적용에 제한이 없다.

21 15℃, 1kgf/cm² 하에서 사용 전 용해 아세틸렌병의 무게가 50kgf이고, 사용 후 무게가 47kgf일 때 사용한 아세틸렌의 양은 몇 리터(L)인가?

① 2915　　　　　② 2815

③ 3815　　　　　④ 2715

해 충전된 아세틸렌의 양
= 905(충전 후 용기전체의 무게 - 사용 후 빈병의 무게)
= 905(50kgf - 47kgf) = 2715l

22 다음 용착법 중 다층 쌓기 방법인 것은?

① 전진법　　　　② 대칭법

③ 스킵법　　　　④ 케스케이드법

해 • 캐스케이드법 : 한 부분의 몇 층을 용접하다가 이것을 다른 부분의 층으로 연속시켜 전체가 계단 형태의 단계를 이루도록 용접하는 방법이다.
• 피복아크 용접 운봉법 : 전진법, 후진법, 대칭법, 스킵법(비석법)

23 다음 중 두께 20mm인 강판을 가스 절단하였을 때 드래그(drag)의 길이가 5mm이었다면 드래그 양은 몇 %인가?

① 5　　　　　　② 20

③ 25　　　　　　④ 100

해

$$드래그[\%] = \frac{드래그길이\,(mm)}{판두께\,(mm)} \times 100$$

$$드래그[\%] = \frac{5}{20} \times 100 = 25\%$$

24 가스용접에 사용되는 용접용 가스 중 불꽃 온도가 가장 높은 가연성 가스는?

① 아세틸렌　　　② 메탄

③ 부탄　　　　　④ 천연가스

해 가스별 불꽃 온도 및 발열량

종류	화학기호	불꽃온도(℃)	발열량(kcal/㎥)
수소	H_2	2,960	2,400
아세틸렌	C_2H_2	3,430	12,500

ㅣ 📖 정답 ㅣ　20 ①　21 ④　22 ④　23 ③　24 ①

용접 일반

용접 검사 및 시공

작업안전

용접 재료

기계제도

용접기능사 기출문제

특수용접기능사 기출문제

메탄	CH_4	2,700	8,500
프로판	C_3H_8	2,820	21,000
부탄	C_4H_{10}	2,926	26,000

25 가스용접에서 전진법과 후진법을 비교하여 설명한 것으로 옳은 것은?

① 용착금속의 냉각도는 후진법이 서냉된다.
② 용접변형은 후진법이 크다.
③ 산화의 정도가 심한 것은 후진법이다.
④ 용접속도는 후진법보다 전진법이 더 빠르다.

해 가스용접 전진법과 후진법

구분	전진법	후진법
토치 진행방향	오른쪽 → 왼쪽	왼쪽 → 오른쪽
용접 속도	느리다	빠르다
비드 모양	보기 좋다	매끈하지 못하다
모재 두께	5mm 이하 박판	후판
홈 각도	크다(80°)	작다(60°)
용접 변형	크다	작다
열 이용률	나쁘다	좋다
기계적 성질	나쁘다	미세하다
산화정도	심하다	양호하다

26 가스 절단 시 절단면에 일정한 간격의 곡선이 진행방향으로 나타나는데 이것을 무엇이라 하는가?

① 슬래그(slag)
② 태핑(tapping)
③ 드래그(drag)
④ 가우징(gouging)

해 드래그와 드래그 사이의 떨어진 거리로 일정한 간격의 곡선을 나타낸다.

27 피복금속 아크 용접봉의 피복제가 연소한 후 생성된 물질이 용접부를 보호하는 방식이 아닌 것은?

① 가스 발생식
② 슬래그 생성식
③ 스프레이 발생식
④ 반가스 발생식

해 피복아크용접, 용접부 보호 방식
피복아크용접에서 용접부 보호방식은 가스발생식, 슬래그 생성식, 반가스 발생식 3가지가 있다.

28 용해 아세틸렌 용기 취급 시 주의사항으로 틀린 것은?

① 아세틸렌 충전구가 동결 시는 50℃ 이상의 온수로 녹여야 한다.
② 저장 장소는 통풍이 잘 되어야 한다.
③ 용기는 반드시 캡을 씌워 보관한다.
④ 용기는 진동이나 충격을 가하지 말고 신중히 취급해야 한다.

해 아세틸렌 용기 취급 시 주의사항
① 충전구가 동결되었을 때는 35℃ 이하의 온수로 녹인다.
② 저장 시에는 인화 물질이나 화기에 가까이하지 않아야 하고 통풍이 양호해야 한다.
③ 눕혀 보관할 경우 아세톤이 유출되기 때문에 반드시 세워서 사용 및 보관해야 한다.
④ 저장소의 전기스위치, 전등 등은 방폭구조여야 한다.

29 AW300, 정격사용률이 40%인 교류아크 용접기를 사용하여 실제 150A의 전류 용접을 한다면 허용 사용률은?

① 80%
② 120%
③ 140%
④ 160%

해 용접기의 허용 사용률

$$허용사용률(\%) = \frac{(정격 2차 전류)^2}{(실제의 용접 전류)^2} \times 정격사용률(\%)$$

$$= \frac{(300A)^2}{(150A)^2} \times 40\% = \frac{90,000}{22,500} \times 40 = 160$$

• AW300 : 전격2차전류가 300A인 용접기

30 용접 용어와 그 설명이 잘못 연결된 것은?

① 모재 : 용접 또는 절단되는 금속
② 용융풀 : 아크열에 의해 용융된 쇳물 부분
③ 슬래그 : 용접봉이 용융지에 녹아 들어가는 것
④ 용입 : 모재가 녹은 깊이

해 슬래그
용접 후 나타나는 비금속 물질

31 직류아크 용접에서 용접봉을 용접기의 음 (-)극에, 모재를 양(+)극에 연결한 경우의 극성은?

① 직류 정극성
② 직류 역극성
③ 용극성
④ 비용극성

해 직류 아크 용접기와 교류 아크 용접기의 차이점

구분	직류 정극성(DCSP)	직류 역극성(DCRP)
연결 방법	모재(+) : 70%, 용접봉(-) : 30%	용접봉(+) : 70%, 모재(-) : 30%
비드 폭	좁음	넓음
용융 속도	용접봉의 용융속도가 느림	용접봉의 용융속도가 빠름
용입	깊음	낮음
사용 용도	후판 용접	얇은판 용접(박판, 합금강, 비철금속)

32 강제 표면의 흠이나 개제물, 탈탄층 등을 제거하기 위하여 얇고 타원형 모양으로 표면을 깎아내는 가공법은?

① 산소창 절단
② 스카핑
③ 탄소아크 절단
④ 가우징

해 스카핑
• 강제 표면의 탈탄 층 또는 홈 등을 제거하기 위해 사용한다.
• 표면 얕고 넓은 범위를 깎아 내기 위해 사용한다.

33 가동 철심형 용접기를 설명한 것으로 틀린 것은?

① 교류아크 용접기의 종류에 해당한다.
② 미세한 전류 조정이 가능하다.
③ 용접작업 중 가동 철심의 진동으로 소음이 발생할 수 있다.
④ 코일의 감긴 수에 따라 전류를 조정한다.

해 가동 철심형 용접기

가동 철심형 용접기는 용접기 속에 있는 철심을 움직여 이때 발생하는 누설자속을 변동시켜 전류를 조정하는 용접기이다.

코일의 감긴 수에 따라 전류를 조정하는 용접기는 탭 전환형 용접기에 관한 설명이고, 조정되는 전류 값에 따라 코일의 감긴수를 달리하여, 탭을 전환하면 곧바로 전류 값이 조절될 수 있도록 만들어진다.

34 용접 중 전류를 측정할 때 전류계(클램프 미터)의 측정위치로 적합한 것은?

① 1차측 접지선   ② 피복 아크 용접봉

③ 1차측 케이블   ④ 2차측 케이블

해 전류계로 용접전류 측정 시에는 2차측 케이블에 측정해야 한다.

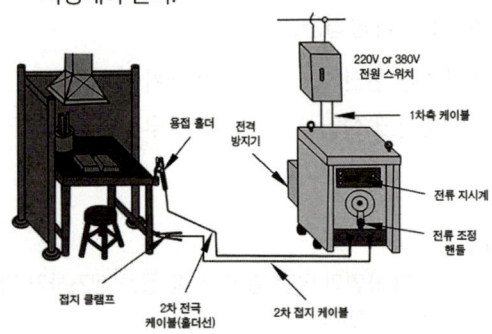

35 저수소계 용접봉은 용접시점에서 기공이 생기기 쉬운데 해결방법으로 가장 적당한 것은?

① 후진법 사용

② 용접봉 끝에 페인트 도색

③ 아크 길이를 길게 사용

④ 접지점을 용접부에 가깝게 물림

해 저수소계 용접봉으로 용접시 기공 방지에 가장 적합한 방법은 후진법을 사용하는 것이다.

36 다음 중 가스용접의 특징으로 틀린 것은?

① 전기가 필요 없다.

② 응용범위가 넓다.

③ 박판용접에 적당하다.

④ 폭발의 위험이 없다.

해 가스용접은 가연성 가스를 사용하기 때문에 폭발 위험성이 있다.

37 다음 중 피복 아크 용접에 있어 용접봉에서 모재로 용융 금속이 옮겨가는 상태를 분류한 것이 아닌 것은?

① 폭발형   ② 스프레이형

③ 글로뷸러형   ④ 단락형

해 폭발형은 용융금속의 이행형태에 속하지 않는다.

38 주철의 용접 시 예열 및 후열 온도는 얼마 정도가 가장 적당한가?

① 100~200℃   ② 300~400℃

③ 500~600℃   ④ 700~800℃

해 주철의 경우 경도와 취성이 강하므로, 500~550℃로 예열하는 것이 좋다.

| 정답 | 34 ④ 35 ① 36 ④ 37 ① 38 ③

39 융점이 높은 코발트(Co) 분말과 1~5cm정도의 세라믹, 탄화 텅스텐 등의 입자들을 배합하여 확산과 소결 공정을 거쳐서 분말 야금법으로 입자강화 금속 복합재료를 제조한 것은?

① FRP

② FRS

③ 서멧(cermet)

④ 진공청정구리(OFHC)

해 입자강화 금속 복합재료
코발트(Co)+탄화텅스텐(WC)의 입자들을 소결 공정을 거쳐 분말 야금법으로 제조한 것은 서멧으로 경질 공구재료에 사용한다.

40 황동에 납(Pb)을 첨가하여 절삭성을 좋게 한 황동으로 스크류, 시계용 기어 등의 정밀가공에 사용되는 합금은?

① 리드 브라스(lead brass)

② 문츠메탈(munts metal)

③ 틴 브라스(tin brass)

④ 실루민(silumin)

해 황동
납의 영어 이름이 lead, 리드 이다. 납은 합금에 절삭성 향상에 활용되는 대표적인 금속이다. 기계적 성질은 약간 저하된다.
- 문츠 메탈 : 6-4황동, Cu(60%), Zn(40%), 7-3황동에 비해 전연성이 낮고, 인장강도 큼.
- 실루민 : Al-Si, 개량처리를 통한 주조성 향상, 가볍고 단단하며 바닷물에도 녹슬지 아니하여서 항공기와 자동차의 부품 제조에 쓰임.

41 탄소강에 함유된 원소 중에서 고온 메짐(hot shortness)의 원인이 되는 것은?

① Si   ② Mn

③ P   ④ S

해 메짐
메짐은 취성의 다른 말로 볼 수 있다.
- 고온 메짐 : 일정온도 이상에서 취성이 증가하는 성질을 말한다.
- 고온메짐(=적열취성)은 S(황) 성분에 의해 발생한다.
- 상온메짐(=청열취성)은 P(인) 성분에 의해 발생한다.

42 알루미늄의 표면 방식법이 아닌 것은?

① 수산법   ② 염산법

③ 황산법   ④ 크롬산법

해 알루미늄의 표면 방식법
수산법, 황산법, 크롬산법 3가지가 있다.

43 재료 표면상에 일정한 높이로부터 낙하시킨 추가 반발하여 튀어 오르는 높이로부터 경도값을 구하는 경도기는?

① 쇼어 경도기   ② 로크웰 경도기

③ 비커즈 경도기   ④ 브리넬 경도기

해 경도
경도는 재료의 단단한 정도를 의미한다.
로크웰, 비커즈, 브리넬 경도의 경우 다이아몬드 압입자를 재료에 압입하여 압인된 곳에 생긴 깊이를 측정하고, 경도를 측정하는 방법이다.
쇼어 경도의 경우 일정한 높이로부터 낙하시킨 추가 반발하여 튀어 오르는 높이로부터 경도값을 구하는 경도 측정 방식이다.

| 🕮 정답 | **39** ③ **40** ① **41** ④ **42** ② **43** ①

44 Fe-C 평형 상태도에서 나타날 수 없는 반응은?

① 포정 반응　　　　② 편정 반응
③ 공석 반응　　　　④ 공정 반응

해 Fe-C 평형 상태도
　　Fe-C 평형 상태도에서 포정, 공석, 공정 반응을 나타내고 편정반응은 나타나지 않는다.

45 강의 담금질 깊이를 깊게 하고 크리프 저항과 내식성을 증가시키며 뜨임 메짐을 방지하는데 효과가 있는 합금 원소는?

① Mo　　　　② Ni
③ Cr　　　　④ Si

해 합금
　　① Mo(몰리브덴) : 몰리브덴은 강의 담금질 깊이를 깊게 하고 크리프 저항과 내식성을 증가시키며 뜨임 메짐을 방지하는데 효과가 있다.
　　② Ni(니켈) : 강인성, 내식성, 내마멸성이 증가한다.
　　③ Cr(크롬) : 강도, 경도, 내식성, 내마멸성, 자경성이 증가한다.
　　④ Si(규소) : silicon, 주조성, 인장강도, 경도 증가, 연신율, 충격치, 전성은 감소한다.

46 2~10%Sn, 0.6%P 이하의 합금이 사용되며 탄성률이 높아 스프링 재료로 가장 적합한 청동은?

① 알루미늄 청동　　　　② 망간 청동
③ 니켈 청동　　　　④ 인청동

해 청동
　　청동은 Cu(구리)에 Sn(주석)을 첨가한 합금이다. 인청동의 경우 여기에 P(인)을 1% 이하 첨가한 합금으로 경도와 강도가 증가하며, 내마멸성과 탄성이 향상된다.

47 알루미늄 합금 중 대표적인 단련용 Al합금으로 주요성분이 Al-Cu-Mg-Mn인 것은?

① 알민　　　　② 일드레리
③ 두랄루민　　　　④ 하이드로날륨

해 두랄루민
　　Al(알)-Cu(구)-Mg(마)-Mn(망), 가벼우면서 강도가 매우 높은 합금철에 비해 비강도 3배 높음, 항공기 소재로 사용

48 인장시험에서 표점거리가 50mm의 시험편을 시험 후 절단된 표점거리를 측정하였더니 65mm가 되었다. 이 시험편의 연신율은 얼마인가?

① 20%　　　　② 23%
③ 30%　　　　④ 33%

해 연신율
　　연신율 = (시험 후 길이 - 시험 전 길이)/시험 전 길이이다. 따라서, (65-50)/50X100 = 30%이다.

49 면심입방격자 구조를 갖는 금속은?

① Cr　　　　② Cu
③ Fe　　　　④ Mo

해 결정구조

조직	주요 금속	배위수
체심입방격자(BCC)	α-Fe(페라이트), Cr(크롬), Mo(몰리브덴)	8개
면심입방격자(FCC)	γ-Fe(오스테나이트), Al(알루미늄), Cu(구리), Ag(은), Au(금), Pt(백금)	12개
조밀육방격자(HCP)	Be(베릴륨), Mg(마그네슘), Zn(아연), Ti(티타늄)	12개

50 노멀라이징(normalizing) 열처리의 목적으로 옳은 것은?

① 연화를 목적으로 한다.
② 경도 향상을 목적으로 한다.
③ 인성부여를 목적으로 한다.
④ 재료의 표준화를 목적으로 한다.

해 열처리
　노멀라이징의 가장 큰 목적은 재료의 표준화에 있다. 변태점 이상의 적당한 온도로 가열한 후 서서히 냉각(일반적으로 공냉)하는 방법이다.

51 물체를 수직단면으로 절단하여 그림과 같이 조합하여 그릴 수 있는데, 이러한 단면도를 무슨 단면도라고 하는가?

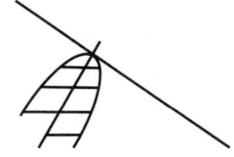

① 은 단면도 　　② 한쪽 단면도
③ 부분 단면도 　　④ 회전도시 단면도

해 단면도
　수직단면으로 절단한 후 그림과 같이 회전하여 표시하였으므로, 회전도시 단면도에 관한 설명이다.

52 일면 개선형 맞대기 용접의 기호로 맞는 것은?

① 　　②
③ 　　④

해 용접 기호
　일면 개선형 맞대기 용접이란 한쪽의 모재는 개선하지 않고, 나머지 한쪽의 모재는 개선한 모재를 맞대기 용접하는 것이다.
① V형 맞대기 용접으로 두 모재 모두 개선한 모재를 용접한다.
③ 양면 플랜지형 맞대기 용접 기호이다.
④ 스폿용접 기호이다.

53 다음 배관 도면에 없는 배관 요소는?

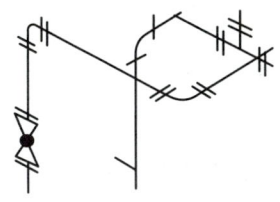

① 티 　　② 엘보
③ 플랜지 이음 　　④ 나비 밸브

해 배관 기호
• 엘보:
• 티:
• 플랜지 이음:
　플랜지 이음은 부속의 명칭이 아닌 이음 형식에 관한 명칭이다.
• 글로브 밸브:
• 나비 밸브: ⋈ 또는

| 정답 | **50** ④　**51** ④　**52** ②　**53** ④

54 치수선상에서 인출선을 표시하는 방법으로 옳은 것은?

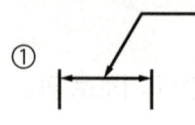 ①　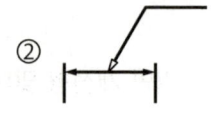 ②

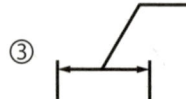 ③　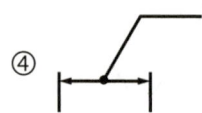 ④

해 치수선상에서 인출선을 표시하는 방법은 ③번 방법이다.

55 KS 재료기호 "SM10C"에서 10C는 무엇을 뜻하는가?

① 일련번호　　　② 항복점

③ 탄소함유량　　④ 최저인장강도

해 kS 재료기호 "SM10C"
- SM : 기계 구조용 탄소 강재
- 10C : 탄소함유량

56 그림과 같이 정투상도의 제3각법으로 나타낸 정면도와 우측면도를 보고 평면도를 올바르게 도시한 것은?

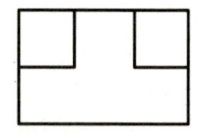　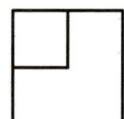

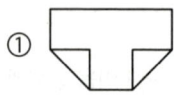 ①　 ②

 ③　 ④

해 정투상도

정면도와 우측면도를 보면 정면도 상단 좌우에 정사각형은 속으로 파져있는 형상으로 볼 수 있다. 따라서, ③, ④으로 좁혀진다.
상단의 ┬의 형태는 정면도, 우측면도를 볼 때 연결되어 있는 형상으로 볼 수 있다.

57 도면을 축소 또는 확대했을 경우, 그 정도를 알기 위해서 설정하는 것은?

① 중심 마크　　　② 비교 눈금

③ 도면의 구역　　④ 재단 마크

해
- 비교눈금 : 도면을 축소하거나 확대했을 때 그 정도를 알기 위한 선으로 굵은 실선으로 표시한다.
- 중심 마크 : 복사하거나 마이크로필름을 촬영할 때 도면의 위치를 쉽게 잡기 위해 표시한 선으로 굵은 실선으로 표시한다.
- 재단 마크 : 출력된 도면을 구역에서 정한 크기로 자르기 편하도록 하기 위한 선이다.

58 다음 중 선의 종류와 용도에 의한 명칭 연결이 틀린 것은?

① 가는 1점 쇄선 : 무게 중심선

② 굵은 1점 쇄선 : 특수지정선

③ 가는 실선 : 중심선

④ 아주 굵은 실선 : 특수한 용도의 선

해 무게 중심선은 가는 2점 쇄선으로 표시해야 한다.

59 다음 중 원기둥의 전개에 가장 적합한 전개도법은?

① 평행선 전개도법
② 방사선 전개도법
③ 삼각형 전개도법
④ 타출 전개도법

해 전개도법의 종류

종류	내용
평행선법	삼각기둥, 사각기둥과 같은 각기둥이나 원기둥을 평행하게 전개하여 그리는 방법
방사선법	삼각뿔, 사각뿔과 같은 각뿔이나 원뿔을 꼭지점을 기준으로 부채꼴로 펼쳐서 전개하여 그리는 방법
삼각형법	꼭지점이 먼 각뿔이나 원뿔 등의 해당면을 삼각형으로 분활하여 전개도를 그리는 방법

60 나사의 단면도에서 수나사와 암나사의 골밑(골지름)을 도시하는데 적합한 선은?

① 가는 실선
② 굵은 실선
③ 가는 파선
④ 가는 1점 쇄선

해 나사의 단면도 제도 시 가는 실선으로 도시한다.

ㅣ 정답 ㅣ 59 ① 60 ①

CHAPTER 2-3 2015년도 기출문제 4회

01 CO_2 용접에서 발생되는 일산화탄소와 산소 등의 가스를 제거하기 위해 사용되는 탈산제는?

① Mn
② Ni
③ W
④ Cu

해 CO_2 용접 시 탈산제로 사용되는 원소는 Mn(망간), Si(규소), 티타늄(Ti), 알루미늄(Al)이 사용된다.

02 용접부의 균열 발생의 원인 중 틀린 것은?

① 이음의 강성이 큰 경우
② 부적당한 용접 봉 사용시
③ 용접부의 서냉
④ 용접전류 및 속도 과대

해 용접부의 서랭은 균열의 발생의 원인과 거리가 멀다.

03 다음 중 플라즈마 아크용접의 장점이 아닌 것은?

① 용접속도가 빠르다.
② 1층으로 용접할 수 있으므로 능률적이다.
③ 무부하 전압이 높다.
④ 각종 재료의 용접이 가능하다.

해 플라스마 아크 용접은 무부하 전압이 높기 때문에 그만큼 감전의 위험이 커지므로 이는 단점에 속한다.

04 MIG 용접 시 와이어 송급방식의 종류가 아닌 것은?

① 풀(pull) 방식
② 푸시(push) 방식
③ 푸시언더(push-under) 방식
④ 푸시풀(push-pull) 방식

해 MIG 용접기의 와이어 송급방식
- Push 방식 : 반자동으로 와이어를 밀어주는 방식
- Pull 방식 : 전자동으로 와이어를 잡아 당기는 방식
- Push-Pull 방식 : 와이어와 토치 측의 송급 장치를 부착하여 밀고 당기는 방식
- Double-Push 방식 : Push 방식의 송급장치와 토치 중간에 보조 Push 장치를 부착하는 방식

05 다음 용접 이음부 중에서 냉각속도가 가장 빠른 이음은?

① 맞대기 이음
② 변두리 이음
③ 모서리 이음
④ 필릿 이음

해 냉각 속도는 용접 후 열이 퍼져 나갈 수 있는 면적 및 방향이 많을수록 냉각속도가 크기 때문에 필릿 이음이 가장 빠르다.

06 CO_2용접시 저전류 영역에서의 가스유량으로 가장 적당한 것은?

① 5~10ℓ/min
② 10~15ℓ/min
③ 15~20ℓ/min
④ 20~25ℓ/min

| 정답 | 01 ① 02 ③ 03 ③ 04 ③ 05 ④ 06 ②

해 용접 전류에 따른 가스 유량

전류	A	가스 유량(L/min)
저전류	250A 이하	10~15
고전류	250A 이상	20~25

07 비소모성 전극봉을 사용하는 용접법은?

① MIG 용접

② TIG 용접

③ 피복아크 용접

④ 서브머지드 아크용접

해 TIG 용접의 정의

텅스텐 전극봉을 사용하여 아크를 발생시켜 용가
재를 녹여가며 용접하는 방법으로 비용극식 또는
비소모성 전극 용접법이라고 한다.

08 용접부 비파괴 검사법인 초음파 탐상법의
종류가 아닌 것은?

① 투과법   ② 펄스 반사법

③ 형광 탐상법   ④ 공진법

해 초음파 탐상시험의 종류

• 투과법 : 투과한 초음파 펄스를 분석하여 검사하
는 방법이다.
• 펄스 반사법 : 초음파의 펄스를 시험체의 면으로
송신하여 반사되는 반사파의 형태로 결함을 검
사하는 시험방법이다.
• 공진법 : 시험체의 공진현상을 이용하여 시험하
는 방법이다.

09 공기보다 약간 무거우며 무색, 무미, 무취
의 독성이 없는 불활성가스로 용접부의 보호 능
력이 우수한 가스는?

① 아르곤   ② 질소

③ 산소   ④ 수소

해 불활성 가스

불활성 가스의 대표적인 가스가 아르곤 가스이며,
공기보다 약간 무겁고, 무색, 무미, 무취의 독성이
없는 불활성 가스로 용접부의 보호 능력이 우수한
가스이다.
이외에도 Ne(네온), He(헬륨)이 사용된다.

10 예열 방법 중 국부 예열의 가열 범위는 용
접선 양쪽에 몇 mm 정도로 하는 것이 가장 적
합한가?

① 0~50mm   ② 50~100mm

③ 100~150mm   ④ 150~200mm

해 국부 예열의 가열 범위는 용접선 양쪽에서 50~
100mm 정도로 예열한다.

11 인장강도가 750MPa인 용접 구조물의 안
전율은? (단, 허용응력은 250MPa이다.)

① 3   ② 5

③ 8   ④ 12

해

$$안전율 = \frac{인장강도}{허용응력} = \frac{750\text{MPa}}{250\text{MPa}} = 3$$

12 용접부의 결함은 치수상 결함, 구조상 결함, 성질상 결함으로 구분된다. 구조상 결함들로만 구성된 것은?

① 기공, 변형, 치수불량
② 기공, 용입불량, 용접균열
③ 언더컷, 연성부족, 표면결함
④ 표면결함, 내식성 불량, 융합불량

해 **용접 결함 종류**
　① 치수상 결함 : 완성된 제품의 변형, 치수 및 형상이 불량한 경우
　 - 변형, 치수불량, 형상 불량
　② 성질상 결함 : 재료 및 용착금속의 기계적, 화학적 성질이 불량한 경우
　 - 기계적 불량, 화학적 불량
　③ 구조상 결함 : 여러 원인으로 인해 용접부 및 용착금속의 구조가 불량한 경우
　 - 기공, 언더컷, 오버랩, 용입불량, 균열, 슬래그 혼입 등

13 다음 중 연납땜(Sn+Pb)의 최저 용융 온도는 몇 ℃인가?

① 327℃　　　　　② 250℃
③ 232℃　　　　　④ 183℃

해 연납땜(Sn+Pb)의 최저 용융 온도 183℃ 이다.

14 레이저 용접의 특징으로 틀린 것은?

① 루비 레이저와 가스 레이저의 두 종류가 있다.
② 광선이 용접의 열원이다.
③ 열 영향 범위가 넓다.
④ 가스 레이저로는 주로 CO_2 가스 레이저가 사용된다.

해 **레이저 용접의 장점**
　① 용접부의 열영향부 및 용접 변형이 작다.
　② 정밀 용접이 가능하다.
　③ 얇은 판 및 두꺼운 판까지 용접 할 수 있다.
　④ 활성 재료도 용이하게 용접이 된다.
　⑤ 불순가스에 의한 오염이 적고 높은 순도의 용접이 가능하다.
　레이저 용접의 단점
　① 설비 비용이 비싸다.
　② 진공 상자 크기에 따라 모재 크기가 제한된다.
　③ X선에 대한 특수 보호 장치가 필요하다.

15 용접부의 연성 결함을 조사하기 위하여 사용되는 시험은?

① 인장시험　　　　② 경도시험
③ 피로시험　　　　④ 굽힘시험

해 **굽힘시험**
　용접부의 연성 및 결함 유무를 조사하기 위해 사용되는 시험법으로 시험편을 절취하여 자유굽힘이나 형 굽힘에 의하여 표면에 나타나는 균열의 유무를 나타내는 시험법이다.(굽힘 각도 180°)

16 용융 슬래그와 용융금속이 용접부로부터 유출되지 않게 모재의 양측에 수랭식 동판을 대어 용융 슬래그 속에서 전극 와이어를 연속적으로 공급하여 주로 용융 슬래그의 저항열로 와이어와 모재 용접부를 용융시키는 것으로 연속 주조형식의 단층용접법은?

① 일렉트로 슬래그 용접
② 논 가스 아크용접
③ 그래비트 용접
④ 테르밋 용접

해 **용접의 종류**
　일렉트로 슬래그 용접에 관한 설명이다.

17 맴돌이 전류를 이용하여 용접부를 비파괴 검사하는 방법으로 옳은 것은?

① 자분 탐상 검사
② 와류 탐상 검사
③ 침투 탐상 검사
④ 초음파 탐상 검사

해 비파괴 검사
• 와류 탐상 검사 : 금속내에 유기되는 맴돌이(와류) 전류의 작용을 이용하여 결함을 검사하는 방법이다.

18 화재 및 폭발의 방지 조치로 틀린 것은?

① 대기 중에 가연성 가스를 방출시키지 말 것
② 필요한 곳에 화재 진화를 위한 방화설비를 설치할 것
③ 배관에서 가연성 증기의 누출 여부를 철저히 점검할 것
④ 용접작업 부근에 점화원을 둘 것

해 화재 및 폭발의 방지 조치로 용접 작업 부근에는 점화원을 두어서는 안된다.

19 연납땜의 용제가 아닌 것은?

① 붕산
② 염화아연
③ 인산
④ 염화암모늄

해 납땜의 분류

종류	용융점	용제의 종류
경납땜	450℃ 이상	붕사, 붕산,붕산염, 알칼리
연납땜	450℃ 이하	염화아연, 염산, 염화암모늄, 인산, 수지

20 점용접에서 용접점이 앵글재와 같이 용접 위치가 나쁠 때, 보통 팁으로는 용접이 어려운 경우에 사용하는 전극의 종류는?

① P형 팁
② E형 팁
③ R형 팁
④ F형 팁

해 점용접 전극
점용접에서 용접이 이루어지는 전극에 사용되는 팁의 종류이다. 위 설명은 E형 팁에 관한 설명이다.

E형　　　P형　　　D형　　　F형

21 용접작업의 경비를 절감시키기 위한 유의사항으로 틀린 것은?

① 용접봉의 적절한 선정
② 용접사의 작업 능률의 향상
③ 용접지그를 사용하여 위보기 자세의 시공
④ 고정구를 사용하여 능률 향상

해 용접 시 위보기 자세 시공방법은 경비 절감에 대한 유의사항과 거리가 멀다.

22 다음 중 표준 홈 용접에 있어 한쪽에서 용접으로 완전 용입을 얻고자 할 때 V형 홈이음의 판 두께로 가장 적합한 것은?

① 1~10mm
② 5~15mm
③ 20~30mm
④ 35~50mm

해 V형 홈 이음의 판두께는 6~19mm이므로 5~15mm가 가장 적합하다.

---

23 프로판(C₃H₈)의 성질을 설명한 것으로 틀린 것은?

① 상온에서 기체 상태이다.

② 쉽게 기화하며 발열량이 높다.

③ 액화하기 쉽고 용기에 넣어 수송이 편리하다.

④ 온도변화에 따른 팽창률이 작다.

해 프로판 가스
프로판 가스는 온도 변화에 따른 팽창률이 크다.

24 다음 중 용접기의 특성에 있어 수하특성의 역할로 가장 적합한 것은?

① 열량의 증가

② 아크의 안정

③ 아크전압의 상승

④ 개로전압의 증가

해 수하특성
부하 전류의 증가에 따라, 단자 전압이 낮아지는 특성(아크의 안정)을 말한다.

25 용접기의 사용률이 40%일 때, 아크 발생 시간과 휴식시간의 합이 10분이면 아크 발생 시간은?

① 2분
② 4분
③ 6분
④ 8분

해

$$사용률(\%) = \frac{아크시간}{아크시간 + 휴식시간} \times 100$$

$$40\% = \frac{아크발생시간}{10분} \times 100, \ 아크발생시간 = 4분$$

26 다음 중 가스 용접에서 용제를 사용하는 주된 이유로 적합하지 않은 것은?

① 재료표면의 산화물을 제거한다.

② 용융금속의 산화·질화를 감소하게 한다.

③ 청정작용으로 용착을 돕는다.

④ 용접봉 심선의 유해성분을 제거한다.

해 가스 용접 용제
용접봉 심선의 유해성분은 제거하지 않는다.

27 교류 아크 용접기 종류 중 코일의 감긴 수에 따라 전류를 조정하는 것은?

① 탭전환형
② 가동철심형
③ 가동코일형
④ 가포화 리액터형

해 탭 전환형
· 코일의 감긴 수에 따라 전류를 조정한다.
· 미세 전류 조정 시 무부하전압이 높아 전격 위험이 크다.
· 넓은 범위의 전류 조정이 어렵다.

28 피복아크 용접에서 아크 쏠림 방지대책이 아닌 것은?

① 접지점을 될 수 있는 대로 용접부에서 멀리 할 것

② 용접봉 끝을 아크쏠림 방향으로 기울일 것

③ 접지점 2개를 연결할 것

④ 직류용접으로 하지 말고 교류용접으로 할 것

해 아크 쏠림의 방지대책
① 용접봉 끝을 아크쏠림의 반대 방향으로 기울인다.

② 용접부 길이가 긴 경우 후진법(후퇴 용접법)으로 용접한다.
③ 아크 길이를 짧게 유지한다.
④ 교류 용접기를 사용한다.
⑤ 접지점을 용접부에서 멀리하거나 접지점을 2개 연결한다.
⑥ 시점과 끝점에 엔드 탭을 사용한다.

29 다음 중 피복제의 역할이 아닌 것은?

① 스패터의 발생을 많게 한다.
② 중성 또는 환원성 분위기를 만들어 질화, 산화 등의 해를 방지한다.
③ 용착금속의 탈산 정련 작용을 한다.
④ 아크를 안정하게 한다.

해 피복제는 스패터의 발생을 적게 한다.
피복제의 역할
① 아크를 안정시킨다.
② 용착금속의 탈산, 정련 작용을 한다.
③ 슬래그 제거를 쉽게 하고 외관 비드를 좋게 한다.
④ 중성 또는 환원성 분위기로 용융금속을 보호한다.
⑤ 전기절연 작용을 한다.
⑥ 용융금속에 필요한 합금 원소를 첨가한다.
⑦ 용착금속의 냉각속도를 느리게 한다.(급랭 방지)

30 용접봉을 여러 가지 방법으로 움직여 비드를 형성하는 것을 운봉법이라 하는데, 위빙비드 운봉 폭은 심선지름의 몇 배가 적당한가?

① 0.5~1.5배
② 2~3배
③ 4~5배
④ 6~7배

해 위빙비드 운봉 폭은 심선지름의 2~3배 정도로 하는 것이 적당하다.

31 수중절단 작업시 절단 산소의 압력은 공기 중에서의 몇 배 정도로 하는가?

① 1.5~2배
② 3~4배
③ 5~6배
④ 8~10배

해 수중절단 작업 시 절단 산소의 압력은 공기 중 보다 1.5~2배로 한다.

32 산소병의 내용적이 40.7리터인 용기에 압력이 100kgf/㎠로 충전되어 있다면 프랑스식 팁 100번을 사용하여 표준불꽃으로 약 몇 시간까지 용접이 가능한가?

① 16시간
② 22시간
③ 31시간
④ 41시간

해 가스용접 팁
프랑스식 100번 팁이라는 것은 표준불꽃으로 용접 시 1시간에 100L의 아세틸렌이 소비되는 것을 의미한다.
산소병에 있는 산소의 양은 40.7L×100kgf/㎠ = 4070kgf/㎠ 이다. 일반적인 표준불꽃의 산소:아세틸렌 비율이 약 1:1이므로 4070/100=40.7 이다. 약 41시간 정도의 용접이 가능하다.

33 가스용접 토치 취급상 주의 사항이 아닌 것은?

① 토치를 망치나 갈고리 대용으로 사용하여서는 안 된다.
② 점화되어있는 토치를 아무 곳에나 함부로 방치하지 않는다.
③ 팁 및 토치를 작업장 바닥이나 흙 속에 함부로 방치하지 않는다.
④ 작업 중 역류나 역화 발생시 산소의 압력을 높여서 예방한다.

해 작업 중 역류나 역화 발생 시 산소의 압력을 높이게 되면 폭발 위험이 더 커지게 된다.

34 용접기의 특성 중 부하전류가 증가하면 단자전압이 저하되는 특성은?

① 수하 특성　　② 동전류 특성
③ 정전압 특성　　④ 상승 특성

해 부하전류가 증가하면 단자전압이 저하되는 특성은 수하 특성이다.
피복아크 용접기의 전기적 특성
① 정전류 특성 : 아크의 길이에 따라 전압이 변하더라도 아크 전류는 변하지 않는 특성을 말한다.
② 정전압 특성 : 전류가 변하더라도 전압은 거의 변하지 않는 특성을 말한다.
③ 수하 특성 : 전류의 증가에 따라 전압이 낮아지는 특성(아크의 안정)을 말한다.
④ 상승 특성 : 전류의 증가에 따라 전압이 약간 높아지는 특성을 말한다.

35 다음 중 가스 절단시 예열 불꽃이 강할 때 생기는 현상이 아닌 것은?

① 드래그가 증가한다.
② 절단면이 거칠어진다.
③ 모서리가 용융되어 둥글게 된다.
④ 슬래그 중의 철 성분의 박리가 어려워진다.

해 드래그가 증가하는 현상은 예열 불꽃이 약할 때 생기는 현상이다.

36 보기와 같이 연강용 피복아크 용접봉을 표시하였다. 설명으로 틀린 것은?

E 4 3 1 6

① E : 전기 용접봉
② 43 : 용착 금속의 최저 인장강도
③ 16 : 피복제의 계통 표시
④ E4316 : 일미나이트계

해 E4316 용접봉은 저수소계 용접봉이다.
피복아크 용접봉의 종류
① E4301 : 일미나이트계
② E4303 : 라임타이타늄계
③ E4311 : 고셀룰로오스계
④ E4313 : 고산화티탄계
⑤ E4316 : 저수소계

37 가스 절단에서 고속 분출을 얻는데 가장 적합한 다이버전트 노즐은 보통의 팁에 비하여 산소소비량이 같을 때 절단 속도를 몇 % 정도 증가시킬 수 있는가?

① 5~10%　　② 10~15%
③ 20~25%　　④ 30~35%

해 다이버전트 노즐

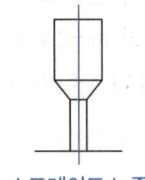

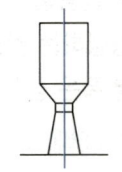

스트레이트 노즐　　다이버전트 노즐

다이버전트 노즐의 경우 가스가 노즐을 통과하면 스트레이트에 비해 넓게 발산되어 분출된다. 따라서, 가스의 유속이 빨라지고 같은 유량에 비해 절단 속도가 20~25% 정도 빨라진다.

38 직류아크 용접에서 정극성(DCSP)에 대한 설명으로 옳은 것은?

① 용접봉의 녹음이 느리다.

② 용입이 얕다.

③ 비드 폭이 넓다.

④ 모재를 음극(-)에 용접봉을 양극(+)에 연결한다.

해 **용접 극성**

정극성의 경우 용접봉의 녹음이 느리다. 일반적으로 TIG 용접에서 많이 사용한다.

구분	직류 정극성(DCSP)	직류 역극성(DCRP)
연결 방법	모재(+):70%, 용접봉(-):30%	용접봉(+):70%, 모재(-):30%
비드 폭	좁음	넓음
용융 속도	용접봉의 용융속도가 느림	용접봉의 용융속도가 빠름
용입	깊음	낮음
사용 용도	후판 용접	얇은판 용접(박판, 합금강, 비철금속)

39 게이지용 강이 갖추어야 할 성질에 대한 설명 중 틀린 것은?

① HRC 55 이하의 경도를 가져야 한다.

② 팽창계수가 보통 강보다 작아야 한다.

③ 시간이 지남에 따라 치수변화가 없어야 한다.

④ 담금질에 의하여 변형이나 담금질 균열이 없어야 한다.

해 **게이지용강**

일반적으로 게이지용강은 HRC(로크웰 경도)가 55 이상의 경도를 가져야 한다.

40 알루미늄에 대한 설명으로 옳지 않은 것은?

① 비중이 2.7로 낮다.

② 용융점은 1067℃ 이다.

③ 전기 및 열전도율이 우수하다.

④ 고강도 합금으로 두랄루민이 있다.

해 알루미늄 용융점은 660℃ 이다.

41 강의 표면 경화 방법 중 화학적 방법이 아닌 것은?

① 침탄법   ② 질화법

③ 침탄 질화법   ④ 화염 경화법

해 **강의 표면 경화 방법**
- 화학적 방법:침탄법, 질화법, 침탄 질화법
- 물리적 방법:화염 경화법, 고주파 경화법, 숏피닝, 하드페이싱

42 황동 합금 중에서 강도는 낮으나 전연성이 좋고 금색에 가까워 모조금이나 판 및 선에 사용되는 합금은?

① 톰백(tombac)

② 7-3 황동(cartridge brass)

③ 6-4 황동(muntz metal)

④ 주석 황동(tin brass)

ㅣ 📖 정답 ㅣ **38** ①   **39** ①   **40** ②   **41** ④   **42** ①

해 황동

톰백에 관한 설명이다. 톰백은 유려하며, 광택이 있어 모조금으로 사용한다.

- 7-3 황동 : Cu(70%), Zn(30%), 카트리지 블라스, 연신율, 냉간가공성 좋다. 탄피 재료로 사용.
- 6-4 황동 : Cu(60%), Zn(40%), 문쯔 메탈, 7-3황동에 비해 전연성이 낮고, 인장강도 큼.
- 주석 황동 : 7-3황동, 6-4황동에 약 1%의 Sn(주석)을 첨가한 황동, 7-3황동＋Sn(애드미럴티 황동), 6-4황동＋Sn(네이벌 황동)

43 다음 중 비중이 가장 작은 것은?

① 청동
② 주철
③ 탄소강
④ 알루미늄

해 알루미늄 비중이 2.7 로 가장 낮다.

44 냉간가공 후 재료의 기계적 성질을 설명한 것 중 옳은 것은?

① 항복강도가 감소한다.
② 인장강도가 감소한다.
③ 경도가 감소한다.
④ 연신율이 감소한다.

해 냉간가공

- 냉간가공 : 재결정온도 이하에서 가공, 항복강도, 인장강도, 경도는 증가하지만, 연신율은 감소한다.
- 열간가공 : 재결정온도 이상에서 가공

45 금속간 화합물에 대한 설명으로 옳은 것은?

① 자유도가 5인 상태의 물질이다.
② 금속과 비금속 사이의 혼합 물질이다.
③ 금속이 공기 중의 산소와 화합하여 부식이 일어난 물질이다.
④ 두 가지 이상의 금속 원소가 간단한 원자비로 결합되어 있으며, 원래 원소와는 전혀 다른 성질을 갖는 물질이다.

해 금속간 화합물

금속간 화합물은 두 가지 이상의 금속 원소가 간단한 원자비로 결합되어 있으며, 원래 원소와는 전혀 다른 성질을 갖는 물질이다.

- 두 가지 이상의 금속 사이의 혼합 물질이다.
- 산소에 의한 부식이 일어난 물질은 산화물로 볼 수 있다.

46 물과 얼음의 상태도에서 자유도가 "0(zero)"일 경우 몇 개의 상이 공존 하는가?

① 0
② 1
③ 2
④ 3

해 자유도

물리학, 화학에서 자유도는 어떤 물체의 운동을 설명하기 위해 필요한 변수의 개수로 정의된다.

자유도(F)＝성분수(n)＋2－상의 수 (p) 이다.

자유도는 0, 성분은 1 이므로 0 ＝ 1＋2－상의 수(p)

따라서, 상의 수는 3이 된다.

- 상이란? : 물(액체), 얼음(고체), 수증기(기체)와 같은 일정한 물리적 성질을 가지는 균일한 물질계
- 특히 이점을 물의 삼중점이라고 부른다.

47 변태 초소성의 조건과 원칙에 대한 설명 중 틀린 것은?

① 재료에 변태가 있어야 한다.

② 변태 진행 중에 작은 하중에도 변태 초소성이 된다.

③ 감도지수(m)의 값은 거의 0(zerom)의 값을 갖는다.

④ 한 번의 열사이클로 상당한 초소성 변형이 발생한다.

해 변태 초소성

재료가 네킹(necking)을 일으키지 않고 엿모양으로 균일하게 늘어나는 현상을 초소성(超塑性, superplasticity)이라 한다.
변태 초소성은 변태가 있는 합금에 그 변태점을 상하하는 온도 사이클을 주어 잡아당기면 발생한다. 모든 금속 재료는 초소성 상태가 될 수 있지만 일반적으로 초소성 합금이라 하면 미세 결정립 초소성형 재료를 뜻한다.
감도지수(m)의 값은 0.3보다 커야 한다.

48 Mg - 희토류계 합금에서 희토류원소를 첨가할 때 미시메탈(Micsh - metal)의 형태로 첨가한다. 미시메탈에서 세륨(Ce)을 제외한 합금 원소를 첨가한 합금의 명칭은?

① 탈타뮴　　　　　② 디디뮴

③ 오스뮴　　　　　④ 갈바뉴

해 디디뮴에 관한 설명이다.

디디뮴(Mischmetal)
희토류 원소의 합금이다. 세륨 미쉬메탈 또는 희토류 미쉬메탈이라고도 한다.

49 인장 시험에서 변형량을 원표점 거리에 대한 백분율로 표시한 것은?

① 연신율　　　　　② 항복점

③ 인장 강도　　　　④ 단면 수축률

해 인장 시험

변형량을 원표점 거리에 대한 백분율로 표시하는 것은 연신율이다.

50 강에 인(P)이 많이 함유되면 나타나는 결함은?

① 적열메짐　　　　② 연화메짐

③ 저온메짐　　　　④ 고온메짐

해 메짐

· 저온메짐 : 상온메짐, 청열취성이라고도 하며, P의 영향으로 발생한다.
· 적열메짐 : 고온메짐이라고도 하며, S의 영향으로 발생한다.

51 화살표가 가리키는 용접부의 반대쪽 이음의 위치로 옳은 것은?

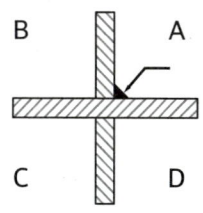

① A　　　　　　　② B

③ C　　　　　　　④ D

해 화살표가 가리키는 용접부의 반대쪽 이음의 위치는 B 이다.

ㅣ 📖 정답 ㅣ　**47** ③　**48** ②　**49** ①　**50** ③　**51** ②

용접 일반

용접 검사 및 시공

작업안전

용접 재료

기계제도

용접기능사 기출문제

특수용접기능사 기출문제

52 재료기호에 대한 설명 중 틀린 것은?

① SS 400은 일반 구조용 압연 강재이다.

② SS 400의 400은 최고 인장 강도를 의미한다.

③ SM 45C는 기계 구조용 탄소 강재이다.

④ SM 45C의 45C는 탄소 함유량을 의미한다.

해 일반 구조용 압연강재 "SS 400"에서 400은 최저 인장강도를 의미한다.

53 보기 입체도의 화살표 방향이 정면일 때 평면도로 적합한 것은?

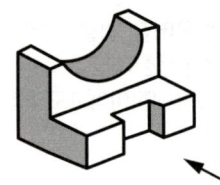

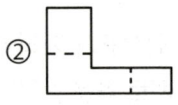

① ② ③ ④

해 화살표 방향을 정면도로 봤을 때 평면도는 위에서 본 형상을 말하므로 ③번이 된다.

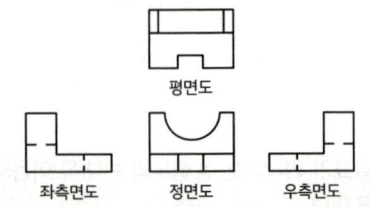

평면도

좌측면도   정면도   우측면도

54 보조 투상도의 설명으로 가장 적합한 것은?

① 물체의 경사면을 실제 모양으로 나타낸 것

② 특수한 부분을 부분적으로 나타낸 것

③ 물체를 가상해서 나타낸 것

④ 물체를 90° 회전시켜서 나타낸 것

해 보조 투상도

보조투상도는 물체의 경사면을 실제 모양으로 나타낼 때 사용한다.

55 용접부의 보조기호에서 제거 가능한 이면 판재를 사용하는 경우의 표시 기호는?

① M   ② P

③ MR   ④ RP

해 MR : 제거 가능한 이면 판재를 사용

 M : 영구적인 덮개 판 사용

56 다음 그림과 같이 상하면의 절단된 경사각이 서로 다른 원통의 전개도 형상으로 가장 적합한 것은?

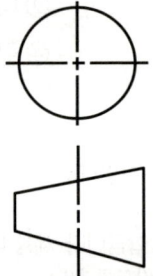

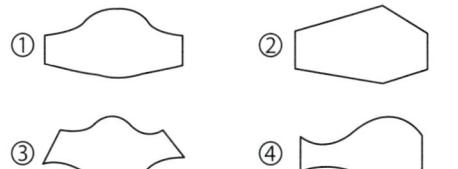

해 전개도

절단된 경사각이 서로 다른 원통의 전개도 형상을 가지는 것은 ④번 형상으로 볼 수 있다.

57 기계나 장치 등의 실체를 보고 프리핸드 (freehand)로 그린 도면은?

① 배치도   ② 기초도

③ 조립도   ④ 스케치도

해 • 스케치도 : 제품의 실체를 보고 프리핸드로 그린 도면
• 배치도 : 건물의 위치나 기계 등의 설치 위치를 나타낸 도면
• 기초도 : 기초를 나타낸 도면
• 조립도 : 2개 이상의 부품들을 조립한 상태에서 상호관계와 조립에 필요 치수 등을 나타낸 도면

58 도면에서 2종류 이상의 선이 겹쳤을 때, 우선하는 순위를 바르게 나타낸 것은?

① 숨은선 > 절단선 > 중심선

② 중심선 > 숨은선 > 절단선

③ 절단선 > 중심선 > 숨은선

④ 무게 중심선 > 숨은선 > 절단선

해 선이 중복된 경우, 선의 우선순위
외형선 → 숨은선 → 절단선 → 중심선 → 무게중심선 → 치수 보조선

59 관용 테이퍼 나사 중 평행 암나사를 표시하는 기호는? (단, ISO 표준에 있는 기호로 한다.)

① G   ② R

③ Rc   ④ Rp

해 ① G : 관용 평행 나사
② R : ISO규격에 있는, 관용 테이퍼 나사(테이퍼 수나사)
③ Rc : ISO규격에 있는, 관용 테이퍼 나사(테이퍼 암나사)
④ Rp : ISO규격에 있는, 관용 테이퍼 나사(평행 암나사)
• 관용 : 배관용에 사용되는 나사

60 현의 치수 기입 방법으로 옳은 것은?

① 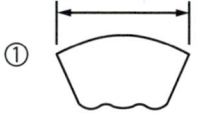   ②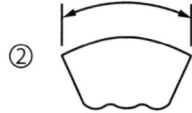

③ 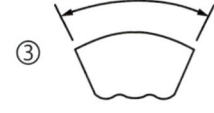   ④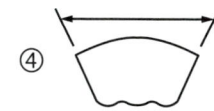

해 현의 치수 기입 방법

현의 치수 기입	호의 치수 기입
40	42̂
반지름의 치수 기입	각도의 치수 기입
R8	105°

2026 유튜버 웰더하우스 100% 무료강의 제공되는 피복아크용접기능사 필기

발행일   초판 2023년 1월 10일

개정판(1쇄) 2026년 1월 2일

발행처   인성재단(지식오름)

발행인   조순자

편저자   정완모, 이기훈, 이재호

편집디자인   백진주

정가   23,000원   **ISBN**   979-11-7491-076-9